D1652475

SCHÄFFER
POESCHEL

ANDREAS BAETZGEN (HRSG.)

BRAND PLANNING

STARKE STRATEGIEN
FÜR MARKEN UND KAMPAGNEN

2011
Schäffer-Poeschel Verlag Stuttgart

Bibliografische Information der Deutschen Nationalbibliothek
Die Deutsche Nationalbibliothek verzeichnet diese Publikation
in der Deutschen Nationalbibliografie; detaillierte bibliografische Daten
sind im Internet über <http://dnb.d-nb.de> abrufbar.

Gedruckt auf chlorfrei gebleichtem, säurefreiem und alterungsbeständigem Papier

ISBN 978-3-7910-3115-6

Dieses Werk einschließlich aller seiner Teile ist urheberrechtlich geschützt. Jede
Verwertung außerhalb der engen Grenzen des Urheberrechtsgesetzes ist ohne
Zustimmung des Verlages unzulässig und strafbar. Das gilt insbesondere für
Vervielfältigungen, Übersetzungen, Mikroverfilmungen und die Einspeicherung
und Verarbeitung in elektronischen Systemen.

© 2011 Schäffer-Poeschel Verlag für Wirtschaft · Steuern · Recht GmbH
www.schaeffer-poeschel.de
info@schaeffer-poeschel.de
Layout: Melanie Frasch
Einbandgestaltung: Tim Stübane
Satz: Johanna Boy, Brennberg
Druck und Bindung: CPI – Ebner & Spiegel, Ulm
Printed in Germany
November 2011

Schäffer-Poeschel Verlag Stuttgart
Ein Tochterunternehmen der Verlagsgruppe Handelsblatt

Vorwort

Dieses Handbuch vermittelt die Grundlagen des Brand Planning. Es gibt Einblicke in die Planungspraxis von führenden Kommunikationsagenturen und Markenberatungen, erläutert deren Prozesse, Instrumente und Best Cases und gibt Antworten auf die Fragen:

▶ Wie lassen sich Marken- und Kommunikationsstrategien systematisch planen?
▶ Was sind die Erfolgsparameter starker Marken und Kampagnen?
▶ Wie lassen sich Marken erfolgreich digitalisieren und internationalisieren?
▶ Was sind zeitgemäße Antworten auf sich schneller drehende Märkte und Konsumbedürfnisse?

Das vorliegende Buch richtet sich an alle Marketer in Unternehmen, die Marken verantworten, steuern und umsetzen. Zudem richtet es sich an Planner und Menschen, die strategisch arbeiten. Seine Autoren sind erfahrene Kommunikations- und Markenstrategen führender internationaler Agenturen und Markenberatungen, die ein breites Spektrum der weit verzweigten Disziplin abbilden. Ihre Beiträge vermitteln neben viel Fachwissen wertvolle Erfahrungen und praktische Empfehlungen für den Planungsalltag. Das Ergebnis ist ein Textband, der aus wissenschaftlich-analytischen Beiträgen, leidenschaftlichen Plädoyers und persönlichen Erfahrungsberichten besteht und auch routinierten Strategen Denkanstöße geben möchte.

Seit über 25 Jahren ist *Brand Planning* auch in deutschen Agenturen und Marketingberatungen ein Thema. Dennoch ist dies das erste deutschsprachige Buch, das aus praktischer Sicht die Denk- und Arbeitsweise des Planning grundlegend darstellt. Es wurde Zeit! Zugleich ist dieses Buch die Einladung zu einem Dialog. Unter *www.baetzgen.de* erfahren Sie, wie Sie mit den Autoren direkt über ihre Konzepte und Strategien diskutieren können. Sie finden hier auch weiterführende Links und aktuelle Materialien zu den Texten. Daneben bildet dieser Sammelband die Grundlage für einen neuen Lehr- und Forschungsschwerpunkt an der Hochschule der Medien in Stuttgart, der eine enge Vernetzung mit der Praxis anstrebt. Sie sind herzlich eingeladen, an diesem Expertennetzwerk für Strategische Markenkommunikation mitzuwirken.

Mein besonderer und großer Dank gilt allen Autoren, die am Feierabend und Wochenende ihren Beitrag zu diesem Sammelband geschrieben haben, sowie der Account Planning Group Deutschland, die dieses Projekt mit unterstützt und möglich gemacht hat. Danken möchte ich auch meinen Mitarbeiterinnen Andrea

Vorwort

Klaus und Aileen Song-Ha Elsner für die Unterstützung bei der Erstellung des Manuskripts und der Übersetzung der Texte. Stefan Brückner danke ich ganz herzlich, dass er das Buch mit großem Interesse und Sachverstand von Verlagsseite begleitet hat. Und schließlich danke ich Madlen für die Idee zu diesem Buch.

Berlin, im September 2011 Andreas Baetzgen

Das Online-Angebot zum Buch

Auf der Internetseite www.baetzgen.de finden Sie vertiefende Materialien zum Buch, aktuelle Informationen sowie Möglichkeiten zum Dialog:

▶ Videos, praktische Beispiele, Links und vertiefende Zusatzmaterialien zu den Buchbeiträgen – für alle, die es ganz genau wissen möchten.

▶ Direkter Kontakt zu den Autoren – diskutieren Sie mit international renommierten Experten über ihre Konzepte und Strategien.

▶ Diskussionen zu aktuellen Entwicklungen und Themen aus dem Umfeld des Brand Planning – damit Sie stets am Ball bleiben.

Außerdem möchten wir Sie auf die Facebook-Seite zum Buch auf www.facebook.com/brandplanning hinweisen, wo Sie sich mit anderen Brand Plannern verbinden können (Anmeldung bei Facebook erforderlich). Werden Sie Teil des Expertennetzwerks für Strategische Markenkommunikation. Und vergessen Sie bitte nicht, die Seite weiterzuempfehlen.

Inhaltsverzeichnis

Vorwort V

Das Online-Angebot zum Buch VII

Kapitel 1: Einleitung

Vom Kopf ins Herz. Eine Einführung ins Brand Planning
Andreas Baetzgen 3

Auf der Suche nach den großen Gedanken. Eine Philosophie des Planning
Dominic Veken 13

Kapitel 2: Consumer & Insights

Consumer Insights. Der Stoff, aus dem Konsumträume sind
Stefan Baumann 27

Implizite Konsumentenentscheidungen. Verborgene Verhaltenstreiber
verstehen und für Marken und Kommunikation nutzen
Johannes Schneider/Martin Scarabis 46

Kapitel 3: Brand & Positioning

»Ich war Tarzan«. Plädoyer für die Marke als lernendes System
und eine kreative, interaktive und empathische Markenarbeit
Dirk Nitschke 65

Modelle zur Entwicklung erfolgreicher Positionierungen
Vincent Schmidlin 79

Drachen, Donuts, Diamanten. Die Wissenschaft und Kunst
guter Markenmodelle
Andreas Baetzgen 101

International Planning. Wie man globale Markenversprechen
erarbeitet
Sebastian Wendland 118

Kapitel 4: Briefings & Kreativität
Alles braucht einen Anfang. Das Agenturbriefing
Nina Rieke 141

Creative Briefs und Creative Briefing. Wie Sie die strategische Botschaft
am besten rüberbringen
Alison Segar 156

Minding the Gap. Wie die linke und die rechte Gehirnhälfte
Spielkameraden werden
Andréa Mallard 173

Kapitel 5: Steuerung & Umsetzung
Markenthemen-Management. Den Marken eine Bühne bauen
Jan Pechmann/Emke Hillrichs 197

Storytelling. Warum eine zeitlose Form der Kommunikation
zeitgemäßer denn je ist
Judd Labarthe 210

Umsetzungsorientierte Markenführung. Oder warum nur ein positives
Markenerleben zum Erfolg führt
Christiane Wenhart/Marc Sasserath 229

Seven. Ein Ansatz für mehr Effizienz in der Marketing-
und Kommunikationsplanung
Adel Gelbert/Jan Philipp Dörner 246

Kapitel 6: Digital & Media
Entwicklung von Kommunikationsstrategien für digitale Medien
Martin Lange/Sean MacDonald 263

Digital Planning. Wie man Marken im digitalen Zeitalter führt
Thomas Walther/Michaela Jausen 281

Strategie statt Streudienst. Wie datengetriebenes Planning
einen Mehrwert in der Mediaplanung schafft
Dirk Engel 295

Kapitel 7: Enden & Anfänge
Das Ende der 360-Grad-Kommunikation. Was ist die Zukunft?
Thomas Strerath/Larissa Pohl 319

Total Brand Behavior. Das Ende der botschaftsorientierten
Markenkommunikation
Oke Müller 332

Wer will eigentlich noch in der Werbung arbeiten?
Oder: Die Creative Company als Gestaltungsraum des Planners
Sven H. Becker 347

Literatur und Quellen 365

Die Autoren 373

Stichwortverzeichnis 383

Kapitel 1:
Einleitung

Vom Kopf ins Herz

Eine Einführung ins Brand Planning

Andreas Baetzgen

> Was ist Brand Planning? Was unterscheidet es von anderen Teilbereichen der strategischen Planung? Und worin besteht sein Wert für das strategische Management von Marken und Unternehmen? Diese Fragen stehen im Zentrum dieser Einführung, die eine gemeinsame Ausgangsbasis für die nachfolgende Diskussion schaffen möchte und darüber hinaus einen Ausblick auf die Inhalte dieses Buch gibt.

Brand Planning, *Account Planning*, *Strategic Planning* (kurz *Planning*) – es gibt viele Bezeichnungen für eine Disziplin, die ursprünglich in Werbeagenturen entstand und sich heute mit der ganzheitlichen Entwicklung und Umsetzung von Marken- und Kommunikationsstrategien befasst. Dieser einleitende Text ist der Versuch einer Positionsbestimmung. Er führt ein in den Begriff des *Brand Planning*, erläutert dessen Wesen und Wert und gibt zudem Einblick in die Inhalte dieses Buches.

Die Wurzeln des Brand Planning liegen in der Werbeindustrie der 1960er-Jahre. Damals stiegen in vielen Märkten der Wettbewerbsdruck und damit der Druck auf Agenturen, Werbebudgets effizienter einzusetzen. Die bekannte US-Fernsehserie »Mad Men«, die an der Madison Avenue der 1960er-Jahre spielt, lässt uns ahnen, wie die Werbung dieser Zeit entstand. Sie folgte der kreativen Eingebung ihrer Macher. Einen systematischen Planungsprozess gab es meist nicht. Stephen King von der Werbeagentur JWT und Stanley Pollitt von BMP erkannten als Erste die Notwendigkeit, Werbung stärker an den Bedürfnissen des Konsumenten auszurichten. Unabhängig voneinander etablierten sie in Großbritannien eine neue Disziplin an der Schnittstelle zwischen Marktforschung und Gestaltung – das sogenannte *Account Planning*. Dieses sollte Erkenntnisse der Markt- und Konsumentenforschung in konkrete Handlungsempfehlungen für die Gestaltung von Werbekampagnen übersetzen. Werbung sollte planbarer und damit vor allem wirkungsvoller werden, so das Ziel. In Deutschland setzte sich die

Disziplin erst später durch. Hier war es vor allem Cordula Krüger, die das Planning in den 1980er-Jahren nach Deutschland führte.

Man könnte die anfängliche Aufgabe des Account Planning in Anlehnung an die bekannte Laswell-Formel beschreiben. Es wollte Antworten geben auf die Frage: Who (product) says what (message) in which channel (media) to whom (consumer) with what effect (impact)?

> Planning wollte anfänglich Antworten auf die Frage geben: Who (product) says what (message) in which channel (media) to whom (consumer) with what effect (impact)?

Mit der wachsenden Bedeutung der Marke für Unternehmen und der Entstehung immer neuer Kommunikationsinstrumente hat das Brand Planning seinen Kompetenzbereich stetig erweitert. Dieser umfasst heute sämtliche Erfolgsfaktoren, die das Erscheinungsbild von Unternehmen, Marken und Produkten beeinflussen. Hierzu gehören die Kommunikation zu Kunden, Investoren und Mitarbeitern, das Corporate, Brand und Product Design, die Architektur von komplexen Marken- und Produktportfolios sowie die Entwicklung ganzheitlicher Unternehmensleitbilder. Die Grenzen zu anderen Kompetenzbereichen der Strategieberatung sind dabei fließend oder lösen sich in Teilen ganz auf. Dies zeigt sich etwa daran, dass Werbeagenturen heute Kommunikationsagenturen heißen und mit Unternehmens- und Marketingberatungen, Technologie-Dienstleistern und Marktforschungsinstituten um die Hoheit der Markenführung konkurrieren. Auch würden sich viele Autoren in diesem Buch selbst nicht als *Planner* bezeichnen, sondern eher als Markenberater, Kommunikationsstrategen, Markt- und Konsumforscher, Innovationsberater, Mediaplaner oder Digital-Spezialisten. Zwar wirken sie alle an der Entwicklung und Umsetzung von Marken- und Kommunikationsstrategien mit, sie tun dies jedoch mit jeweils unterschiedlichen Blickwinkeln und Zielen. Auch daran wird die Unschärfe des expandieren Aufgabenfeldes erkennbar.

> Brand Planning ist heute ein Sammelbegriff für eine weit verzweigte Disziplin und Denkströmung, die sich mit der Entwicklung und Umsetzung von Marken- und Kommunikationsstrategien befasst.

Gerade weil das Brand Planning immer mehr mit anderen Teilbereichen des strategischen Managements verschmilzt, stellt sich die Frage nach seinem *originären* Wert: Was ist Brand Planning? Was zeichnet es als eigenständige Disziplin und

Denkströmung innerhalb der strategischen Planung aus? Worin unterscheiden sich seine Prozesse und Instrumente? Und warum verlangt die Entwicklung und Umsetzung von Marken und Kampagnen besondere Methoden und Denkweisen? Bevor ich versuche, diese Fragen zu beantworten, möchte ich zunächst auf den Planning-*Begriff* eingehen.

Auch wenn der Name *Planning* innerhalb der Werbe- und Kommunikationsbranche fest etabliert ist, besteht doch weitgehend Einigkeit darüber, dass dieser nicht glücklich gewählt ist. Vor allem die in Werbeagenturen anfänglich vorherrschende Bezeichnung *Account Planning* (eine Mischung aus Account Management und Kommunikationsplanung) irritiert. Sie ist für Merry Baskin (2007, S. 2) »one of the most obfuscatory job titles ever since«. Schwierigkeiten bereitet, dass der Begriff außerhalb der Werbe- und Kommunikationsindustrie missverstanden oder doch zumindest nicht eindeutig mit der Planung von Marken- und Kommunikationsstrategien in Verbindung gebracht wird. Darüber hinaus wurde in den Vorgesprächen zu diesem Buch spürbar, dass es unter Experten ein wachsendes Unbehagen mit dem Planning-Begriff insgesamt gibt. Dieses rührt in der historisch gewachsenen Verknüpfung des Begriffs mit der klassischen Werbung, die heute immer weniger im Mittelpunkt des Marken- und Kommunikationsmanagements steht. Immer häufiger ist deshalb von einem *Brand Consulting* die Rede. Damit soll weniger eine *inhaltliche* Abkehr von den Denkweisen und Methoden ausgedrückt werden, die das Planning in vierzig Jahren entwickelt hat. Vielmehr ist dies die *formale* Distanzierung von einem antiquierten, eindimensionalen Planningverständnis (=Werbeplanung). Unglücklicherweise wird damit die allgemeine Begriffsverwirrung noch größer. Zudem wird die Abgrenzung zu anderen Teilbereichen der Unternehmensstrategie weiter erschwert. Tatsächlich ist der Planning-Begriff nur ein Code für eine Disziplin, die sich durch ihre Themen, Instrumente und Methoden und ein daraus abgeleitetes *Selbstverständnis* von anderen Teilbereichen der strategischen Planung unterscheidet und deshalb gut daran tut, diesem Selbstverständnis auch sprachlich nach außen Ausdruck zu verleihen. *Brand Planning* lautet deshalb der Titel dieses Buches: Er schließt an der inhaltlichen und methodischen Tradition dieser Denkströmung an (Planning) und drückt zugleich deren Neuorientierung an der Marke (Brand) aus.

Ein zeitgemäßes Brand Planning ist nicht länger einem einzelnen Kommunikationsinstrument verpflichtet (Werbung), sondern steuert Marken ganzheitlich entlang sämtlicher Kontaktpunkte zum Konsumenten. Wir definieren deshalb Brand Planning sehr umfassend als Teilbereich des strategischen Managements, der sich mit der ganzheitlichen Steuerung von Marken befasst.

> Brand Planning wird hier verstanden als Teilbereich des strategischen Managements, der sich mit der ganzheitlichen Steuerung von Marken befasst.

Was aber genau ist am Brand Planning so besonders? Und weshalb erfordert die Auseinandersetzung mit Marken und Kampagnen ein spezifisches Vorgehen, Instrumentarium und Gespür?

Ausgangsbasis ist der Konsument

Ausgangspunkt für die Entwicklung von Marken- und Kommunikationsstrategien ist der Konsument. Die genaue Kenntnis seiner Bedürfnisse, Sehnsüchte und Ziele ist die zentrale Erfolgsvoraussetzung für eine Strategie und steht am Beginn des Planning-Prozesses. Ein wichtiger Meilenstein auf diesem Weg ist die Identifikation eines *Consumer Insights*, um den es gleich in mehreren Beiträgen in diesem Buch geht. Als die Marke Pampers 1961 in den USA die weltweit erste Wegwerfwindel auf den Markt brachte, war diese anfänglich nicht sehr erfolgreich, obwohl das Produkt eine Revolution war (vgl. Florack/Scarabis 2002, S. 26). Damals versprach Pampers den jungen Eltern, ihr Leben zu erleichtern (Convenience). Tatsächlich aber wollten diese *das Beste für ihr Baby*. Damals wie heute nehmen junge Eltern (gerne) alle möglichen Strapazen für ihr Kind in Kauf, Hauptsache diesem geht es gut. Erst als Pampers diesen Consumer Insight erkannte, wurde die Marke zum Erfolg. Der Fokus der Kommunikation verschob sich damit von den Eltern zum Baby – bis heute. *Stefan Baumann*, *Johannes Schneider* und *Martin Scarabis* geben zu Beginn des Buches Einblicke in die vielfältigen Methoden der Insightforschung. Sie legen damit die Basis für die anschließende Diskussion und die Entwicklung erfolgreicher Marken- und Kommunikationsstrategien.

Marke ist zentrale Steuerungsgröße

Die Marke steht heute immer mehr im Zentrum unternehmerischen Handelns. Obwohl diese ein Kind der Betriebswirtschaftslehre ist, lässt sich eine Marke mit betriebswirtschaftlichen Methoden und Erkenntnissen alleine nicht aufziehen.

Marken sind vor allem kommunikative Phänomene, deren Symbole und kulturelle Codes am Markt hoch gehandelt werden. Ihr ökonomischer Wert für Unternehmen liegt in ihrer sozialen Relevanz für den Konsumenten (und das nicht erst seit Facebook).

> Der ökonomische Wert einer Marke liegt in ihrer sozialen Relevanz.

Diese besondere, ganzheitliche Sicht auf die Marke ist ein weiteres Kennzeichen des Brand Planning. Sie erfordert eine interdisziplinäre Auseinandersetzung mit Marken und Strategien, was auch erklärt, weshalb viele Planner keinen kaufmännischen, sondern einen sozial- oder geisteswissenschaftlichen Hintergrund haben. *Dirk Nitschke* unternimmt im Rahmen dieses Buches entsprechend den Versuch, ein zeitgemäßes und ganzheitliches Markenverständnis zu entwickeln, das dem ökonomischen *und* sozialen Wert einer Marke gerecht wird.

Mit dem wachsenden Stellenwert der Marke für Produkte und Unternehmen hat sich zugleich der Fokus des Planning verschoben: von der Werbe- zur Markenstrategie. *Vincent Schmidlin* erläutert die Erfolgskriterien starker Markenpositionierungen, die das Herzstück einer Markenstrategie bilden. Zugleich diskutiert er die Chancen und Risiken unterschiedlicher Positionierungsansätze. Neben der Frage, wie man eine Positionierung entwickelt, ist auch deren Vermittlung in ein Unternehmen entscheidend. Konkret geht es um die Frage, in welcher Form eine Marke dargestellt werden kann, damit alle, die die Marke leiten und leben, verstehen, wofür diese steht. Mit den vielfältigen Formen und Darstellungsmöglichkeiten von Markenmodellen beschäftigt sich *Andreas Baetzgen*. Den Abschluss in diesem Kapitel macht schließlich *Sebastian Wendland*, der von seinen Erfahrungen aus Asien, Europa, Süd- und Nordamerika in der Entwicklung globaler Markenversprechen berichtet.

Analytisch-kreative Denkweise mit Schnittstelle zur Gestaltung

Brand Planning mündet in aller Regel in einem kreativen Erzeugnis. Es liefert die Grundlage für die Gestaltung von Werbekampagnen, Markennamen, Logos und Claims, Corporate Designs, Produktdesigns und Websites. Auch durch diese besondere Schnittstelle zur Gestaltung unterscheidet sich das Brand Planning von anderen Teilbereichen des strategischen Managements. Erst die Kreativität von Gestaltern macht aus Marken- und Kommunikationsstrategien sichtbare Ergebnisse. Diese Kreativität zu beflügeln und gleichzeitig zu bändigen, ist eine besondere Anforderung an Marken- und Kommunikationsstrategen, die vor allem in Briefing-Prozessen gefordert ist. Mit diesen beschäftigen sich *Nina Rieke* und *Alison Segar* im vierten Kapitel. Beide Autorinnen zeigen, dass es für gute Agenturbriefings und Creative Briefs keine einfachen Rezepte gibt. Auch ist ein Briefing weit mehr als ein standardisiertes Formular. Es ist ein lebendiger Prozess, der Scharfsinn, Teamplay und Kreativität verlangt. *Andréa Mallard* zeigt zudem, dass strategische Kompetenz und kreative Exzellenz zwei Seiten einer Medaille sind. Kreativität beginnt dabei nicht erst mit der Übergabe des *Creative Brief* an die Kreation, sondern ist immer bereits Bestandteil des Planungsprozesses selbst. Sie ist somit kein Selbstzweck, sondern eine wesentliche Erfolgsvoraussetzung für Marken- und Kommunikationsstrategien. Auch dies macht das Brand Planning so einzigartig.

> Kreativität ist kein Selbstzweck, sondern eine wesentliche Erfolgs-
> voraussetzung für Marken- und Kommunikationsstrategien.

Die Notwendigkeit, analytisches und kreatives Denken miteinander zu verbinden, um mit klugen Strategien, die Herzen des Konsumenten zu erobern, ist eine ganz besondere Herausforderung an das Brand Planning. Sie verlangt mehr als Knowhow. Sie braucht Gespür. Es ist diese Dialektik von *Kopf und Herz, Ratio und Imagination, Information und Intuition, Analyse und Synthese, Scharfsinn und Schöpfungskraft*, die gutes Planning ausmacht. Erfolgreiche Werbung muss überzeugen und überraschen, so das Credo von Sebastian Turner, dem langjährigen Kreativchef von Scholz & Friends. Nicht weniger eingängig ist die Erfolgsformel einer weiteren legendären deutschen Kreativagentur, die nicht zuletzt auch das Brand Planning in Deutschland wesentlich geprägt hat. Die drei Es der Agentur Springer & Jacoby – einfach, einfallsreich, exakt – sind auch für Planner keine schlechten Tugenden. Auch *Dominic Veken* beschreibt in diesem Buch die dem Brand Planning innewohnende Gegensätzlichkeit. Er spricht von *Erkenntnis* und *Erleuchtung*, die zusammen kommen müssen, damit große Gedanken entstehen. Damit klingt schließlich ein weiterer Erfolgsfaktor von Marken- und Unternehmensstrategien an: Marken und Kampagnen brauchen Mut – wie alles, was kreativ ist. Denn Mut ist die Voraussetzung für Differenzierung und Wandel. In seinem »Handorakel und Kunst der Weltklugheit« schreibt Baltasar Gracian: »Ein Gran Kühnheit bei Allem, ist eine wichtige Klugheit.« Beispiele sind der Anti-Held Paul Potts in der Werbung der Deutschen Telekom, der radikale Wandel der Marke McDonald's in Produkten und Branding oder die kommunikative Neuerfindung der Volksbanken-Raiffeisenbanken (www.was-uns-antreibt.de). Sie alle brauchten Mut.

Ziel ist die Durchsetzung nachhaltiger Konkurrenzvorteile

Ziel des Brand Planning ist die Identifikation und Durchsetzung von markenspezifischen Wettbewerbsvorteilen. Brand Planning ist damit ein *strategischer* Prozess, der auf den nachhaltigen Markterfolg einer Marke zielt. In einer Zeit, in der tagtäglich Millionen neue User ins Internet und dessen soziale Communities schwärmen, immer neue Geschäfts- und Vermarktungsideen entstehen und die Flut von Kommunikation unberechenbare Strömungen hat, stellt sich die Frage, inwieweit sich Marken noch *strategisch* führen lassen. Viele Texte in diesem Buch lassen keinen Zweifel, dass bewährte Konzepte der strategischen Markenkommunikation vor diesem Hintergrund neu bewertet und unser Strategieverständnis insgesamt überdacht werden muss. Macht die Konzentration auf den *einen* zentralen Gedanken (USP) noch Sinn? Ist die gebetsmühlenartig geforderte inhaltliche und formale Selbstähnlichkeit der Marke nicht längst obsolet? Man denke an die preisgekrönten Kampagnen der Marke Hornbach, die mit unserer herkömmlichen Vorstellung von Integrierter Kommunikation nichts, aber auch gar nichts mehr zu tun haben. Und sind Marken heute überhaupt noch steuerbar, oder hat nicht längst der Konsument das Kommando übernommen? Mehr noch: Lässt uns der rasante Wandel noch die Zeit und die Weitsicht für eine langfristige Planung – für Strategien? Wir alle sollten uns diesen Fragen öffnen und dabei jedes Dogma zur Disposition stellen. *Thomas Strerath* und *Larissa Pohl* tun dies in ihrer These über das Ende der 360-Grad-Kommunikation. Weitere Impulse kommen insbesondere aus dem Digitalbereich: Für *Thomas Walther* und *Michaela Jausen* brauchen Planner die Qualitäten von Stand-up-Comedians. In eine ähnliche Richtung argumentieren die New Yorker Digitalspezialisten *Martin Lange* und *Sean MacDonald*. Sie raten zu einem Planungsprozess, der anpassungsfähig und flexibel ist. »Nur derjenige kann die Konsumenten wirklich gut erreichen, der zum integrierten Faktor ihrer eigenen Dynamik wird.« Ein kluger Satz! Wenn ich Ihnen sage, von wem dieser stammt, werden Sie mich vermutlich auslachen. Er kommt von dem viel gescholtenen Gerd Gerken (1994, S. 238), der zumindest mit dieser Prognose (weit vor dem Siegeszug des Internets) Recht behielt. Tatsächlich verlangt insbesondere die Digitalisierung einen Planungsprozess, der mit den wechselnden Mediennutzungs- und Interaktionskontexten Schritt hält. Ich nenne dies ein *lernendes Planen,* also einen Strategieprozess, in dem getroffene Entscheidungen und Handlungen ständig reflektiert und ggf. nachjustiert werden. Das heißt nicht, dass wir auf Strategien in Zukunft verzichten könnten. Im Gegenteil: Gerade *weil* alles schneller und flexibler wird, ist ein strategisches Vorgehen elementar. Vor allem braucht es verbesserte strategische *Steuerungs- und Kontrollinstrumente.* Die Umsetzung und Implementierung von Marken- und Kommunikationsstrategien wird oft unterschätzt. Noch immer besteht die Tendenz, Aufgaben mit eher operative Charakter nach unten (in der Hierarchie) durchzureichen. Die beste Strategie kann so zur Bruchlandung werden. Gleich ein ganzes Kapitel in diesem Buch beschäftigt sich deshalb mit der Umsetzung und Steuerung von Marken- und Kommunikationsstrategien. *Jan Pechmann* und *Emke Hillrichs* beleuchten darin die Chancen und Möglichkeiten eines Markenthemen-Managements. *Judd Labarthe* zeigt die vielfältigen Steuerungsfunktionen des Storytelling. Und *Christiane Wenhart* und *Marc Sasserath* erläutern ihr Konzept einer umsetzungsorientierten Markenführung, das Implementierungslücken schließt. Den Abschluss in diesem Kapitel machen schließlich *Adel Gelbert* und *Jan Philipp Dörner.* Sie entwickeln einen effizienzgesteuerten Planungsprozess, der Effizienz nicht an das Ende der Planung stellt, sondern zu einer ständigen Ziel- und Kontrollgröße macht.

Kommunikation als zentrales Instrument der Markenvermittlung

Ich habe erwähnt, dass Marken kommunikative Phänomene sind. Kommunikation ist ein »Prozess der Bedeutungsvermittlung«, so die zentrale Definition der Kommunikationswissenschaft (Maletzke 1963, S. 18). In den Zuständigkeitsbereich des Brand Planning fällt somit alles, was für die Wahrnehmung von Marken *bedeutend* ist.

> In den Zuständigkeitsbereich des Brand Planning fällt alles, was für die Wahrnehmung von Marken bedeutend ist.

Bedeutend sind z. B. Werbung, PR, Design, Online, Vertriebswege, Mitarbeiterverhalten, Produktinnovationen usw. Sie alle haben letztlich eine *kommunikative*

Funktion und Qualität und sind damit für das Brand Planning relevant. Allen voran die Digitalisierung der Medien stellt das Brand Planning dabei vor immer neue Herausforderungen. _Digital,_ so die zentrale Aussage aller Experten im anschließenden Kapitel 6, ist nicht einfach nur ein weiterer Kanal oder ein weiteres Instrument der Markenkommunikation, sondern deren zentrale Infrastruktur, die die Kommunikation mit dem Konsumenten relevanter und effizienter macht. Waren Planner in der Vergangenheit vor allem damit beschäftigt, die _eine_ zentrale Botschaft für eine Marke zu finden, die quer über alle Kanäle gestreut wurde, müssen diese heute unterschiedliche Botschaften, Themen und Inhalte auf vielfältige Medien- und Handlungskontexte zuschneiden. Die Planung von _Kommunikation_ (und nicht nur von Botschaften) rückt damit ins Zentrum strategischen Handelns, weshalb _Dirk Engel_ in seinem Beitrag nicht mehr von einer _Mediaplanung_ im herkömmlichen Sinne spricht, sondern von einem ganzheitlichen _Kommunikationsmanagement._ Noch weiter gehen die Strategie- und Managementansätze im letzten Kapitel dieses Buches. Für _Oke Müller_ und _Sven Becker_ beschränkt sich die Aufgabe des Brand Planning nicht länger auf das Management von _Oberflächen._ Beide fordern eine _substanzielle_ Ausrichtung des gesamten Unternehmens an der Marke. Dies gilt vor allem für das Verhalten von Mitarbeitern (Brand Behavior), das eben auch eine kommunikative Funktion hat. Mehr noch: Innovationsstrategien und ganze Geschäftsstrategien hängen heute an Marken. _Dominic Veken_ macht sich deshalb gleich zu Beginn dieses Buches auf die Suche nach den großen (unternehmerischen) Gedanken. Er eröffnet damit dem Brand Planning eine neue Perspektive als treibende Kraft für innovative Unternehmens- und Geschäftsstrategien.

Substanz und Schöpfungskraft als Wert

Bleibt abschließend die Frage nach dem _originären_ Wert. Der Wert des Brand Planning für das strategische Management von Marken und Unternehmen besteht in seiner _substanziellen Schöpfungskraft._

> Der originäre Wert des Brand Planning liegt in seiner substanziellen Schöpfungskraft, Marken zu erfinden und nachhaltigen Wert für Unternehmen und Marken zu schaffen.

Brand Planning beginnt dort, wo ein rein analytisches Denken endet. Zugleich spart es dieses nicht aus. Es *verbindet* Analytisches und Kreatives, Quantitatives und Qualitatives, Sozialwissenschaftliches und Ökonomisches. Diese Substanz und Schöpfungskraft zu vermitteln, ist Ziel dieses Buches. Und natürlich will dieses Buch auch das tun, was das Brand Planning schon immer am besten konnte: werben – nicht für Modelle und Denkansätze einzelner Agenturen, sondern für den Methoden- und Ideenreichtum einer ganzen Disziplin.

Auf der Suche nach den großen Gedanken

Eine Philosophie des Planning

Dominic Veken

> Der Marken- und Unternehmensphilosoph Dominic Veken macht sich auf die Suche nach den großen Gedanken, denn nur diese besitzen die Kraft, um Marken und Unternehmen nachhaltig zu verändern. Große Gedanken, so Veken, gibt es im Planungsalltag (zu) selten. Sie entstehen aus der Verbindung von Erkenntnis und Erfindung. In einem leidenschaftlichen Plädoyer entwirft Veken das Leitbild des Kreativstrategen.

Die Welt des Planners ist ein unglaubliches Universum. Nur ist es anstatt von Sternen und Planeten von zahllosen Motiven, Märkten und Menschen, von unzähligen medialen Möglichkeiten und gesellschaftlichen Gegebenheiten bevölkert. In ihnen agiert der Planner wie ein Astronaut. Er reist gedanklich durch die unendlichen Weiten, immer auf der Suche nach Mustern, nach Konstellationen von Erkenntnissen, die den Weg zur wirkungsvollen Kommunikation weisen: ob für Marken, für Unternehmen, für Institutionen oder einzelne Persönlichkeiten. Wie ein Astronom sucht er das Gestirn der Gegenwart ab nach der einen starken Wahrheit, die wirklich verfängt, nach dem einen großen Gedanken, der die Lösung der Herausforderungen seines Kunden darstellt. Wie ein Astrologe hat er ein Gefühl für die Schicksale, die hinter den Bewegungen der Elemente hervorscheinen und einen Blick für die Beziehungen der Fakten, die in eine verheißungsvolle Zukunft für den Kunden weisen.

> Die zentrale Aufgabe eines Planners ist die Suche nach einem großen Gedanken, einem Gedanken, der die Kreativen inspiriert und die Kunden fasziniert.

Die zentrale Aufgabe eines Planners ist die Suche nach einem großen Gedanken, einem Gedanken, der die Kreativen inspiriert und die Kunden fasziniert; einem Gedanken, der einen Funken schlägt. So wie damals »Just do it« für Nike, wie »Mehr Demokratie wagen« von Willy Brandt oder so wie »Building a Legend« für das gesamte Unternehmen Boeing. Ein solcher großer Gedanke muss das Endziel einer jeden planerischen Tätigkeit sein und das Herausfordernde daran ist, wie dies im planerischen Alltag überhaupt möglich ist. Sehen wir uns diesen Alltag dazu doch einmal genauer an: Wenn ein Planner auf einen Kunden trifft, muss er sich zunächst Markt und Konkurrenten ansehen. Er muss in die Köpfe der Menschen schauen und durchschauen, welche Wahrnehmungen sie zum Thema und zur Marke haben und wieso sie sich so verhalten, wie sie es eben tun. Er muss die Historie des Kontextes kennenlernen und vor allem muss er den Kunden besser verstehen als der sich selbst. Hat er das alles im Kasten, muss er die Grundzüge zur Fortsetzung des Drehbuchs für das Marktverhalten des Kunden schreiben. Wollte man dies alles auf einen einfachen Nenner bringen, könnte man sagen, dass es im Planning insgesamt darum geht, die Lage eines Unternehmens oder einer Marke bestmöglich zu analysieren und hieraus einen zukünftigen Erfolgsweg abzuleiten. Genau in dieser Ableitung liegt allerdings die größte und schwierigste Aufgabe des Planners, die deshalb im Arbeitsalltag leider häufig zu kurz kommt oder gänzlich unter den Tisch fällt. Man kapriziert sich nur auf das Recherchieren und Analysieren, dabei steckt doch nicht darin, sondern in der kreativstrategischen Ableitung der Sinn der Planner-Tätigkeit. In dieser Ableitung entfalten sich die erhebenden Erlebnisse des Planner-Tuns. Dieser Text ist deshalb ein einziges Plädoyer für die starken Ableitungen, für die großen Gedanken. Er versucht, an das Einfachste zu erinnern, was einen guten Planner und gutes Planning ausmacht. Ein Denkweg in fünf Schritten:

Denkschritt Nr. 1: Planning ist kein Schach.

Es ist sehr schade, dass in vielen Planningprozessen überhaupt nicht erst versucht wird, einen großen Gedanken zu finden, weil zu viele Agenturen leider nicht wirklich daran glauben, dass ein großer Gedanke das ist, was die Kunden im Kern interessiert. Stattdessen glauben sie, ihre Hauptaufgabe bestehe darin, ein gutes, grundsolides Gefühl zu vermitteln. Ihnen geht es nicht darum, den Kunden durch Kritik und neue Möglichkeiten zu fordern, sondern ihn in seiner Denkweise zu bestätigen, um ihn auf diese Weise für sich zu gewinnen. Daher schieben Planner häufig Fakten hin und her, analysieren und paraphrasieren, aber verlieren sich letztlich in einer Abbildung des Status quo. Meine geschätzte Kollegin Karen Heumann hat das einmal schön beschrieben: Sehr viele Planning-Präsentationen zeigen im übertragenen Sinne einen Motor, der in 30 Minuten einmal auseinander gebaut und dann wieder zusammengebaut wird. Leider wird daraus aber nichts abgeleitet, so dass der Zuhörer durchaus beeindruckt aber in keiner Weise schlauer geworden ist als vorher, geschweige denn, dass er weiß, was nun dringend zu tun ist. Was da fehlt, ist die Zündung, der Gedankenblitz, der sich an der kritischen Analyse der Gegenwart entlädt und ein Schlaglicht auf eine vielleicht andere, zumindest aber erfolgreiche Zukunft wirft.

Da dieser Gedankenblitz meist fehlt, muss die entstehende Leerstelle mit etwas anderem gefüllt werden. Und das sind in der Regel Marktforschungsergebnisse, standardisierte Modelle und vordefinierte Mechaniken. Da gibt es dann den »Brand Booster«, den »Experience Maximizer«, die »Markengangschaltung« oder die »Radical Roadmap«. Alle diese Konstrukte dienen als hochabgesicherte Wohlfühlinstrumente, die zwar meist mit Banalitäten befüllt werden, durch ihre vielerprobte Autorität aber dennoch den Anschein erzeugen, alles im Griff zu haben, ohne die Dinge wirklich angehen zu müssen. Dabei ist es doch relativ offensichtlich, dass diese Art von Standardisierungen zwar den Vergleich von Ähnlichem und die Adaption von Erfolgreichem erlaubt, nie aber das Genuine, Kraftvolle, wirklich Begeisternde. Die großen unternehmerischen Marken- und Produktideen, die großen Wahlkämpfe, die großen Persönlichkeitsinszenierungen wurden niemals, niemals, niemals mit solchen Instrumenten entwickelt, sondern immer, immer, immer von einzelnen Personen mit großen, freien Gedanken. Der Grund ist einfach: Jedes Schema, jedes Raster und jedes Standardvorgehen macht das Denken klein und unterminiert damit die Möglichkeit für den großen Wurf. Denn beim strikten Ausfüllen vorgegebener Formulare sind die Gedanken zwangsläufig unfrei. Sie sind gefangen in Prinzipien und Zweckorientierung. Sie erlauben nur noch einen sehr verengten Blick. Mit ihnen kann man nur noch sehen, was schon ist und wie das, was da ist, ein wenig optimierbar wird. Mit ihnen kann man nicht mehr sehen, was überhaupt und insgesamt möglich ist: wie das Bestehende durch etwas Neues, Bestechendes übertrumpft werden kann. Kurz: Mit ihnen fehlt es an Phantasie, an Lust, an Kreativität.

Das sogenannte Schematadenken ist ein Scheuklappendenken, das Verwaltern hilft, den Blick zu lenken und die Konzentration auf den vorgegebenen Weg zu wahren, das aber für Strategen dem Anlegen geistiger Handschellen gleicht. Mit dem Schematadenken kann man zwar im Schach gewinnen, wenn man es wirklich perfektioniert, nicht aber die Herzen der Menschen, auf die es doch letztendlich bei jeder Art von strategischer Kommunikation ankommt. Mittelfristig und auf mittlerer Ebene mag das Schematadenken noch gelegentlich funktionieren. Für die Entwicklung und Erhaltung einer für uns alle aufregenden und lebenswerten Welt ist es aber einfach zu wenig. Doch das sollte eigentlich unser aller Ziel sein: Aller Unternehmen, aller Marken, aller Menschen.

> Jedes Schema, jedes Raster und jedes Standardvorgehen macht das Denken klein und unterminiert damit die Möglichkeit für den großen Wurf. Denn beim strikten Ausfüllen vorgegebener Formulare sind die Gedanken zwangsläufig unfrei.

Denkschritt Nr. 2: Ideen hat jeder. Große Gedanken haben nur wenige.

Große Gedanken kommen nicht von ungefähr. Und es ist ein ebenso fataler Irrweg wie das Schematadenken, bloß auf die losgelöste Kraft der Idee zu vertrauen, wie das viele Kreative gebetsmühlenartig vor sich hertragen. Ideen hat ein jeder jede Menge, nur sind sie meistens weder die Lösung, noch diejenige eines Problems. Weil aber mittlerweile immer weniger durch das Auseinander- und Zusammenbauen von Motoren zu beeindrucken sind, kommen derzeit zunehmend ideenzentrierte Planning-Präsentationen groß in Mode. Diese zelebrieren die großen, plakativen Bilder, oft mit ausgerissenen Textfetzen und groß gesetzten, schlagenden Begriffen, die lauter Ideenbruchstücke an den nach vorne verlagerten Himmel des Konferenzraumes schmeißen. Wie eine Batterie von Leuchtkugeln zu Silvester samplen sie Gefundenes, Gemachtes und von anderen Gedachtes zu einem Feuerwerk des Einfallsreichtums. Das entstandene Trommelfeuer assoziativer Gedankenfragmente soll das gute Gefühl erzeugen, dass hier Querköpfe am Werk sind, die den Kunden aus ihrem Schematadenken befreien und ihn mitnehmen auf eine erlebnisreiche Reise zum heiligen Gral der Kreativen: der grandiosen Idee. Das Problem ist nur, dass diese dann allzu oft im freien Raum schwebt, ohne begründende Wurzeln und ohne ein gedankliches Fundament. Sie wird meist alleine getragen von der wilden Überzeugung der Kreativen, die sie gehabt haben. Dabei wird vernachlässigt, dass dem Kunden vollkommen zu Recht viel wichtiger als die tolle Idee die tolle Wirkung ist, die die Idee erzielt. Für ihn ist es keine Frage, dass Ideen etwas Wunderbares sind. Für ihn ist es aber sehr wohl eine relevante Frage, ob sie auch etwas Wertvolles sind.

Und das sind sie glaubwürdigerweise nur, wenn sie die nötige Substanz und Lösungsrationalität aufweisen. Eben um diese beizusteuern und aufzuweisen, wurde das Planning einst erfunden. Es wäre doch schade, würde sich die Disziplin von dieser Grundfunktion verabschieden, machte sie sich dann doch relativ schnell selbst überflüssig. Denn wie sehr sich die Welt und die Wirtschaft auch wandelt, an einer Tatsache wird sich nie etwas ändern: Ein großer Gedanke braucht zunächst einmal eine sehr gute Basis. Nur wer die Ursache neu, anders oder einfach nur sehr tief versteht, kann eine wirklich starke Wirkung erzielen. Für dieses Verständnis haben Fußballer ihren Instinkt, Spekulanten eine Nase und Vollblutunternehmer ihren Bauch. In der Kommunikationsbranche gibt es für diesen Zweck den Planner. Und bei ihm hat dieses Verständnis sogar einen eigenen Begriff: den Insight (vgl. Kap. 2, S. 27). Insights sind die Substanz, die der Planner als Arbeitsmaterial beschaffen muss, um aus ihnen einen großen Gedanken zu formen. Sie sind das Handwerk, das er beherrschen muss, damit er seine Kunst ausüben kann. Ohne Insight ist es sogar kaum möglich, einen großen Gedanken zu fassen. Das ist nicht nur im Planning so, sondern genauso in der Kunst, der Wissenschaft, der Politik oder auch der Unternehmensführung. Nur heißt das da eben anders.

> Ein großer Gedanke braucht zunächst einmal eine sehr gute Basis. Nur wer die Ursache neu, anders oder einfach nur sehr tief versteht, kann eine wirklich starke Wirkung erzielen. Für dieses Verständnis haben Fußballer ihren Instinkt, Spekulanten eine Nase und Vollblutunternehmer ihren Bauch. In der Kommunikationsbranche gibt es für diesen Zweck den Planner.

Als der vorherige Keksunternehmer Lou Gerstner 1993 Chef der dahinsiechenden Computerfirma IBM in einer dahinsiechenden Industrie wurde, hatte er nach einer gewissen Zeit der Beschäftigung mit dem Markt eine wegweisende Erkenntnis: »Ich glaubte, dass der Zerfall der IT-Industrie die IT-Dienstleistungen zu einem großen Wachstumsmarkt machen würden«. Auf Grundlage dieses sehr einfachen Insights hatte er den großen Gedanken, die komplette IBM zu einer einzigen Service-Firma umzubauen, was im Prinzip so ziemlich das Gegenteil zur IBM davor war. Dennoch setzte Gerstner diesen großen Gedanken sehr konsequent um. Und er hatte Recht: Sein Insight stimmte und sein großer Gedanke entfaltete deshalb eine enorme Wirkung. So rettete Gerstner nicht nur das Unternehmen, sondern machte es wieder zu einem echten Vorreiter, der nebenbei auch noch so viel Geld verdiente wie nie zuvor. Entsprechend könnte der Titel der

Autobiographie von Lou Gerstner auch als Generalermunterung zu großen Gedanken verstanden werden: »Wer sagt, Elefanten können nicht tanzen?«.

Denkschritt Nr. 3: Ein großer Gedanke verbindet eine erhellende Erkenntnis mit einer erleuchtenden Erfindung.

Insights kann man in vielen Bereichen finden. Man muss nur sehr intensiv in alle Richtungen Ausschau halten, um etwas Wegweisendes zu entdecken. So tut sich einem manchmal eine Marktlücke auf, wenn man sich eingehend damit beschäftigt, wer was wie macht in einer Branche. So findet man manchmal in der eigenen Haltung einen starken Hebel, wenn man sich einmal gründlich überlegt, was einen selbst oder das eigene Unternehmen am meisten antreibt. So entdeckt man manchmal aber auch in der Wahrnehmung der Menschen eine Sehnsucht oder einen Missstand, für den man geradezu prädestiniert erscheint, ihm wirkungsvoll zu begegnen. Doch egal wie oder woher die erhellende Erkenntnis kommt: Wichtig ist dann jeweils, dass man nicht bei ihr stehen bleibt, sondern etwas erfindet, das eine wirklich überzeugende Reaktion auf diese Erkenntnis darstellt. Denn erst dann hat man die richtige Ableitung gefunden. Erst dann sieht man, ob die Erkenntnis, der Insight wirklich etwas taugt. Und erst dann kann man wissen, ob der gesponnene Gedanke ein großer ist oder einfach nur eine große Spinnerei.

Als ein gutes Beispiel für die gefundene Marktlücke lässt sich Starbucks nennen. Howard Schultz hatte sich schon lange mit dem Kaffeemarkt in Amerika beschäftigt und war schon einige Jahre im Bereich hochqualitativer Kaffees unterwegs, als ihn sein Weg nach Europa führte. Hier hatte er ein gedankenblitzartiges Insight-Erlebnis in Italien, als er auf der Straße feststellte, mit welchem Genuss dort Kaffeebars frequentiert wurden: ob schnell mal zwischendurch oder langsam zum Schwadronieren – so etwas fehlte in den Staaten komplett. Ein Beispiel für einen Insight aus der eigenen Haltung bietet die spanische Marke Camper. In Zeiten des Turbo-Kapitalismus hat sie im großen Potenzial einer Gegenbewegung ihren Insight gefunden und als Ableitung hieraus ihr Credo und Mantra »Walk, don't run« etabliert – ganz im Sinne von Slow food & Co. Als ein zu Recht viel zitiertes Beispiel für einen Insight aus Sehnsüchten und Missständen in der Wahrnehmung der Menschen darf natürlich die Marke Dove nicht fehlen. Denn sie hat es so planmäßig wie kaum eine andere Marke geschafft, einen Insight konsequent und mutig umzusetzen. Dem Insight über die psychologische Belastung durch inszenierte Schönheitsideale stellte sie einfach ihr Ideal wahrer Schönheit entgegen und löste mit der dazu passenden natürlichen Inszenierung ein echtes Befreiungsgefühl bei den angesprochenen Frauen aus. Das war schön für das Selbstwertgefühl der Frauen, zugleich aber auch für die Abverkäufe der Dove-Produkte.

Schon an diesen drei Beispielen wird ersichtlich, dass die Insights aus völlig unterschiedlichen Erkenntnisquellen stammen können und mit völlig verschiedenen Vorgehensweisen gewonnen werden. Ihr Anwendungsbereich kann weit über die Kommunikation hinausgehen und die gesamte Unternehmensstrategie und Produktentwicklung betreffen. Entscheidend ist nur, dass der Insight ein neues Licht auf die Welt wirft und zu einem großen Gedanken Anlass gibt – der dann natürlich auch noch großartig umgesetzt werden muss. Die erhellende Erkenntnis alleine reicht nicht, in ihr und mit ihr muss auch eine Erfindung erfolgen. Erst die Synthese aus beidem kann man als großen Gedanken bezeichnen: als die Zentralaufgabe des Planners.

Denkschritt Nr. 4: Ein guter Planner ist Archäologe, Visionär und Missionar in einem.

Nun sind natürlich weder Willy Brandt noch Lou Gerstner oder Howard Schultz im eigentlichen Sinne Planner, doch verdeutlichen sie ziemlich genau auf den Punkt, was es mit dem Plannersein so auf sich hat: Der Planner dient als Weichensteller und als Wegvorgeber. Tut er dies nicht, dann dient er immerhin als Alibi. Damit er dies aber tun kann, muss er lernen, verschiedene Rollen im Prozess einzunehmen und verschiedene Fähigkeiten auf sich zu vereinen. Dazu muss der Planner zunächst einmal wie ein Archäologe sein, der breit und tief gräbt, um auf den entscheidenden Insight zu treffen. Er muss in unterschiedlichsten Gebieten auf dem Laufenden sein, zielsicher Muster in Informationen und Daten entdecken und sich bestens in Menschen und ihre Verhaltensweisen einfühlen können. Am wichtigsten ist allerdings, dass er mit der Zeit eine Intuition dafür entwickelt, wo er überhaupt graben muss, wenn er etwas Bestimmtes sucht, und einen Instinkt für das Entdecken kommunikativer Kraftfelder: Worin besteht bei einem Thema der starke Resonanzpunkt, auf den die Menschen einfach reagieren müssen? Wo ist bei einem Thema die goldene Botschaft, die die Herzen und Hirne der Menschen gewinnt?

Als nächstes muss der Planner ein Visionär sein. Er ist derjenige, der im Arbeitsgetriebe groß denken darf, der abseits von Prozesszwang und Betriebsblindheit das Ganze ins Auge nehmen kann. Denn wertvolles und gutes Planning zeichnet es aus, dass es dabei immer um das »Big Picture« geht und möglichst gar nicht um ein »Malen nach Zahlen«. Der Planner muss einfach derjenige sein, der nicht vorwiegend operativ, sondern hauptsächlich strategisch denkt. Er muss inspirieren, um zu wirken. Und das sowohl auf die Kreativen, die Consultants als auch auf die Kunden. Er muss befruchten und den Blick weiten, dadurch, dass er auch einmal über das Ziel hinausdenkt.

Zuletzt muss ein Planner ein Missionar sein, der intensiv und unermüdlich für den großen Gedanken wirbt. Dabei gilt als oberste Regel, dass er nur dann wirklich überzeugen kann, wenn er selbst von dem wirklich überzeugt ist, wofür er wirbt. Hierin besteht entsprechend auch die dritte Art von Gedankenpräsentationen neben der Motorenzusammenbauerei und dem Ideenfeuerwerk. Und diese Art ergibt sich aus dem bisher Beschriebenen: Um einen großen Gedanken einleuchtend zu machen, ist es entscheidend, zunächst einmal den starken Insight detailliert und nachvollziehbar herauszuarbeiten, um dann den großen Gedanken als logische und dennoch überraschende Folge hieraus abzuleiten. Daraus ergibt sich ein immer gleicher logischer Aufbau: Die Situation des Kunden und die entscheidende neue Erkenntnis sind die notwendigen und hinreichenden Prämissen für die dann zwingende Schlussfolgerung. Der Rest ist dann nur noch eine Geschmackssache.

> Um einen großen Gedanken einleuchtend zu machen, ist es entscheidend, einen starken Insight detailliert und nachvollziehbar herauszuarbeiten, um dann den großen Gedanken als logische und dennoch überraschende Folge hieraus abzuleiten.

Denkschritt Nr. 5: Eigentlich müssten Planner »Kreativstrategen« heißen. Mit dieser Funktion könnten sie einer ganzen Branche neues Leben einhauchen.

Der große Kulturwissenschaftler Egon Friedell brachte es in seiner »Kulturgeschichte der Neuzeit« auf den Punkt, indem er seine über 50jährige Beschäftigung mit der Geschichte der Menschheit zusammenfasste: »Die Erfolge der großen Eroberer und Könige sind nichts gegen die Wirkung, die ein einziger großer Gedanke ausübt«. Nehmen wir als Beispiel einmal die Hippies. Bei denen stoßen wir gleich wieder auf einen großartigen Planner, der eigentlich keiner ist: nämlich Allen Ginsberg, der das Hippietum im »Magic Bus« von Anfang an mit etablierte und ihm mit dem großen Gedanken »Flower Power« einen starken gemeinsamen Geist schenkte (vgl. Veken 2009). Die Kraft dieses gemeinsamen Geistes machte aus den Hippies eine wirkmächtige und weltumspannende Geistesgemeinschaft und alles, was die Hippies machten und kommunizierten, folgte ganz zwanglos und in unendlichen Variationen diesem Geist in großer Selbstähnlichkeit. Dies macht die Grundkonstitution aller Geistesgemeinschaften aus: Große Gedanken erzeugen einen gemeinsamen Geist, dem sich Unzählige freiwillig verpflichten, weil das ihr Leben bereichert und sie glücklich macht. Das ist so bei allen geschichtlichen Epochen vom Barock bis zum Fin-de-siècle. Das ist bei allen sozialen Bewegungen so von den Punks bis den Emos. Und das ist bei allen Staaten, Schulen, Religionen, Kunstrichtungen oder auch Rockergangs nicht anders. Große Gedanken treiben die Welt an. Und sie treiben die Wirtschaft an. Denn auch Marken und Unternehmen sind eigentlich nichts anderes als Geistesgemeinschaften, die von einem gemeinsamen Geist getragen werden und durch einen großen Gedanken geführt werden können.

> Große Gedanken treiben die Welt an. Und sie treiben die Wirtschaft an. Denn auch Marken und Unternehmen sind eigentlich nichts anderes als Geistesgemeinschaften, die von einem gemeinsamen Geist getragen werden und durch einen großen Gedanken geführt werden können.

Doch was bedeutet das für den Planner? Es bedeutet, dass in dem Begreifen der Marken als Geistesgemeinschaften eine große Chance steckt, das Berufsbild des Planners neu und größer zu denken. Und zwar größer in dem Sinne, dass Planner ihre Funktion in Zukunft weniger als Steigbügelhalter der Kreation interpretieren sollten, sondern vielmehr als kreative Strategen, die die Herausforderungen ihrer Kunden phantasievoller angehen als klassische Unternehmensberater, zugleich aber strategischer als klassische Kommunikationsagenturen. Würden sich die Planner tatsächlich einmal von ihrer Urfunktion zugunsten der großen Gedanken emanzipieren, bestünde hierin eine echte Möglichkeit für die gesamte Kommunikationsbranche, verlorengegangenen Respekt (und damit verlorengegangene Marge) in der Wirtschaftswelt zurückzuerobern. Hierzu bräuchte es aber etwas anderes als den klassischen Planner. Es bräuchte »Kreativstrategen«, die sich in mindestens vier Punkten deutlich vom heute existierenden Berufsbild absetzen müssten:

1. Kreativstrategen denken nicht in Marken und Kommunikation, sondern in Herausforderungen und Lösungen.

Vor vielen Jahren hat die Firma Apple sich einem großen Gedanken verpflichtet, der nicht nur die Kommunikation der Marke neu ausgerichtet, sondern ganz grundsätzlich die neue Herausforderung des gesamten Unternehmens definiert hat. Dieser große Gedanke hieß »Tools for Creative People« und erwies sich als eine so grundlegende wie erfolgreiche Weichenstellung. iPods, iTunes, iPhones, iPads, aber auch iLife, apps und alle Kampagnen sind eine Folge dieses einen großen Gedankens. Dieser Gedanke ist eben viel grundlegender als der Blick auf die nächste Kampagne. Und er illustriert wunderbar, dass Planner gut daran tun, in Zukunft viel fundamentaler zu denken, um einen wirklich wertvollen Nutzen für ihre Kunden beizutragen.

2. Kreativstrategen agieren nicht in Disziplinen und Kanälen, sondern in grundsätzlichen Handlungsrichtungen.

Jeder Kunde befindet sich immer in einer Situation, die eine Aufgabe für ihn darstellt: Egal, ob er eine Person, eine Institution, eine Partei, eine Marke oder ein ganzes Unternehmen ist. Um die wirklich beste Lösung für diese Aufgabe zu finden, ist es unbedingt ein Fehler, sich von vornherein festzulegen, ob diese Lösung eine kreative Werbekampagne, ein neues Produkt, eine Veränderung der Unternehmensphilosophie, die Positionierung in sozialen Netzwerken oder aber eine neue Aussteuerung der medialen Inszenierung ist. Grundsätzlich und groß zu denken bedeutet entsprechend, diese Festlegung nicht vor der Lösung der Aufgabe, sondern als einen Teil der Lösung vorzunehmen. Auch das muss der Anspruch eines Kreativstrategen sein.

3. Kreativstrategen suchen nicht nach kurzfristiger Bestätigung, sondern nach großen, langfristigen Gedanken.

Der Hauptgrund für den Erfolg und die Anerkennung der Unternehmensberatungen ist, dass sie nur wenigen ein Wohlgefühl vermitteln. Ganz im Gegenteil werden sie meist dafür hoch bezahlt, Übermittler von schlechten Botschaften (zum Wohle des Unternehmens) zu sein. Der Hauptgrund für die sinkende Anerkennung und Rendite der Kommunikationsbranche besteht darin, dass sie genau die gegenteilige Strategie verfolgt. Sie versucht permanent ein unmittelbares Wohlgefühl zu erzeugen: ob mit ihren Ideen, ihren Awards oder ihrer Preisgestaltung. Alles, was langfristig, grundsätzlich, komplex oder groß ist, vermeidet sie tunlichst, um möglichst kein Stirnrunzeln hervorzurufen. Der Nachteil hieran ist, dass sie auf diese Weise die mögliche Position als gleichberechtigter Gesprächspartner komplett verspielt. Kommunikationsagenturen mutieren für ihre Kunden so zunehmend zur verlängerten Werkbank, mit manchmal durchaus gegebenem Unterhaltungswert. Planner und Kreativstrategen müssten hier die ersten sein, die einen Gegenpol darstellen, haben sie doch einerseits noch die größte Nähe zu Unternehmensberatungen, wodurch sie als Übermittler kritischer Botschaften ernst genommen werden. Andererseits bieten sie durch ihre Fähigkeit zur Kreativität etwas, das die klassischen Unternehmensberatungen in der Regel nicht in ihrem Portfolio haben, wodurch sie sehr glaubwürdig ihre Eigenständigkeit beanspruchen können.

4. Kreativstrategen arbeiten nicht nur am materiellen Erfolg ihrer Kunden, sondern auch an ihrem ideellen Erfolg.
Innerhalb der letzten Jahre wird zunehmend deutlich, dass wir es uns als funktionierende Gesellschaft nicht mehr leisten können, nur in finanziellen Kategorien zu denken. Erstens, weil die Sensibilität der Kunden genauso steigt wie die Transparenz der Unternehmen. Zweitens, weil die Unternehmen sich zunehmend als Teil der Gesellschaft positionieren. Siehe Corporate Social Responsibility. Siehe Employer Branding. Siehe die zunehmende Bedeutung interner Kommunikation. Und drittens, weil die reine Finanzorientierung zunehmend die Gefahr eines »Backlashs« beinhaltet. Siehe die letzten Lebensmittelskandale. Siehe BP. Siehe Autos und CO_2. Auch hier muss es in der Funktion des Kreativstrategen liegen, über den Tellerrand hinauszublicken und die Kategorie Verantwortung zum Wohle des Kunden in seine Lösungen zu integrieren. Sprich: Hinter den großen Gedanken des Planners sollte am besten auch eine Philosophie stehen, die nicht nur wirtschaftlich Sinn macht, sondern auch übergreifend Sinn erzeugt. Denn das macht das Geheimnis des großen Gedankens aus: Ein großer Gedanke ist immer einer, an den man wirklich glauben kann.

Kapitel 2:
Consumer & Insights

Consumer Insights

Der Stoff, aus dem Konsumträume sind

Stefan Baumann

> Der Psychologe und Insight-Spezialist Stefan Baumann beschäftigt sich mit dem Grundstein von Marken- und Kommunikationsstrategien, dem »Consumer Insight«. Baumann definiert Insights als substanzielle Einsichten über die treibenden Beweggründe des Konsumverhaltens, oder einfach, als Stoff, aus dem Konsumträume sind. Er zeigt, wie man systematisch in vier Schritten zu neuartigen und inspirierenden Insights kommt. Der Schlüssel liegt in geduldiger Beobachtungsarbeit und im Auffinden von Widersprüchen und Brüchen im Konsumentenverhalten. Denn modernes Konsumentenverhalten ist höchst berechenbar: nämlich berechenbar unvernünftig, so Baumann.

Die Entdeckung des »Human Factor«

Morgens kurz nach dem Aufstehen: Nicht nur für junge japanische Männer fällt in diesem Moment die erste wichtige Entscheidung des Tages. Aus Sicht eines Deodorant-Herstellers leider häufig genug nicht im Sinne der Körperhygiene. Bequeme Routinen bahnen sich ihren natürlichen und unbewussten Weg, und die reizvollen Bilder der Werbung dringen in diesen abgelegenen Entscheidungsraum selten vor. Die japanische Kampagne für das Axe-Männerdeo setzt deshalb auf einen verhaltensökonomischen Ansatz. In einer beobachtenden Analyse der Morgenroutinen stellten die Verhaltensforscher fest, dass 67% der jungen Männer sich morgens von ihrem Handy wecken lassen. Dies inspirierte Axe zur Produktion eines mobilen Video-Wake-up-Service mit den betörenden »Axe Angels«, die zärtlich aber unmissverständlich nahelegen, die Axe-Duftmarke am eigenen Körper zu setzen. Eine gestiegene Nachkaufrate von 27% belegt den gestiegenen Verbrauch und den positiven Verhaltenseinfluss von weiblichen Anweisungen am frühen Morgen.

Kapitel 2: Consumer & Insights

Abb. 1: Axe Wake up Service (Quelle: BBH Singapore)

Seitdem sich Konsumforscher mit der Frage beschäftigen, was Konsumenten *wirklich* wollen, hat sich die Aufmerksamkeit von den Produkten immer weiter auf den Konsumenten und schließlich auf den Konsumenten *als Menschen* verlagert. Die demografischen Leitfragen (*was?*, *wer?*, *wo?* und *wie viel?*) wurden dabei zunehmend von einem qualitativen Erkenntnisinteresse (*warum?* und *wie?*) abgelöst. Wie im Beispiel von Axe besteht diese Menschzentrierung vor allem darin, zu beobachten, in welcher Weise Produkte und Services konsumiert und verwendet werden und welche Rolle sie im Leben der Konsumenten spielen. Welche verborgenen Kräfte die Entscheidungen der Konsumenten im Großen wie im Kleinen täglich lenken, erklärt der renommierte amerikanische Verhaltensökonom Dan Ariely. Seine verblüffenden Experimente beweisen, dass unser Tun und Lassen höchst berechenbar ist: nämlich berechenbar unvernünftig! (»predictably irrational« lautet auch der Titel von Arielys Buchveröffentlichung). So wurde auf diese Weise herausgefunden, wie groß der Einfluss der Marke auf die wahrgenommene Produktqualität ist, ungeachtet der tatsächlichen Produkteigenschaften. Ariely (2009) nennt als Grund dafür, dass Erfahrungen und Erwartungen unsere Wahrnehmung, Einschätzung und Entscheidungen beeinflussen. Dies hat er in einem Experiment verdeutlicht, in dem Probanden Sonnenbrillen aufsetzten und bei grellem Gegenlicht Wörter erkennen sollten. Wenn man ihnen sagte, dass die Sonnenbrillen von Armani seien, konnten sie den Text besser entziffern. So wie

Consumer Insights
Der Stoff, aus dem Konsumträume sind | 29

Armani den Konsumenten besser sehen lässt, beeinflusst auch der Preis von Schmerzmitteln deren Wirksamkeit. Gebrandetes Aspirin wirkt erwiesenermaßen besser als ein Generikum, obwohl beide Produkte jenseits der Marketingebene absolut identisch sind.

Eine Erkenntnis, die für Insightforscher fundamental ist: Das Subjektive lässt sich nur mit einem subjektiven Ansatz verstehen. Der noch vergleichsweise junge Forschungsbereich der Verhaltensökonomie versucht, die Defizite der Wirtschaftswissenschaften auf dem Gebiet der Verhaltenslehre auszugleichen. Jahrzehntelang war die neoklassische Schule der Wirtschaftswissenschaften vom Homo Oeconomicus ausgegangen, dessen Verhalten auf rationale Nutzenmaximierung ausgerichtet ist. Die Wirtschaftswissenschaft wollte wie die Physik sein. Mathematisch einwandfreie Modelle und analytische Marktprognosen haben weit weg geführt von der menschlichen Natur.

> Eine Erkenntnis, die für Insightforscher fundamental ist: Das Subjektive lässt sich nur mit einem subjektiven Ansatz verstehen.

Der Begriff »Humanomics« beschreibt die Wiederentdeckung des menschlichen Verhaltens im ökonomischen Denken sehr gut, der jetzt von Psychologen und Neurowissenschaftlern vorangetrieben wird. Im Zeitalter der Verhaltensökonomie rückt der Human Factor in den Mittelpunkt des Interesses, d. h. Kaufentscheidungen werden nicht mehr rational und materiell, sondern irrational und ideell gedacht. Wirkliches und Unwirkliches lassen sich dabei nicht mehr ohne Weiteres auseinanderhalten. Der Konsument sagt nicht, was er fühlt, und er fühlt nicht, wie er sich verhält. Er ist sich selbst ein Rätsel. Immer häufiger ist es im modernen Konsumalltag so, dass wir uns erst verhalten und dann darüber reflektieren, was uns dazu bewogen haben könnte. Der britische Kognitionswissenschaftler Nick Charter hat genau diese Beobachtung gemacht, die er mit dem Slogan *decisions first, desires later* benennt. Statt ihre Konsumentscheidungen an ihren Bedürfnissen auszurichten, ist es oft genau umgekehrt: Erst nach dem Kauf fabriziert das Bewusstsein der Kunden nachträglich eine Begründung. Gerade in Zeiten digitaler Kommunikation und sozialer Medien definiert das Verhalten immer häufiger die Einstellung und nicht umgekehrt. Es kommt zum Paradox: Die Leute wissen genau was sie wollen, aber erst nachdem sie sich dafür entschieden haben. Und so werden auch Gesetzmäßigkeiten der klassischen Ökonomie außer Kraft gesetzt. »Die Ökonomen«, so Jean Heuser, »vergessen gerade, was sie über Wirtschaft zu wissen glaubten« (Heuser 2008). Eng verwandt mit der Hinwendung zur Verhaltensökonomie, löst auch die positivistische Strömung des Neuromarketing ein Interesse an ›impliziten‹ Faktoren aus, die unser Verhalten beeinflussen. An-stelle einer tiefenpsychologischen Analyse werden hier direkt Gehirnaktivitäten der Konsumenten über bildgebende Verfahren gemessen. So fanden Neurowis-senschaftler heraus, dass der Duft von frischem Brot bestimmte Hirnareale stimu-liert und Supermarktkunden dazu animiert, mehr Lebensmittel einzukaufen. Fest-gestellt wurde auch, dass Markenloyalität zu einem ›Kurzschluss‹ im Gehirn führt, eine kortikale Entlastung, die einen direkten Entscheidungsweg ohne großes Nachdenken bewirkt.

Das Wesen des Insights

Wir befinden uns in einem Stadium der Marktsättigung, sowohl auf Produkt- als auch auf Kommunikationsebene. Produkte gleichen sich funktional einander an. Innovationszyklen sind extrem kurz, echte Innovationsvorsprünge gibt es nur noch selten. Zudem steigt die Qualität von Produkten kontinuierlich. Diese Fak-toren verlangen neue Formen von Differenzierung, die den Konsumenten emoti-onal an das Produkt, den Service oder die Marke binden. Wie also macht man gesättigte Märkte hungrig? Ein Vorschlag lautet: Man unterscheidet zwischen *Bedürfnissen* und *Sehnsüchten*. Marketing kann keine Bedürfnisse erzeugen, son-dern lediglich eine Marke oder ein Produkt mit einem latenten Bedürfnis koppeln und das Bedürfnis darauf ausrichten. Wenn alle materiellen und funktionalen Be-dürfnisse befriedigt sind, gilt es, Sehnsüchte zu adressieren. Sie definieren sich geradezu dadurch, dass sie nie erfüllt sind, dass sie Vorstellungen von dem wider-spiegeln, was oder wie man sein möchte, aber *noch* nicht ist. Sehnsüchte haben nun aber gegenüber Bedürfnissen den Nachteil, weniger offensichtlich zu sein. Das Aufspüren von Konsumsehnsüchten verlangt ein tiefes Eintauchen in die psy-chische Dynamik der Konsumenten. Und um Sehnsüchte gezielt anzusprechen, bedarf es starker *Consumer Insights*, die sich aus psychologisch-individuellen und sozial-generellen Faktoren zusammensetzen. Wer in gesättigten und hoch kom-petitiven Märkten einen Wettbewerbsvorteil nutzen möchte, muss diese Art von emotionaler Kundennähe aufbauen. So verstanden können Consumer Insights seit einigen Jahren als zuverlässigstes Mittel zur Erlangung eines Wettbewerbs-vorteils gelten – Relevanz wird zur neuen Währung.

Obwohl der Begriff exzessiv verwendet wird, blieben »Insights« bislang weit-gehend untertheoretisiert. Wir erklären *Insights als substanzielle Einsichten über die treibenden Beweggründe des Konsumverhaltens. Sie liefern Wissen über das komplexe, kulturell gefärbte Emotionsgefüge zwischen Konsument und Ange-bot.* Viele Definitionsversuche umkreisen die Eigenschaften und das Ziel von In-sights wie z. B. bei Peter Laybourne (2009): »An Insight is a penetrating discovery about consumer motivations applied to unlock growth.« Kerstin Föll (2007) sieht in einem Insight einen »erleuchtenden Gedanken darüber, was Menschen in Zu-sammenhang mit Marken bewegt«. Fassen wir zusammen: Insights beschreiben noch nicht offensichtliche Entdeckungen, die neue Wachstumschancen eröffnen und mit einer Art inneren Aha-Erlebnis verbunden sind, das sich im Idealfall beid-seitig einstellt – beim Unternehmen (»Aha! so ticken unsere Kunden«) und bei den Konsumenten (»Endlich versteht man mich! Endlich werden meine diffusen Wünsche adressiert!«). Insights sind wie Akupunktur – wenn man auf die richtige Stelle drückt, erzeugt man Energieströme, die Verhalten stimulieren.

> Wir erklären Insights als substanzielle Einsichten über die treibenden Beweggründe des Konsumverhaltens. Sie liefern Wissen über das komplexe, kulturell gefärbte Emotionsgefüge zwischen Konsument und Angebot.

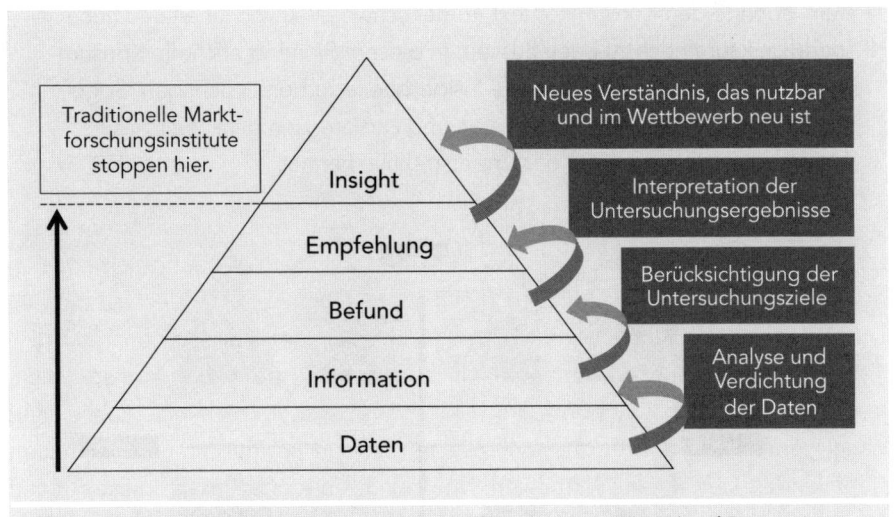

Abb. 2: Erkenntnispyramide nach Kellogg School of Management: »The Why of Consumption« (Quelle: eigene Darstellung)

32 | **Kapitel 2: Consumer & Insights**

Biotope der Insightforschung:
In welchen Feldern gedeihen Insights besonders gut?

Exemplarisch sollen einige Insight-Typen erläutert werden.

Bei *Consumer Insights* im engeren Sinne handelt es sich um psychologische Motivspannungen der Konsumenten zu Produkten oder Services. Sie geben Aufschluss über die Frage, welche Kräfte zwischen Angebot und Nachfrage wirken und welches die Anziehungskräfte des Konsumenten sind.

Bei *Brand Insights* geht es um das Wirkungssystem einer Marke. Dabei werden ihre Wirkung und Rolle im Markt ausgelotet.

Shoppers Insights beziehen sich direkt auf das Kaufverhalten der Konsumenten am POS. Es handelt sich um Insights in das Orientierungs- und Entscheidungsverhalten vor Ort.

Cultural Insights liefern Erkenntnisse über das kulturelle Konsum-Referenzsystem einer Marke bzw. eines Produktes. So könnte eine solche Untersuchung erklären, inwiefern Konsummotivationen und -verhaltensweisen in unterschiedlichen kulturellen Kontexten voneinander abweichen. Konsum ist ohne den Konsumkontext immer schwerer zu verstehen und auch werblich kaum noch zu beeinflussen. In diesem Sinne ist auch die Konsumsituation (»occasion«) als wichtige Insightquelle zu berücksichtigen. Sogenannte Needstate-Analysen schaffen und kartieren ein ganzheitliches Marktverständnis aus der Konsumperspektive heraus.

Abb. 3: Needstate-Karte für den Outdoor Markt (Quelle: Sturm und Drang, 2010)

Die Architektur des Insights

Ein Insight ist also deutlich mehr als eine reine Beobachtung oder eine faktische Erkenntnis. Ein Insight ist ein spannungsgeladenes Motivsystem das Verhaltensrelevanz in einer spezifischen Produktkategorie erzeugt. Mit dem folgenden Vierklang lässt sich die innere Struktur eines Insights abbilden, in dessen Kern ein Spannungsmoment steht, der sich in eine Innovation oder in eine Kommunikationsidee übersetzen lässt. Deklinieren wir die vier Kategorien einmal an einem Beispiel durch:

1. *Beobachtungs-Phänomen:* Ein Phänomen im Verhalten des Konsumenten wird beobachtet, z. B. die Wartelisten der einst spießigen Kleingartenvereine sind voll mit Aspiranten der jungen Generation.

2. *Motiv-Treiber:* Mit dem Phänomen wird eine spezifische Motivation verbunden, z. B.: »Im Garten fühle ich meine Autonomie und eine direkte Selbstwirksamkeit, die ich woanders nicht mehr erfahre.«

3. *Barrieren-Konflikt:* Der Erfüllung der Konsumentensehnsucht steht ein Konflikt im Wege: »Aber durch das ständige Vernetzt-Sein verliere ich vollständig das Gefühl für die unmittelbare Gegenwart und fühle mich gehetzt.«

4. *Bewältigungsstrategie:* Die möglichen konfliktlösenden Strategien, die der Konsument selber unbewusst anwendet oder die der Forscher herausliest: »Was wäre, wenn es gebündelte ›online Sprechstunden‹ gäbe innerhalb meiner ›Digitalen-Diät‹?«

Abb. 4: Architektur eines Insights (Quelle: Sturm und Drang)

Kapitel 2: Consumer & Insights

Expeditionen in die Konsumwirklichkeit der Konsumenten

Wie das Schema zeigt, beginnt ein Insight mit der *Beobachtung* eines Phänomens, das man zunächst nicht begreift, dessen Ursache im Verborgenen liegt.
Diverse Methoden zur systematischen Beobachtung des Konsumentenverhaltens
haben sich in der Insightforschung etabliert. Die Quellen für Insights sind ganz
unterschiedlich, doch Desk Reserach alleine bringt keine Insights hervor. Die Antwort auf die Frage, was den Konsumenten in Zeiten der Sättigung noch begeistert, liegt häufig ›auf der Straße‹. Es gilt, sich dem Feld zuzuwenden und *Proben
aus dem Konsumentenleben* zu entnehmen. In allen Fällen handelt es sich um
implizite Techniken. Weniger die direkten, verbalisierbaren Antworten der Probanden auf die Fragen des Forschers sind für die Insightgenerierung relevant,
sondern die Interpretation des beobachteten und dokumentierten Materials.

Abb. 5: Insightforschung im direkten Verwendungskontext *Zu Hause mit Freunden*
(Quelle: Sturm und Drang)

In *Tiefeninterviews* und *Gruppenexplorationen* fallen psychologische Ansätze mit
qualitativen *sozialwissenschaftlichen* Methoden zusammen, um ein ganzheitliches Bild des Produktes oder der Marke nachzuzeichnen. Ein Beispiel für eine
implizite Technik ist das Visualisieren der inneren Markenbilder der Konsumen-

ten. Die Vorstellungswelt zu einer Marke wird in Form einer *Mentalskizze* aufbereitet, die die Bilder und Konnotationen der Probanden sichtbar macht. In dieser Markenweltkarte können sowohl Forscher als auch Markenverantwortliche sehr gut das Markenimage der Konsumenten visuell studieren. In den Bildern offenbaren sich die markenspezifischen Insights.

Abb. 6: Inneres Markenbild einer deutschen Mineralwassermarke (Quelle: Sturm und Drang)

In *teilnehmenden Verhaltensbeobachtungen* kommen *ethnografische Methoden* zum Einsatz. Der Forscher taucht dabei für einen ganzen Tag in Alltag und Lebenswelt des Probanden ein. Er begleitet den Konsumenten zum Point of Sale, um seine Interaktion mit den Produkten oder den angebotenen Services zu beobachten und seine Konsumwirklichkeit zu erfassen. Bei *In-home-Interviews* bekommt der Proband Besuch von einem Ethnografen, so können Produkte im realen Verwendungskontext und kulturellen Kontext erforscht werden und Verwendungsmuster identifiziert werden, die als Basis für Innovationen dienen.

Kapitel 2: Consumer & Insights

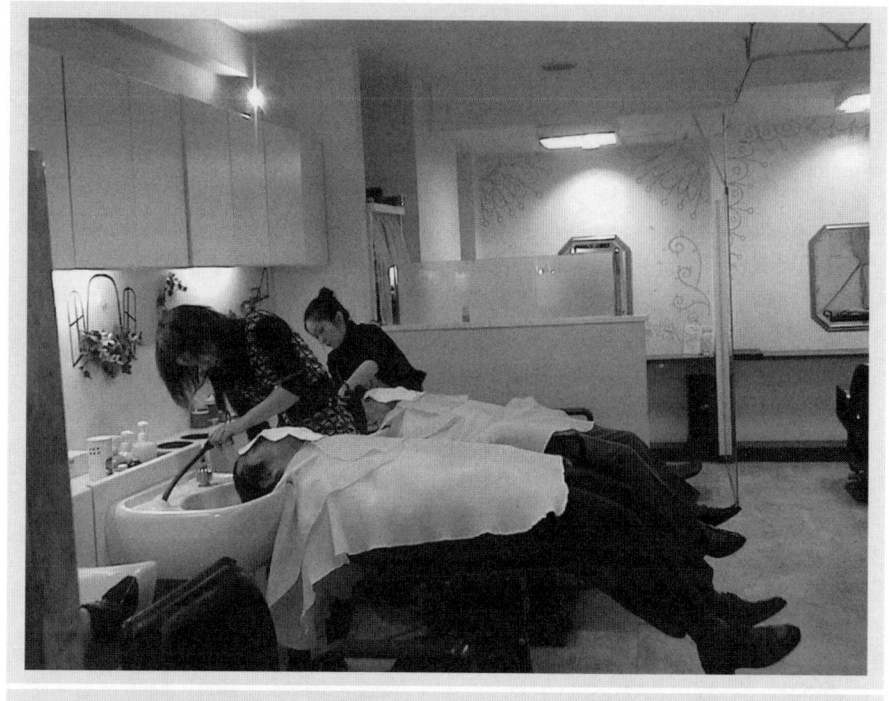

Abb. 7: Teilnehmende Verhaltensbeobachtung in einem japanischen Frisör-Salon (Quelle: Sturm und Drang)

Wenn wir nicht direkt Verhalten beobachten können oder wollen, kommen Rollen- oder Gedankenspiele zum Einsatz, mit denen innere Produktscripte der Konsumenten manifest gemacht werden. So ist das sogenannte *Psychodrama mit Figuren* (»Bitte gruppieren sie diese Figuren/Platzhalter entsprechend ihrem Verhältnis zueinander.«) eine probate Methode, um Konsumsituationen nachzustellen. Auch narrative Methoden (Erzählen einer Anekdote zu einem bestimmten Thema) eignen sich bestens, um zu erkennen, welche Motivstränge die Rituale und Routinen des Konsumenten durchziehen. Häufig verwenden wir die Technik des *Storyboardings*. Hierfür werden intime Minigruppen von drei Probanden in meist häuslicher und studioferner Umgebung gebildet, die persönliche Verwendungsgeschichten und Produkterfahrungen erzählen. Diese werden in Form von Geschichten beschrieben und gezeichnet. Dafür ist ein geschulter Forschungsillustrator mit in der Gruppe. Die Probanden können so in ihren abgebildeten *Storyboards* Ergänzungen vornehmen und wie in einem Phantombild Details aus ihrem Gedächtnis ergänzen. Die eigentliche psychologische Aufgabe besteht dann im Folgenden darin – in der Gruppe und danach in der Auswertung –, den emotionalen Subtext zu den Geschichten zu ergründen und aus den Mustern der Geschichten die Insights zu heben.

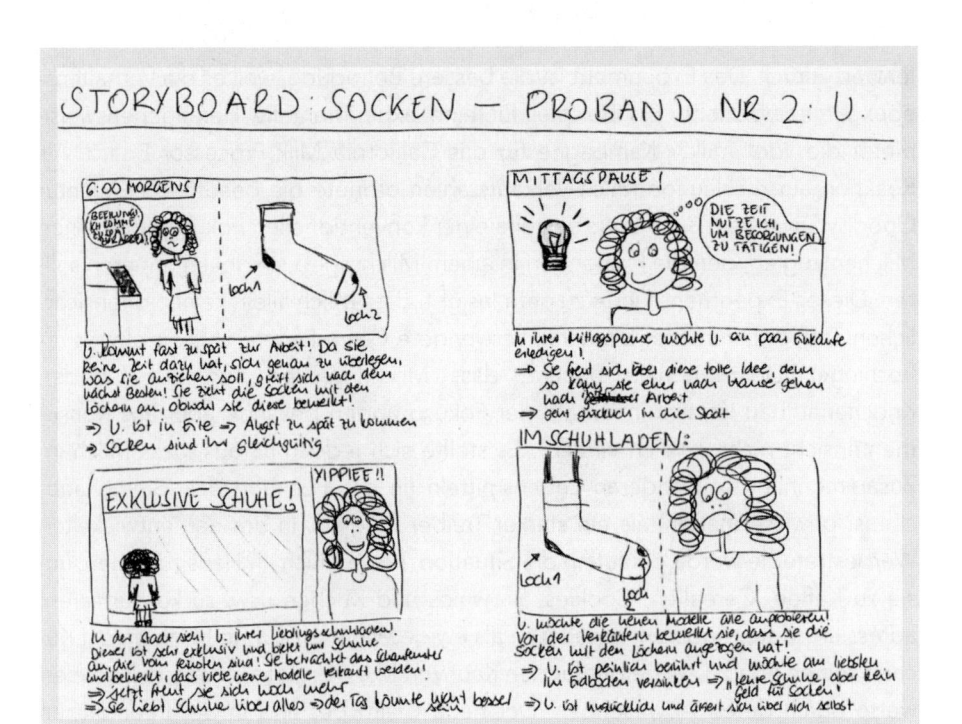

Abb. 8: Storyboard zu Sockenerfahrungen (Quelle: Sieburg 2010)

Auch der kulturelle Hintergrund, vor dem die Bedeutung der Zeichen entsteht, wird in die Interpretation miteinbezogen, denn Konsumenten bauen ihr Verhältnis zu Marken und Produkten im kulturellen Kontext auf. Sie werden nicht mit bestimmten Vorlieben geboren. In der kulturellen Einbettung von Konsum spielen auch Trends eine wichtige Rolle. Sie nehmen Einfluss auf die Sehnsüchte und Rollenerwartungen des Individuums und erzeugen Insights über »zeitgeistige« Phänomene. Welcher Insight steckt z.B. hinter der neuen »Lust am Wandern«, auch bei jüngeren Generationen? Warum ist das »Public Viewing« so populär und attraktiv geworden, nicht nur bei Sportübertragungen, sondern auch z.B. beim »Tatort«? Gibt es hier Insights zu ergründen, auf die neue TV-Formate aufgebaut werden können? Scheinbar schon, denn das sogenannte *Social TV* scheint die Programmgestaltung der Zukunft erheblich zu prägen. Jedes bessere Serienformat bekommt seine eigene Smartphone-App und ermöglicht die Parallelkommunikation in der Zuschauer-Community. Nur eines von vielen kulturellen Phänomenen, die sich – einmal in ihrer Grundsehnsucht entschlüsselt – trefflich auch auf andere Produkt- und Servicekategorien übertragen lassen.

Auch das häufig im Zusammenhang mit menschlichen Probanden negativ behaftete *Experiment* bekommt im verhaltensökonomischen Kontext seinen Stellenwert zurück. Das Experiment ist die bessere Befragung, weil es die Verhaltens-ebene miteinbezieht. Ein Beispiel für eine experimentelle Herangehensweise bietet die »got milk?«-Kampagne für das California Milk Processor Board. Als Reaktion auf rückläufige Milch-Verkaufszahlen ordnete die beauftragte Agentur Goodby Silverstein & Partners anstelle einer konventionellen Fokusgruppe einen Milchentzug an, den die Probanden in einem Milchtagebuch dokumentieren soll-ten. Dieses Experiment führte zu dem Insight, dass Milch allein keinen offensicht-lichen Treiber liefert (der bis dahin verwendete Claim lautete »Milk is always re-freshing«). Der rationale Benefit, dass Milch gesund und gut für den Knochenaufbau ist, war innerhalb der Fokusgruppen bekannt, aber aus Konsu-mentensicht nicht wirklich virulent. Es stellte sich jedoch heraus, dass Milch im Zusammenhang mit anderen Lebensmitteln (in der Funktion des ›Sahnehäub-chens‹ gewissermaßen) als ein starker Treiber fungiert. In der neu entwickelten Werbestrategie wurde daraufhin die Situation, keine Milch im Haus zu haben, um sie zu Kaffee, Cerealien, Cookies, Brownies und Kuchen usw. zu konsumieren, adressiert. Unter anderem ergab sich als ewige Wahrheit: Ohne Milch macht Ku-chen keinen Spaß. Der Treiber für den Kauf von Milch ergibt sich überraschender-weise durch deren Abwesenheit. Der neue Claim bestand in der freundlichen Erinnerung »got milk?« und führte zu einem Anstieg der Abverkäufe.

Abb. 9: Zwei Kampagnenmotive der amerikanischen »Got Milk« Kampagne (Quelle: California Milk Processor Board)

Eine andere Art der experimentellen Insightforschung durch quantitative Variationspräferenzen praktiziert der bekannte amerikanische Experimentalpsychologe Howard Moskowitz. Er entwickelte mit einem Ansatz namens RDE (rule developing experimentation) die perfekte Spaghetti-Sauce. Das heißt, zunächst erklärte er seinem Auftraggeber, dass Menschen unterschiedlich sind und es folglich nicht die eine perfekte Sauce, sondern nur perfekte Saucen geben könne – und prägte damit einen Paradigmenwechsel vom Universalismus hin zum Pluralismus oder *horizontaler Segmentierung*. Er fragte seine Probanden nach deren Vorlieben, und es zeigte sich, dass die handelsüblichen Saucen (die sich an authentischer italienischer *plain* Sauce orientierten) häufig in der heimischen Küche modifiziert wurden. Moskowitz sammelte daraufhin sämtliche Variationen der üblichen Tomatensauce und ließ diese von einer hohen Anzahl Probanden bewerten. Das Ergebnis wurde nicht auf eine perfekte Rezeptur hin analysiert, sondern von Moskowitz *geclustert* – mit erstaunlichem Ergebnis: Es ergab eine präzise Marktsegmentierung, bestehend aus je einem Drittel von Konsumenten, die *spicy, plain,* oder *extra chunky* Tomatensauce bevorzugten. Letztere war bis dato nicht auf dem Markt erhältlich, auch wurde das Bedürfnis nach *extra chunky tomato sauce* in Jahren der Forschung mit Fokusgruppen nie geäußert. Keiner der Konsumenten konnte artikulieren, dass *extra chunky* eigentlich gewollt wird. Diese ›neu entdeckte‹ Kategorie wurde aus der Sphäre des Unbewussten ans Tageslicht und auf den Markt gebracht, wo sie dem Hersteller – zunächst praktisch ohne Konkurrenz – einen riesigen Gewinn einbrachte. Die Leistung von Moskowitz besteht also darin, experimentell nachgewiesen zu haben, das es Geschmacksgruppen gibt, die unterschiedliche Bedürfnisse haben. Auch wenn sie nicht darüber sprechen können.

Das Freilegen von Treiber und Barrieren

Wie geht man am besten bei der Identifizierung von starken Insights vor? Die Suche zielt auf das innere Spannungsmoment der Konsumentscheidung. In der Insightforschung identifizieren wir für jede Produktkategorie die wichtigsten *Treiber und Barrieren*. Am Anfang steht dabei die Beobachtung. Alle Forschung sucht zunächst nach einer Konsumentenwahrheit, einer Auffälligkeit im Verhalten oder in der Einstellung. Häufig sind das auch Angewohnheiten, die sich im Laufe eines Konsumlebens ausgeprägt haben und deshalb für den Konsumenten gar nicht mehr bewusst, aber sehr stabilisierend sind. Wir nennen das »kulturelle Praktiken«. Postmodernes Marketing hat genau die Funktion, diese kulturellen

Praktiken neu zu programmieren und zu designen. So z.B. die kulturelle Praxis, wie heute Kaffee getrunken wird oder die kulturelle Praxis, wie heute telefoniert wird. Starbucks und Apple vermarkten nicht einfach ein Produkt, sondern sie haben die Art und Weise neu erfunden, wie wir Kaffee trinken und wie wir telefonieren. Deshalb ist es ungemein wichtig zu verstehen, welchen Teil der kulturellen Praxis man neu codieren will und mit welchem Motiv.

Das Konsummotiv beantwortet die Frage nach dem *Warum* des beobachteten Phänomens: Warum passen Chips so gut zum Prime-Time-Programm vor dem Fernseher? Wieso ist der Garten bei jungen Städtern wieder ein solcher Sehnsuchtsort? Warum ist das Bett bei jungen unkonventionellen Familien der Mittelpunkt des Familienlebens? Warum ist das Auto nicht mehr der emotionale Fixpunkt bei der Generation der »Digital Natives«? Hinter jedem dieser Phänomene stehen spezifische Motive, manchmal wirken auch mehrere Motive gleichzeitig, die zu verschiedenen Bewältigungsstrategien führen können. Im Analyseteam stellen wir uns gegenseitig unsere »Lesart« vor und bestimmen Antriebs- und Abstoßkräfte für das erkannte Phänomen. Zur Visualisierung verwenden wir eine Treiber-Barrierematrix in Form einer Kreuztabelle – ein sehr gutes Denkinstrument, um systematisch zu den Insights vorzustoßen. Auf der einen Achse tragen wir die Treiber und Sehnsüchte ab, auf der anderen Achse die Ängste und Barrieren. Eine Insight Matrix aus dem Snackbereich identifiziert z.B. als Barrieren »ungesund fettig«, »verklebt die Finger«, »formlos« und »geräuschvoll« und als Treiber »Kontaktverstärker«, »Erlebniswürzung« und »sinnliche Regression«. Die

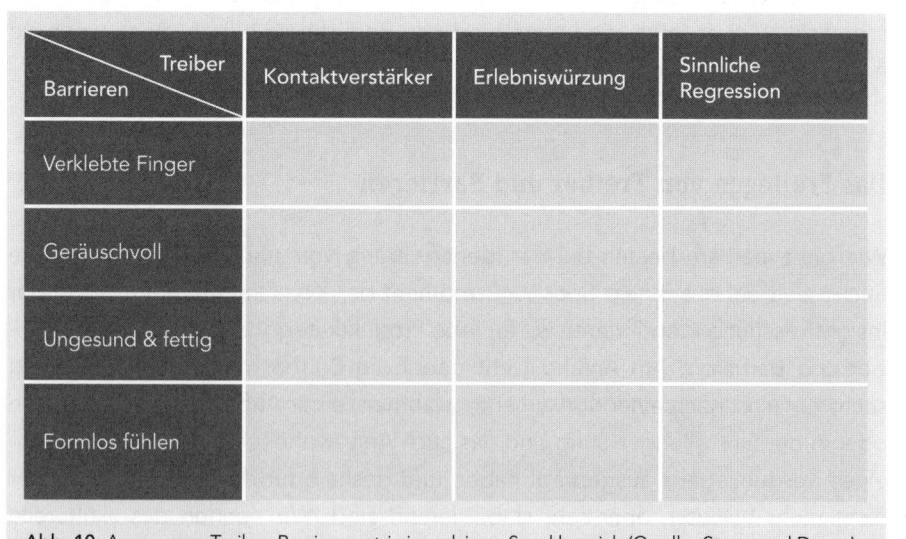

Abb. 10: Auszug aus Treiber-Barrierematrix im salzigen Snackbereich (Quelle: Sturm und Drang)

Schnittpunkte ergeben potenzielle Konfliktfelder in bestimmten Konsumsituationen. Was sind z. B. die Insights, warum Chips nicht am Arbeitsplatz gegessen werden und auch ganz selten vor Einbruch der Dunkelheit? Woher kommt die Marktlimitierung? Die relevantesten Konfliktpotenziale mit der höchsten ›Sprengkraft‹ für bestehende Marktkonventionen werden im Analyseteam (oder in Kollaboration mit dem Auftraggeber und/oder den Kernverwendern) identifiziert.

Die Bewältigung von Konflikten

Es folgt die letzte aber entscheidende Fragestellung: Was ist der Konfliktlöser? Welche Sprungbretter lassen sich für die nachfolgenden Innovations- oder Kommunikationsaktivitäten auslegen? Natürlich gibt es hier keine branchenübergreifenden Standardlösungen, aber grundsätzlich lassen sich in der psychologischen Forschung mindestens drei Konfliktarten unterscheiden:

Im *Ziel-Ziel-Konflikt* besteht ein diametraler Widerspruch zwischen zwei Dingen, die ein Konsument gleichermaßen als wahr ansieht oder anstrebt. Zum Beispiel möchte ich mich in der Arbeit verwirklichen und Karriere machen aber gleichzeitig eine Familie gründen und für diese Zeit haben. Hier haben wir es mit zwei Treibern zu tun, die in eine diametral unterschiedliche Richtung weisen. Für einen solchen Konflikt braucht es *Synthese-Strategien* wie z. B. »Two-in-One«-Produkte oder Services. Das Blackberry als »Büro zum Mitnehmen« ist ein solches Synthese-Produkt.

Der zweite – am häufigsten auftauchende Konflikttypus – ist der *Ziel-Vermeidungs-Konflikt*. Dieser Konflikt-Typus zeichnet sich dadurch aus, dass ein Bruch zwischen gesellschaftlicher Verhaltensnorm und individueller Sehnsucht entsteht. Mit der sogenannten *Want-Should-Forschung* beschäftigt sich eine ganze Forschungsrichtung mit diesem intrapersonellen Dilemma. *Want Impulse* sind Sehnsuchtsentscheidungen, über die nicht lange nachgedacht werden muss. *Should Impulse* sind Vernunftentscheidungen, die einer eigenen oder äußeren Norm folgen. Bei jeder Kaufentscheidung wird eine Lösung dieses inneren Konfliktes immer wieder neu verhandelt. Dabei wechselt der Konsument zwischen unbewussten und intuitiven *Automatismen* und einer rationalen *Reflektion* seiner Handlungen. Untersuchungen der Harvard Business School zeigen, dass Kaufentscheidungen oft zeitabhängig getroffen werden: beim Kurzfristigen gewinnt das *Want*, beim Langfristigen gewinnt das *Should*. Beim Bestellen von Lebensmitteln hängt die Auswahl z. B. davon ab, wie viel Zeit noch bis zum Verzehr ist. Wenn etwas sofort oder bald gegessen wird, entscheidet sich der Kunde eher für die

Vollmilchschokolade. Je länger die Zeit bis zum Verzehr ist, desto höher sind die Chancen für das Vollkornbrot. Die Handlungspräferenzen des Konsumenten differieren abhängig vom situativen Kontext und in Abhängigkeit von der Zeitdifferenz zwischen Konsumentscheidung und eigentlichem Konsumakt. Derselbe Kunde handelt ganz unterschiedlich und teilweise in deutlichem Widerspruch zu seinen ›offiziellen‹ persönlichen Präferenzen. Er will seit Jahren sein Gewicht reduzieren, trotzdem bestellt er – wenn er dann im Restaurant sitzt – Pizza statt Salat. Oder er leiht anspruchsvolle Autorenfilme aus, schiebt aber zu Hause dann doch die Action-DVD rein: *Should*-Filme bleiben länger liegen und werden später zurückgegeben als *Want*-Filme, so exemplarische Studienergebnisse des Forschungszweigs. Ein solcher Konflikt zwischen Want und Should kann im Marketing dadurch gelöst werden, dass der *emotional benefit* mit rationalen Kaufargumenten unterfüttert wird, etwa indem darauf hingewiesen wird, dass die verwendeten Stoffe aus Fair Trade-Handel stammen. Diese rationalen und manifesten Vernunftgründe ›verhandeln‹ gewissermaßen mit den unbewussten und emotionalen Treibern. Wir brauchen also ›eingebaute‹ Vernunftargumente wie die »gute Milch« in der Kinderschokolade oder »gesunde Vitamine naschen«.

Kommt ein Konsument in die Verlegenheit, zwei nicht wünschenswerten Situationen auszuweichen, spricht man von einem *Vermeidungs-Vermeidungs-Konflikt*. Die Welt ist voll von guten Vorsätzen, vernünftigen Einstellungen und wahren Überzeugungen. Einzig das wirkliche Verhalten hält sich nicht an die gut gemeinten Absprachen. Konsumenten möchten beispielsweise weder dick sein noch eine strikte asketische Diät halten. Aber eine äußere oder innere Norm verlangt von ihnen, schlank und sportlich zu bleiben. In diesem Fall braucht das Produkt oder der Service motivierende oder spielerische Eigenschaften wie z. B. das Punktesystem bei Weight Watchers oder einen ›eingebauten sozialen Blick‹, der das Verhalten steuert und (immer wieder) initiiert. Der Vermeidungs-Vermeidungs-Konflikt bietet vielfältige Ansatzpunkte für intelligente Produktinnovation und Kommunikationsbotschaften. Mit stickK.com gibt es beispielsweise seit einiger Zeit einen Online Commitment Store, bei dem die User einen Vertrag schließen, der wie eine Wette funktioniert. Sie setzen einen frei wählbaren Geldbetrag ein. Wenn sie ihr Ziel zu einem festgesetzten Zeitpunkt nicht erreichen, verlieren sie ihr Geld. Es wird dann gespendet für wohltätige Zwecke oder »anti-charities«. Letzteres sind Organisationen, die der User hasst und denen er auf keinen Fall Geld geben möchte. Und das funktioniert: Obwohl es zahlreiche Vernunftgründe gibt, etwa sein Gewicht zu reduzieren oder mit dem Rauchen aufzuhören, ist für viele die selbstauferlegte Strafe, beispielsweise George W. Bush 200 Dollar zu spenden, ein wirksameres Argument als die eigene Gesundheit. Die Vermeidungs-Vermeidungs-Konflikte scheinen in der postmodernen Überflusskultur eine besondere Konjunktur zu feiern. Scheinbar fällt es immer mehr Menschen schwer, konsequent und nachhaltig im eigenen Sinne zu agieren.

Handelt es sich um einen Insight?
1. Besteht ein diametraler Widerspruch zwischen zwei Dingen, die ein Konsument gleichermaßen als wahr ansieht/behauptet?
2. Besteht ein spannender Bruch zwischen gesellschaftlicher Norm und individueller Sehnsucht?
3. Besteht ein augenfälliger Bruch zwischen dem, was Konsumenten über sich (bewusst) behaupten und dem, wie sie sich (unbewusst) verhalten?
4. Besteht ein gefühlter Bruch zwischen der intendierten und der empfangenen Markenbotschaft? Und kann man aus diesem Widerspruch eine Maßnahme ableiten?

Derart architektonisch dekonstruiert wollen wir uns einen vollständigen Insight einmal in seiner »Psycho-Logik« anschauen. Wir bleiben der Einfachheit halber bei unseren salzigen Snacks:

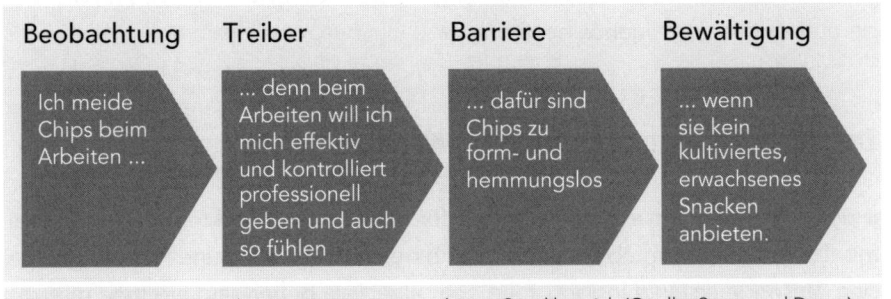

Abb. 10: Auszug aus Treiber-Barrierematrix im salzigen Snackbereich (Quelle: Sturm und Drang)

Von der Insightforschung zum Insightmanagement

Insights aufzuspüren und zu beschreiben, ist keine triviale Angelegenheit. Der Planner Anthony Tasgal verdeutlicht in seinem Blog, dass Insights am Ende eines intensiven Denkprozesses stehen: »Insight should be seen as a process, a way of working and thinking rather than merely an object that can be picked up and counted« (Tasgal 2011). In diesem Sinne werden Insights in der Praxis kontinuierlich validiert und geschliffen. Auch hier gilt das mittlerweile populäre »always-in-beta«-Vorgehen. In der Insightforschung steckt eine Menge Geld und Zeit. Umso erstaunlicher ist es, wie unsystematisch und verschwenderisch viele Firmen dieses Kapital einsetzen. Gute Insights haben eine sehr lange Halbwertzeit und sind vielseitig in Unternehmensprozessen einsetzbar. Deshalb betreiben weitsichtige Unternehmen ein systematisches *Insightmanagement*. Dieses hat die Aufgabe, Insights langfristig und intelligent in den Arbeitsprozess einzubinden. Zu diesem Zweck werden *Screenings und Ratings* durchgeführt. Dabei kommen Checklisten zum Einsatz, die individuell auf die Erfordernisse jedes Unternehmen angepasst werden müssen. Gemeinsam ist diesen Kriterienlisten, dass sie schwer objektivierbar sind.

Das Managen von Insights wird nach der intensiven Forschungsbeschäftigung der letzten Jahre zur zukünftigen Kardinaltugend in Unternehmen. Insightmanagement basiert auf einem kontinuierlichen, kollaborativen und systematischen Screening, Rating und Organisieren von branchenspezifischen Consumer-, Shopper- und Cultural Insights. Für Unternehmen sind sie wertvolle Rohstoffe, die über deren *Business Intelligence* bestimmen.

Die Metamorphose eines starken Insights

Insights stellen in unserem Verständnis für Marketing, Produktentwicklung, Kommunikation oder Vertrieb Sprungbretter bereit, die Richtung und Relevanz vorgeben. Besonders starke Insights tangieren alle vier Ebenen und eröffnen mitunter eine neue Marktkategorie. Denken wir an Nespresso und den Insight, dass feine Kaffeekultur und Quasi-Instant Zubereitung sich nicht ausschließen müssen.

Bei Entwicklung von *Produktinnovationen* können Insights helfen, das Schrotflintenprinzip in gesättigten Märkten durch ein gezieltes und strategisches Vorgehen zu ersetzen. Die Floprate von Produktinnovationen in den ersten zwei Jahren schwankt zwischen 60 und 75%, sie nahm seit 1999 um 20% zu und erzeugt in Deutschland ein jährliches Fehlinvestitionsvolumen von zehn Milliarden Euro

(Hermann 2006, S. 9). Insights bilden in Innovationsstrategien die Basis, um neue Produktsuchfelder zu entwickeln (passend zur Marke und Höhe des Marktpotenzials), z. B. »der unterhaltsame Kaffee« für den Instant Kaffeemarkt. Diese Suchfelder (»White Spots«) bilden die Grundlage für den Ideenprozess, der sich kolossal von konventionellen Brainstorming Sessions unterscheidet. Kreativität und Ideenfindung sind hier klar gebündelt und gerichtet. Wichtig ist, dass der Insight ein zentraler Bestandteil des Produktkonzeptes ist, das den Konsumenten in seinem Bedürfnis oder Konsumkonflikt abholt. Dieses besteht aus dem Dreiklang: Insight – Benefit – Reason to Believe. Zusammen mit einer Produktskizze und/oder einer Anmutungscollage geht das Konzept traditionell in den qualitativen oder sogar quantitativen Test.

> In der Entwicklung von *Kommunikationsstrategien* gilt: Relevant ist das neue Laut! Die Werbestrategie sollte die *Antwort* auf den im Insight beschriebenen Konflikt liefern. Sie sollte abbilden oder thematisieren, wie sich der innere Konflikt des Konsumenten lösen lässt.

Aufgabe des *Strategic Planners* ist dabei die kongeniale Übersetzung des Insights in einen kommunikativen Leitsatz, auch Proposition genannt (vgl. Kap. 3, S. 79). Zusammen bilden Insight und Proposition die Grundlage für den Creative Brief (vgl. Kap. 4.2). Entscheidend ist, dass die Proposition den Konsumenten wirklich betrifft, denn auch im Informationsraum ist es eng geworden. In unserer Ökonomie der Aufmerksamkeit sinkt die Betrachtungsdauer und Aufnahmebereitschaft von Werbung stetig. Die Zeit, in der Botschaften wirken können und müssen, wird immer kürzer. Unternehmen müssen sich deshalb fragen, was Rezipienten hören wollen und was für sie relevant ist. Die Antwort liegt in Insights. Durch sie tun sich überraschende Möglichkeiten auf, den Rezipienten in konsumrelevanten Situationen abzuholen und die Themen und Sehnsüchte anzusprechen, die ihn wirklich interessieren. Grundsätzlich gilt: Traue keinem Briefing, dessen Proposition nicht auf einen starken Insight fußt. Um mit Goethe zu sprechen, der frei vom Vorwurf ist, werbliche Floskeln zu verbreiten: Nichts ist schlimmer als eine Aktivität ohne eine tiefe Einsicht.

Kommunikation und Marketing müssen darüber nachdenken, wie sie dem verhaltensökonomischen Paradigmenwechsel begegnen. Lange vor der Marktintervention beginnt die Forschung nach Insights mit geduldiger Beobachtungsarbeit. Es gilt, mit dem Faktor Mensch zu rechnen und zu arbeiten. Für eine zukünftige Produkt- und Kommunikationslandschaft, die uns wieder mehr bedeutet.

Implizite Konsumenten-entscheidungen

Verborgene Verhaltenstreiber verstehen und für Marken und Kommunikation nutzen

Johannes Schneider/Martin Scarabis

Die Experten für implizites Marketing Johannes Schneider und Martin Scarabis beschäftigen sich mit den verborgenen Verhaltenstreibern von Konsumenten. Anders als zuvor Stefan Baumann wählen sie dafür keinen qualitativ-tiefenpsychologischen Ansatz, sondern plädieren für eine verhaltensorientierte Herangehensweise (Reaktionszeitverfahren). Ihr Fazit: Entscheidend für das Verhalten des Konsumenten sind seine funktionalen und mentalen Ziele. Diese sollten Ausgangsbasis der Planung sein und mit in den Creative Brief aufgenommen werden, anstelle der dort üblichen Unterscheidung in rationale und emotionale Benefits.

Betrachtet man Marketing nüchtern, so dreht es sich im Grunde nur um eines: das Verhalten von Konsumenten. Zentrale Zielsetzung von Marketingaktivitäten ist es daher, das Verhalten einer Gruppe von Menschen so zu verstehen, dass man es entsprechend verstärken (Fokus auf Loyalisierung) oder verändern kann (Fokus auf Penetration). Alle weiteren Konstrukte, die im Marketing gerne und häufig genutzt werden – von Einstellungen zu Marken oder der Brand Personality über Erinnerungsleistungen von Werbung bis hin zu Image-Betrachtungen –, sind lediglich Hilfsmittel, um eine Annäherung an das Konsumentenverhalten und dessen Beeinflussung zu ermöglichen.

Planning als Disziplin verbreitete sich seit den 1960ern in Werbeagenturen nicht zuletzt deshalb so erfolgreich, weil gerade ein solcher Fokus auf Konsumentenverhalten bei der Entwicklung von Kommunikation bis dahin häufig nicht deutlich genug vorhanden war. Die ursprüngliche Idee von Planning im Sinne einer Fokussierung auf den Konsumenten innerhalb des gesamten kreativen Prozesses versprach, Marketingaktivitäten grundlegend erfolgreicher zu machen. In der

Agenturpraxis bedeutete diese Überlegung, den Konsumenten und seine Wünsche und Bedürfnisse in den Mittelpunkt aller Aktivitäten zu stellen: bei der Konzeption von Werbung bis hin zu deren Überprüfung. Dieser Perspektivwechsel wirkt rückblickend schlüssig und wenig überraschend, denn schließlich ging es ja bei Werbung schon immer um Konsumenten, doch die Auswirkungen etwa auf Methoden und Agenturphilosophien waren tiefgreifend und führten dazu, dass sich Planning als dritte Disziplin zwischen Kreation und Beratung etablierte (vgl. Cowley 1991). Doch obwohl strategische Planer die letzten Jahrzehnte in nahezu allen großen Werbeagenturen damit verbracht haben, den Konsumentenfokus in Strategien und kreative Ideen einfließen zu lassen sowie Verhalten im Sinne der Marketingziele zu verändern, »funktioniert« doch bei weitem nicht jede Kampagne so, wie sie eigentlich sollte. Woran liegt das?

Das grundlegende Defizit einer Konsumentenzentrierung besteht häufig darin, dass sie Menschen so behandelt, als wenn sie alles, was für sie und ihr Verhalten wichtig ist, verbalisieren könnten. Der typische Weg, Informationen über Personen zu bekommen, ist diese Menschen direkt zu (be-)fragen. Die Methoden hierfür sind etabliert, mehr oder weniger elaboriert und reichen von standardisierten Fragebögen über teil-strukturierte Interviews bis hin zu Tiefeninterviews (In-Depths). Ein Problem, das sich jedoch bei allen Befragungs-Methoden durchzieht, ist: Konsumenten können nur unzureichend Auskunft darüber geben, was wirklich ihr Verhalten treibt. Die berühmten Psychologen Richard Nisbett und Timothy Wilson (1977) sprechen im Zusammenhang mit direkten Befragungen von »telling more than we know« und die neuere Neuropsychologie spricht vom »hypothetical bias« (Kang/Rangel/Camus/Camerer 2011). Das bedeutet: Menschen wissen häufig nicht, warum sie bestimmte Entscheidungen treffen. Und was sie sagen und was sie letztendlich wirklich tun, unterscheidet sich häufig stark (vgl. Kap. 2, S. 27).

Betrachten wir einmal ein Beispiel, das uns zeigt, wie wenig uns Konsumenten wirklich über die Beweggründe ihres Verhaltens sagen können, den sogenannten »Choice Blindness Effekt«. In einem Experiment wurden Kunden in einem Supermarkt gebeten, Tee bzw. Marmelade zu probieren. Dann sollten sie sich für die attraktivere (leckerere) Variante entscheiden und dann nach nochmaligem Probieren ihre Wahl begründen. Ohne dass sie es merkten, wurden allerdings durch einen Trick die Sorten vertauscht. Das bemerkten aber gerade einmal 20% der Teilnehmer. Sogar bei vermeintlich sehr unterschiedlichen Geschmacksvarianten wie bittere Grapefruit vs. Zimt-Apfel bemerkten nur 20% den Wechsel beim Probieren. Subjektiv waren sich die Probanden aber sehr sicher, die Varianten klar unterscheiden zu können. Und sie gaben auch ausführliche Begründungen dafür an, warum sie die – eigentlich von ihnen zunächst als weniger lecker qualifizierte Sorte – für besonders lecker hielten. Konsumenten sind in Marktforschungsstudien in der Regel kooperativ und werden immer versuchen, Antworten auf die Fragen zu geben, die wir ihnen stellen. Doch der »Choice Blindness Effekt« zeigt, wie wenig verbale Auskünfte mit wirklichem Verhalten zu tun haben. So wundert es nicht, dass auch in angewandten Marktforschungsstudien oft erschreckend geringe Zusammenhänge von Variablen wie Kaufabsicht, Willingness-to-Pay und weiteren Messgrößen mit dem tatsächlichen Verhalten beobachtet werden.

> Konsumenten können uns verbal nicht zuverlässig Auskunft darüber geben, was ihr Verhalten wirklich treibt, auch wenn sie sich redlich darum bemühen.

Das Problem vieler Ansätze von Konsumentenbefragungen ist, dass sie Menschen direkt, also explizit, befragen und so bestimmte Strukturen im menschlichen Gehirn adressieren, die nach den Erkenntnissen der aktuellen Forschung nicht diejenigen sind, die wirklich das Verhalten steuern. Betrachten wir daher im Folgenden, wie die tatsächlichen Verhaltenstreiber für Kaufentscheidungen identifiziert werden können.

Implizite Prozesse steuern Konsumentenverhalten

In der grundlagenwissenschaftlichen Forschung ist man sich mittlerweile einig, dass Verhalten zu einem großen Teil von *impliziten Prozessen* beeinflusst wird. Implizit sind solche Vorgänge im Gehirn von Menschen, die extrem schnell, parallel, intuitiv und automatisch verlaufen und teilweise unbewusst sind (vgl. Kahnemann 2002). Dazu gehören Vorgänge wie die Wahrnehmung und Aufmerksamkeitssteuerung, aber auch das Interpretieren von Stimuli (z. B. TVCs) und das Entscheiden (z. B. am POS). Das implizite System dient also der schnellen und intuitiven Verhaltenssteuerung, wie sie bei einer Vielzahl unserer Entscheidungen im Alltag Gültigkeit haben, dem automatischen Analysieren von Kommunikation und dem Lernen von Mustern aus der Umwelt. Im Gegensatz dazu stehen die expliziten Prozesse: Das explizite System ist für alles zuständig, was Menschen bewusst und durchdacht sagen oder tun. Es arbeitet langsam, seriell und mit sehr begrenzter Kapazität.

Die neuen Erkenntnisse der Psychologie und der Neurowissenschaften bezüglich der enormen Bedeutung von impliziten Vorgängen für das Verhalten von Menschen widersprechen den klassischen Annahmen des Marketings und der Marktforschung. Sehr anschaulich wird diese traditionelle Sichtweise auf Konsumenten von Richard H. Thaler und Cass R. Sunstein (2009, S. 16) zusammengefasst: *»Schaut man sich ökonomische Lehrbücher an, dann liest man dort, dass dieser Homo oeconomicus denkt wie Albert Einstein, Informationen speichert wie IBMs Supercomputer Big Blue und eine Willenskraft hat wie Mahatma Gandhi.«* Anders gesagt, traditionelle Ansätze fokussieren das explizite Denken von Konsumenten, vernachlässigen aber implizite Vorgänge. Dies ist im Übrigen nicht nur ein Problem der Standard-Marktforschung, sondern auch eines, das viele Tools der Kommunikations- und Markensteuerung betrifft, z. B. den verbreiteten Marketing-Funnel. Der Funnel geht davon aus, dass Kaufentscheidungen der Sequenz bewusste Markenkenntnis, Consideration, Kauf folgt – also im Kern der alten AIDA-Formel und somit einem bewusst-expliziten Ablauf.

> Standardmethoden der Marktforschung (z. B. im Pretesting) und Tools zur Kommunikations- und Markensteuerung (z. B. Funnel) fokussieren bewusst-explizite Aspekte von Konsumentenentscheidungen und lassen implizite Verhaltenstreiber außer Acht.

Fatal ist dies insbesondere, da die Forschung zeigt, wie ungleich leistungsstärker die implizite Verarbeitung im Vergleich zur expliziten ist.

Um die Relevanz impliziter Prozesse für das Marketing beurteilen zu können, lohnt es sich, in einem ersten Schritt zu schauen, wann denn das explizit-reflektierte Denken *nicht* ausreicht, um Verhalten von Konsumenten hinreichend gut erklären zu können. In der Forschung wurden mehrere Bedingungen spezifiziert, unter denen bewusst-reflektiertes Denken schlecht funktioniert (Dijksterhuis/Nordgren 2006; Fazio 1990; Friese/Hofmann/Schmitt 2008):

▶ *Low Involvement*: Bei geringem Interesse (z. B. an Werbung) fehlt die Motivation über Botschaften oder Produkte explizit nachzudenken. Entsprechend dominieren dann implizite Prozesse in der Wahrnehmung, Verarbeitung und Entscheidungsfindung.

▶ *Zeitdruck*: Wenn keine Zeit zum expliziten Nachdenken verfügbar ist, dominieren implizite Prozesse (»aus dem Bauch heraus entscheiden«).

▶ *Overload*: Wenn es so viele Informationen (z. B. Produkte, Werbebotschaften) gibt, dass es unsere kognitiven Ressourcen überfordern würde, über jede Information explizit nachzudenken, auch dann dominieren implizite Vorgänge unser Handeln.

Kapitel 2: Consumer & Insights

▶ *Hohe Komplexität*: Während die ersten drei Bedingungen schon lange bekannt sind, ist die Erkenntnis neu, dass das explizite Nachdenken vor allem bei einfachen Entscheidungen (z.B. Einkauf von Shampoo) hilft. Komplexe Entscheidungen (z.B. Einkauf eines Küchengerätes) dagegen können objektiv besser ausfallen, wenn man nicht zu viel darüber nachdenkt (Dijksterhuis, 2006). Der Grund liegt in der größeren Kapazität der impliziten Verarbeitung.

Nachdem wir die zahlreichen Bedingungen kennen gelernt haben, die dafür sorgen, dass explizite Prozesse gestört sind, implizite aber weiter funktionieren lassen, können wir einen Blick auf die Gegebenheiten der typischen Umgebung werfen, in denen Konsumenten mit Werbung in Berührung kommen und Kaufentscheidungen treffen (vgl. Abbildung 1).

Marketing-bedingungen:	Faktoren, die explizite Verarbeitung erschweren:			
	Low Involvement	Zeitdruck	Overload / Ablenkung	Komplexität
Rezeption von Werbung / Kommunikation	Menschen nutzen Medien nicht, um Werbung aufzunehmen.		Menschen gehen in der Rezeptionssituation meistens auch anderen Tätigkeiten nach. Konsumenten haben geschätzt 3000 Werbekontakte pro Tag.	
Kauf FMCG (z.B. Joghurt)	Käufe im Supermarkt sind mit einem geringen Risiko verbunden.	Konsumenten nehmen sich wenig Zeit im Markt und am Regal.	Konsumenten sind in der Kaufsituation mit extrem vielen Produkten, aber auch anderen Reizen konfrontiert (z.B. andere Kunden, Musik, ...).	
High-Interest-Produkt (z.B. Küche)				High-Interest-Produkte sind oft auch komplex und nur schwer voneinander zu unterscheiden.
Lernen von Marken-Assoziationen	Konsumenten sind in der Regel nicht daran interessiert, bewusst etwas über Marken zu lernen.		Beim Kontakt mit Marken sind Konsumenten oft abgelenkt.	

Abb. 1: Die bewusst-explizite Verarbeitung ist in marketingrelevanten Situationen in der Regel beeinträchtigt (Quelle: eigene Darstellung)

Die obige Übersicht zeigt deutlich, dass die Integration der impliziten Perspektive in das Marketing nicht nur aus wissenschaftlicher Sicht wünschenswert, sondern auch aus Sicht der tatsächlichen Werbe- und Marktbedingungen in der Realität zwingend erforderlich ist, um zu verstehen *warum* Konsumenten sich in einer bestimmten Weise verhalten.

> Die Aufnahme von Kommunikation, das Abspeichern von Wissen über Marken im Gedächtnis und das Treffen von Kaufentscheidungen ist in der Realität stark von impliziten Einflüssen und weniger vom bewussten Nachdenken geprägt.

Im Folgenden werden wir erläutern, was es auf verschiedenen Ebenen bedeutet, das Implizite in den Marketingalltag zu integrieren. Konkret wollen wir zwei grundlegende Felder beleuchten, die insbesondere für das Planning maßgeblich sind:

1. Implizite Konsumentenforschung und
2. Berücksichtigung impliziter Verhaltenstreiber für Marken und ihre Kommunikation.

Implizite Konsumentenforschung

Der Wunsch, die tiefliegenden »wahren Beweggründe« für Konsumentenverhalten zu verstehen, ist nicht neu. Standardmäßig sind es qualitativ-tiefenpsychologische Ansätze, die genutzt werden, um »das Unbewusste zu entschlüsseln« (vgl. Kap. 2, S. 27). Derartige Methoden liefern Inspiration und hilfreiche Insights. Eine Herausforderung qualitativer Verfahren besteht allerdings darin, dass die Ergebnisse nur schwer in quantitative Kennwerte zu übersetzen sind, die zum Beispiel für das Marken- und Kommunikationscontrolling genutzt werden könnten. Gerade auf höheren Managementebenen ist es schwierig, Entscheidungen alleine auf der Basis von qualitativen Ergebnissen zu treffen und zu rechtfertigen. In der wissenschaftlichen Forschung sind hingegen seit Jahren sogenannte *Reaktionszeitverfahren* State-of-the-Art, wenn es um die Erforschung impliziter Einflüsse auf menschliches Verhalten geht. Die Logik dieser impliziten Methoden ist simpel: Menschen werden nicht gefragt, woran sie sich erinnern, warum sie etwas tun oder welche Präferenzen sie haben. Vielmehr werden ihre Reaktionen, also ein *Verhalten*, betrachtet und die dafür erforderliche Zeit gemessen (vgl. Scheier/

Scarabis, 2010). Abbildung 2 zeigt ein Beispiel, wie ein impliziter Test (»implicit brand mapping«) ablaufen kann.

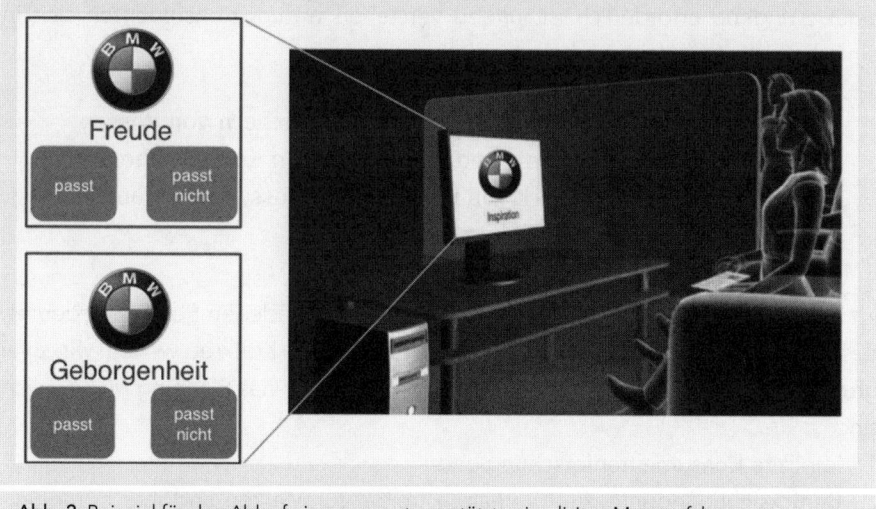

Abb. 2: Beispiel für den Ablauf eines computergestützten impliziten Messverfahrens (Quelle: decode Marketingberatung, eigene Darstellung)

Die Probanden sehen auf dem Computerbildschirm ein Markenlogo und einen darunter stehenden Begriff. Ihre Aufgabe ist es, spontan zu entscheiden, ob der Begriff zu der Marke passt oder nicht. Diese Prozedur wird mit vielen Begriffen wiederholt. Für jeden Durchgang wird die Reaktion der Person gemessen (»passt« oder »passt nicht«) sowie die benötigte Zeit für die Reaktion (Reaktionszeit). Analysiert werden nur sehr schnelle Reaktionen, so dass dem langsamen expliziten System die Zeit fehlt, diese Antworten zu kontrollieren oder zu modifizieren. Im Rahmen eines impliziten Tests ist es so möglich, implizite Markenprofile zu erheben, also zu verstehen, was Konsumenten ohne Nachzudenken automatisch mit einer oder mehreren Marken assoziieren. Mit einem leicht veränderten Versuchsdesign kann auch die implizite Wirkung von Kommunikation erfasst werden (z. B. als Pretest). Im Unterschied zu Standardverfahren der Konsumentenforschung erheben wir mit den impliziten Methoden also genau solche Reaktionen, die unter den Bedingungen, in denen Konsumenten mit Kommunikation in Berührung kommen oder Entscheidungen treffen (s. Abb. 1), relevant sind.

> Implizite Messverfahren sind geeignet, verborgene Aspekte der Wahrnehmung von Marken und der Wirkung von Kommunikation zu quantifizieren.

Nachdem wir betrachtet haben, *wie* implizite Einflüsse auf Konsumentenentscheidungen erfasst werden können, wollen wir im Folgenden ausführen, *was* sinnvollerweise als relevante Verhaltenstreiber betrachtet werden sollte. Wir müssen dazu die Regeln impliziter Entscheidungen verstehen. Diese Regeln erfahren wir am verlässlichsten aus den Disziplinen der Grundlagenforschung, die sich mit menschlichen Entscheidungen beschäftigen, zum Beispiel Neuroscience, Psychologie und Behavioral Economics. Ein »Hot Topic« in der aktuellen Verhaltens-/ und Entscheidungsforschung ist das Konstrukt der *Ziele* (vgl. zum Beispiel das mehr als 500 Seiten umfassende Kompendium »The Psychology of Goals« von Moskowitz/Grant 2010). Wie bedeutsam psychologische Ziele als wesentliche Treiber menschlichen Verhaltens und somit für das Verständnis von Konsumentenentscheidungen sind, verdeutlicht auch das folgende Zitat von Prof. Roy D'Andrade (1992, S. 31): »*To understand people one needs to understand what leads them to act as they do, and to understand what leads them to act as they do one needs to know their goals*«. Betrachten wir also die Psychologie der Ziele genauer.

Konsumentenverhalten ist von Zielen getrieben

Ziele treiben Konsumentenentscheidungen – aber was ist genau unter einem »Ziel« zu verstehen? Konsumpsychologen nennen drei Ziele, die wir mit Produkten erreichen wollen: »Have, Do, Be« (vgl. Abb. 3). Bei allem, was wir konsumieren, geht es darum, etwas zu haben (»Have«), etwas tun zu können (»Do«) oder etwas zu sein (»Be«). »*Being-Goals*« stehen im Zusammenhang mit übergreifenden Lebensthemen und Werten. Das können zum Beispiel Themen wie »Erfolg im Beruf«, »Selbstverwirklichung« oder »Geborgenheit« sein. Je nach Ziel werden also Produktkategorien wie etwa Autos, Uhren oder Lebensmittel unterschiedlich konsumiert. Diese übergeordneten Ziele schließen sich nicht aus, stellen aber für Personen ein relativ konsistentes Set von Themen dar, das über Situationen und Kategorien hinweg Wichtigkeit besitzt. Wenn (Marken-)Produkte an Being-Goals anknüpfen, dienen sie als Identitätsmarkierer nach Außen (z. B. Lindt-Schokolade). »*Doing-Goals*« beziehen sich darauf, was ich mit Produkten tun kann und in welchen Situationen oder Momenten ich sie verwende. Marken und Produkte können auch Situationen und Momente besetzen (z. B. Merci-Schokolade). »Having-Goals« hingegen beziehen sich eher auf Benefit- und Feature-Ebene: Ein Snack zum Frühstück sollte eher »gesund« und wenig belastend sein, während ein Schokoriegel für zwischendurch eher praktisch sein, satt machen und Energie liefern soll.

54 | **Kapitel 2: Consumer & Insights**

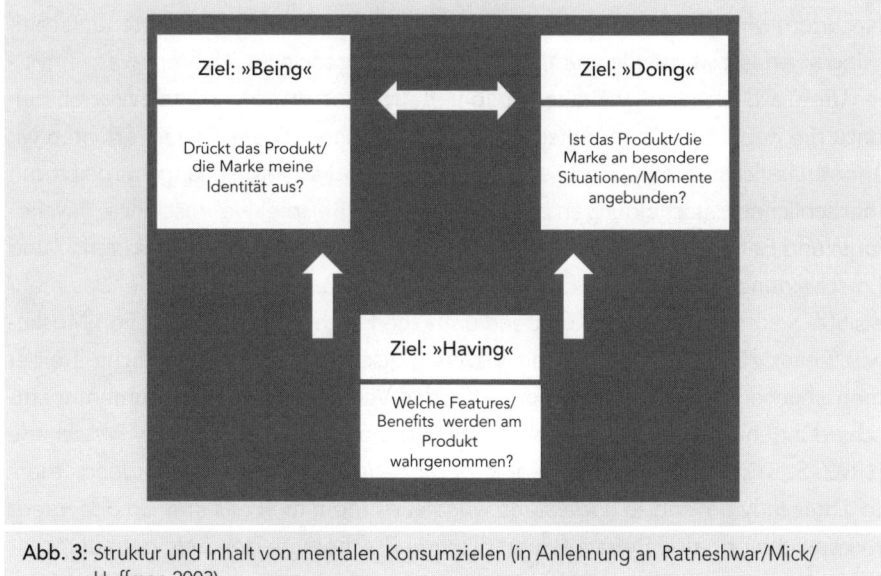

Abb. 3: Struktur und Inhalt von mentalen Konsumzielen (in Anlehnung an Ratneshwar/Mick/ Huffman 2003)

Grundsätzlich gilt Folgendes: Was zu unseren Zielen passt, belohnt uns und was uns belohnt, möchten wir haben. Darüber hinaus ist bekannt, dass Ziele auf allen relevanten Stufen vor Kaufentscheidungen wirken:

1. Ziele beeinflussen die Wahrnehmung – wir nehmen eher wahr, was unseren Zielen entspricht (»wishful seeing effect«, Balcetis/Dunning 2006). Dies bedeutet für die Praxis: Je stärker wir an die mentalen Ziele der Konsumenten andocken, desto eher belohnen sie uns mit Aufmerksamkeit.

2. Der Fit von Produkten zu Zielen beeinflusst Produktbeurteilungen und Produktentscheidungen (»goal compatibility effect«, Chernev 2004).

Aber der Begriff »Ziel« klingt sehr überlegt und rational und man mag sich fragen, wie das denn zu der Erkenntnis passt, dass Konsumenten oft auf der Grundlage impliziter Prozesse handeln? Die Antwort lautet: Es gibt zwei Ebenen von Zielen, nämlich explizit-funktionale Basisziele und implizit-mentale Ziele.

Die *expliziten Basisziele* von Konsumenten beinhalten ihre grundlegenden Anforderungen an Produkte in einer Kategorie. Sie können von ihnen in der Regel gut verbalisiert werden. So muss ein Waschmittel die Wäsche schonend sauber machen, eine Kopfschmerztablette muss schnell und effektiv Kopfschmerzen beseitigen und ein Bier muss frisch und gut schmecken. Produkte, die die Basisziele einer Kategorie nicht bedienen, können nicht langfristig erfolgreich sein – die Regel lautet »serve the category first«. Das bedeutet aber auch, dass die erfolgreichen Produkte innerhalb einer bestimmten Kategorie sich hinsichtlich der adressierten Basisziele (längerfristig) kaum noch unterscheiden.

Um die Basisziele der Kategorie zu bestimmen, sind folgende Leitfragen hilfreich:

1. Welche Ziele werden von allen erfolgreichen Marken in der Kategorie bedient?
2. Wenn es nur ein Produkt in der Kategorie gäbe, was müsste es leisten? Welche Ziele muss es erfüllen, welche Features muss es haben?

Beispielsweise lauten die wichtigsten expliziten Basisziele der Kategorie Softdrinks »guter Geschmack« und »erfrischende, durstlöschende Wirkung«. Alle Produkte der Kategorie erfüllen diese Ziele mehr oder weniger gut. Eine Differenzierung über die Basisziele als »die leckere Limonade« ist daher nicht möglich.

Die *implizit-mentalen Ziele* hingegen können in einer bestimmten Kategorie wie Waschmittel oder Bier sehr stark variieren. Obwohl die meisten Biere lecker und frisch schmecken und im Blindtest kaum voneinander zu unterscheiden sind, haben doch viele Biermarken eine treue Gefolgschaft, denn sie adressieren unterschiedliche mentale Ziele. Während Jever mehr für Aspekte wie Unabhängigkeit und Selbstbestimmtheit steht, bedient Holsten stärker das Ziel nach Gemeinschaft und Ungezwungenheit. Wer sich mit einer Lindt-Schokolade für einen Gefallen bedankt, drückt – neben Wertschätzung für den Beschenkten – auch einen hohen Anspruch und Kennerschaft aus, was mit einer Merci hingegen nicht gelänge. Ein Innocent Smoothie verbindet das Basisziel »einen gesunden Fruchtdrink zu mir nehmen« mit übergeordneten Zielen wie Verantwortlichkeit, Nachhaltigkeitsanspruch in Kombination mit dem Sinn für kindliche Freude, Raffinesse und Ästhetik.

Diese Beispiele zeigen, dass die impliziten Ziele auf einer höheren psychologischen Ebene angeordnet sind als die Basisziele. Sie bieten eine psychologische Plattform, die es erlaubt, funktional ähnliche Produkte an unterschiedliche implizite Verhaltenstreiber anzukoppeln und sie so zu differenzieren. Die schnelle und effektive Wirksamkeit einer Schmerztablette kann zum Beispiel an das Ziel »meine Pflichten in Beruf und Alltag beschwerdefrei erfüllen« angebunden werden oder aber an das Ziel »den Kopf frei haben für ein aktives und vitales Leben«.

Konsumentscheidungen werden von Zielen getrieben. Ziele können explizit-funktional oder implizit-mental sein.

Die Neuropsychologie hat gezeigt, dass es nur ein begrenztes Set von implizit-mentalen Zielen gibt, so dass ein eingegrenzter Suchraum für relevante Marken- und Produktdifferenzierungen vorliegt. Der Suchprozess kann empirisch dadurch untermauert werden, dass die möglichen mentalen Ziele in den impliziten Messungen hinsichtlich ihrer Relevanz für eine Kategorie und ihrer Differenzierungsfähigkeit getestet werden, um eine tragfähige Markenplattform zu entwickeln. Als Sprungbrett für eine glaubwürdige Aufladung der eigenen Marke mit implizit-mentalen Konsumzielen, sind erfahrungsgemäß folgende Leitfragen hilfreich:

1. Welche wahrnehmbaren (physischen Eigenschaften) hat unser Produkt? Wie sieht es aus? Wie fühlt es sich an? Welche Konsistenz hat es? Wie wird es verwendet/gehandhabt? Welche mentalen Zustände werden durch die physischen Eigenschaften aktiviert?
2. Ist unser Produkt mit bestimmten Konsumsituationen (Jahreszeiten, Tageszeiten, Anlässen) verknüpft? Welche anderen Produkte werden parallel verwendet und welche Ziele bedienen sie?
3. Was würden Konsumenten tun, wenn es die Kategorie nicht mehr gäbe? Welche Produkte würden sie stattdessen benutzen und warum?

Im Übrigen entsteht aus einer Differenzierung über psychologische Ziele unmittelbar auch Differenzierung in der Kommunikation. Ein TV-Spot für die erwähnte Schmerztablette A (Pflicht) müsste vollkommen anders aussehen als ein Spot für Tablette B (Vitalität) und zwar hinsichtlich des Settings, der Personen, der Geschichte, der Musik usw. Das klingt intuitiv nachvollziehbar, doch wie können wir Ziele und den Fit bestimmter Signale zu diesen Zielen strategisch in der Kommunikationsentwicklung nutzen?

Implementierung der Ziel-Ebene in der Marketingkommunikation

Gerade im Planning bietet die Implementierung der Zielperspektive hochrelevante Ansatzpunkte, um Konsumentenverhalten besser verstehen und verändern zu können. Grundsätzlich gilt, dass effiziente Kommunikation Produkt, Basis-Ziel und implizites Ziel miteinander verknüpft. Dabei ist diese Verbindung der Ebenen *nicht* beliebig. Ein Lebensmittelprodukt, das beispielsweise über einen hohen Sahneanteil verfügt und eine sehr cremige Konsistenz hat, lässt sich an Basisziele wie »Sättigung« oder »zum Verwöhnen« und darüber an implizite Ziele wie »Geborgenheit« oder »Tradition« anschließen. Eine Verknüpfung mit »Leichtigkeit« oder »Modernität« ist nicht glaubwürdig kommunizierbar. Positionierung bedeutet also immer zu schauen, welche (expliziten) Produktwahrheiten und Kategorieanforderungen bestehen und wie sich diese mit einem impliziten Ziel in Einklang bringen lassen. Leidlich musste das Unilever bei der gescheiterten Einführung von *Lätta Hoch 2* im Jahr 2002 erfahren: als »Lifestyle«-Margarine mit großem Werbebudget gelauncht, zeigte sich schnell, dass Konsum von Margarine wenig mit dem impliziten Ziel »progressive Lebensführung« zu hat, sondern eher in Verbindung mit vergleichsweise bewussteren und gesundheitsorientierten Lebensentwürfen steht. *Lätta Hoch 2* kommunizierte viel nackte Haut, Promiskuität und sogenannte »Vivactiv-Punkte«. Die eigentlichen Produktfeatures wie »Pflanzenessenzen« oder »mit Auszügen aus Gemüse«, über die *Lätta Hoch 2* verfügte, wurden nicht über explizite Ziele mit impliziten Zielen verknüpft. Möglich wäre es zum Beispiel gewesen, die Produktattribute an den Kontext von Fitness oder Leistungsstärke zu rücken. Hieraus ergäbe sich dann im Segment der (ohnehin im Vergleich zu Butter als gesünder wahrgenommenen) Margarinen ein mögliches Positionierungsfeld: die Margarine, für Menschen, deren Ziel Leistungsstärke ist.

Abb. 4: TV-Spot Lätta Hoch 2 (Quelle: AdVision digital)

58 | **Kapitel 2: Consumer & Insights**

Ein Beispiel aus dem Bereich Automobil zeigt, wie die Verknüpfung von Produkt mit Basis-Ziel und implizitem Ziel hilft, Features für die Markendifferenzierung zu nutzen. Alle Brems-Assistenten in Autos versprechen das Basis-Ziel, eines möglichst kurzen Bremsweges. Dieser kürzere Bremsweg steht nun aber in Verbindung mit unterschiedlichen impliziten Zielen: Sicherheit, (Fahr-)Spaß, Individualität etc. Mercedes-Benz stellt in einem TV-Spot für seine E-Klasse die Verbindung von einem kürzeren Bremsweg zu Souveränität her: »der Brems-Assistent hilft Dir, einen kurzen Bremsweg zu haben, *so dass* Du souverän agieren kannst.« Dieses implizite Ziel wird über die Art und Weise codiert, wie der Fahrer auf die Gefahrensituation reagiert: gelassen und überlegen – und somit im vollkommenen Einklang mit den Markenwerten und Zielversprechen von Mercedes.

Wie hätten andere Marken den Brems-Assistenten für sich nutzen können? BMW hätte ein vergleichbares Bremssystem eher im Sinne des impliziten Ziels »Spaß« für die Differenzierung einsetzen können: »der Brems-Assistent hilft Dir, einen kurzen Bremsweg zu haben, *so dass* Du selbst kurvigste und anspruchsvollste Strecken schnell fahren und so Spaß haben kannst«. Eine Marke wie Volvo hätte mit dem Produktfeature hingegen das implizite Ziel »Sicherheit« fokussieren können.

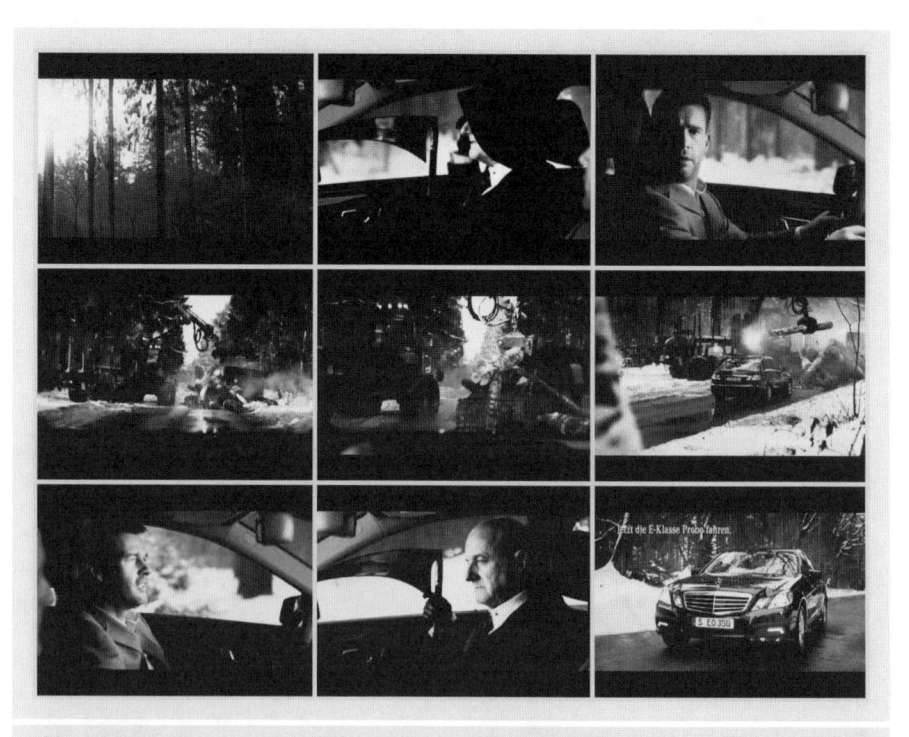

Abb. 5: TV-Spot Mercedes-Benz E-Klasse (Quelle: AdVision digital)

Ein letztes Beispiel illustriert, wie die Verknüpfung der drei Ebenen Produkt, explizites Ziel und implizites Ziel dabei Leitlinie sein kann, um Marken auch kommunikativ ein Territorium zu geben, das über Produkteigenschaften hinaus geht. *Nutella* war als süßer Brotaufstrich schon immer eher mit Frühstück als mit Abendbrot assoziiert. Doch wie kann es gelingen, den Morgen für sich als Marke zu claimen? Startet man wieder im Produkt, so stellt man schnell fest, dass *Nutella* über viel Zucker verfügt und typischerweise auf Brot geschmiert wird. Positiv ausgedrückt: Nutella gibt Energie. Energiezufuhr ist insbesondere morgens wichtig, was auch viele Cerealien-Marken kommunikativ betonen. Doch dieser Wunsch nach morgendlicher Energie ist spezifischer: Es geht um das, was einen im Laufe des Tages erwartet, nämlich unterschiedlichste Aufgaben, Pläne und Aktivitäten. Diesen Insight nutzte *Nutella* in einem Markenspot und inszeniert darin das Produkt als Basis, um die Pläne und Aufgaben des anstehenden Tages besser bewältigen zu können. Das implizite Ziel »erfolgreich Tages-Projekte bewältigen« wird hier über das Produkt angebunden und im Versprechen »Der Morgen macht den Tag« zum Ausdruck gebracht.

Abb. 6: TV-Spot Nutella (Quelle: AdVision digital)

Kapitel 2: Consumer & Insights

Diese kurzen Beispiele machen klar, dass die Perspektive der Ziele auf Basis von Produkten und ihren Eigenschaften dabei helfen kann, Marketingkommunikation so zu entwickeln, dass sie relevant, glaubwürdig und differenzierend ist. Wie kann dies aber durchgehend im Planningprozess verankert werden, so dass »gute« und erfolgreiche Werbung mehr als nur *lucky punches* sind?

Das Creative Brief als Implementierungs-Tool

Planner als Owner und Verfasser des Creative Briefs stehen vor der Aufgabe, mit dem Dokument die Verbindung von Strategie zur Kreation zu schaffen (vgl. Kap. 4.2). Dabei besteht die Herausforderung zum einen in der Konzentration auf das Wesentliche, zum anderen in der Entwicklung von stimulierenden und inspirierenden Gedanken. Das Brief ist darüber hinaus aber auch der wirksamste Hebel, dass Kommunikation überhaupt die richtigen Trigger setzt, um (Kauf-) Entscheidungen bei Konsumenten zu aktivieren. Kurz: Eine inspirierende Proposition, die nichts mit den Zielen der Konsumenten zu tun hat oder diese sogar konterkariert, führt vielleicht zu kreativen Kunstwerken, nicht aber zu Kommunikation, die Verhalten in gewünschter Weise verstärkt oder verändert.

Für eine erfolgreiche Implementierung im Planning-Prozess empfiehlt es sich daher, die Ebene von Basis-Ziel und implizitem Ziel mit einzubeziehen, und zwar direkt im Brief. Wie wir gesehen haben unterscheidet sich die Zielperspektive fundamental von der Betrachtungsebene eines »funktionalen« und eines »emotionalen« Benefits. Die Gegenüberstellung von funktional vs. emotional hat einerseits nichts mit der Art und Weise zu tun, wie (Kauf-)Entscheidungen entstehen, andererseits ist die Trennung im kreativen Prozess nicht hilfreich, da sie häufig als »entweder, oder«, als zwei gegensätzliche Pole verstanden wird. Entweder Marke oder Produkt. Entweder Ratio oder Emotion. Entweder Image oder Abverkauf.

> Explizit-funktionale und implizit-mentale Konsumentenziele sollten in das Creative Brief integriert werden und mit wahrnehmbaren Produkteigenschaften und Kommunikationscodes verknüpft werden.

Bei der Konzeption von erfolgreicher Marketingkommunikation erscheint daher die Betrachtung der Ziele als unabdingbar. Und zwar sowohl die der expliziten Ziele, über die uns Konsumenten direkt Auskunft geben können, als auch die der impliziten Ziele. Das Creative Brief sollte dann die Frage beantworten können, wie sich das Basis-Ziel glaubwürdig und differenzierend vom Produkt ableitet, wie sich das Basis-Ziel relevant an ein differenzierendes mentales Ziel anschließen lässt und welche Codes in der Kommunikation dafür zielführend sind (vgl. Scheier/Bayas-Linke/Schneider 2010). Unter Einbeziehung von expliziten und impliziten Zielen fokussiert Werbung nämlich stärker auf das, worum es am Ende des Tages geht: Entscheidungsverhalten von Konsumenten.

Kapitel 3:
Brand & Positioning

»Ich war Tarzan«

Plädoyer für die Marke als lernendes System und eine kreative, interaktive und empathische Markenarbeit

Dirk Nitschke

> Der ökonomische Wert einer Marke liegt mehr denn je in ihrer sozialen und inhaltlichen Relevanz. Dirk Nitschke erläutert das Neuverständnis der Marke als reflexives und lernendes System, das sich in der aktuellen Markenliteratur und in der erforderlichen Medien- und Kommunikationskompetenz von Marken abbildet. Ein Plädoyer für mehr Intelligenz und Interaktion in der Markenführung statt monotonem Marktgeschrei.

New York, Madison Avenue, eine Werbeagentur 1963. Don Draper, der Creative Director der Agentur Sterling Cooper, ist ein markanter Typ. In den Konferenzen mit Kunden, in den Brainstormings mit Teamkollegen ist er der Magnet für die Aufmerksamkeit, Garant für kluge Gedanken und ebenso einfache wie brillante Ideen. Eine Art Superheld des Reklame-Alltags der Sechziger Jahre, als das Fernsehen in die Haushalte einzog und die Werbung die Möglichkeiten entdeckte, Produkte mit Markenversprechen auszurüsten, die Menschen über emotionale Botschaften zu erreichen und vom Kauf zu überzeugen. In der beliebten AMC Serie ›Mad Men‹, die 2007 auf Sendung ging und mit zahlreichen Preisen überhäuft wurde, ist die Welt noch in Ordnung. Don Draper sagt so etwas wie: »Der Erfolg von Werbung basiert auf einer Sache: Glücklich sein zu wollen.« oder »Du bist das Produkt. Du fühlst etwas. Das ist das, was verkauft.« Und alle nicken fasziniert mit den Köpfen und notieren mit.

Was hat diese Serie mit dem Werbe- und Marketingalltag heute zu tun? Die beiden Autoren Sean Moffitt und Mike Dover gehen in ihrem Buch »Wikibrands« (2011) so weit, die gefühlten Unsicherheiten jener Zeit auf die Gegenwart zu übertragen. Damals wie heute würden die Menschen nach Wachstum, Konsum und Glücksversprechen streben und gleichzeitig in politisch und gesellschaftlich bewegten Zeiten ohne Prognose-Sicherheit nach Orientierung suchen. Das Fernsehen wollte als Kommunikationsmedium genauso erforscht und erobert werden wie heute die Nutzbarkeit digitaler und mobiler Medien. Die Werbe- und Marketingbranche musste sich den laufenden Veränderungen stellen, eine positive Haltung gegenüber den neuen technisch getriebenen Einflüssen entwickeln und sich im Markt als souverän und vorausschauend positionieren.

Es gibt allerdings einen Unterschied, der sich in den letzten fünfzig Jahren stetig und in den vergangenen zehn galoppierend entwickelt hat und der Markenverantwortliche mit nostalgisch verklärender Wehmut auf den Alltag der ›Mad Men‹ blicken lässt: das Maß an Komplexität. Mit der Vielzahl von Informationen und Botschaften in einer explodierenden Anzahl von Medien, mit den Möglichkeiten der Verbraucher, sich interaktiv in Kommunikations- und Produktionsprozesse einzubringen, und mit der Zunahme von Medienliteralität wurde das konventionelle Wissen über Anzeigen- und Kampagnenmechaniken überholt: Die Marke kommuniziert nicht länger monologisch oder linear. Der Empfänger ihrer Botschaften ist nicht länger passiv. Die Zielgruppe ist nicht länger eine gesichtslose Einheit, sondern ein Schwarm aus Individuen, der den Attacken von werblicher Beeinflussung auszuweichen versteht.

Es ist das Ende der früheren Erfolgsformeln und Kommunikationsmuster wie »Ich Produkt, du Käufer«, »Ich Werbung, du Rezipient« oder »Ich Marke, du Fan«. Der Tarzan-Appeal der Marke, die selbstbewusst ihre Muskeln spielen lässt und ihre Botschaften einsilbig und monoton wiederholt, hat ausgedient. Sie kreist nicht mehr nur um sich selbst, sie bewegt sich nicht mehr nur in ihrem eigenen überschaubaren Reich, sie muss Kommunikation und Kollaboration neu lernen und sich in dem medialen Ökosystem, durch das die Konsumenten heute steuern, neu beweisen und ihren Platz finden. Wobei das Ende alter Muster und eingefahrenen Verhaltens auch ein Anfang ist. Die Marke kann ihre Bedeutung behalten, weiterhin Wegweiser, Leuchtturm oder Navigationssystem durch den Mediendschungel sein, wenn sie ihre Faszinationskraft mobilisiert und sich ihren Aufgaben neugierig stellt.

> Frühere Erfolgsformeln und Kommunikationsmuster wie »Ich Produkt, du Käufer«, »Ich Werbung, du Rezipient« oder »Ich Marke, du Fan« gelten nicht mehr. Der Tarzan-Appeal der Marke, die selbstbewusst ihre Muskeln spielen lässt und ihre Botschaften monoton wiederholt, hat ausgedient.

Faszinationsprinzip Marke

Die Führung von Marken ist komplexer geworden und lässt sich nicht mehr so verallgemeinern, dass jedes vermeintliche Wissen über die Wirkmechanismen einer Marke einfach in den Kontext einer anderen zu übertragen ist. Jede Marke ist ein vielschichtiges Konstrukt und dessen Management abhängig davon, ob es eine Produktmarke, eine Industrie- oder Unternehmensmarke, eine Servicemarke oder eine digitale Dienstleistungsmarke ist. Entsprechend verändern sich ihre Handlungsoptionen. Der Begriff ›Marke‹ wird immer dann eingesetzt, wenn ein Markterfolg erzielt oder Menschen begeistert werden sollen. Die Marke, die wir als Faszinationsprinzip der Marktwirtschaft kennen, markiert Unternehmen als Arbeitgeber (Employer Branding), kulturelle Ereignisse (Branded Entertainment), mediale Inhalte (Branded Content), Gruppen Gleichgesinnter (Brand Community) oder promotionale Service-Angebote (Branded Utilities). Begriffe, bei denen deutlich wird, dass sich die Marke immer mehr von ihrem eigentlichen Angebot entkoppelt und zur Plattform für Themen, Interaktion, Services, Entertainment und Kommunikation wird.

Getrieben von den technologischen Entwicklungen und dem sich ändernden Konsumentenverhalten plädieren zahlreiche Markenverantwortliche längst für einen Neustart im Markenmanagement. Dabei wird ein zeitgemäßes Markenverständnis in Zukunft fünf Aspekte berücksichtigen, die die Arbeit von Marketing, Beratungs- und Agenturdienstleistern prägen:

1. *Identität:* Die Marke muss wissen, wer sie ist, wofür sie steht und welches Potenzial sie hat, um für Kunden relevant zu bleiben.
2. *Inspiration:* Die Marke muss ihre kreative Energie wieder beleben, mit der sie Konsumenten faszinieren und fesseln kann.
3. *Inhalt:* Die Marke muss reale zusätzliche Angebote entwickeln, die differenzierend und nützlich sind.
4. *Interaktion:* Die Marke muss sich Konsumenten gegenüber verhalten, sie aktiv in einen Dialog einbinden, in ihre Prozesse integrieren.
5. *Integrität:* Die Marke muss zu ihrer Stärke der Vertrauenswürdigkeit zurück finden, indem sie Konsumenten ehrlich und transparent begegnet.

1. Identität: Wissen, wofür man steht und was man werden kann

Auch und gerade in Zeiten des Wandels und zunehmender Komplexität brauchen Marken eine klar definierte Identität. Sie ist der Anfang von allen Markenaktivitäten. Sie muss deutlich sein, um Produkten, Dienstleistungen und Unternehmen ein klares Profil zu geben und diese anhand von wenigen Markenparametern steuern zu können. Bisher wurde die Markenidentität mit einem einheitlichen Erscheinungsbild in Verbindung gebracht, das auf Kontinuität als eines der wichtigsten Markenmerkmale einzahlen soll. Kai-Uwe Hellmann fasst in seinem Buch »Die Soziologie der Marke« (2003) die gängigen Markenfunktionen zusammen, wonach diese für Konstanz, Stabilität und Sicherheit in einer Welt des ständigen Wandels steht. Unabhängig von ihrem Leistungsangebot müsse die Marke den Eindruck erzeugen, in einem längeren Zeitverlauf trotz vorgenommener Änderungen dieselbe zu bleiben, sich selbst ähnlich und wiedererkennbar. Die Marke, so Hellmann, stellt sich dabei in die Tradition ihres Gründers, verbunden mit einem Bekenntnis zu dessen Werten und Ideen, denen auch die Marke immer treu war und auch in Zukunft treu bleiben soll. Zukünftige Erfolge werden aus den vergangenen abgeleitet. Im Sinne einer »Self-fulfilling prophecy« richtet sich die Marke daran aus und reproduziert sich quasi selbst. Auch die Markentechniker argumentieren so und plädieren für Spielregeln, die das Handeln in Bezug auf die Marke festlegen sollen. Es gelte, die dem Unternehmen »innewohnenden Regeln« zu entdecken und zu instrumentalisieren. Diese sollten nicht beliebig sein, sondern »tief aus dem Unternehmen, aus der eigenen Geschichte« generiert werden. Den »genetischen Code der Marke« ermitteln die Markentechniker über Langzeitanalysen, in denen untersucht wird, welches Verhalten die Marke ständig wiederholt und welche Aspekte immer wieder in bestimmter Art und Weise beteiligt sind. Viele Marken des 20. Jahrhunderts verdanken ihre Erfolge diesem Markenverständnis und einer geradezu rigiden Art der Markenführung. Es wurden formale und inhaltliche Ordnungssysteme geschaffen, innerhalb derer Marken wie Marlboro agieren durften und lernen mussten, mit einem Mindestmaß an Flexibilität umzugehen.

Aber wie weit kann die Zukunftsfähigkeit einer Marke reichen, wenn sie sich nur retrospektiv an bisherigen Unternehmensleistungen und der Selbstwahrnehmung im Unternehmen orientiert, aber nicht an ihren noch ungenutzten Potenzialen, neuen Inhalten oder an einer Vision, die sie für sich angesichts einer sich ändernden Gesellschaft entwickeln kann? Durch die technologischen Entwicklungen und digitalen Kommunikations- und Interaktionskanäle werden Unternehmen gezwungen, ihre Geschäftsmodelle zu überprüfen, anzupassen und weiter zu entwickeln. Entsprechend elastisch muss eine Markenidentität heute definiert sein. Aus Selbstähnlichkeit wird Kompatibilität und aus permanenter Selbstproduktion kontinuierliche Selbsterneuerung. Aus einer rein innenzentrierten Sicht wird ein reflexives Identitätsverständnis, das in der Lage ist, gesellschaftliche Veränderungen zu antizipieren und sich auf menschliche Interaktion flexibel einzulassen. Eine Markenidentität, die sich nur der Innensicht bedient, sich auf die Geschäftsmodelle von gestern bezieht und nicht gleichzeitig Ideen für die Zukunft generiert, wird langfristig an ihre Grenzen stoßen.

> Eine Markenidentität muss heute elastisch sein. Aus permanenter Selbstproduktion wird kontinuierliche Selbsterneuerung. Ein reflexives Identitätsverständnis, das gesellschaftliche Veränderungen antizipiert und sich auf menschliche Interaktion einlässt.

Insofern sind Positionierungen und Wertesets von Marken im Sinne ihrer Weiterentwicklung immer wieder zu überprüfen – und wirklich ernst zu nehmen. Anderenfalls manifestieren sich in der Markenführung Wörter ohne Bedeutung und ohne Konsequenzen. Eine Haltung, eine Philosophie oder nachvollziehbare Handlungsprinzipien ergänzen Markenmodelle sinnvoll. Sie wirken motivierend in Unternehmen hinein und geben Mitarbeitern eine klare Richtung vor. Gegenüber Verbrauchern verstärken sie die Möglichkeit, sich mit der Marke zu identifizieren und ihr zu folgen. Beständige Werte und positive Eigenschaften tragen sicher zu Vertrautheit, Sympathie und einem Gefühl der Sicherheit gegenüber einer Marke bei. Faszination entsteht allerdings anders. Dazu braucht es eben eine klare Haltung, beeindruckende Authentizität, ansteckenden Ideenreichtum, magisches Charisma oder eine tiefgründige Seelenverwandtschaft.

2. Inspiration: Ideen, Seele und Sinn vermitteln

Eine Studie der Werbeagentur Young & Rubicam konnte 2004 nachweisen, dass sich die Meinungen und Einstellungen von Verbrauchern gegenüber Marken in den vergangenen Jahren dramatisch verändert haben. In den Bewertungskategorien Bekanntheit, Vertrauen, Begehrlichkeit und Kaufbereitschaft blieben die meisten Marken hinter den Erwartungen zurück. Gleichzeitig erkannten andere Untersuchungen Marken als wesentliche Werttreiber von Unternehmen und stellten diese überaus positiv dar. Im Vergleich der Zahlen analysierten die Meinungsforscher, dass Marken ihren immateriellen Wertbeitrag für Unternehmen und

Shareholder zwar permanent steigern konnten, dies aber auf der Basis von wenigen Marken mit umso größerer Strahlkraft. Der subjektiv empfundene Mehrwert der meisten Marken im Massenmarkt nahm dagegen dramatisch ab, was die Autoren John Gerzema und Ed Lebar in ihrem Buch »The Brand Bubble« (2011) auf radikal veränderte Wahrnehmungs- und Verhaltensmuster bei den Konsumenten zurückführen. Dass Verbraucher Marken überhaupt positiv bewerten, leiten die Autoren aus der Faszination, Dynamik und Kreativität dieser Marken ab. Aus den verheerenden Ergebnissen für eine größere Masse an Marken schlussfolgern sie: »Während sich Markenwert an der Wall Street steigert wie nie zuvor, erodiert er im Bewusstsein der Verbraucher.« In der Zusammenfassung liest sich das wie eine Bankrotterklärung der Markenpolitik: Marken wird weniger vertraut. Marken werden weniger respektiert und gemocht. Marken werden nicht mehr als etwas Besonderes gesehen. Marken haben nicht mehr die Qualität, für die sie früher standen.

Das mangelnde Interesse an Marken und ihre geringere Wertschätzung mag mit zwei Phänomenen zusammenhängen. Erstens: In der zunehmend fragmentierten Medienlandschaft gehen Marken schnell in der Beliebigkeit der Medienauswahl unter. Die Konsumenten verteilen ihre Aufmerksamkeit in der Dynamik von immer mehr Medien, Kommunikationskanälen und Netzwerken immer wieder neu. Zweitens: Marken, einst das Differenzierungsmerkmal für sich annähernde oder ähnliche Produkte oder Dienstleistungen, gelingt es nicht mehr, einen Mehrwert zu vermitteln und sich selbst von anderen Marken zu unterscheiden. Sie werden normal, alltäglich oder sogar irrelevant, da Verbraucher nicht mehr blind jedem Versprechen folgen, sondern nach einem konkreten Alltagsnutzen fragen.

Der Mangel an Faszinationskraft macht deutlich, dass sich Marken wieder mehr auf ihre Kreativität und Originalität besinnen müssen. Und dass sie sich an die Geschwindigkeit, mit der Konsumenten Aufmerksamkeit verteilen und durch das Labyrinth von Informationen, Medien, Produkten und Angeboten surfen, anzupassen haben. Der Aufbau von Markenwert findet nicht länger in einer medialen Schutzzone statt, in der Marken, von Unternehmen sorgfältig gehegt und finanziell ausgestattet, allmählich wachsen, gedeihen und sich gegenüber den Verbrauchern in voller Pracht entfalten können. Die Medienbiotope, in denen mit voller Kraft in den Einsatz weltweiter TV-Kampagnen investiert wurde, gibt es so nicht mehr. Stattdessen sind Marken Teil des Medien- und Kommunikationssystems der Menschen geworden. Hier müssen sie immer wieder überraschen, sich neu erfinden, experimentieren und interagieren, sich anders verhalten, als sie es in elitärer Überhöhung noch vor einigen Jahren gewohnt waren. Die Autoren

Gerzema und Lebar nennen das, was unwiderstehliche Marken heute besitzen müssen, »energetische Differenzierung«. Wie in einer menschlichen Beziehung, in der das Interesse füreinander immer wieder wachzuhalten und neu aufzufrischen sei, müsse eine Marke von einer spürbaren Energie beseelt sein, die nicht nur die Marke vorantreibt, sondern auch den Verbraucher fasziniert. Energetische Marken beziehen Konsumenten mit ein, geben ihnen ein positives Gefühl, inspirieren, ermutigen und unterhalten.

> Marken müssen sich wieder auf ihre Kreativität und Originalität besinnen. Sie sind Teil des Medien- und Kommunikationssystems der Menschen geworden. Hier müssen sie immer wieder überraschen, sich neu erfinden, experimentieren und interagieren.

Google, Apple, Nike, Starbucks, Wikipedia oder Virgin sind solche Marken. Marken, die sich größere Fragen gestellt haben als die nach ihren Eigenschaften. Marken, die vor allem Inhalte mit Informations-, Unterhaltungs- oder anderem Nutzwert bereit stellen, was sie im besten Fall im Alltag unverzichtbar macht.

3. Inhalt: Vernetzte und relevante Angebote entwickeln

Mit den digitalen Technologien und einer mobilen und weltweit vernetzten Infrastruktur haben sich neue Felder für Service- und Produktinnovationen aufgetan, die von Unternehmen mit sinnstiftenden und kreativen Inhalten zu befüllen sind. Marken können sich der digitalen Welt ebensowenig wie die Menschen entziehen. So werden die digitalen Schnitt- und Kontaktpunkte mit den Verbrauchern einmalige Gelegenheiten, über Smart Phones, Apps, Social Media-Plattformen oder Suchmaschinen echten Mehrwert anzubieten, der den Nutzwert über den Aufmerksamkeitswert stellt. Dieser kommt mit einer überzeugenden Idee von ganz allein, wenn die Vernetzung Familien, Freunde, Kollegen und Interessensgruppen verbindet und für mediale Verbreitung sorgt. In seinem Buch »The new capitalist manifesto« (2011) plädiert auch Umair Haque für ein erneuertes Selbstverständnis von Marken in diesem Sinn. Der provokante Forscher, Blogger und Ökonom argumentiert für Differenzierungsansätze, die real und nicht nur virtuell sind, und die sich eingestehen, dass ein Whopper nicht von einem Big Mac und eine Pepsi nur bedingt von einer Coke zu unterscheiden sind. Rein kommunikative Versprechen, die zum Beispiel mit einem Alkoholgetränk bessere Flirtchancen beim anderen Geschlecht verbinden, würden heute von Verbrauchern durchschaut und als unglaubwürdig eingeschätzt. Haque fragt nach dem Nutzwert von Marken und nach einer größeren Relevanz ihres Angebots für Verbraucher und Kunden. Dabei geht es ihm nicht um das Produkt selbst, sondern um ergänzende Services oder kommunikative Leistungen, die Verbrauchern helfen, sie unterstützen und ihre Anliegen ernst nehmen. Der Autor dokumentiert seinen Ansatz anhand der Entwicklung der Marke Nike, die sich von Lifestyle-Themen der Achtziger und Neunziger Jahre und dem Fokus auf Formen, Farben und Features ihrer Produkte eine weitere Bedeutungsdimension gegeben hat. Mit Nike Plus und der Etablierung einer weltweiten Sport-Community, die Services wie Experten-Coaching, Laufpläne, Zieltabellen, Wettbewerbe und Lauftipps bereit stellt, haben sich weltweit vier Millionen Läufer organisiert, mit denen Nike ein gemeinsames Ziel verfolgt: sie zu besseren Läufern zu machen. Die Fragestellung gegenüber dem Konsumenten ist also nicht mehr: ›Wie kann ich mein Produkt verkaufen und meine Marke attraktiv darstellen?‹, sondern ›Was kann meine Marke für einen Service oder eine Leistung anbieten, die das Leben der Konsumenten tatsächlich bereichert?‹

> Mit den digitalen Technologien und einer mobilen und weltweit vernetzten Infrastruktur haben sich neue Felder für Service- und Produktinnovationen aufgetan. Marken und Unternehmen können diese mit sinnstiftenden und kreativen Inhalten befüllen.

So entwickelt die Netzgeneration nicht nur ein anderes Medienverhalten, sie wächst auch mit einem anderen Markenverständnis auf. Die kollektive Erfahrung verändert, was von Marken und Unternehmen erwartet wird. Produkte und Services, reale und virtuelle Welten verbinden sich zu ganzheitlichen Markenerlebnissen, wobei jeweils der Kanal, on- oder offline, zum Einsatz kommt, der unmittelbare Bedürfnisbefriedigung verspricht. Verbraucher wollen stärker involviert werden. Sie wollen interagieren, diskutieren und gestalten. Sie wollen ernst genommen werden als Gesprächspartner der Unternehmen und Marken. Es zahlt sich also aus, Konsumenten als »Teil des Unternehmens« oder der produktiven Wertschöpfungskette und nicht länger als passive Zielgruppe zu sehen.

4. Interaktion: Beziehungen mit Menschen lernen

Schon in seinem Standardwerk über Markentechnik hat Hans Domizlaff beschrieben, dass eine Marke nicht befehlen kann und der Verbraucher nicht instinktiv folgen will. Er hielt den Imperativ in der Werbung für »ausnahmslos fehlwirksam oder schwach« und deutete psychologisch: »Die Masse lässt sich gutwillig erst dann etwas befehlen, wenn sie sich vorher freiwillig unterworfen zu haben glaubt. Die Masse braucht den Glauben an die eigene Initiative.« Das vermeintliche Selbstbewusstsein der Verbraucher, der Wunsch nach Autarkie, Unabhängigkeit und (vor allem in Deutschland) nach Nicht-Manipulierbarkeit machte in der Vergangenheit geschickte Strategien, intelligente Kampagnen und sympathischen Humor notwendig, um die Überredungsversuche und Verkaufsabsichten von Unternehmen und Produkten angenehm konsumierbar zu verpacken. Jetzt sind die Konsumenten aber technologisch ausgerüstet, um sich den subtilen Taktiken zu entziehen und ihre Autarkie tatsächlich zu beweisen. Sie schalten ab, um oder gar nicht erst ein und wollen sich ganz und gar nicht vorschreiben lassen, was sie zu denken, zu begehren oder zu kaufen haben.

Insbesondere die Generation der ›Digital Natives‹ hat den radikalen Wandel im Marketing mit verursacht. Sie neigt dazu, Werbung in Magazinen und im Fernsehen zu ignorieren. Sie nutzt die Möglichkeit, Unternehmen und ihre Aussagen zu prüfen und die Macht, das Internet für ihre Interessen und Bedürfnisse zu instrumentalisieren. So entstand eine neue Form des Marketing, in der das Markenmanagement Konsumenten beteiligt, sich Marken miteinander vernetzen und vermeintlichen Markenbesitz teilen. Gerzema und Lebar beschreiben das hochgradig vernetzte Daten-, Informations- und Kommunikationssystem der Verbraucher als »Ökosystem«, eine Landschaft, durch die sich die Konsumenten mit Multitasking-Kompetenz bewegen, surfen, verweilen und sich die Produkte und Marken suchen, die zu ihrem Lebensentwurf oder Selbstbild passen. In dieser Landschaft gelte es, Pfade zu den Verbrauchern zu legen, Kontaktpunkte zu finden und holistische Strategien zu entwickeln, wie man als Marke in den sozialen Netzwerken einen Platz finden kann. Das Manifest, das die Autoren hierfür definieren, soll neue Prinzipien liefern, wie Marken in Zukunft agieren und interagieren müssen:

▶ »Wir kontrollieren unsere Marken nicht länger, wir führen sie durch die Welten, in denen sich der Verbraucher aufhält.«

▶ »Wir haben nicht länger einen linearen Kommunikationsweg, auf dem wir zum Verbraucher finden. Wir müssen so attraktiv für ihn sein, dass er zu uns findet.«

▶ »Wir müssen nicht nur erzählen, sondern auch zuhören lernen. Wir müssen nicht Monologe von uns geben, sondern involvierende Dialoge anregen.«

▶ »Wir müssen dort sein, wo Informationen vertrauensvoll ausgetauscht werden: In Verbraucherforen, Blogs, Videoplattformen oder auf Rating-Seiten und den dortigen Standards von Ehrlichkeit, Fairness und Transparenz entsprechen.« (Gerzema/Lebar 2011).

Eine besondere Stärke von Marken ist, dass sie Beziehungen aufbauen können. Sie sind geübt darin, Vertrauenswürdigkeit auszustrahlen, loyal und verlässlich zu erscheinen, ein Fels in der Brandung von Mobilität, Virtualität und Globalisierung zu sein. Sogar den starken Marken im Internet ist dies gelungen, obwohl der Wettbewerb hier nur einen Mausklick entfernt liegt. Marken wie Amazon, Google oder Facebook sind wie digitale Heimathäfen. Beziehungen, Kommunikation und Feedback sind die Bausteine ihrer erfolgreichen Geschäftsmodelle. Daher sprechen Moffitt und Dover vom »Beziehungskapital«, das Unternehmen, wie andere Kapitalformen auch, pflegen und entwickeln müssen (Moffit/Dover 2011). Es zahlt sich demnach aus, Konsumenten als aktiven Teil ihrer Geschäftsmodelle zu verstehen. Kunden haben jetzt die Macht, unternehmerisches Handeln, die Qualität von Produkten oder das Erleben von Services zu reflektieren, und sie machen jederzeit Gebrauch davon: »Sie interagieren in hochgradig individualisierten Medien. Sie, nicht die Unternehmen, bestimmen den Marketingmix. Sie wählen das Medium und die Message.«

> Eine besondere Stärke von Marken ist, dass sie Beziehungen aufbauen können. Sie sind geübt darin, Vertrauenswürdigkeit auszustrahlen, verlässlich zu erscheinen, ein Fels in der Brandung von Mobilität, Virtualität und Globalisierung zu sein.

Im Aufbau sozialer Beziehungen kann die Marke einmal mehr beweisen, welche Relevanz sie im ökonomischen und sozialen Gefüge der Gesellschaft hat. Auch jetzt hat sie die Aufgabe, Mängel zu kompensieren. Mängel, die der Mensch in einer getakteten, zunehmend virtuellen Gesellschaft empfinden kann. Der Rückgang von traditionellen sozialen Bindungen und Partnerschaften zum Beispiel, die schwache Bindungsfähigkeit von Institutionen wie Familie, Regierungen oder Kirche und die fehlende lokale Verwurzelung in einer überwiegend mobilen Gesellschaft lassen Robert Putnam in seinem Buch »Bowling alone« (2000) vom Kollaps der Gemeinschaft sprechen: »Als durchschnittliche Person leben wir im Laufe unseres Lebens in 14 verschiedenen Häusern. Wir verwurzeln uns nicht in der Nachbarschaft. Wir sind von familiären Ritualen entbunden. Die durchschnittliche Person hat zehn bis vierzehn Jobs bevor sie 39 ist. Wir sind weniger durch unsere Anstellungen und Arbeitgeber definiert. Wir verbringen 45% weniger Zeit damit, Freunde zu Hause zu haben. Wir haben den Kontakt zu unseren engsten Freundeskreisen verloren.« Marken können die Abwesenheit dieser vormaligen Bindungen ausgleichen und die Lücken mit Partizipation, Dialog, Gemeinschaft, Zugehörigkeit, Resonanz und Feedback füllen. User generated Content, Social

Media, Microblogging, Online Communities oder Customer Rating Systems sind hier die Instrumente, die für Marken nutzbar sind. So hat Starbucks schon heute mehr als eine Million Twitter-Fans. Mehr als 20 Millionen mögen die Marke auf Facebook. Und viele andere Marken wie Coca-Cola, Disney oder Red Bull haben einen ähnlich hohen Wert. Laut amerikanischen Studien tauscht sich über eine halbe Milliarde Menschen auf Facebook über Produkte und Medienerlebnisse, Services und Unternehmen aus. Diese Hinwendung zur Marke und das Interesse am Dialog mit ihr ist das Gegenteil einer Entwicklung, die mit der Abkehr der Konsumenten von den klassischen Medien und ihrer Abneigung gegenüber Werbung und Werbeunterbrechungen heraufbeschworen wurde. Die Verbraucher lenken ihre Aufmerksamkeit in ihren eigenen individuellen Medienkosmos, wo sie kommunizieren, interagieren, sich informieren und sich ablenken können. Macht ihnen eine Marke ein entsprechendes Angebot, lassen sie sich darauf ein. »Wiki-branding« nennen Moffitt und Dover das Markenverständnis von »sozialem Business«. Es beschreibt den Versuch, Kundenbefähigung, -beteiligung, -beziehungen und -erlebnisse in den Kern von Unternehmen zu tragen und diese nicht nur in der Peripherie zu behandeln. Insofern kehrt die Konfrontation mit dem Kunden in das Management der Unternehmensführung zurück, das diese über viele Jahre den Kommunikations- und Marketingabteilungen überlassen hatte.

> Über User generated Content, Social Media, Microblogging, Online Communities oder Customer Rating Systems können Marken soziale Beziehungen aufbauen.

5. Integrität: Vertrauen zurückerobern, Zuhören lernen

Das vergangene Jahrzehnt zeichnet sich durch einen Vertrauensverlust der Menschen aus, der sich auf nahezu alle Institutionen beziehen lässt: Politik, Kirche und Unternehmen sind einem kollektiven Misstrauen ausgesetzt, das mit einem Mangel an Glaubwürdigkeit, mit Zweifeln an deren Moral und Ethik und zunehmender Distanz zum »Volk« einhergeht. Auch Marken sind dem wachsenden Vertrauensverlust ausgesetzt. Nicht erst mit Naomi Kleins populärer Dokumentation »No Logo« aus dem Jahr 2000 wurde Marken und Unternehmen ein Image- und Transparenzdefizit attestiert.

Marken sind per se eine Glaubensinstanz. Man »glaubt« an das, was sie sagen und »predigen« oder nicht. Man folgt ihnen mit anderen Gleichgesinnten oder

»Jüngern« und wendet sich ab, wenn sie enttäuschen. Als Qualität, Zuverlässigkeit und Sicherheit noch marktbestimmende und verbraucherlenkende Themen waren, galten Marken als Vehikel für Vertrauen. Viele dieser Aspekte sind inzwischen eher Hygienefaktoren als Kaufkriterien. Die bisherigen Sprach- und Selbstdarstellungskanäle von Marken – traditionelle Werbung, konventionelle Medien – werden angesichts ihrer plakativen, manchmal unterfordernden und effektheischenden Inhalte ebenfalls als zunehmend unglaubwürdige Informationsquellen eingeschätzt. Verbraucher vertrauen heute eher ihren sozialen Netzwerken und erkundigen sich in entsprechenden Blogs und Foren nach der Leistungsfähigkeit von Produkten, dem Niveau von Services oder den Aktivitäten von Unternehmen. Die Integrität von Marken wird in Zukunft entscheidend sein, da Transparenz im Internet systemimmanent ist. Hier haben uns vor allem die netzweit öffentlichen Krisendiskussionen gelehrt, dass man als Institution klar und reflektiert sein muss – im Handeln, in der Haltung oder auch in der Herstellung der eigenen Produkte. Konsumenten können diese bewerten und sich über Services austauschen, wie es vorher nicht möglich war. Sie organisieren Widerstand. Sie berichten auf Facebook von ihren Markenerlebnissen, tragen Informationen über Unternehmen in den Markt, reflektieren deren Strategien und taktische Manöver, das Verhalten von Managern oder die Leistungen von Agenturen. Sie mobilisieren sogar ihre eigene Kreativität, wenn Markenerfahrungen negativ waren und veröffentlichen diese mit Viral-Effekten auf Video- und anderen Plattformen. In so einer Welt der unmittelbaren Kommunikation und permanenten Konversation geraten Unternehmen und Marken dauerhaft unter die Lupe, unter die strengen Augen von Wikileaks-Reportern, Google-Nutzern und Service-Bloggern, die selbstbewusst ihre Meinung äußern und verbreiten.

Waren in der Vergangenheit die Produktqualität und Produktzufriedenheit wesentliche Aspekte für Kunden, um sich für eine Marke zu entscheiden, werden in Zukunft Authentizität, Transparenz und Glaubwürdigkeit die Kriterien sein. Die Konsumenten nehmen eine aktivere und fordernde Rolle ein und möchten bei den Unternehmen, auf die sie sich einlassen, Integrität erkennen. Die »Nach-mir-die-Sintflut-Mentalität« wird im Hinblick auf die medialen Machtinstrumente der Verbraucher nicht länger haltbar sein.

> Konsumenten nehmen eine aktivere und fordernde Rolle ein und verlangen von Unternehmen Integrität. Die »Nach-mir-die-Sintflut-Mentalität« wird im Hinblick auf die medialen Machtinstrumente der Verbraucher nicht länger haltbar sein.

Für Moffitt und Dover ist es nicht überraschend, dass die Verbraucher zum Teil zynisch geworden seien im Umgang mit Marken. Diese, bzw. die Unternehmen hinter ihnen, hätten die Verbraucher selbst über Jahrzehnte hinweg zynisch behandelt: Durch Kommunikation, die noch nicht einmal von Kreativen für gut befunden wurde, Botschaften, die den Verstand der Adressaten ignorierten oder Marktforschung, die sich nicht an Meinungen, sondern an zufriedenen Auftraggebern orientierte. Ein empathisches und ehrliches Markenverhalten wird auch dadurch notwendig, dass jeder User im vernetzten System ein potenzieller Multiplikator ist. Die Verbraucher sind so verbunden, dass sie in kürzester Zeit Domino-Effekte in Gang setzen können, die Marken positiv oder negativ präsentieren. Die Communities, in denen Konsumenten unterwegs sind, werden so zum Beförderer oder Vernichter von Markenwert. Hier gilt es, sich in den Foren mit den Meinungen der Konsumenten zu konfrontieren, aufmerksam zuzuhören, wie über eine Marke diskutiert und was über sie verbreitet wird, und dabei zu lernen.

Epilog: Medienkompetenz anstatt Machetenstrategie

Die Analogie der Markenpersönlichkeit rückte die Marke in die Nähe des Menschen. Der Vergleich sagt aus, dass die Marke, wie der Mensch, einen Charakter, eine Haltung, Stärken und Schwächen, einen Stil, ein Aussehen, Freunde und Feinde hat und einen bleibenden Eindruck hinterlässt. Aktuell kann das Bild auch so interpretiert werden: Mensch und Marke müssen beide lernen, mit den technologischen und gesellschaftlichen Veränderungen in der Welt zurechtzukommen und mit der Vielzahl vernetzter Medien umzugehen. Was wir an echten Persönlichkeiten schätzen, tritt auch bei Markenpersönlichkeiten in den Vordergrund: Eine Person, die sich als zuverlässig erweist und weiß, wer sie ist und was sie kann, gewinnt unser Vertrauen. Wenn sie außerdem kreativ und unterhaltsam ist oder nützliche Informationen vermittelt, suchen wir ihre Nähe. Wenn sie empathisch auf ihr Gegenüber eingehen kann, lassen wir uns auf ein Gespräch mit ihr ein. Und wenn sie dabei auch noch ehrlich, offen und klar wirkt, fühlen wir uns sicher und wohl.

Im vernetzten Mediendschungel braucht die Marke keine Machete, um sich ihren Weg zu bahnen, sondern Instinkt und Klugheit. Es reicht nicht mehr, den Tarzan-Schrei in die Tiefen des Waldes zu rufen, in der Hoffnung, die Herden und Schwärme von Konsumenten würden aufhorchen, zuhören, verstehen und blindlings folgen. Stattdessen sind differenzierte Kommunikation, empathische Interaktion, relevante Inhalte und glaubwürdiges Verhalten die Wesensmerkmale, die eine Marke ausprägen und üben sollte. Mit einer unverwechselbaren Identität, mit der sozialen Kompetenz, Menschen zu inspirieren und zu involvieren und mit der Fähigkeit, einen offenen Dialog zu führen, bleiben Marken auch in Zeiten postindustrieller Geschäfts- und Unternehmensstrategien relevant. Dabei werden Unternehmen in Zukunft nicht mehr unterscheiden, ob sie ihre Marken durch die alte oder neue Welt der Medien bewegen. Sie werden sich für intelligente cross-mediale Lösungen entscheiden, die Produkte, Services, Inhalte, Strategien, Instrumente und Technologien intelligent verknüpfen. So werden Marken im medialen und mobilen Universum von Konsumenten einfach da und wichtig sein.

Modelle zur Entwicklung erfolgreicher Positionierungen

Vincent Schmidlin

Die Entwicklung einer tragfähigen Positionierung steht im Zentrum von Marken- und Kommunikationsstrategien. Sie bildet die Basis, auf der sämtliche Maßnahmen gründen. Vincent Schmidlin beschreibt die Ziele und Erfolgskriterien einer starken Positionierung. Zudem leitet er vier zentrale Positionierungsansätze ab, die theoretisch erläutert, praktisch illustriert und hinsichtlich ihrer Chancen und Risiken bewertet werden.

Einleitung

Die Geschichte des Marketing und der Markenführung ist geprägt von stetigen Veränderungen. Märkte sind gereift und haben sich weiterentwickelt, die Rollen der Marktbeteiligten und ihre Relationen haben sich verändert: Aus dem Verkäufermarkt der 1950er-Jahre wurde mit dem zunehmenden Produktangebot ein Käufermarkt. Starke, über viele Jahre gereifte Markenikonen müssen sich in fragmentierten, multidimensionalen Märkten behaupten. Gab es früher nur eine Zahnpasta und ein Waschmittel, so sind es heute ein Dutzend. Mindestens. Und während früher drei bis vier Kanäle ausgereicht haben, um den avisierten Aufmerksamkeitseffekt beim Verbraucher zu erreichen, sind es heute ebenso ein Dutzend. Mindestens. Die Problemstellung, die sich daraus für Marketeers ergibt, formulierte Al Ries bereits 1981 so: »Today communication itself is the problem. We have become the world's first overcommunicated society. Each year, we send more and receive less.« (Ries/Trout 2001, S. 1)

Menschen sind pro Jahr 18.000 TV- und Radiospots ausgesetzt, es gibt über 730.000 Marken (Nielsen 2005/2007). Um in dieser Informationsflut weiterhin die Kontrolle zu behalten, greift unser Gehirn auf seit jeher bewährte Bewältigungsmuster zurück. Es reduziert, selektiert und fokussiert und filtert damit diejenigen Informationen aus der Menge der Signale heraus, die im jeweiligen subjektiven

Kontext einen tatsächlichen emotionalen oder rationalen Mehrwert bieten. In einem größtenteils unbewussten Mustererkennungsprozess reduzieren sich damit komplexe Informationen und Kausalitäten auf einen kognitiv erfassbaren und zu bewältigenden Umfang. Diese Veränderungen haben direkte Implikationen für die Marktteilnehmer. Der Verbraucher ist aufgrund des immer weiter steigenden Überangebotes an Produkten, Medien und Informationen in seiner Entscheidungsfindung auf Hilfsmittel und Orientierungsangebote für die Selektion und Fokussierung angewiesen. Der Anbieter hingegen muss in einem immer stärker fragmentierten und immer weniger kontrollierbaren Umfeld mit seiner Marke und seinem Produkt Wege finden, seine Zielgruppe mit entsprechenden Signalen zu erreichen. Daraus resultiert eine klare Anforderung: Marken müssen die Zielgruppe durch Komplexitätsreduktion kognitiv entlasten und eindeutige Signale aussenden. Hierfür bedarf es jedoch zunächst einer grundsätzlichen Standortbestimmung. Es braucht eine Definition, die festschreibt, was eine Marke de facto ausmacht und aus welchem Bezugsraum sie die zu sendenden Signale und Botschaften generiert. Kurz: *Eine Marke muss klar und eindeutig positioniert werden.*

Positionierung: Begriffsdefinition

Die grundsätzliche Bedeutung des Begriffs *Positionierung* ergibt sich aus seinem Wortstamm: Die Etymologie des Wortes »Position« verweist auf das lateinische »positio«, das mit »Stellung« oder »Lage« übersetzt werden kann. Dieser Stamm erklärt bereits das Konzept hinter dem Begriff: Es geht darum, eine Lage zu bestimmen und darum, eine Stellung zu beziehen. Diese Lage und diese Stellung wird nicht nur im Wettbewerbsumfeld bezogen, sondern in erster Linie im Kopf der Zielgruppe. Denn das Konzept der Positionierung geht davon aus, dass sich durch die Steuerung von Kommunikation und Verhalten ein definiertes Territorium im Wahrnehmungskosmos der Zielgruppe besetzen lässt. Dabei beinhaltet dieses Konzept noch keine Qualifizierung dieses Territoriums oder der Position. Es stellt lediglich fest, dass sich eine Marke fest in der Wahrnehmung verankern lässt.

Die erste Definition wird Hans Domizlaff, einem deutschen Grafiker, Werbepsychologen und Schriftsteller zugeschrieben, der maßgeblich an der Schöpfung der bekannten Reemtsma-Marken R6 und Ernte 23 sowie an der Entwicklung des ersten Corporate Designs für Siemens beteiligt war. Bereits 1939 definierte er »das Ziel der Markentechnik [als] die Sicherung einer Monopolstellung in der Psyche der Verbraucher.« (Domizlaff 1982, S. 118). Er erfasste damit schon damals den wesentlichen Kern, der auch heute noch die Arbeit mit Markenpositionierungen bestimmt.

> Die Arbeit des Positionierens fasst alle Maßnahmen zusammen, die einer Marke dazu verhelfen sollen, sich erfolgreich (als »Monopolist«) im Wahrnehmungskosmos des Verbrauchers zu etablieren.

Entsprechend heißt es bei Kroeber-Riel und Esch (2004, S. 48): Positionierung umfasst »alle Maßnahmen, die darauf abzielen, das Angebot so in die subjektive Wahrnehmung der Abnehmer einzufügen, dass es sich von den konkurrierenden Angeboten abhebt und diesen vorgezogen wird.«

Eine Positionierung ist zugleich Ausgangspunkt und Zielgröße der Markenführung. Sie definiert zum einen das in der Wahrnehmung der Zielgruppe zu besetzende Territorium und ist damit der attributive Bezugspunkt aller (kommunikativen) Maßnahmen. Zum anderen ist die Positionierung die zentrale Ziel- und Kontrollgröße, da eine Positionierung per se nicht final erreicht werden kann, weil sie nur im individuellen und subjektiven Wahrnehmungskontext existiert. Sobald dieser Kontext durch innere oder äußere Einflüsse einer Veränderung ausgesetzt ist, bedarf es einer gesteuerten Korrektur. Eine Positionierung ist somit nicht statisch, sondern in einem gewissen Rahmen beweglich für Veränderungen.

Positionierung: Ziele

Das übergeordnete Ziel jeder Positionierung ist die *merkwürdige* und *ertragreiche Alleinstellung* einer Marke zur Sicherung ihrer Überlegenheit im Auswahlprozess der Zielgruppe.

Merkwürdigkeit

Merkwürdigkeit beschreibt den Anspruch an eine Marke, über die Positionierung Signale auszusenden, die für die Zielgruppe im aktuellen Wahrnehmungskontext relevant sind und die es sich somit ›zu merken lohnt‹. Diese Signale müssen direkt mit der Marke verknüpft sein und ihr intuitiv zugeordnet werden. Eine Marke, die sich auf einem kategoriegenerischen Terrain positioniert, wird niemals merk-würdig sein.

Ertrag

Durch die Positionierung sollen weiterhin die Kauf- und Nutzungsanreize einer Marke erhöht und konkrete Kauf- oder Nutzungsakte ausgelöst werden. Es geht zusätzlich darum, aus der Stärke der Positionierung ein Preispremium zu generieren.

Alleinstellung

Die Herstellung einer Alleinstellung ist die Bedingung ›sine qua non‹. Eine Marke muss also so positioniert werden, dass diese über lange Zeit als differenzierend und einzigartig erlebt wird.

> Das übergeordnete Ziel jeder Positionierung ist die merkwürdige und ertragreiche Alleinstellung einer Marke zur Sicherung ihrer Überlegenheit im Auswahlprozess der Zielgruppe.

Erfolgskriterien

Damit eine Positionierung wirkungsvoll ist (i. S. v. Merkwürdigkeit, Ertrag und Alleinstellung), lassen sich übergeordnete Erfolgsfaktoren definieren. Die Basis für Erfolg ist Wissen. Das Markenmanagement braucht ein fundiertes und detailliertes Wissen über die für eine Positionierung erfolgskritischen Parameter. Dieses Wissen bezieht sich auf rationale und emotionale, auf harte und weiche Faktoren, Realitäten und Wahrnehmungen. Kurz: Das Markenmanagement braucht Insights, was mehr ist als bloße Beobachtungen (vgl. Kap. 2, S. 27).

Produkt/Angebot

Das Produkt oder Angebot ist der Sockel, auf dem die Positionierung fußt. Ein umfassendes Wissen hierzu ist somit erfolgentscheidend. Mögliche Fragestellungen lauten:

▶ Was sind die Bestandteile des Produktes/Angebotes?
▶ Was sind seine konkreten Eigenschaften?
▶ Was sind die Stärken/Schwächen?
▶ Gibt es einen USP? Wie lautet dieser?

Markt

Der Markt beschreibt die Gesamtheit der potenziellen Substitute für das Produkt oder den Service. Diese können u.U. auch außerhalb der Kategorie liegen. Beispielsweise konkurriert ein Gesellschaftsspiel auch mit örtlichen Zoos und Kinos. Mögliche Fragestellungen lauten hier:

▶ In welchem Markt befinden wir uns (z.B. im Markt für Erfrischungsgetränke oder im Markt für Glücksgefühle?)
▶ Wie entwickelt sich der Markt? Ist er gesättigt, stagnierend oder wachsend?
▶ Wie hoch ist die Wettbewerbsintensität/der Konzentrationsgrad?
▶ Wer sind die relevanten Anbieter im Markt (im direkten und indirekten Wettbewerb) bzw. wer konkurriert um Wahrnehmung oder Marktanteile?
▶ Gibt es erfolgsversprechende Potenziale/Nischen oder Potenziale für die Begründung einer neuen Kategorie?

Zielgruppe

Die Zielgruppe umfasst alle Stakeholder, die den Erfolg eines Produktes am Markt beeinflussen. In der Regel wird mit der Zielgruppe jedoch in erster Linie die Gruppe der potenziellen Käufer/Nutzer des Produktes oder Angebotes beschrieben. Hier lauten mögliche Fragestellungen:

▶ Wer sind die typischen Nutzer oder potenziellen Käufer?
▶ Welche Assoziationen haben die Menschen bereits mit dem Produkt oder dem Unternehmen?
▶ Was sind typische Verwendungssituationen, Treiber und Bedürfnisse?
▶ Welche Erwartungen stellen die Menschen an die Kategorie?
▶ Welche Anbieter befinden sich im Relevant Set der Zielgruppe?

► Gibt es Barrieren, die in Bezug auf das Produkt oder die gesamte Kategorie abgebaut werden müssen?

Diese drei Felder sind keine erschöpfende Auflistung der möglichen Ausgangspunkte für eine ertragreiche Positionierung, sie stellen aber eine gute, notwendige und gesunde Basis dar.

Die fünf Gütekriterien einer Positionierung

Grundsätzlich lässt sich die Qualität einer entwickelten Positionierung anhand von fünf Kriterien bewerten:

1. Einzigartigkeit – sei anders als die Anderen

Eine Positionierung kann erst dann Stärke entwickeln, wenn sie nicht anderweitig belegt oder beansprucht wird. Eine Markenpositionierung beginnt daher immer mit einer Marktanalyse und der Bestimmung der Positionierung aller relevanten Wettbewerber. Erst auf dieser Basis lassen sich dann tragfähige Szenarien für die eigene, *einzigartige* und damit differenzierende Position entwickeln.

2. Glaubwürdigkeit – stehe zu Deinem Versprechen

Glaubwürdigkeit lässt sich definieren als maximale Deckung zwischen dem kommunizierten »Selbst« einer Marke und den Attributen und der Leistungsfähigkeit, die ihr vom Konsumenten zugesprochen werden. Um glaubwürdig zu sein, muss eine Marke also ihren Anspruch, der sich aus der Positionierung ergibt, auch tatsächlich erfüllen. Aber Achtung: Alles was wahr ist, ist nicht per se glaubwürdig. Und auch nicht per se relevant.

3. Relevanz – sei nicht das Schiff in der Nacht

Relevanz ist das Ein und Alles, das sagt bereits das Antonym, die Irrelevanz. Etwas, das irrelevant ist, erfährt keine Beachtung. Dies gilt insbesondere im Bereich der Werbekommunikation, da hier nicht per se davon ausgegangen werden kann, dass die transportierten Inhalte auf Interesse stoßen. Das macht Relevanz zum Anfang und Ende aller Werbetätigkeit. David Ogilvy hat gesagt, dass Werbung relevant sein muss, ansonsten ziehe sie vorbei »wie ein Schiff in der Nacht«.

Modelle zur Entwicklung erfolgreicher Positionierungen

Was für die Werbung gilt, gilt per se auch für den Ursprung ihrer Inhalte: die Positionierung. Nur eine Marke, deren Positionierung im Kern die Bedürfnisse der Zielgruppe erkennt und diese zielführend nutzt, hat für den Konsumenten Relevanz und wird wahrgenommen – wenn auch häufig unbewusst.

4. Fokus – reduziere auf das Entscheidende

Die wohl schwierigste Aufgabe im Positionierungsprozess ist die *Fokussierung*. Denn für eine überlegene Positionierung bedarf es einer radikalen Simplifizierung und einer konsequenten Reduktion. Auch hier gilt der Grundsatz: Die größte Kraft, die eine Marke hat, ist die kognitive Entlastung, die sie liefert. Nur wenn Informationen selektiert und reduziert werden, kann die Marke sich als richtungweisender Leuchtturm im Angebots- und Informationsüberfluss qualifizieren. Al Ries geht sogar soweit, dass es »immer nur ein Wort [ist], das beim Kunden das entscheidende Signal auslöst«.

5. Kontinuität – bleib Dir treu

Wir haben gesagt, dass die Glaubwürdigkeit einer Marke abhängig ist von der Deckungsgleichheit zwischen kommunikativem Anspruch und der zugeschriebenen Fähigkeit, diese Leistung zu erfüllen. Im Unterschied hierzu bezieht sich *Kontinuität* auf die Stetigkeit und Konsistenz einer Marke in der Fortschreibung dieser Leistungsfähigkeit im Zeitverlauf. Eine überlegene Markenpositionierung ist damit zugleich stabil und dynamisch. Sie beinhaltet die wesentlichen Aspekte der Ausgangssituation der Marke in der Wahrnehmung der Verbraucher (Ist-Position). Gleichzeitig definiert sie aber auch einen visionären Anspruch an das Unternehmen (Soll-Position). Die Herausforderung besteht darin, in einem dynamischen Marktkontext die erfolgreiche Evolution der Marke mit maximaler Stetigkeit und Kontinuität über einen Zeitraum, aber auch *zu jedem Zeitpunkt* im Zeitverlauf zu kombinieren.

Modelle zur Entwicklung erfolgreicher Positionierungen

Seit den Anfängen der »Era of Positioning« haben sich unterschiedliche Positionierungsansätze herausgebildet. Keiner dieser Ansätze ist richtig oder falsch, und keiner der Ansätze ist den anderen per se überlegen. Sie alle eint das Ziel einer merkwürdigen und ertragreichen Alleinstellung im Wettbewerb. Grundsätzlich lassen sich vier unterschiedliche Ansätze unterscheiden.

Attributbasierte Positionierung: Hier steht eine konkrete, meist funktionale Produkteigenschaft im Zentrum, die dem Verbraucher einen Nutzen, meistens sogar die Lösung eines Problems verspricht.

Wertebasierte Positionierung: Die Marke bestätigt das Selbstbild des Verbrauchers bzw. fungiert als Erweiterung seines Egos. Durch den Kauf überträgt der Konsument diese Eigenschaften einer Marke auf sich.

Motivbasierte Positionierung: Durch die Ansprache der unbewussten, individuellen Motive, versuchen Marken, sich als Helfer zur Befriedigung dieser Motive zu positionieren.

Archetypenbasierte Positionierung: Die archetypische Markenpositionierung fasst Erkenntnisse aus Tiefenpsychologie, Neurowissenschaft und Mythenforschung zusammen und nutzt kulturübergreifende Urbilder, damit eine Marke als attraktives Role-Model empfunden wird.

Attributbasierte Positionierung

Dieser ursprünglichste Typ der Positionierung geht auf die Urväter des Positionierungsgedankens Al Ries und Jack Trout zurück. Diese gingen davon aus, dass sich Marken allein durch ihre Produkteigenschaften voneinander differenzieren (Grundnutzen). Die Überlegenheit einer Marke fußt damit auf einer spezifischen, uniquen Eigenschaft des Produktes. Dieser Ansatz hat im Zeitverlauf eine Entwicklung durchlaufen: Zunächst standen die realen Eigenschaften eines Produktes im Zentrum. Mit zunehmender Zahl ähnlicher Produkte sank der Grenznutzen für den Konsumenten. Es hat sich deshalb die Praxis verbreitet, einem Produkt eine zusätzliche Eigenschaft über Kommunikation zuzuschreiben (Zusatznutzen).

Diese Herangehensweise entwickelt ihre langfristige Kraft, solange die oben erklärten Erfolgskriterien für eine starke Positionierung erfüllt werden.

Beispiele

Mögliche Suchfelder für diesen Positionierungsansatz finden sich in zwei verschiedenen Bereichen:

1. Besondere Eigenschaften des Herstellungsprozesses
Lindt: Mit der Erfindung der Conche gelang dem Firmengründer Rudolf Lindt 1879 ein bedeutender Schritt in der Verbesserung der Qualität seiner Schokolade. Bis heute ist die Conche der Nukleus der Schokoladen-Expertise von Lindt für feinsten Geschmack und höchste Qualität.

Jack Daniels: Whiskey reift in Fässern. Erst diese verleihen ihm seinen besonderen Geschmack. Doch keine andere Marke stellt die Reifung in Fässern der Weiß-Eiche so deutlich heraus wie Jack Daniels. Handgefertigte Eichenfässer dienen als Ausgangspunkt der Positionierung. Sie werden über Kommunikation zum Träger des besonderen Geschmacks und der kräftigen Bernsteinfarbe des Whiskeys.

2. Besondere Eigenschaften der Beschaffenheit des Produktes
Mon Chéri: Die Fokussierung auf eine besondere, exklusive Zutat schützt die Marke vor Me-Too-Produkten. Die Erfindung der einzigartigen Piemont-Kirsche kann als große Leistung und Beweisführung für die Kraft der kommunikativen Eigenschaftszuschreibung dienen. Für die Marke Mon Chéri dient sie als Träger von Geschmack, Exklusivität und Wertigkeit.

Emmi of Switzerland: Im internationalen Eroberungsfeldzug gegen andere Molkereiprodukte konzentriert sich die Marke auf ein tief in seinen Produkten verankertes Alleinstellungsmerkmal: die Schweizer Milch. Sie ist der Träger von Frische, Natürlichkeit und Schweizer Genuss.

Bewertung

Folgende Chancen und Risiken hat eine attributbasierte Positionierung:

Chancen

+ *Große Nähe zum Produkt:* Direkte Erlebbarkeit des Leistungsversprechens durch den Konsumenten.
+ *Aussichtsreiche Positionierungsplattform bei patentgeschützten Attributen:* Der Schutz eines differenzierenden Alleinstellungsmerkmals als Wettbewerbsvorteil ist durch ein Patent oder Gebrauchsmuster (zunächst) gegeben und stellt damit eine optimale Positionierungsplattform dar. Das Auslaufen des Patentschutzes sollte jedoch nie aus den Augen verloren und deshalb auch abseits des Patentschutzes auf eine starke Markenführung gesetzt werden.
+ *Aussichtsreiche Positionierungsplattform in jungen und neuen Märkten:* Oft werden typische Produkteigenschaften einer Kategorie eng mit dem Anbieter assoziiert, der als Begründer dieser Kategorie wahrgenommen wird. Konkurrenzprodukte müssen damit besonders hohe Hürden überwinden.
+ *Schnelle Aktivierung des Konsumenten durch hohe taktische Kraft:* Die schnelle Erfassbarkeit der Produkteigenschaft ermöglicht eine schnelle Überzeugung und Aktivierung des Konsumenten. Dies wiederum wirkt sich zumeist positiv auf den Absatz aus.

Risiken

– *Kurze Halbwertszeit:* Produktinnovationen sind heutzutage kaum noch schützbar. Innerhalb kurzer Zeit drängen Me-Too-Angebote auf den Markt und machen damit eine Alleinstellung schwierig.
– *Mögliche Überforderung der Konsumenten bei zu spezifischen Attributen:* Komplexe Attribute überwinden kaum noch die Wahrnehmungsschwelle des Konsumenten.
– *Begrenztes Wachstumspotenzial über die Kategorie-Barrieren hinaus:* Eine attributbasierte Positionierung lässt sich nur begrenzt auf neue Märkte und Produkte übertragen. Das Diversifikationspotenzial einer Marke ist somit begrenzt.
– *Lediglich »faktische« Markenbindung:* Rationale Produktattribute steuern in vielen Kategorien einen zu geringen Teil bei, um nachhaltige Präferenz für eine Marke zu erzeugen und damit langfristige Kundenbeziehungen aufzubauen.

Wertebasierte Positionierung

Immer mehr Unternehmen laden ihre Produktleistung durch eine wertebasierte Positionierung auf, durch die eine weitere Differenzierung hergestellt werden kann. Die Positionierung erfolgt hier über Werte, die das Selbstbild der Zielgruppe wiederspiegeln und schwerer zu imitieren sind. Als Werte versteht man in diesem Zusammenhang sozialpsychologische Konstrukte, die die Identität von Individuen und ganzen Gruppen beeinflussen, indem sie einen Rahmen für die Bewertung von Handlungen definieren. Eine wertebasierte Positionierung lässt sich damit als Zitat oder Weiterentwicklung von Werten verstehen, die im Selbstbild der Zielgruppe verankert sind. Wertebasierte Marken wirken damit stark identitätsstiftend. Frei nach dem Motto »Gleich und gleich gesellt sich gern« verfügen Menschen mit ähnlichen Werten oftmals nicht nur über das gleiche ökonomische und soziale Kapital, sondern sind auch geprägt durch ähnliche Mediennutzung, Verhaltensweisen und Markenpräferenzen und können in größeren Segmenten zusammengefasst werden. Deshalb erlauben Werte verhältnismäßig zuverlässige Prognosen in Bezug auf Potenziale und Zielgruppentypen. Sie eignen sich damit ebenfalls für die Segmentierung von großen Märkten und Zielgruppen.

Eine wertebasierte Positionierung muss belegen, dass die Marke das gleiche Wertesystem, die gleichen Vorstellungen und Verhaltensmaxime aufweist wie ihre Zielgruppe. Dafür muss der Marke oder dem Produkt ein Wertesystem attribuiert werden, welches im Wertekanon der Zielgruppe enthalten ist und durch das Produkt glaubwürdig bewiesen werden kann. Es gibt eine Reihe von Marktforschungsunternehmen, die im Rahmen repräsentativer Studien die individuelle Bedeutung von Werten in der Bevölkerung erheben und darauf aufbauend Wertesysteme entwickeln, in denen Marken verortet werden können. Ein Beispiel ist der Markenatlas, eine Gemeinschaftspublikation der Zeitschrift »markenartikel« und des Marktforschungsinstituts »Konzept und Markt«, in dem bereits 100 ausgewählte Marken in Deutschland eingemessen wurden, um daraus Ableitungen für die Positionierungsstrategie zu entwickeln (vgl. Franzen/Hopf/Strack 2010). Darüber hinaus erforschen das Sinus und Sigma Institut seit geraumer Zeit die Werte und Lebenswelten der deutschen und europäischen Bevölkerung und macht diese für die Positonierungsarbeit und Markenführung nutzbar.

90 | Kapitel 3: Brand & Positioning

Beispiele

Nivea. Blue Harmony: Nivea nutzt seit jeher authentische Momente menschlichen Miteinanders, um Impressionen von Zärtlichkeit, Vertrauen und Geborgenheit für sich sprechen zu lassen. In ihrem gesamten Auftreten verkörpert die Marke Nivea die Werte Fürsorge, Nähe, Schutz und Schönheit.

Audi. Immer einen Schritt voraus. Vor 40 Jahren erschien erstmals eine Audi-Werbung mit dem Slogan »Vorsprung durch Technik«. Seitdem positioniert sich der Automobilhersteller über herausragende Innovationskraft und den immerwährenden Drang nach Höchstleistungen. Audi verkörpert Werte wie Leistung, Wettkampf und Ehrgeiz.

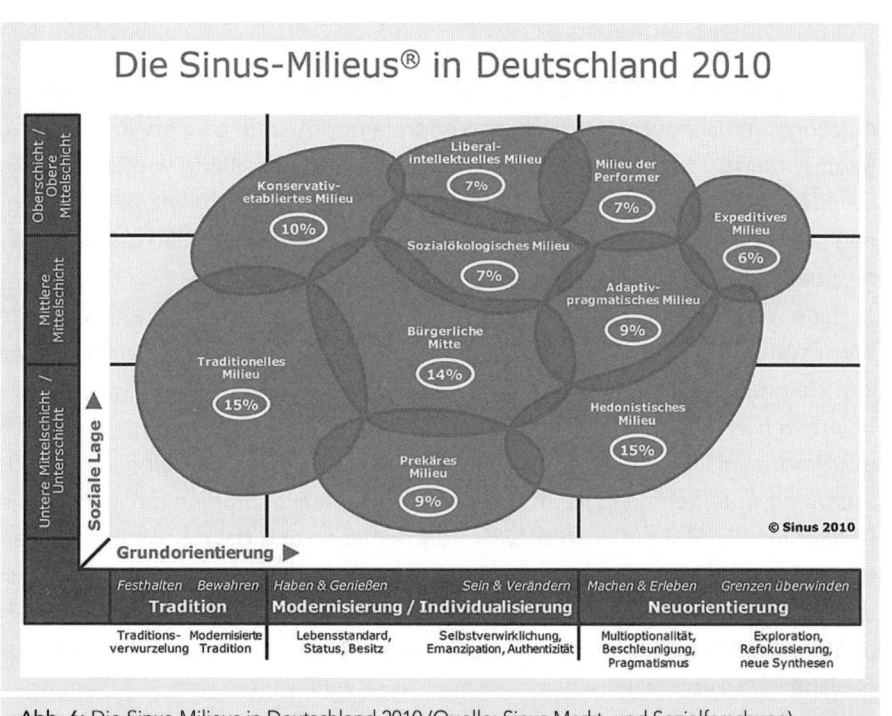

Abb. 6: Die Sinus-Milieus in Deutschland 2010 (Quelle: Sinus Markt- und Sozialforschung)

Bewertung

Folgende Chancen und Risiken ergeben sich bei der Positionierung auf der Basis von Werten:

Chancen

+ *Hohe Halbwertszeit:* Werte sind relativ stabil. Auch wenn sie einem gesellschaftlichen Wandel unterliegen, vollzieht sich dieser nur sehr langsam.
+ *Aussteuerung von Produktportfolios:* Eine wertebasierte Positionierung ermöglicht eine Ausdifferenzierung des Produktangebots. So können beispielsweise Modelle einer Automarke auf Wertesysteme verschiedener Zielgruppen einzahlen, ohne jedoch den Bezug zur Dachmarke zu verlieren. Gerade für komplexe Multiproduktanbieter bietet dieser Ansatz daher Vorteile.
+ *Wachstumspotenzial über die Kategorie-Barrieren hinaus:* Im Gegensatz zu Produkteigenschaften lassen sich Werte in andere Produktkategorien übertragen, so dass eine wertebasierte Marke sehr viel mehr Produkte unter sich vereinen kann.

Risiken

− *Mittelfristige Wirksamkeit:* Das Besetzen von Werten braucht Zeit und Kontinuität. Auswirkungen auf Ab- und Umsatz ergeben sich zumeist in einem mittelfristigen Zeithorizont.
− *Langfristige Verpflichtung:* Wird eine Marke über das Bedienen eines spezifischen Wertekanons positioniert, muss sie diesem Kanon über eine signifikante Periode treu bleiben und ist damit weniger flexibel in der Weiterentwicklung.

Motivbasierte Positionierung

Eine neue Generation von Markenstrategen setzt auf die Stärke von Motiven. Grundannahme ist, dass der Mensch unbewusst auf Basis gelernter Muster und »Wenn-dann-Verknüpfungen« handelt, die aus individuellen Erfahrungen und Wünschen resultieren. Motive gehen damit deutlich über Werte hinaus: Während

Kapitel 3: Brand & Positioning

Werte lediglich eine Bewertungsgrundlage für Dinge, Personen, Handlungen oder Einstellungen bilden, sind Motive die wahren Auslöser für unser Handeln und damit eine Basis für eine kraftvolle Positionierung. Der Wertekanon liefert den Grundtenor, die präzise Ansprache der Zielgruppenmotive schließlich bringt die PS einer Positionierung kraftvoll auf die Straße. Eine motivbasierte Positionierung bedeutet somit einen Perspektivwechsel. Anstelle der extrinsisch an die Zielgruppe herangeführten Eigenschaft eines Produktes, steht hier der individuelle Motivator im Mittelpunkt, der die Zielgruppe zu ihrer spezifischen Präferenzbildung bewegt.

Eine motivbasierte Positionierung lässt sich in einer Motivlandkarte darstellen. Eine bekannte Motivlandkarte wurde von Hans-Georg Häusel und der sog. *Gruppe Nymphenburg* entwickelt und für die Positionierungarbeit operabel gemacht – die *Limbic Map*. Mit dieser lassen sich Marken anhand ihrer Motivstruktur positionieren. Das Modell unterscheidet drei weit anerkannte und unstrittige Kernmotivfelder (»BIG 3«), die das menschliche Denken und Handeln steuern. Das Streben nach:

1. Balance (Sicherheit, Stabilität, Ordnung)
2. Dominanz (Macht, Status, Durchsetzung)
3. Stimulanz (Neugier, Erlebnishunger, Kreativität)

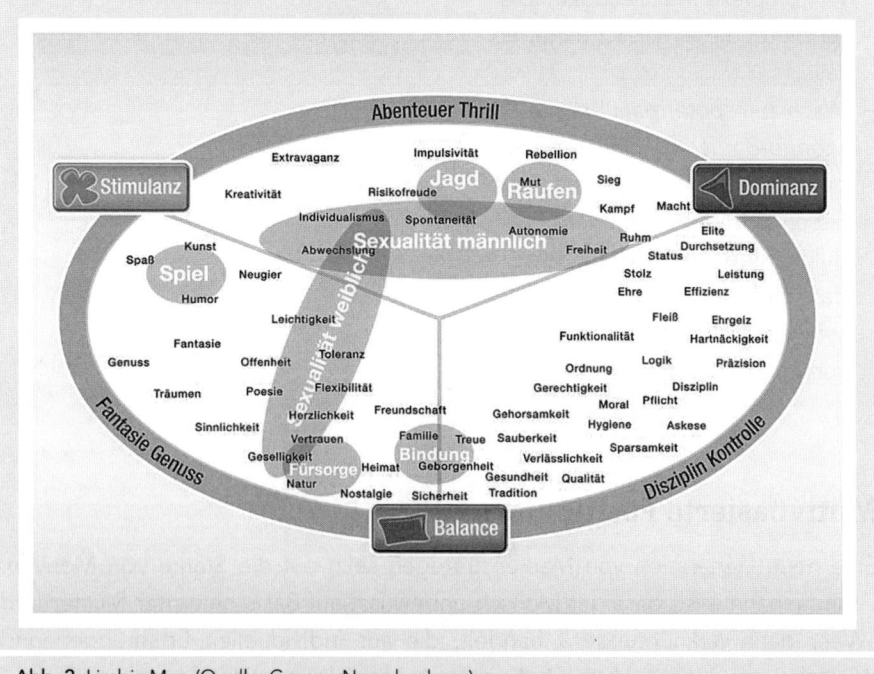

Abb. 2: Limbic Map (Quelle: Gruppe Nymphenburg)

Innerhalb dieses Raumes liegen die sogenannten Limbic Types: sieben Motiv- und Emotionsfelder des Gehirns. Durch dieses Raster von Limbic Types besitzen Marken eine Schablone zur strategischen Ausrichtung, die ihnen neben Potenzialen auch Informationen über die effiziente und relevante Ansprache eines spezifischen Zielgruppensegmentes liefert. Beispielsweise wünschen sich die dynamischen *Performer* aufgrund ihrer starken Ausprägung des Dominanz-Pols ein Produkt oder eine Dienstleistung, die ihnen in einem relevanten Thema einen Wettbewerbsvorteil oder Leistungsschub verspricht. Im Unterschied hierzu tendieren die *Harmoniser* eher zu Marken, die ihnen eine sorglose und einfache Welt vermitteln. Es bietet sich an, die bestehende Zielgruppe in der Motivlandkarte zu verorten. Auch die Produktkategorie und ihre bedeutenden Marken sollten dahingehend analysiert werden. Anhand dieser Informationen lassen sich dann strategische Überlegungen für die zukünftige Ausrichtung der Marke ableiten.

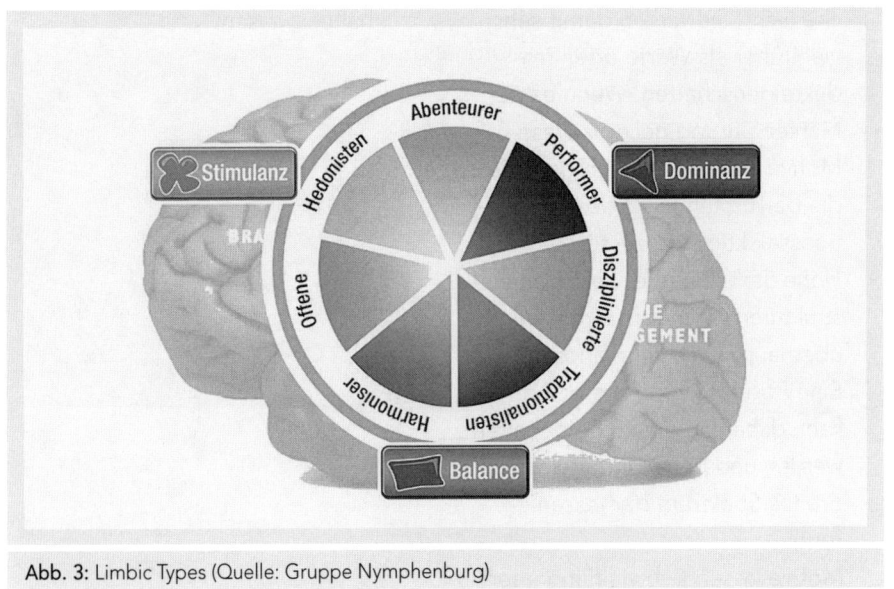

Abb. 3: Limbic Types (Quelle: Gruppe Nymphenburg)

Beispiele

Axe. Aphrodisiakum statt simples Deodorant: Axe vollzieht den erwähnten Perspektivenwechsel: Statt auf die Vermeidung von Schweiß setzt Axe in seiner Kommunikation auf das Motiv der Verführungskraft und des Erfolges (bei Frauen), das tief in der Zielgruppe verankert ist.

Hilti: Die Marke Hilti verkauft professionelle Werkzeuge. Sie tut dies, indem sie die beiden Motive »Macht« und »Leistung« aus dem Dominanzbereich bedient. Damit spricht sie viele ehrgeizige Profihandwerker erfolgreich an.

Bewertung

Chancen

+ *Sehr frühe Ansprache der Käufer:* Motive wirken in einer sehr frühen, unbewussten Phase des Kaufentscheidungsprozesses und steuern, welche Informationen in die bewusste Wahrnehmung der Konsumenten gelangen und welche nicht. Sie wirken damit sehr viel früher als Werte oder Produkteigenschaften. Wenn es der Markenführung gelingt, diese Motive zu aktivieren, umgeht sie die bewussten Filter des Informationsselektionsprozesses.
+ *Hohe Stabilität über Zeit:* Motivstrukturen verändern sich – wenn überhaupt – nur sehr langsam. Eine Positionierung dieser Art kann daher langfristig beibehalten werden und behält ihre Relevanz.
+ *Breites Spektrum der Inszenierung:* Motive lassen sich vielfältig interpretieren und inszenieren. Das schafft Spielmasse für die Markenführung.
+ *Intuitive Verständlichkeit:* Werden Zielgruppen über Motive angesprochen, ist keine deskriptive Erörterung notwendig. Botschaften werden schnell und intuitiv erfasst.

Risiken

– *Abstrakt und damit mitunter schwer zu führen:* Motive sind häufig abstrakt und verlangen damit von der Markenführung eine gewisse Abstraktionsfähigkeit bzw. eine Übersetzung in operativ relevante Maßnahmen und Verhaltensweisen.

Archetypenbasierte Positionierung

Der Ursprung des Archetypenkonzepts geht auf Carl Gustav Jung zurück. Jung erforschte, dass Kulturen übergreifend ähnliche Symbole und Figuren nutzen und zitieren. Diese »Urbilder« entstammen dem kollektiven Unbewussten und haben eine ebenso unbewusste Auswirkung *auf* das menschliche Verhalten und sind *für* dieses von fundamentaler Relevanz. Joseph Campbell, Ethnologe und Mythenforscher, erkannte durch seine Völkerstudien, dass die Geschichten, Mythen, Religionen und Träume aller Menschen 12 archetypische Helden hervorbringen, die die Menschen faszinieren (darunter z. B. den Entdecker, den Herrscher, den Fürsorgenden). Seine Erkenntnisse haben seit den 1970er-Jahren einen großen Einfluss auf die Regisseure und Drehbuch-Autoren Hollywoods. Den Übertrag in die Welt der Marken erfolgte durch Carol Pearson, die die Erkenntnisse für Marketing und organisationstheoretische Themen nutzbar machte.

Eine archetypenbasierte Positionierung und Markenführung verbindet die Mythenforschung mit Erkenntnissen der Tiefenpsychologie und Neurowissenschaft. Sie folgt der Grundannahme, dass Informationen, die in emotional relevante Geschichten und Symbole verpackt sind, für das menschliche Gehirn besonders einfach zu dekodieren und abzuspeichern sind (vgl. Kap. 5, S. 210). Seit jeher können sich Menschen für die emotionalen Inhalte, Bilder und Figuren identifizieren, die universell mit diesen Archetypen verbunden sind und alle Facetten des Lebens widerspiegeln. Dies resultiert aus einer starken Faszination für alle Geschichten, die den reichen Fundus dieser Urbilder nutzen. Archetypische Markenführung greift diese Vorteile auf und macht sie für Marken nutzbar. Gerade in Zeiten zunehmender Informationsbelastung kann die Rückbesinnung auf vermeintlich alte, weil ursprüngliche Motiv- und Typologie-Modelle, die Basis für eine überlegene Alleinstellung im Markt sein. Das Potenzial dieses Ansatzes ergibt sich aus seiner Ursprünglichkeit und damit seiner Grundsätzlichkeit. Statt auf eine rationale Präferenzbildung zu fokussieren, macht dieser Ansatz von der Stärke der Intuition Gebrauch.

Ein neues Modell zur Nutzung dieser archetypischen Potenziale heißt *Neuroversum*. Es integriert die Grundidee einer Motivlandkarte, wie sie zum Beispiel auch die Limbic Map für sich nutzt, mit dem Ansatz der Archetypentheorie. Dadurch können die wichtigsten menschlichen Entscheidungsmotive für eine Marke identifiziert werden (Ist-Situation). Darüber hinaus lässt sich in der Motivlandkarte der Wettbewerb verorten und erste Hinweise daraus generieren, welches archetypische Potenzial in der Marke und den eingemessenen Wettbewerbern schlummert. Auf Basis dieser Information lässt sich anschließend strategisch ableiten, welche Maßnahmen die Marke ergreifen muss, um ihr archetypisches Potenzial in der Zukunft zu stärken, um so mehr Relevanz und eine ertragreiche Alleinstellung bei den Verbrauchern zu erreichen. Der Archetyp mit dem größten strategischen Potenzial verkörpert das Leitbild der Marke und liefert ihr mit seinem reichhaltigen Fundus an Geschichten, Symbolen, Rhetorik und Verhaltensweisen konkrete Richtlinien für die kreative und mediaplanerische Implementierung von Marketingmaßnahmen.

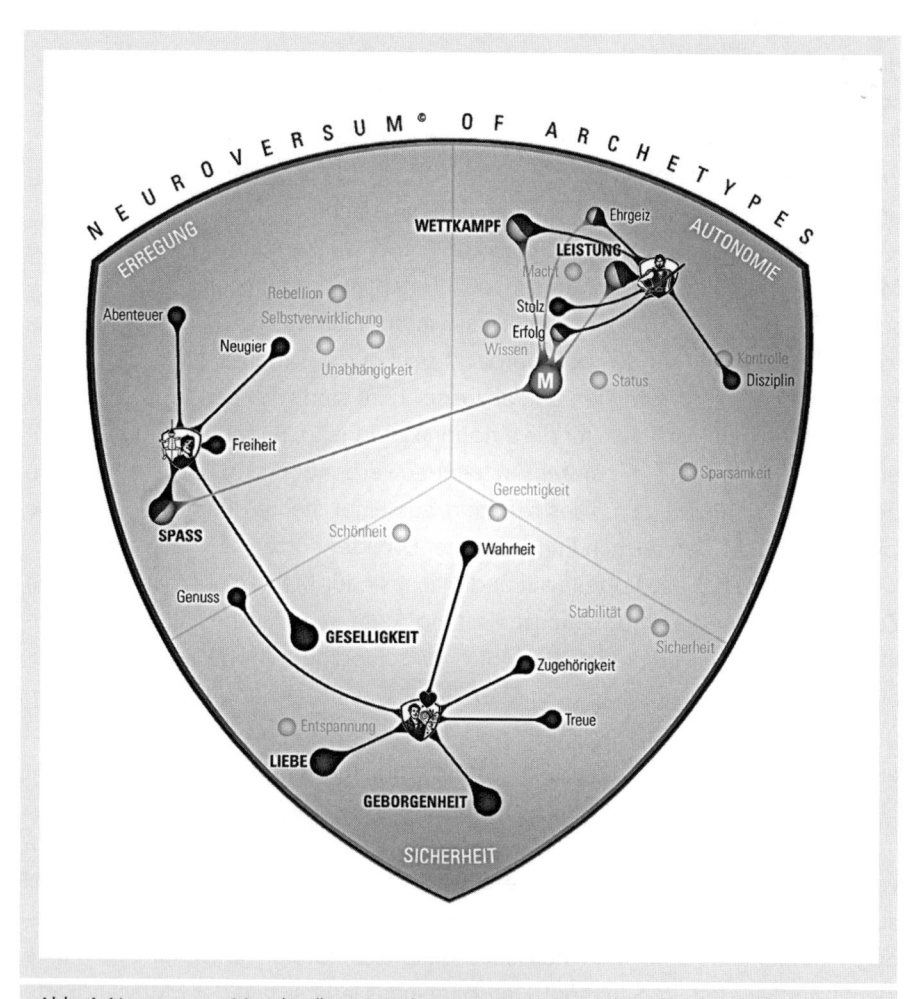

Abb. 4: Neuroversum Motivlandkarte mit dem Motivprofil der Archetypen Narr, Liebender und Kämpfer (v. l. n. r.) und einem beispielhaften Motivprofil einer Marke (M). (Quelle: Neuroversum)

Bewertung

Folgende Chancen und Risiken ergeben sich bei der Positionierung auf der Basis von Motiven und Archetypen:

Chancen

+ *Intuitive Erfassbarkeit:* Die tiefe Verankerung der verschiedenen Archetypen in der Kultur ermöglichen eine intuitive Dekodierung von archetypischer Kommunikation.

+ *Einfache, kreative Übersetzung:* Archetypen lassen sich auch ohne ein detailliertes Briefing intuitiv entwickeln, z. B. die Symbolik, Rhetorik, Thematik und Taktik, mit der der *Kämpfer* am Point of Sale auftritt oder die Themen, die der *Liebende* in der Ansprache potenzieller Konsumenten besetzen muss.

+ *Universelle Attraktivität:* Da Archetypen und ihre Botschaften intuitiv erfasst werden, werden sie nicht infrage gestellt, sondern besitzen eine übergeordnete Anziehungskraft.

+ *Globale Gültigkeit:* Archetypen besitzen kultur-, zeit- und ortsunabhängige Gültigkeit, was wiederum für eine entsprechende Positionierung genauso gilt.

+ *Erfolgsfaktoren werden erfüllt:* Archetypen erlauben es, eine Positionierung mit klarem Fokus und zugleich ausreichendem Spielraum für eine Evolution zu entwickeln.

Risiken

– *Verlangt kategorie- und segmentspezifische Übersetzung:* Ähnlich wie bei der motivbasierten Positionierung ist auch bei Archetypen eine Verankerung der strategisch relevanten Handlungsanweisungen in der spezifischen Aufgabenstellung und den jeweiligen Produktrealitäten notwendig.

Beispiele

Nike – der Ausrüster für erfolgreiche Kämpfer: Nike besetzt über die starke Betonung von Leistung und Erfolg seit Jahrzehnten ein klar umrissenes Set von Motiven aus dem Bereich Wettkampf. Durch kreativ angewendete Themen, Symbole und Verhaltensweisen folgt die Marke dem Archetyp des *Kämpfers* und ist in der Zwischenzeit selbst zum Kämpfer geworden.

Mercedes-Benz – der Herrscher im Automobilmarkt: Mercedes-Benz weist in Deutschland und in vielen anderen Märkten eine sehr hohe Korrelation mit dem Archetyp des »Herrschers« auf. Die höchste Qualität der Produkte gepaart mit dem stets manifestierten Führungsanspruch der Marke bedienen die Dominanz-Motive Macht, Status und Kontrolle in herausragender Art und Weise.

Fazit

Unsere Betrachtung zeigt: Die Positionierung einer Marke ist der Anfang von allem. Sie ist der Startpunkt, der Genesis einer erfolgreichen Marke, der Urknall für das Auftreten im Markt. Demensprechend ist eine überlegene Positionierung die Grundvoraussetzung für eine erfolgreiche Existenz einer Marke oder eines Unternehmens im Markt.

Schafft es eine Marke, einen eigenständigen, selbstähnlichen und überlegenen Assoziationskosmos in der Wahrnehmung der Zielgruppe zu besetzen, so kann sie diese Stellung langfristig nutzen und festigen. Um diesen Assoziationskosmos zu entwickeln und zu etablieren, hat das Markenmanagement – wie aufgezeigt – verschiedene Ansätze an der Hand. Diese setzen jeweils auf einer spezifischen Ebene an – vom Produktattribut bis hin zur motivationalen und archetypischen Steuerung einer Marke. Welcher Ansatz für eine Marke erfolgskritisch ist, lässt sich nur im Einzelfall sagen. Dies ist abhängig von den Potenzialen einer Marke und ihrer Leistungen sowie von der Entscheidung, wie man diese Potenziale gegenüber der Zielgruppe und dem Wettbewerb einsetzen kann.

Die vier vorgestellten Positionierungsmodelle stehen in einem evolutionären Verhältnis zueinander und wirken komplementär. Sie repräsentieren einen stetigen Paradigmenwechsel zwischen einer Inside-out und einer Out-Inside-Perspektive. Die Basis bildet die attributbasierte Positionierung, die einst das A und O der Positionierungslehre darstellte. Heute fungiert diese quasi als Stütze aller anderen Positionierungsansätze. Die spezifischen Attribute einer Marke oder eines Produktes werden durch die Anwendung anderer Positionierungsansätze nicht negiert, sondern robuster.

Eine Positionierung ist niemals »fertig«. Ganz gleich für welchen Positionierungsansatz sich ein Unternehmen entscheidet. Grundsätzlich gilt: Einmal definiert, muss eine Positionierung kontinuierlich gepflegt werden, um ihre Erfolgsbasis (Einzigartigkeit, Glaubwürdigkeit, Relevanz, Fokus und Konsistenz) langfristig zu sichern.

Positionierungsansätze im Vergleich

Bezüglich des Wirkungseintritts und der Dauer der Wirksamkeit (Merkwürdigkeit, Ertrag, Alleinstellung) zeigen sich bei den Positionierungsansätzen Unterschiede. Abhängig von der Reife eines Marktes und der Strategie der Marktbearbeitung bieten sich hier unterschiedliche Ansätze an. Unsere Beobachtungen von Märkten und Praxiserfahrung deuten darauf hin, dass eine höhere Evolutionsstufe über eine höhere Stabilität im Zeitverlauf verfügt.

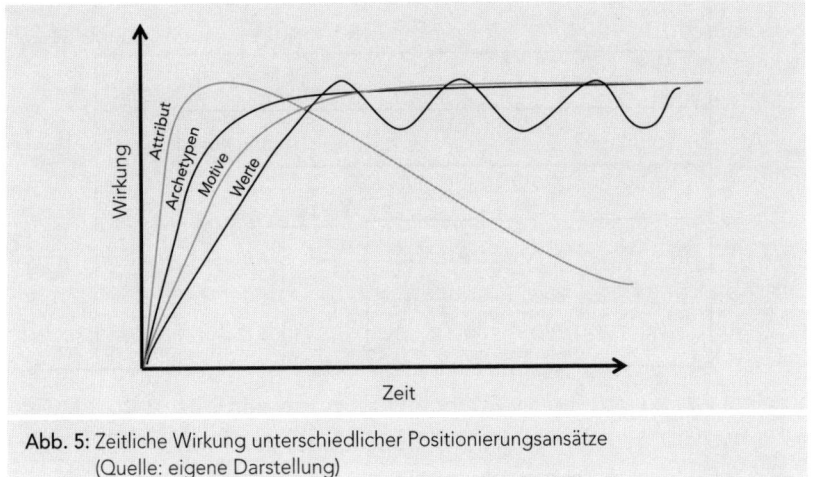

Abb. 5: Zeitliche Wirkung unterschiedlicher Positionierungsansätze (Quelle: eigene Darstellung)

▶ Eine *attributbasierte Positionierung* ermöglicht eine schnelle Aktivierung der Konsumenten, weist jedoch eine geringe Halbwertszeit auf.

▶ Eine *wertebasierte Positionierung* wirkt langsamer. Sie hat jedoch, einmal im Kopf der Konsumenten verankert, eine längere Wirkung. Ihre Wirkung wechselt mit dem fortlaufenden Wertewandel in der Zielgruppe, was langsam und meistens in geringen Maßen passiert.

▶ Eine *motivbasierte Positionierung* erzeugt durch ihre leichte Erfassbarkeit beim Konsumenten einen relativ schnellen Wirkeintritt. Sie hat auch auf lange Sicht eine hohe Wirksamkeit.

▶ Eine *archetypenbasierte Positionierung* hat durch die intuitive Erfassbarkeit und Bekanntheit von Archetypen einen schnellen Wirkeintritt. Auch hat sie auf Grund ihrer Motivbasierung auf lange Sicht eine hohe Wirksamkeit.

Jeder Positionierungsansatz ergänzt die bestehenden Ansätze um einen oder mehrere Aspekte, jedoch ist kein Ansatz per se einem anderen überlegen. Je komplexer jedoch der Markt, desto erfolgträchtiger erscheint eine Positionierung auf einer emotionalen Basis, gekoppelt mit einer Outside-in-Perspektive.

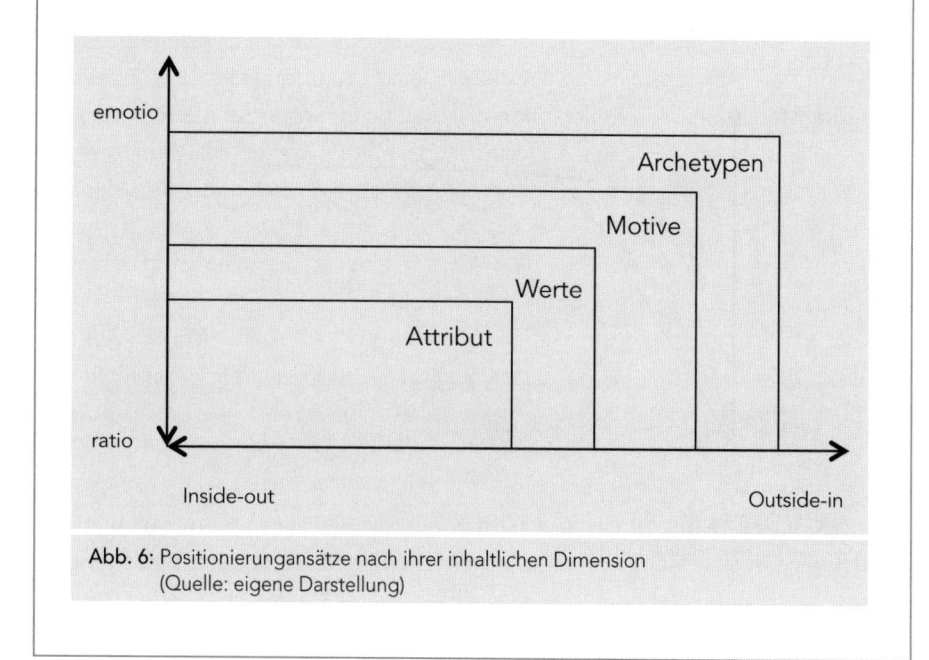

Abb. 6: Positionierungansätze nach ihrer inhaltlichen Dimension (Quelle: eigene Darstellung)

Drachen, Donuts, Diamanten

Die Wissenschaft und Kunst guter Markenmodelle

Andreas Baetzgen

Eine kluge Positionierung braucht eine kluge Form der Visualisierung, damit alle, die eine Marke lenken und leben, verstehen, für welches Versprechen und welche Werte eine Marke steht. Dies ist die Aufgabe von Markenpositionierungsmodellen. Andreas Baetzgen erläutert deren Bedeutung für die Markenführung und zeigt, was bei der Entwicklung und Vermittlung von Markenmodellen beachtet werden sollte und welche Fallstricke dabei lauern.

Vor einigen Monaten überreichte mir eine Kundin die neue Positionierung ihrer Marke mit dem Auftrag, diese in ein neues Design zu übersetzen. Die Präsentation umfasste 118 Seiten. Zweifelsohne war die Positionierung analytisch fundiert und detailliert begründet. Keine Frage blieb unbeantwortet: die Wünsche der Konsumenten, die Abgrenzung zum Wettbewerb, die Herleitung der Markenessenz und Werte, Core Identity, Brand Promise, Reason Why, Rational Benefits, Emotional Benefits, Markenthemen und Key Messages – alle stichhaltig hergeleitet, aufgeschlüsselt und begründet. Ich habe die Präsentation mit großer Aufmerksamkeit und Anstrengung zwei Stunden studiert. Alles war richtig. Alles war schlüssig. Aber keine der vielen Formulierungen und Definitionen hat mich gepackt, mir eine Idee gegeben, was die Marke kann, will und was sie besonders macht. Auf Seite 73 dann endlich das zentrale Versprechen: »Als verlässlicher und vertrauensvoller Partner, verstehen wir die weltweiten Wünsche und Anforderungen unserer Kunden und schaffen mit diesen zusammen nachhaltiges Wachstum.« Sechs Monate Arbeit, internationale Konsumentenbefragungen und interne Managementworkshops machten dieses Papier über jeden Zweifel erhaben. Doch für die Gestaltung der Marke war die Präsentation praktisch wertlos. Sie bot viele Informationen, aber keinerlei Inspiration. Einmal mehr wurde mir bewusst, weshalb es Kreative gibt, die eine Markenstrategie ungesehen zur Seite legen: Zu oft haben sie die Erfahrung gemacht, dass in Strategien immer das Gleiche steht.

Viele Markenstrategien scheitern an ihrer Komplexität und fehlenden Aussagekraft. Sie sind richtig, aber nicht vermittelbar. Insbesondere die Darstellung der Marke und ihrer zahlreichen Facetten bereitet Schwierigkeiten.

> Viele Markenstrategien scheitern an ihrer Komplexität und fehlenden Aussagekraft. Sie sind richtig, aber nicht vermittelbar.

Modelle sind Idealisierungen. Sie werden in der Wissenschaft genutzt, um komplexe Sachverhalte vereinfacht zu erklären. Auch Marken sind komplexe Phänomene, die vereinfacht werden müssen, damit diese für uns erfassbar sind. Dabei stellt sich insbesondere die Frage nach der Form: Wie lassen sich Marken anschaulich darstellen und vermitteln? Und welche Modelle gibt es? Da die meisten wissenschaftlichen Markenmodelle in der Praxis kaum Beachtung finden, werde ich mich hier auf ausgewählte Markenmodelle der Praxis konzentrieren. Einen weiterführenden Überblick über insgesamt 48 Praxismodelle bietet das Buch von Anita Zednik und Andreas Strebinger (2005).

Unternehmen und Agenturen sind erfinderisch, wenn es um die Darstellung von Marken geht: Es gibt Markentempel, Markenpyramiden, Markendiamanten, Markensteuerräder, Markencockpits, Markenleuchttürme, Markenschlüssel, Markenblumen, Markendrachen, Markenzwiebeln, Markenpropeller, Markenraketen, Markenkompasse, Markenhäuser, Markenplaneten, Markenspinnen, Markenanker, Markentrapeze, Markensterne, Markenprismen, Markenufos, Markenkekse und sogar einen Markendonut. Obwohl es unzählige Darstellungsmöglichkeiten von Marken gibt, unterscheiden sich diese meist ausschließlich durch ihre äußere *Form*. Inhaltliche Unterschiede bestehen vor allem im Wording und in der *Strukturierung* der Inhalte. Das Donutmodell bildet hier eine Ausnahme. Übrigens ist dieses von dem Berliner Strategieprofessor Franz Liebl. Die Idee: Marken besitzen keinen Markenkern, sondern bestehen aus einem Ring von Eigenschaften.

Sie werden in diesem Buch manch Kritisches über Markenmodelle lesen: Dominic Veken kritisiert ein damit verbundenes Schematadenken (vgl. Kap. 1, S. 13). Judd Labarthe bemängelt, dass diese zu statisch und unflexibel seien, um eine Marke spannungsreich zu inszenieren (vgl. Kap. 5, S. 210). Und Andréa Mallard stellt fest, dass Markenpyramiden & Co. häufig zu abstrakt sind und für den Gestaltungsprozess keine konkrete Hilfestellung und Orientierung bieten (vgl. Kap. 4, S. 173). Sie alle haben Recht und doch gibt es keine Alternative. Irgendwie müssen wir Marken modellieren – ob als Geschichte oder in Form einer Markenpyramide. Welche Form geeignet ist, wird hier im Weiteren zu zeigen sein.

Die einfachste Form eine Marke zu visualisieren:
Das Marken Mind Map

Die Aufgabe eine Marke zu modellieren, also vereinfacht zu Papier zu bringen, ist anspruchsvoll. Dies liegt an der Vielschichtigkeit von Marken. Notieren Sie beispielsweise sämtliche Dinge, die Ihnen mit der Marke McDonald's in den Sinn kommen und anschließend alles, was Ihnen zu Ihren Assoziationen einfällt usw. Das Ergebnis ist ein einfaches sogenanntes semantisches Netz (Mind Map), das als erste Veranschaulichung einer Marke durchaus hilfreich ist, wenngleich für eine systematische Vermittlung ungeeignet.

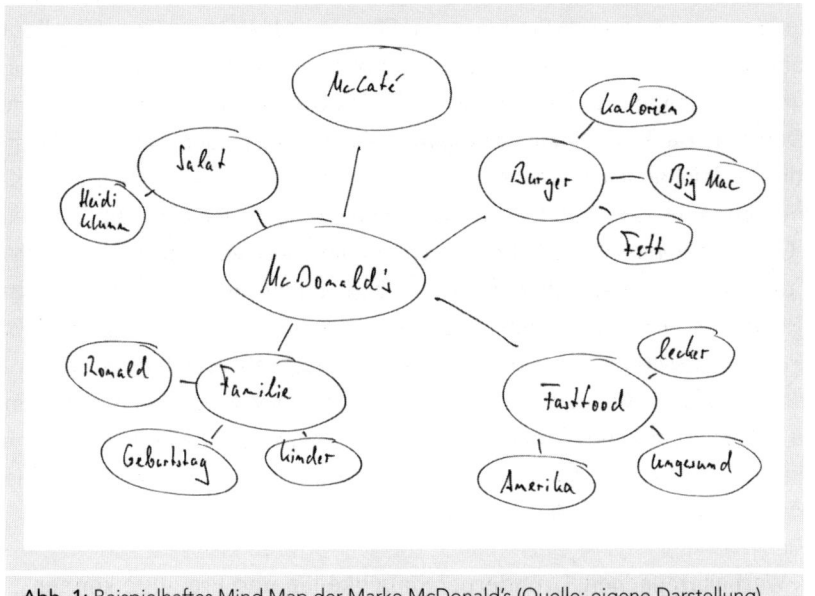

Abb. 1: Beispielhaftes Mind Map der Marke McDonald's (Quelle: eigene Darstellung)

Wann braucht eine Marke ein Markenmodell?

Zunächst sollten Sie sich als Markenverantwortliche die Frage stellen, ob Sie für Ihre Marke überhaupt ein Modell benötigen. Oftmals kann bereits ein einfaches Positionierungsstatement als strategische und operative Basis ausreichen und hinreichend Orientierung bieten. Grundsätzlich sollte man nur dann ein Modell für seine Marke entwickeln, wenn sich diese nicht auf anderem Wege einfacher vermitteln lässt. Eine Werbekampagne etwa kann eine Marke oftmals besser transportieren als irgendein abstraktes Denkgerüst. Werbekampagnen spielen gerade in der Wirkung einer Marke nach innen eine wichtige Rolle. Dies lässt sich vor allem bei Corporate-Kampagnen beobachten. Die Kampagnen von Siemens (Siemens Answers) und IBM (Smarter Planet) sind hierfür Beispiele. Sie geben den Mitarbeitern eine Idee wofür die Marke steht und bilden eine wichtige Identifikationsfläche. Corporate Kampagnen können regelrechte Begeisterungsstürme bei Mitarbeitern auslösen – auch gerade bei Mitarbeitern, die mit der Führung der Marke gar nichts zu tun haben: »Endlich wissen wir, wofür wir stehen!«, ist dann das Feedback. Auch ein Claim kann wegweisender sein als ein technisches Modell: »imagination at work« von General Electric ist hierfür ein Beispiel. »For GE, imagination at work is more than a slogan or a tagline. It is a reason for being«, erläutert Jeff Immelt, Chairman und CEO des Unternehmens. Ähnliches gilt für die Deutsche Bank, die mit ihrem Claim »Leistung aus Leidenschaft« zugleich ein deutliches Zeichen nach innen setzt. Noch greifbarer als eine inspirierende Kampagne oder ein Claim ist eine charismatische Gründerpersönlichkeit. Diese kann den Charakter einer Marke leibhaftig ausstrahlen und verkörpern. Und auch das Produkt kann in einigen Fällen die Werte und Tugenden einer Marke vermitteln. Die Mitarbeiter in einer Uhrenmanufaktur wie Lange & Söhne oder am Fließband bei Porsche wissen oftmals sehr viel genauer, wofür sie arbeiten und wofür ihre Marke steht als die Manager in Großbanken oder Mischkonzernen. Werbekampagnen, Claims, Gründerpersönlichkeiten und Produkte, sie alle können für eine Marke Modellcharakter haben und den Mitarbeitern und dem Markenmanagement ein Leitbild sein. In diesen Fällen braucht es kein schriftliches Modell.

> Werbekampagnen, Gründerpersönlichkeiten und Produkte können für eine Marke Modellcharakter haben und den Mitarbeitern und dem Markenmanagement ein Leitbild sein. Oft sind sie das beste Markenmodell.

Ebenso gibt es unternehmerische Konstellationen und Situationen, in denen ein klassisches Markenmodell zentral für das Management einer Marke ist. Dies gilt vor allem dann, wenn sehr viele Menschen aus unterschiedlichsten Unternehmensbereichen am Erscheinungsbild und Wirken einer Marke beteiligt sind. Beispiele sind global agierende Marken mit einem breit diversifizierten Produktportfolio (z. B. Nivea, L'Oréal). Zudem gibt es eine generelle Entwicklung, die diese Tendenz befördert. Durch ihre wachsende Bedeutung ist die Marke für immer mehr Unternehmensbereiche (HR, F&E, Produktion, Vertrieb, Finance etc.) eine relevante Größe, die umgesetzt und gelebt werden muss. Damit sind auch immer mehr Menschen unmittelbar oder mittelbar am Markenaufbau beteiligt. In diesem Fall ist es unabdingbar, dass es innerhalb der Organisation ein gemeinsames Verständnis von einer Marke gibt. Ein Markenmodell ist dann ein wichtiges strategisches und operatives Managementinstrument, das für Orientierung und Identifikation bei Management und Mitarbeitern sorgt und diese dazu befähigt, im Sinne der Marke zu entscheiden und zu handeln.

> In komplexen Organisationsstrukturen sind Markenmodelle wichtige strategische und operative Managementinstrumente, die Management und Mitarbeiter dazu befähigen, im Sinne der Marke zu entscheiden und zu handeln.

Damit wäre zugleich das Ziel von Markenmodellen benannt: Markenmodelle sollen leiten und anleiten: Wo will die Marke hin? Und wie tritt sie dabei auf? Die Entwicklung und Vermittlung von Markenmodellen ist damit eine zentrale Aufgabe des Brand Planning und ein Meilenstein im Strategieprozesses.

Vier Typen von Markenmodellen

In der Praxis haben sich im Wesentlichen vier Typen von Markenmodellen bewährt:

Kernmodelle: Wofür steht die Marke (heute)? Kernmodelle reduzieren und verdichten eine Marke auf eine Persönlichkeit oder Essenz, um die sich im Kern alles dreht. Dieser Kern muss in allem, was eine Marke tut – also in Kommunikation, Design und Verhalten – erlebbar sein. Ein bekanntes Kernmodell ist beispielsweise der *Unilever Brand Key* sowie die konkreten Markenmodelle von Audi,

106 | **Kapitel 3: Brand & Positioning**

BMW und Mercedes-Benz (vgl. Abb. 5). Auch die meisten Identitätsmodelle, in deren Zentrum die Kernidentität einer Marke steht – meist formuliert als Markenversprechen –, gehören zu dieser Gruppe (u.a. Brand Leadership Modell von Aaker/Joachimsthaler 2001).

Zielmodelle: Was will die Marke (morgen) erreichen? Zielmodelle sind stärker zukunftsorientiert. An ihrer Spitze steht die Vision und/oder Mission einer Marke. Besonders häufig werden diese Modelle bei Corporate Brands oder Dienstleistungsmarken verwendet, da hier die Marke von den Mitarbeitern gemacht und gelebt wird. Diese brauchen ein Ziel vor Augen, ein Leitbild, um daran das eigene

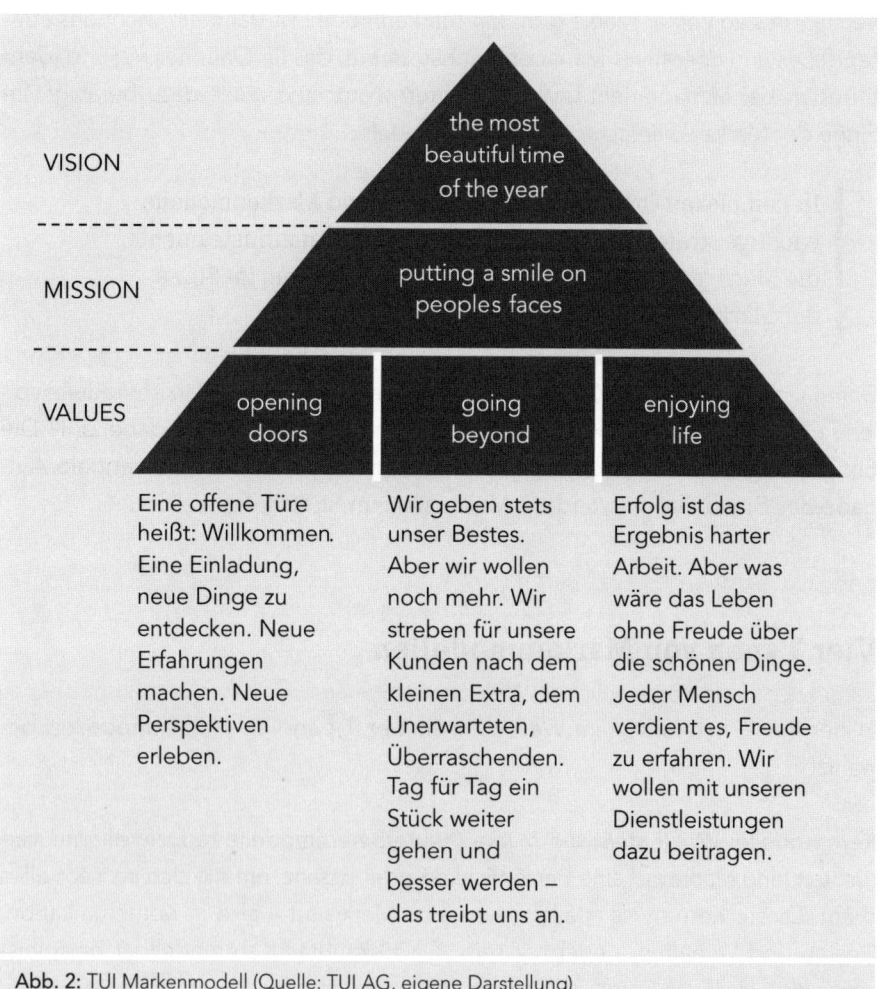

Abb. 2: TUI Markenmodell (Quelle: TUI AG, eigene Darstellung)

Handeln auszurichten. Zielmodelle formulieren deshalb häufig große, ambitionierte und begeisternde Gedanken, die Menschen involvieren (z. B. Google: democratizing information; Disney: creating happiness). Durch die wachsende Bedeutung von Marken für Unternehmen sind die Grenzen zwischen Markenzielmodellen und Unternehmensleitbildern in vielen Unternehmen fließend. Das Markenmodell von TUI ist hierfür ein Beispiel (vgl. Abb. 2).

Matchmodelle: Wie passt die Marke zum Kunden? Machtmodelle beschreiben die Beziehung zwischen Marke und Konsumenten bzw. verorten die Marke im Wertekosmos des Konsumenten. Ziel ist es, eine Marke so zu positionieren, dass ihr Werteset zu den Werten des Konsumenten passt. Sie werden deshalb in der Theorie auch als Wertekongruenz-Modelle bezeichnet. Beispiele sind die bereits vorgestellte Limbic Map (vgl. Kap. 3, S. 79), der RB Profiler von Roland Berger, die Semiometrie von TNS Infratest, die GIM-Values und das McKinsey Brand Personality Gameboard. Häufig dienen diese Modelle aufgrund ihrer Komplexität ausschließlich dazu, die Inhalte eines Kern- oder Zielmodells zu bestimmen (*Entwicklung*). Für die *Vermittlung* innerhalb einer Organisation sind sie meist zu komplex.

Distanzmodelle: Wie unterscheidet sich die Marke vom Wettbewerb? Ziel dieser Modelle ist es, die Entfernung zwischen einer Marke und ihren Wettbewerbern darzustellen. Besonders häufig werden hierfür einfache, zweidimensionale Positionierungskreuze verwendet, die jedoch die vielschichtigen Leistungsfacetten und Images von Marken nicht vollends abbilden können. Marken besitzen mehr als nur zwei Imagedimensionen. Um diese abzubilden, eignet sich beispielsweise das Mindmarker-Modell der Innovationsberatung STURM und DRANG, das auf einer Repertory-Grid-Technik basiert. Der Vorteil dieser Methode besteht darin, dass die Achsen des Wahrnehmungsraums – anders als bei einem klassischen Positionierungskreuz – vom Marketing nicht vorgegeben, sondern von der Zielgruppe selbst konstruiert werden. Auf diese Weise bekommt man Einblick in den subjektiven und ganzheitlichen Wahrnehmungsraum des Konsumenten, der mit Hilfe einer Clusteranalyse auf einige wenige zentrale Wahrnehmungsdimensionen und Nutzungsmotive verdichtet werden kann (vgl. Abb. 3). Auch Distanzmodelle dienen eher als interne Steuerungs- und Diskussionsgrundlage für das Markenmanagement (Entwicklung) und weniger als zentrales Markenmodell (Vermittlung). Dennoch bilden auch sie eine mögliche und hilfreiche Modellierung von Marken.

| 108 | **Kapitel 3: Brand & Positioning**

Das Markenmanagement sollte – unabhängig davon, für welchen Modelltyp es sich entscheidet – alle vier Fragen für sich beantworten, bevor es mit der Entwicklung des eigentlichen Markenmodells beginnt. Was dabei zu berücksichtigen ist, wird im Folgenden erläutert.

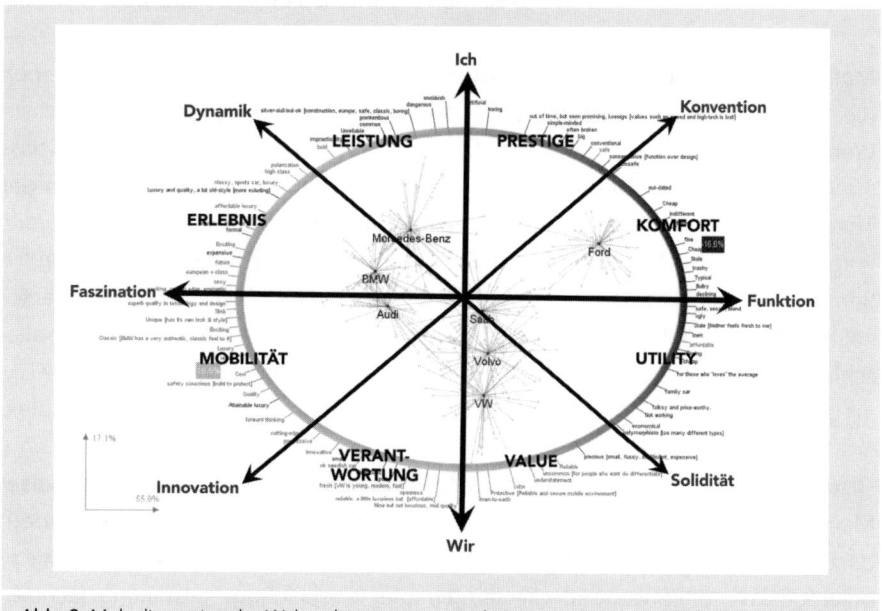

Abb. 3: Mehrdimensionaler Wahrnehmungsraum und Nutzungsmotive am Beispiel ausgewählter Automobilmarken. Online-Befragung internationaler Experten mit Hilfe der Repertory-Grid-Technik (n=51) (Quelle: MetaDesign)

Was ein Markenmodell leisten sollte

Für die Ausgestaltung von Markenmodellen gibt es keine Patentrezepte. Dennoch lassen sich einige Kriterien benennen, die generell erfüllt sein sollten, damit ein Markenmodell den vielfältigen Anforderungen gerecht wird.

einfach: Modelle sind Idealisierungen. Sie sollen aus Gründen der Effizienz »so einfach wie möglich und so ›realistisch‹ wie nötig sein« (Esser 1991, S. 61), d.h. bei überschaubarem Anwendungsaufwand »entscheidungsrelevante Informationen« bereitstellen (Hanssmann 1993, S 131). »Eine Modellierung, die weniger

Parameter erfordert, ist daher einer – ansonsten etwa gleich erklärungskräftigen – ›komplexeren‹ (formal) vorzuziehen« (ebd., S. 50), so die Theorie. Gleiches gilt für ein Markenmodell. Dieses muss sich von selbst erschließen – auch für Menschen, die sich nicht professionell mit der Marke beschäftigen. Verzichten Sie deshalb auf Fachtermini. Und achten Sie darauf, dass Sie das Modell nicht zu sehr ausdifferenzieren. Eine feinmaschige Unterteilung in Brand Positioning, Brand Promise, Consumer Benefit, Brand Essence, Core Identity und Extended Identity mag akademisch sinnvoll sein, für die praktische Anwendung ist diese zu kleinteilig. Hier konkurrieren zu viele Ebenen und Gedanken um die Definitionshoheit, so dass am Ende keiner weiß, welche Ebene für die Führung einer Marke tatsächlich ausschlaggebend ist. Konzentrieren Sie sich stattdessen auf *ein* Versprechen, vielleicht sogar auf nur ein Wort, das im Zentrum ihrer Marke steht. So steht die Marke Hornbach im Kern für »Projekte«, BMW für »Freude«, Persil für »Reinheit« und Unilever für »Vitality«. Eine Marke, die es nicht über ihr Modell schafft, in wenigen Sekunden zu vermitteln, wofür sie steht, kann nicht erwarten, dass es die Werbung tut.

eindeutig: Ein Markenmodell sollte eindeutig sein, d.h. einzelne Ebenen und Aussagen innerhalb des Modells dürfen sich nicht widersprechen. Zudem sollte es keinen Raum für individuelle Interpretationen geben. Gerade Allgemeinplätze, wie die Beteuerung innovativ, nachhaltig, vertrauenswürdig und partnerschaftlich zu sein, sind derart dehnbar, dass jeder darin genau das sieht – und nur das –, was er sehen möchte. Versuchen Sie deshalb Begriffe und Formulierungen zu finden, die möglichst konkret und bildhaft sind. Das Markenmodell von TUI ist hierfür ein gutes Beispiel (vgl. Abb. 2). In seinem Mittelpunkt steht die Idee, Menschen zu einem zufriedenen Lächeln zu bringen (»putting a smile on people's faces«). Jeder Mitarbeiter hat damit ein klares Bild und Ziel vor Augen. Und noch besser: Es lässt sich im täglichen Handeln für jeden Mitarbeiter eindeutig umsetzen. *Eindeutig* meint aber auch, dass das Markenmodell in den Produkten und Leistungen einer Marke geerdet ist. Immer wieder lese ich Markenmodelle, die keinen hinreichenden Bezug zum Produkt herstellen. Ein Beispiel: »Unsere Marke: (...) hat ein klares Profil: Sie steht für Leistung – im Geschäft und darüber hinaus. Die Verbindung von Passion und Präzision macht unsere Leistung aus und gibt uns das Selbstbewusstsein, Neues offensiv anzugehen. Wir stellen Herkömmliches immer wieder in Frage und entwickeln neue Lösungen für alle, die mit uns zusammenarbeiten.« Auch in den anschließenden Ausführungen zu Markenpersönlichkeit und Versprechen macht das Unternehmen keine Aussage zu Produkten und Leistungen. 320 Worte ohne Produktbezug! Ein Markenmodell wird dadurch zu abstrakt und seine Übersetzung in konkrete Handlungen erschwert. Welche Aussagekraft besitzt ein Markenmodell beispielsweise für die Forschungs- und Entwicklungsabteilung eines Unternehmens oder den Kundendienst, wenn nicht einmal durch das Modell ersichtlich wird, für welche Produktleistungen und Kompetenzen eine Marke im Kern steht? Dieser Fehler passiert häufig bei Unternehmens- und Dachmarken, die ein breites Portfolio von Produkten und Dienstleistungen bündeln. Übrigens handelt es sich bei dem Beispiel um die Deutsche Bank.

eigenständig: Ein Markenmodell sollte zudem eigenständig und einzigartig sein. Häufig ist gerade dies nicht der Fall. Ein typisches Beispiel für eine austauschbare Botschaft ist das Selbstverständnis der Marke BASF: »Die BASF ist das weltweit führende Chemieunternehmen. Wir bieten intelligente Lösungen mit innovativen Produkten und maßgeschneiderte Dienstleistungen. Wir eröffnen Erfolgschancen durch vertrauensvolle und verlässliche Partnerschaft.« Ersetzen Sie den Unternehmensnamen und die Branche, so lässt sich dieser Satz praktisch auf jedes andere Unternehmen übertragen. Eine Möglichkeit, um dieser Banalitätsfalle zu entkommen, besteht darin, eine Reihe von Statements dieser Art zu sammeln (meist hat man diese schnell zusammen) und diese mit den verantwortlichen Entscheidungsträgern zu Beginn des Prozesses zu diskutieren. Auf diese Weise kann man schnell eine Batterie von Eigenschaften identifizieren, die für eine Kategorie und Dienstleistungsgesellschaft *selbstverständlich* sind und deshalb auch nicht mehr explizit in einem Markenmodell erwähnt werden müssen. Auch lässt sich so Zeit und Geld sparen, und das Markenmodell wird nicht mit allen möglichen Leistungsattributen und Beteuerungen überhäuft. Der Anspruch von TUI, Menschen zum Lächeln zu bringen, ist beispielsweise sehr viel eigenständiger und motivierenden, als das schlichte Ziel, Kunden einfach nur zufriedenzustellen.

eingängig: Merkfähigkeit ist eine nicht zu unterschätzende Qualität von Markenmodellen – vor allem dann, wenn sehr viele Menschen in einem Unternehmen eine Marke lenken und leben. Ein Markenmodell, dass man ständig zur Hand haben muss, um schnell noch einmal nachzuschlagen, wie denn gleich der dritte Markenwert lautet, wird seiner Aufgabe nicht gerecht. Viele Marken setzen deshalb bei der Zusammenstellung ihrer Markenwerte oder Leistungsattribute auf Alliterationen. So entstehen wohlklingende Dreiklänge wie »Inspiration, Innovation, Integrität« oder »verbindlich, vertraulich, verlässlich«. Alliterationen haben den Vorteil, dass sie merkfähig sind. Gleichzeitig besteht jedoch die Gefahr, dass hier der Form mehr Bedeutung beigemessen wird als dem Inhalt. Austauschbarkeit ist dann die Folge. Ein Beispiel hierfür sind die drei P's des österreichischen

Mineralölkonzerns OMV (Partners, Professionals, Pioneers), die große Ähnlichkeit mit den 3P's der Marke BASF (Pioneering, Professional, Passionate) aufweisen. Das alleine wäre nicht das Problem, zumal die beiden Unternehmen nur indirekt im Wettbewerb stehen, es deutet aber darauf hin, dass viele Unternehmen ihre Werte in einem falsch verstandenen Formalismus so sehr glatt schleifen, dass diese im Markenalltag weder Reibung noch Orientierung schaffen. Eine weitere beliebte Technik zu mehr Eigenständigkeit und Merkfähigkeit besteht darin, die Anfangsbuchstaben der Markenwerte so zu wählen, dass dadurch eine übergeordnete Botschaft entsteht. Beispielsweise lauten die Markenwerte von Bayer »*Leadership*«, »*Integrity*«, »*Flexibility*« und »*Efficiency*«, die zusammen den Begriff »LIFE« ergeben, der im Zentrum des Markenversprechens »Science for a better life« steht. Aber auch hier gilt: Trotz allem Streben nach Originalität, sollte immer und unbedingt die inhaltliche Richtigkeit im Mittelpunkt der Überlegungen stehen. Präzision schlägt Plakativität. Die beste Möglichkeit zu mehr Eingängigkeit ist *inhaltliche Stringenz*. Man sollte beim Anblick des Markenmodells sofort erkennen können, wie ein Punkt auf dem anderen aufbaut und in einem schlüssigen Gesamtzusammenhang steht. Hierzu braucht es keine komplexen Schaubilder mit Kästen und Pfeilen, die den Anschein einer logischen Struktur vermitteln, sondern Klarheit und Konsistenz in den Aussagen. Auch hierfür ist das TUI Markenmodell ein gutes Beispiel. Es schafft Merkfähigkeit, indem es eine Geschichte erzählt: Es erzählt von Türen, die man aufstoßen muss, um weiter zu kommen und um das Leben zu genießen. Vielleicht erscheint Ihnen dies jetzt etwas zu pathetisch, aber Sie werden sich die so beschriebenen Markenwerte besser einprägen können als eine Aufzählung von Begriffen, die in keinem größeren Zusammenhang stehen (z. B. Offenheit, Entdeckergeist, Freude).

> Bei der Entwicklung eines Markenmodells sollte man dem Grundsatz folgen: Erst der Inhalt, dann die Form. Präzision schlägt Plakativität.

erstrebenswert: Ein Markenmodell sollte den Charakter eines *Leitbildes* haben. Man kann dies durchaus wörtlich verstehen: Es soll ein *Bild* in unserem Kopf erzeugen, das uns *leitet*. Ein Markenmodell ist also kein Abbild der Wirklichkeit, sondern eine Idealvorstellung. Entscheidend ist dabei, dass durch das Modell ein Wert vermittelt wird, der für die Kunden und Mitarbeiter auch wirklich erstrebenswert ist. Eine Supermarktkette kann das Versprechen geben, dass der Kunde stets im Mittelpunkt steht und die Qualität der Produkte höchsten Ansprüchen genügt. Gegen diese Beteuerung lässt sich nichts sagen. Sie sagt aber auch nichts aus. Vermutlich werden der Filialleiter, die Aushilfskassiererin oder der Wurstwarenfachverkäufer das Markenmodell höflich zur Kenntnis nehmen, ohne jedoch zu wissen, was sie damit konkret anfangen sollen und was das Modell für ihre tägliche Arbeit bedeutet. Sagen Sie aber: »Wir lieben Lebensmittel«, macht es sofort Klick und jeder hat eine Idee von der Haltung und Leidenschaft, die in jeder Begegnung mit dem Kunden spürbar werden soll. Ein solches Versprechen besitzt nicht nur Relevanz für den Kunden, sondern entwickelt auch innerhalb der Organisation eine starke Antriebskraft und Identifikation. Es ist erstrebenswert.

umsetzbar. Und schließlich muss ein Markenmodell operationalisierbar, d.h. praktisch zu gebrauchen sein. Diese Anforderung ist vielleicht am schwierigsten. Egal, ob es um eine neue Werbekampagne, ein neues Produktdesign oder das Verhalten einzelner Mitarbeiter geht, sie alle müssen an dem Modell unmittelbar anschließen können. Das Markenmodell von TUI ist erneut ein gelungenes Beispiel. Es erlaubt die unmittelbare Übersetzung in ein Design. Die verantwortliche Design-Agentur Interbrand schreibt hierzu auf ihrer Website: »Auf Basis der entwickelten Vision (»World of TUI is the most beautiful time of the year«) und Mission (»Putting a smile on people's faces«) wurde für die neue Dachmarke »World of TUI« ein sympathisches und universal verständliches Bildelement geschaffen: ein Lächeln.« Gerade weil zwischen Markenmodell und -gestaltung häufig ein Gap besteht (vgl. Kap. 4.3), können besonders zentrale Gestaltungselemente in das Markenmodell integriert werden. Allerdings ist dies für Gestalter nicht sonderlich inspirierend. Das Markensteuerrad von Icon Added Value ist hierfür ein Beispiel. Es umfasst neben Markenkompetenz, Markennutzen und Markentonalität auch das Markenbild, also konkrete Bilder und andere sensorische Stimuli (bildlich, akustisch, olfaktorisch, haptisch etc.), die für die Marke charakteristisch sind, z.B. Produkte oder Produktfeatures, Kommunikation, Logo, Farben, Claim, Filialen etc. Eine bessere Möglichkeit, die Lücke zwischen Markenmodell und Markenumsetzung zu schließen, besteht darin, das Markenmodell zu ergänzen, z.B. durch ein Moodboard. Viele Designagenturen und Identitätsberatungen arbeiten mit diesem hilfreichen Übersetzungsinstrument. Einzelne Markenwerte können so visualisiert und für das Markenmanagement veranschaulicht werden. Ein Moodboard hat den Vorteil, dass es gestalterische Freiräume eröffnet und zugleich einen festen Rahmen vorgibt. Auch eine Ergänzung des Markenmodells um konkrete Leistungs- und Verhaltensattribute ist sinnvoll. So kann beispielsweise ein Markenwert wie »Perfektion« in konkrete Produkteigenschaften und Servicequalitäten übersetzt werden. Bei Mercedes-Benz könnten dies z.B. ein hoher Nutzungs- und Bedienkomfort, qualitativ hochwertige Materialien, innovative Sicherheitstechnologien und eine ausgezeichnete Service-Exzellenz sein. Diese Auslagerung von konkreten Leistungsattributen in begleitende Guidelines und Steuerungsinstrumente reduziert die Komplexität von Markenmodellen und sorgt dafür, dass ein Markenmodell nicht fortwährend aktualisiert werden muss.

Markenmodelle entwickeln: Inhalt und Form

Inhalt und Form eines Markenmodells sollten korrespondieren. Dennoch habe ich die Erfahrung gemacht, dass zunächst die Inhalte definiert sein sollten, bevor man über die Form nachdenkt. Auch empfehle ich Ihnen, jeden Drachen, Donut oder Diamanten, der Ihnen von Ihrer Agentur präsentiert wird, zu demontieren und dessen Inhalte auf einem weißen Blatt Papier untereinander aufzulisten. Sie erkennen so die tatsächliche Substanz und Qualität eines Modells.

Kommen wir zunächst zu den Inhalten. Auch hier gilt: Es gibt keine allgemeine Regel, aus welchen inhaltlichen Aspekten und welcher Struktur ein Markenmodell bestehen sollte. Es braucht immer die Inhalte – und nur diese –, die notwendig sind, um Menschen zu leiten und anzuleiten. Alles andere lenkt vom eigentlich Wichtigen ab. Inhalte, die nur politisch motiviert sind oder rein symbolische Funktion haben, gehören nicht in ein Markenmodell. Viele Markenmodelle verstauben gerade deshalb in Rollcontainern und Aktenschränken, weil sie aus einer Anhäufung von Allgemeinplätzen bestehen. Die Überfrachtung von Markenmodellen mit allen möglichen Ansprüchen und Wunschvorstellungen ist ein häufiges und ernstes Problem, weil dadurch die eigentliche Funktion eines Modells – Vereinfachung – verloren geht. In manchen Unternehmen gibt es deshalb ein offizielles und inoffizielles Markenmodell. Das offizielle Markenmodell schmückt die Website. Das inoffizielle hängt an der Wand des Markentingleiters und ist der wahre Richtungsgeber, der die Inhalte einer Marke auf ihre Essenz herunterdampft. Diese Lösung ist allemal besser, als mit einem nichtssagenden »Ich-mache-es-allen-Recht«-Modell zu arbeiten –, aber nicht optimal.

Abbildung 4 zeigt die wichtigsten inhaltlichen Bestandteile von Kern- und Zielmodellen. Wir werden hier nicht auf alle Punkte eingehen, sondern uns auf zentrale Aspekte konzentrieren. Die meisten Praxismodelle bestehen im Wesentlichen aus den hier aufgelisteten Elementen, wobei es vielfach Unterschiede im Wording gibt. So ist häufig nicht von einem Leistungs- bzw. Nutzenversprechen die Rede, sondern von einer Brand Essence, Brand Proposition, Core Brand Idea, Core Brand Promise usw. Die Bezeichnung ist letztendlich egal; häufig hat sich in

Kapitel 3: Brand & Positioning

Unternehmen ein festes Vokabular etabliert, an dem man aus pragmatischen Gründen festhalten sollte. Ebenso ist es von untergeordneter Bedeutung, ob die Inhalte in die Form einer Pyramide, eines Tempels oder Steuerrads gebracht werden.

Kernmodelle	Zielmodelle
Leistungs-/Nutzenversprechen: Was ist das zentrale Versprechen der Marke an den Kunden?	Vision: Nach welchem übergeordneten Zweck oder Wert strebt die Marke?
rational/emotional Benefits: Welcher funktionale und emotionale Nutzen ergibt sich daraus für den Kunden? (optional)	Mission: Wie will die Marke dieses Ziel erreichen (Leistungen, Qualitäten)?

Werte:
Wie ist die Marke? Wofür steht sie ein?

Themen/Attribute:
Über welche Themen und Eigenschaften zeichnet sich die Marke aus? (optional)

Erscheinung:
Wie tritt die Marke auf? Welches Zeichenrepertoire »besitzt« sie? (optional)

Abb. 4: Zentrale Bestandteile von Kern- und Zielmodellen (Quelle: eigene Darstellung)

Kern- und Zielmodelle haben eine gemeinsame Basis. Sie gründen auf Werten und können optional um Themen/Attribute und das Erscheinungsbild einer Marke ergänzt werden. Die Werte einer Marke sind dabei ganz besonders wichtig. *Werte* sind Vorstellungen des Wünschenswerten: Einigkeit, Recht, Freiheit. Liberté, egalité, fraternité. Auch Marken haben Werte. Diese charakterisieren das Wesen einer Marke und spezifizieren deren Leistungs- und Nutzenversprechen bzw. deren Vision und Mission. Häufig sind die Werte einer Marke bereits Bestandteil der Positionierung, wie im Fall der wertebasierten Positionierung (vgl. Kap. 3, S. 79). Sie lassen sich über die bereits angesprochenen Wertekongruenz-Modelle bestimmen. Grundsätzlich sollte sich eine Marke auf möglichst wenige Werte konzentrieren. Drei bis fünf Markenwerte sind in aller Regel ausreichend, um eine Marke adäquat zu beschreiben. Die Marke Mercedes-Benz etwa besetzt die Werte »Faszination«, »Perfektion« und »Verantwortung«. BMW ist »dynamisch«, »herausfordernd« und kultiviert«, Audi »progressiv«, »hochwertig« und »sportlich« und VW »innovativ«, »werthaltig« und »verantwortungsvoll« (vgl. Abb. 5). Markenwerte können entweder Ist- oder Soll-Werte oder wie im Fall von

Mercedes-Benz eine Mischung aus beiden sein. Bei der Suche nach geeigneten Werten spielt die Wortwahl eine entscheidende Rolle. Gerade die deutsche Sprache ist reich an Worten, um typische Werte wie »Qualität«, »Vertrauen«, »Partnerschaft« und »Innovation« trefflicher und präziser für eine Marke auszudrücken. Ein gutes Hilfsmittel hierbei sind Synonym-Wörterbücher. So gibt es für den Wert »Qualität« unzählige Facetten und Umschreibungen, wie z. B. Perfektion, Exzellenz, Präzision, Substanz, Vollkommenheit, Vollendung, Exklusivität, Güte, Versiertheit etc. Ein weiteres probates Mittel auf der Suche nach geeigneten Wertbeschreibungen besteht in der Übernahme der Kundenperspektive. Welchen Nutzen hat Qualität für den Kunden? Was löst diese im Kunden aus? Es kann Faszination, Begehrlichkeit, Begeisterung, Enthusiasmus, Aufregung, Erhabenheit, Kennerschaft, Überlegenheit, Gelassenheit oder Souveränität sein. Jeder dieser Begriffe ist besser als der Qualitätsbegriff, weil diese spezifischer und eigenständiger sind. Viele Marken gleichen sich auch deshalb in der Wortwahl ihrer Werte, weil sie im Zuge ihrer Internationalisierung englischsprachige Werte annehmen müssen, die auch von nicht-native Speakern auf Anhieb verstanden werden. Das Repertoire an möglichen Begriffen wird dadurch massiv eingegrenzt.

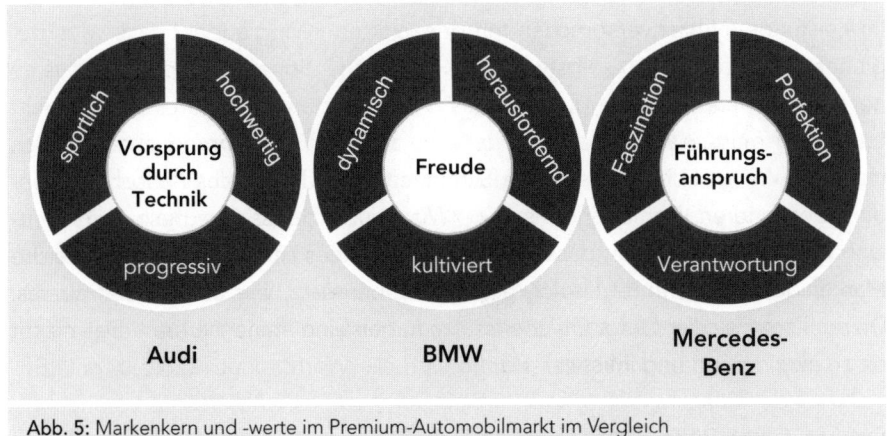

Abb. 5: Markenkern und -werte im Premium-Automobilmarkt im Vergleich (Quelle: Volkswagen AG, BMW AG, Daimler AG, eigene Darstellung)

Wie man zu relevanten und einzigartigen Leistungsversprechen kommt, berichten andere Beiträge in diesem Buch. Ich will mich deshalb hier auf einige wenige hilfreiche Techniken beschränken, die man ebenso für die Formulierung von packenden Visionen und Missionen nutzen kann.

Kapitel 3: Brand & Positioning

Erklimmen Sie die Nutzenleiter: Eine einfache Technik, um zu einem relevanten und differenzierenden Versprechen zu gelangen, ist das *Laddering*. In der Marketing-Literatur wird dieses Verfahren im sogenannten *Means-End-Ansatz* genutzt. Das Prinzip besteht darin, von einer *Eigenschaft* auszugehen, die eine Marke, ein Produkt oder eine Leistung besitzt, z. B. der besonders günstige Preis. Anschließend stellt man sich die Frage »*Warum ist das für den Kunden wichtig?*«. Man kommt so von einer Eigenschaft zu einem *Nutzen*, z. B. spart der Kunde durch den besonders günstigen Preis Geld. Die Warum-Frage wird so lange wiederholt, bis man zu einem für den Kunden wirklich relevanten Nutzen oder Wert vorstößt. Man erklimmt eine Nutzenleiter: Besonders günstiger Preis; Kunde spart Geld; Kunde hat ein Gefühl der Überlegenheit; Kunde kann seine Cleverness gegenüber anderen demonstrieren. Anders als ein günstiger Preis, ist das Gefühl persönlicher Überlegenheit und Cleverness ein Differenzierungsmerkmal, über den sich der Elektronikdiscounter Media-Markt gegenüber Wettbewerbern wie Saturn oder Euronics differenziert – obwohl alle niedrige Preise haben. Der Claim »Ich bin doch nicht blöd« ist die kreative Übersetzung dieses einzigartigen Leistungs- bzw. Nutzenversprechens.

Formulieren Sie ein Glaubensbekenntnis: Versuchen Sie einmal, Ihre Vision oder Ihr Leistungs-/Nutzenversprechen mit den Worten »Wir glauben, dass...« zu beginnen. Sie sprengen so selbstverständliche Konventionen und sprechen aus einer tiefen inneren Überzeugung heraus. »Wir glauben, dass gutes Design nicht teuer sein muss.«, »Wir glauben, dass ein starker Wille Unmögliches möglich macht«, »Wir glauben, dass wahre Schönheit keine Frage des Aussehens, sondern des inneren Wohlbefindens ist«, »Wir glauben, dass es auf alles eine Antwort gibt.«, »Wir glauben, dass Schmutz etwas Gutes ist« usw. Viele erfolgreiche Markenideen basieren auf solch einem Glaubenssatz, wie eben IKEA, adidas, Dove, Siemens oder Omo. Glaubenssätze haben eine immense Kraft. Das macht sie so inspirierend und involvierend.

Denken Sie in Bildern, Analogien, spannungsreichen Gegensätzen und feinen Unterschieden: Oft ist das, was Sie zu sagen haben, nicht wahrhaftig neu und einzigartig im Markt. Und meist hat die Welt auch nicht darauf gewartet. Bildhafte Umschreibungen und Analogien lassen selbst etwas Generisches unique erscheinen. Ein Energy-Drink gibt Energie. Besser: Er verleiht Flügel. Eine Low-Cost-Carrier ist billig und dennoch komfortabel. Besser: Er bietet Fliegen zum Taxipreis. Auch durch spannungsreiche Gegensätze und feine Unterschiede kann Neues entstehen. IKEA macht den Unterschied zwischen *wohnen* und *leben* zum

Thema und besetzt damit einen starken Wert (Selbstverwirklichung). Alle Waschmittel machen *sauber*, aber nur eins wäscht *rein* usw.

Markenmodelle implementieren: Akzeptanz und Begeisterung

Eine wichtige Erfolgsvoraussetzung, damit Markenmodelle wirken können, ist deren Vermittlung in die Organisation. Ihre Mitarbeiter müssen ein Markenmodell kennen, verstehen und verinnerlichen, bevor sie dieses mit Leben füllen. Häufig wird dieser wichtige Implementierungsschritt vergessen oder zumindest nicht mit der notwendigen Aufmerksamkeit betrieben. Das mögliche Spektrum an bewährten Informations- und Aktivierungsmaßnahmen, auf die Unternehmen zurückgreifen können, ist breit: Management- und Mitarbeitertrainings, Workshops, Events, Ausstellungen, Markenfilme und -bücher, Incentives, Webspecials, FAQs, Mobile Apps, Screen Saver, Berichte in Mitarbeiterzeitschriften etc. Dabei sollte es Ihnen nicht nur um die Vermittlung von Informationen gehen, sondern auch um den Aufbau von Identifikation und Involvement. Gerade die Mitarbeiter in einem Unternehmen, die wenig über Markenbildung wissen – und das ist mit großem Abstand die Mehrheit –, begegnen für gewöhnlich einem Markenmodell mit Skepsis. Auch gibt es hier gewisse Berührungsängste mit Markenmodellen, weil einzelne Mitarbeiter zu wenig über Marken wissen. Meist kennen sie nicht einmal den Unterschied zwischen einem Produkt und einer Marke. Sie sind deshalb im Entwicklungsprozess eines Markenmodells gute Gesprächspartner, um die Aussagekraft und Stichhaltigkeit eines Markenmodells kritisch und unvoreingenommen zu testen. Drei P's oder vier E's werden in diesen Gesprächen oft als heiße Luft enttarnt. Besser man klärt dies zuvor im kleinen Kreis ab, so verhindert man, dass die neue Markenrakete bei der nächsten Vertriebstagung vor dem gesamten Auditorium auseinander genommen wird und schon am Boden explodiert.

Halten wir fest: Ein gutes Markenmodell spricht für sich. Es gibt Sicherheit, Klarheit und Struktur, schafft Identifikation und Inspiration, und es funktioniert, egal ob als Drache, Donut oder Diamant.

International Planning

Wie man globale Markenversprechen erarbeitet

Sebastian Wendland

> Sebastian Wendland erläutert den Prozess der Entwicklung globaler Markenversprechen – von der Erforschung der Märkte bis zur organisatorischen Abwicklung der Kampagnen. Der Text vermittelt eine Vielzahl von praktischen Ratschlägen und Beispielen für internationale Planungsprozesse, die sich vor allem durch ihre Komplexität und die Vielzahl der darin involvierten Personen und Parteien unterscheiden.

Kaum jemand hätte sich vor 20 Jahren vorstellen können, wie global unsere Weltwirtschaft mittlerweile ist. Man muss nur auf den Schreibtisch schauen: Vermutlich steht dort ein Laptop von einer amerikanischen Firma, das in China hergestellt wurde, und ein in Italien gerösteter Kaffee in einem Pappbecher aus China. Die Vorstellung einer globalen Wirtschaft ist heute Realität, und es gibt kaum noch einen wirtschaftlichen Prozess, der nicht zumindest ansatzweise davon betroffen ist. Durch das Internet sind alle Marken global geworden: Die USA und China sind für Europäer beliebte Shopping-Destinationen, Apples Pressekonferenzen gehören zu den weltweit meist beachteten Events, und mit einem einzigen Klick können sich Menschen von überall auf der Welt über eine Marke informieren. Umgekehrt haben Werbespots auf Youtube das Potenzial, sich weltweit zu verbreiten – vorausgesetzt, es gibt genug Menschen, die sie »liken«. Die Beziehung zwischen Menschen und Marken ist heute nicht mehr regional begrenzt, sondern eine weltweite Angelegenheit.

Im Zeitalter dieser Hyper-Kommunkation muss jede Marke dieser globalen Herausforderung begegnen. Aber vielen Kommunikationsagenturen und Marketingverantwortlichen fehlt eine wirklich globale Prägung – es scheint, als ob die beste und kreativste Kommunikationsarbeit immer noch auf lokaler und nicht auf globaler Ebene entsteht. Hier ist der Punkt, an dem globales Planning ansetzt. Die grundlegende Vorgehensweise ist ähnlich der lokalen Arbeit, es gibt allerdings einige wichtige Unterschiede. Dieser Text ist wenig überraschend, der Fokus dieses Kapitels soll vor allem darauf liegen, ganz pragmatische Hinweise für die internationale Arbeit zu liefern und nicht einen vollkommen neuen strategischen Prozess für die internationale Arbeit zu definieren. Da viele Schritte im internationalen Prozess denen im nationalen ähneln, will ich mich vor allem auf die Frage konzentrieren, über die am häufigsten diskutiert wird: Wie lässt sich ein globales Markenversprechen entwickeln?

Ein lokaler Planungsprozess für eine Marketing-Kommunikationsstrategie, egal ob dieser innerhalb eines Unternehmens oder einer Werbeagentur erfolgt, verläuft normalerweise *nicht* linear: die Menschen, die an diesem Prozess beteiligt sind, haben oft einen ähnlich guten Kenntnisstand über den entsprechenden Markt, wissen, wo die Marke steht und scheinen alle instinktiv sagen zu können, wohin sie sich innerhalb dieses Marktes bewegen muss. Strategieprozesse werden deshalb oft ganz intuitiv abgekürzt. Es gibt ein implizites gemeinsames Verständnis der Aufgabenstellung, weshalb mehr Zeit darauf verwendet werden kann, sich auf die richtige Richtung zu einigen, statt sich umfassend mit den »Basics« zu beschäftigen. Bei einem globalen Planningprozess ist das anders. Der wichtigste Unterschied und vermutlich auch das wichtigste Learning dieses Artikels stelle ich gleich vorab: Setzen Sie niemals voraus, dass Ihre Kollegen in anderen Ländern das gleiche implizite oder explizite Verständnis von einer Aufgabe (oder Marke) haben.

Gehen Sie besser gemeinsam auf eine Reise, um zu einer gemeinsamen Strategie zu kommen. Das heißt: Es geht bei internationalen Planningprozessen nicht nur um das Ankommen, sondern vor allem auch um die Reise – der Prozess nimmt eine herausragende Stellung ein, denn er hilft, das gemeinsame implizite Verständnis über eine Marke zwischen den Mitgliedern des Teams herzustellen.

> Setzen Sie niemals voraus, dass Ihre Kollegen in anderen Ländern das gleiche implizite oder explizite Verständnis von einer Aufgabe (oder Marke) haben.

It's not such a small planning world

Seit seiner »Erfindung« vor rund fünfzig Jahren hat sich Planning von London aus über die ganze Welt verbreitet. Dennoch gibt es kaum ein Land, in dem das Ursprungskonzept exakt übernommen wurde. Ähnlich wie bei Marken gibt es auch hier in vielen Ländern leichte Unterschiede in der Art des Plannings. Interessanterweise spiegeln diese Unterschiede oftmals auch die Kultur eines Landes wider. Wer einen Planner aus einem anderen Land trifft, wird merken, dass er ein Problem eventuell ganz anders angeht als man selbst. Hier ist eine eigene, absolut subjektive und stereotype Sicht auf die Arbeit mit Plannern aus aller Welt:

▶ Die *USA* waren eines der ersten Länder, die das Planning aus Großbritannien übernommen haben. Die Amerikaner importierten in den Achtzigern erste britische Planner wie Jane Newman und Rob White. Einige Jahre lang war dieses Konzept so erfolgreich, dass Planning zum Modeberuf avancierte und noch heute ist ein britischer Akzent ein enormer Vorteil für Planner in den USA. Mehr als in Europa arbeiten die amerikanischen Planner marktforschungsorientiert – vielleicht weil die enorme Größe des Landes es schwieriger macht, Menschen in den einzelnen Regionen eher intuitiv zu verstehen.

▶ Es gibt nicht viele Planner in *Indien*, aber diejenigen, die da sind, sind oft brillant: extrem kommunikativ *und* intelligent, intuitiv *und* analytisch. Sie besitzen das wunderbare Talent, sich auf Menschen aus Europa einstellen zu können und haben keine Angst, ihren Standpunkt in einer konstruktiven und hitzigen Diskussion zu vertreten. Die Zusammenarbeit mit Indern ist zwar anstrengend, aber sie führt oft auch zu einer ganz neuen, sehr bereichernden Sichtweise.

▶ In *Südostasien* ist die Planning-Szene von Land zu Land sehr unterschiedlich. Städte wie Singapur oder Hongkong haben aufgrund der traditionellen Nähe zu England eine ausgewachsene Planning-Szene. In Japan und Korea gibt es erst seit einiger Zeit eine lokale Planningkultur. Diese Planner fühlen sich oft sehr stark mit ihrem Kunden verbunden, und manchmal ist es schwer einzuschätzen, ob sie sich mehr mit dem Klienten oder mehr mit dem Konsumenten identifizieren, was vielleicht auch daran liegt, dass Marktforschung in diesen Ländern eine leicht andere Rolle spielt (siehe unten). Noch bis vor ein paar Jahren gab es in China fast nur ausländische Planner, die für die großen Agenturnetworks arbeiteten. Erst in letzter Zeit entwickelt sich langsam eine eigene chinesische Planning-Szene. Da die chinesische Werbekultur bisher fast ausschließlich lokal geprägt ist – voller Symbole und Nuancen, die wir Westler scheinbar nicht verstehen – ist das eine sehr positive und hilfreiche Entwicklung.

- In *Lateinamerika* hat sich insbesondere in Brasilien und Argentinien eine neue kreative Werbekultur entwickelt, und die meisten Planner sind eher »kreativ orientiert«. Sie kombinieren dieses Ziel mit einem tiefen Verständnis für Consumer Insights. Angeblich hat Buenos Aires die meisten Psychologen pro Einwohner weltweit – das hilft zu verstehen, warum viele Planner ausgebildete Psychologen mit einem sehr guten Sinn für den Verbraucher sind.
- Im Vergleich zu den meisten anderen Ländern hat man in *Deutschland* das Gefühl, dass viele Planner eine eher philosophische Sicht auf ihre Arbeit haben. Hier sind Planner in der Gefahr, zu sehr zu Markenphilosophen zu werden, die letztlich zur eigentlichen Arbeit der Agentur wenig beitragen.

Die Entwicklung eines globalen Markenversprechens erfolgt in drei Stufen, die jedem Planner bestens vertraut sein sollten:
1. Ein Verständnis für Markt und Marke entwickeln.
2. Ein globales Markenversprechen finden und formulieren.
3. Das Markenversprechen kommunizieren.

Ich werde auf alle drei Schritte einzeln eingehen und versuchen, dabei praktische Ratschläge zu geben. Vor allem will ich zeigen, an welchen Stellen es Unterschiede zwischen einem lokalen und internationalen Planning gibt. Allen Lesern, die mit globalen Prozessen weniger vertraut sind, möchte ich zudem ein einfaches Grundgerüst für die Planung an die Hand geben.

1. Ein Verständnis für Markt und Marke entwickeln

Der erste Schritt beginnt damit, sich einen grundlegenden Überblick über alle Länder zu verschaffen, die für das Markenversprechen relevant sind. Einen ersten Eindruck von der Komplexität dieser Aufgabe bekommt man, wenn man sich den Aufwand für eine Recherche im eigenen Markt vor Augen hält und diese dann mit der Anzahl der Länder multipliziert, für die das Markenversprechen entwickelt werden soll. Dazu kommt: Viele Informationen, die man eigentlich benötigt, sind gar nicht oder nur sehr schwer zu beschaffen, so dass kaum jede Frage beantwortet werden kann. Hier gilt das Prinzip »Mut zur Lücke«. Es gibt aber einige Dinge, die man besonders berücksichtigen sollte:

a) Lokale Bedürfnisse und Geschmäcker, die eine Marke beeinflussen

Zunächst sollte man, abhängig von Produkt und Marke, die physischen Bedürfnisse der Konsumenten gründlich analysieren: Wie unterscheiden sie sich von denen im Heimatmarkt? Gibt es Unterschiede in den Menschen oder ihrer Umwelt? Wird ihre Schokolade in der Hitze schmelzen? Oder haben die Männer in einem Land überhaupt Bartwuchs? Unterschiedliche physische Bedürfnisse scheinen fast banal zu sein, aber sie können eine sehr große Rolle für den Erfolg einer Marke spielen. Der sprichwörtliche Verkauf von Kühlschränken an Eskimos fällt in diese Kategorie. Jedes Land hat seine eigenen physischen Bedürfnisse. Zum Beispiel zeigen Forschungsergebnisse, dass es in asiatischen Ländern eine weit verbreitete Vorliebe für »Umami« gibt – die sogenannte »fünfte« Geschmacksrichtung, die für uns kaum erkennbar ist. Zimt ist in den USA als Geschmacksrichtung genauso wie Karamell in Großbritannien viel verbreiteter als bei uns – beide Geschmacksrichtungen stehen für Wärme und Behaglichkeit, wogegen in Deutschland Zimt im Geschmacksspektrum der Menschen kaum eine Rolle spielt.

b) Lokale Kultur und Gebräuche, die eine Marke beeinflussen

Einen Schritt höher auf der Komplexitätsskala stehen lokale Vorlieben und Gebräuche – also kulturell geprägte und weniger physische Geschmäcker. Viele Südeuropäer zum Beispiel mögen Olivenöl statt der in Nordeuropa verwendeten Butter. Auch denken sich Amerikaner nichts dabei, eine Coca-Cola zum Frühstück zu trinken. Im Wesentlichen geht es darum, die kulturelle Landschaft, in der ihre Marke lebt, zu begreifen. Dabei sollten Sie sich von dem Gedanken lösen, *alles* in jedem Land verstehen zu wollen. Das ist kaum möglich und wird einen eher in die Irre führen. Besser, man formuliert vorab einige Hypothesen, bevor man sich auf einen Markt stürzt. So kann man diese Hypothesen prüfen und eigene Schlussfolgerungen daraus ziehen.

Praktisch gesehen gibt es nicht wirklich viel, das man vom Schreibtisch aus tun könnte, um mehr über den kulturellen Kontext eines Landes zu erfahren. Zudem gibt es überraschend wenig hilfreiche Bücher, die über die DNA verschiedener

Kulturen berichten: »Understanding Global Cultures« von Martin J. Gannon (2001), die Arbeiten von Edward T. Hall und Geert Hofstede über kulturelle Dimensionen und die Serie »Speak the Culture«, eine detaillierte und spannende Einführung in verschiedene Kulturen, die aber leider nur eine kleine Auswahl an europäischen Ländern abdeckt. Es ist deswegen sehr hilfreich, in den einzelnen Ländern Ansprechpartner zu haben, die man um Rat fragen kann.

Insights aus dem Supermarkt

Reisen bildet – und es gibt kaum einen Ort, der sich besser als Fenster zu einer neuen Kultur eignet, als einen Supermarkt. Deswegen sollte der erste Gang eines Planners auf Reisen immer in einen Supermarkt führen.

Für einen Hersteller von Softdrinks fuhr ich vor einigen Jahren nach Bogotá. Gleich am ersten Abend besuchte ich dort ein Geschäft, um zu sehen, was die Menschen einkaufen. Natürlich gab es auch hier einen Gang mit Softdrinks der bekannten Marken. Auf der anderen Seite des Gangs war das Regal voll gepackt mit Instantpulver, verpackt als Einzelportion, in für uns eher ungewöhnlichen Geschmacksrichtungen wie Agave, Mango, Jasmin usw. Der Besuch im Supermarkt erlaubte erste Hypothesen über den Softdrinkmarkt in Kolumbien zu formulieren: Kolumbianische Konsumenten mögen Softdrinks, aber es gibt noch einen anderen Markt für Erfrischungsgetränke und dieses Segment scheint stärker am Preis orientiert zu sein, weil es in einzelnen Portionen verkauft wird. Es gibt einige Geschmacksrichtungen, die Kolumbianer mögen, jedoch nicht von internationalen Herstellern angeboten werden. Im Meeting am nächsten Morgen haben wir die Beobachtungen diskutiert. Der Supermarkt war ein Markt für die obere Mittelschicht Kolumbiens, bei denen Softdrinks durchaus üblich sind. Für den durchschnittliche Kolumbianer sind Softdrinks dagegen eher etwas Besonderes, weil sie zu teuer sind. Instantgetränke in Einzelpackungen werden angeboten, weil die meisten Kolumbianer Wasser trinken und man so auch unterwegs oder bei der Arbeit ein limoähnliches Getränk trinken kann. Diese Geschichte soll nur ein Beispiel sein, wie wichtig ein Besuch vor Ort und die Beobachtung einer Marke aus erster Hand sind. Powerpoint-Präsentationen und Meetings mit den Marketingverantwortlichen können wichtige Informationen liefern, aber einen Markt wirklich begreifen kann man am besten vor Ort.

124 | **Kapitel 3: Brand & Positioning**

Abb. 1: Instantgetränke in einem Lebensmittelgeschäft in Bogotá (Quelle: Sebastian Wendland)

c) Wettbewerbskontext

Wahrscheinlich ist dies der einflussreichste Faktor während der Recherche. Sofern man in einem Land nicht eine vollständig neue Marktkategorie eröffnet, sind die Chancen recht hoch, dass Ihre Marke auf starke Konkurrenz trifft. Es kann sogar sein, dass ein Wettbewerber in einem Land bereits die eigene Positionierung »besitzt«. Dies ist keine Seltenheit – oft handeln lokale Marken opportunistisch und nutzen die Gelegenheit, erfolgreiche Positionierungen von anderswo in Beschlag zu nehmen. In Deutschland konnte man dieses Phänomen beobachten, als plötzlich Marken wie Balzac Coffee oder Coffee Republic noch vor Starbucks selbst auf den Markt kamen. Zu wissen, wer die »wahren« Konkurrenten in einem bestehenden Markt sind, ist entscheidend. Manchmal ist dies weniger offensichtlich, als man denkt.

> Zu wissen, wer die »wahren« Konkurrenten in einem bestehenden Markt sind, ist entscheidend. Manchmal ist dies weniger offensichtlich, als man denkt.

International Planning
Wie man globale Markenversprechen erarbeitet | 125

Ein Beispiel: ein Automobilhersteller, der nach Vietnam gehen möchte, konkurriert dort natürlich ebenso mit Herstellern von Motorrollern und Fahrrädern wie mit anderen Automarken.

Nach Abschluss der Wettbewerbsanalyse kann man versuchen, die Konkurrenz in einem Positionierungsraum zu verorten, um abschätzen zu können, ob es eine strategische Lücke für die Marke gibt. Es kann dabei durchaus sein, dass die Marktkategorie, die man anvisiert hat, noch gar nicht in dem bestehenden Land existiert. In diesem Fall stellt sich die Frage, ob die Marke als Pionier die Kraft besitzt, diese Kategorie aufzubauen bzw. ob es in dem Land überhaupt eine Verwendung für das Produkt gibt.

d) Markenstatus

Am Ende dieser ersten Phase sollte man abschließend noch den aktuellen Status der Marke im Markt definieren. Was ist Ihr aktueller Marktanteil? Wer ist die Zielgruppe? Was sind deren Bedürfnisse? Und schließlich, was ist das Image, das Ihre

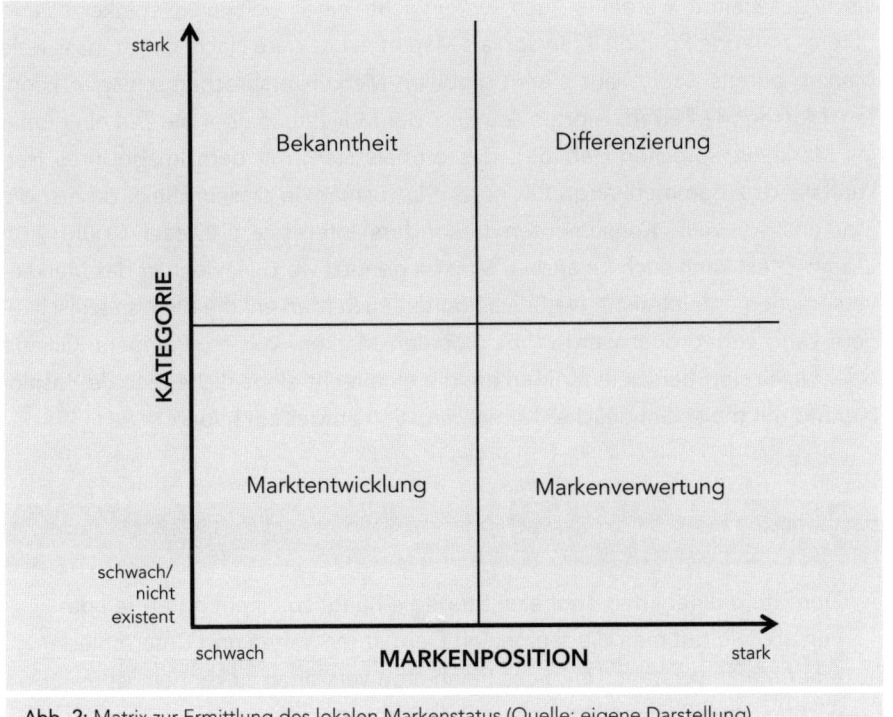

Abb. 2: Matrix zur Ermittlung des lokalen Markenstatus (Quelle: eigene Darstellung)

Marke umgibt? Und wie muss dieses ggf. verändert werden? Die Analyse sollte am Ende einen möglichst plastischen Überblick geben, wo genau die Marke steht und was in einzelnen Märkten zu berücksichtigen ist. Um die Komplexität zu reduzieren, kann es sinnvoll sein, verschiedene Länder mit ähnlichen Ausgangssituationen zu clustern. Hierzu kann man eine Version der Ansoff-Matrix nutzen (vgl. Abb. 2), die ursprünglich entwickelt wurde, um Produkt- und Marktwachstumsstrategien zu ermitteln. Das Gute an dieser Matrix ist, dass in ihr nicht nur einzelne Länder verortet werden können, sondern sie auch gleichzeitig Ansätze für mögliche Strategien aufzeigt.

2. Ein globales Markenversprechen finden und formulieren

Verständlicherweise streben viele Unternehmen nach einem konsistenten globalen (oder zumindest internationalen) Markenversprechen. Weltweite Assets können so geteilt werden – zum Beispiel kann ein TV-Spot aus Argentinien in Russland geschaltet werden. Auch vereinfacht eine weltweit verankerte und differenzierende Position ihren Job als Marketer. Die gute Nachricht ist, dass viele Marken bereits Kapital aus einem globalen Markenversprechen schlagen konnten. Marken wie Ferrari, Giorgio Armani oder Muji haben über die Zeit ein globales Markenversprechen gebildet, das oftmals stark mit dem Image ihres Herkunftslands zusammenhängt. Oft nutzen Luxusmarken diesen Effekt, da hier die Markenstory viele Konsumenten besonders interessiert. Dieser Country-of-Origin-Effekt kann auch für andere Marken genutzt werden, wenn er das Markenversprechen unterstreicht. Natürlich können auch Marken, die nicht spezifisch einem Land zugeordnet werden, zu globalen Marken werden. Pampers, Gillette oder Nivea sind Beispiele für Marken, die eine recht einheitliche globale Positionierung mit meist einheitlicher Kommunikation aufgebaut haben.

Gemeinsamkeiten und Unterschiede verstehen

Der Erfolg einer internationalen Strategie hängt zu einem guten Teil davon ab, wie gut man die regionalen Gemeinsamkeiten und Unterschiede einer Marke versteht. Um diese Feinheiten verstehen zu können, ist es wichtig, dass Planner ihre »lokale Brille« absetzen und den gesamten

Kontext der Marke in den Märkten betrachten. Es gibt hierbei Kategorien, die sich wesentlich einfacher transferieren lassen als andere. Dies ist maßgeblich davon abhängig, wie sehr ein Produkt in einer lokalen Kultur verwurzelt ist. Für relativ neue Absatzmärkte, wie die für Computer oder Mobiltelefone, ist Lokalität kaum ein Kriterium. Diese Marken sind nicht Teil der eigenen Kultur, sondern dienen vielmehr als Mittel zum Zweck – ein Medium, das man nutzt, um seine eigenen Inhalte zu produzieren. Demgegenüber stehen Produkte, wie Lebensmittel, Kosmetikprodukte oder Möbel, die oftmals so stark von einer lokalen Kultur abhängig sind, dass sie sich kaum transferieren lassen. Natürlich gibt es auch Ausnahmen zu dieser Regel – die Neupositionierung der Marke Dove zum Beispiel hat sich sehr gut in fast alle Märkte integrieren lassen, und auch das Niedrigpreiskonzept von IKEA hat das Unternehmen zum weltweit einzigen globalen Möbelhersteller und Händler gemacht. Und es gibt sogar einige Lebensmittelmarken, die sich international durchsetzen konnten, so zum Beispiel Knorr oder Dr. Oetker. Diese Marken stellen sich sehr stark auf lokalen Geschmack ein, schaffen es aber dennoch, ein gemeinsames internationales Markenversprechen aufrechtzuhalten.

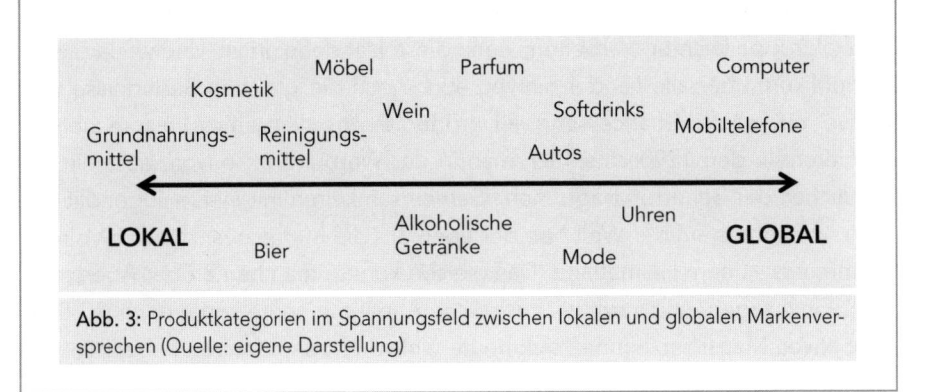

Abb. 3: Produktkategorien im Spannungsfeld zwischen lokalen und globalen Markenversprechen (Quelle: eigene Darstellung)

Es ist schwer, ein globales Markenversprechen zu entwickeln, das in allen Ländern gleich anwendbar ist. Einige zusätzliche grundlegende Gedanken sind:

▶ *Auch ein globales Marketing misst sich am lokalen Markt*: Das Markenversprechen muss in jedem Land konsistent und anwendbar sein und zugleich den Konsumenten zum Kauf des Produktes bewegen – ansonsten erzeugt man Konsistenz, ist aber irrelevant.

▶ *Konzentration auf die Gemeinsamkeiten, nicht auf die Unterschiede*: Die Unterschiede zwischen den Märkten sind interessant und aufschlussreich, aber es ist wichtiger, an dieser Stelle die Perspektive zu wechseln und sich in erster Linie auf die Gemeinsamkeiten zu konzentrieren. Dies ist die einzige Möglichkeit, ein *gemeinsames* Thema für alle Länder zu identifizieren.

▶ *Verwechseln der eigenen Erfahrung mit der Realität*: Immer häufiger rücken die Emerging Markets in unser Blickfeld. Wer als Tourist schon mal in Indien, Vietnam oder Ägypten war, nimmt ein bestimmtes Bild des Landes mit. Dieses Bild spiegelt aber in aller Regel nicht die reale Lebenswelt der aufstrebenden Mittelschicht in diesem Land. Die Zielgruppe trifft man eben nicht am Strand von Goa, sondern eher in den Shoppingcentern von Bangalore.

Wie aber kommt man nun zu einem überzeugenden und relevanten globalen Markenversprechen? Hier die wichtigsten Schritte:

Identifikation der Zielgruppe

Die Entwicklung eines globalen Markenversprechens beginnt immer mit der Identifikation einer klar definierten Zielgruppe. Eine Marke kann sich die Loyalität der Zielgruppe leichter erarbeiten, wenn diese klar definiert ist. Und wenn dieses Zielpublikum über alle Länder hinweg auch noch die gleichen Bedürfnisse und Motive hat, ist die Chance sehr viel größer, ein gemeinsames Versprechen zu definieren. In den 1990ern sprach man in der Werbung oft davon, dass ein Jugendlicher, der Benetton trägt, mehr Gemeinsamkeiten mit einem Jugendlichen irgendwo anders auf der Welt hat, der ebenfalls die Marke besitzt, als mit einem Rentner aus seinem Heimatland. Das gleiche könnte man heute über Abercrombie & Fitch sagen, und vermutlich ist diese Annahme heute sogar noch richtiger als je zuvor. Menschen können sich heute einfacher als in der Vergangenheit vernetzen. Und auch abseits des Internets neigen Menschen dazu, so zu sein wie die anderen. Teenager, die überall auf der Welt die gleichen Probleme teilen, Surfer, die eine gemeinsame Leidenschaft für Portugal teilen, oder Menschen, die gerne Heineken trinken, sind »Stämme«, die fließend und ständig in Bewegung sind.

Dies wirft die Frage auf, ob es überhaupt so etwas wie den »globalen Konsumenten« gibt. In den letzten zwanzig Jahren sind immer mehr Medien entstanden, die zu einem globalen (oder zumindest internationalen) Publikum sprechen. Egal ob CNN, Al-Jazeera, Wallpaper oder The Economist – viele Medien erheben den Anspruch, sich an ein globales Mindset zu richten. Es gibt durchaus Bedürf-

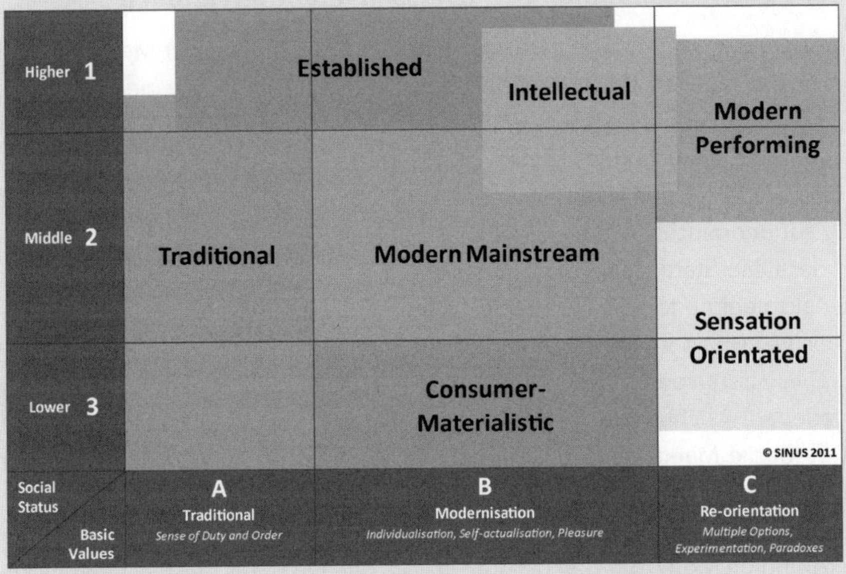

Abb. 4: Sinus-Milieus® in Westeuropa (Quelle: SINUS Institut Heidelberg 2011)

nisse und Motivationen, die bei allen Menschen auf der Welt ähnlich sind und es somit möglich machen, ein spezielles Interesse weltweit zu bedienen. Aber hierbei handelt es sich meist um einen einzelnen Need State und nicht um eine ganze, vollständige Persönlichkeit – eine Person ist und bleibt ein Inder, eingebettet in die indische Kultur, unabhängig davon, ob er The Economist liest oder nicht. In der Praxis bedeutet dies, dass der »globale Konsument« durchaus existiert – aber nur dann, wenn man eine ganz bestimmte Motivation oder deren Kontext anspricht. Marktforschungsinstitute wie Sinus/MOSAIC und Sigma bieten deshalb Lifestyle Milieus für unterschiedliche Länder an. Beispielsweise zeigt Abbildung 4 die Milieus für Westeuropa. Auch wenn diese Milieus weltweit nicht 100% deckungsgleich sind, basieren sie auf der Annahme, dass es in jedem Land Subgruppen oder Milieus gibt, die ein bestimmtes Set an Werten mit Menschen aus anderen Ländern teilen. Diese Betrachtungsweise kann sehr hilfreich sein, vor allem, wenn man die Zielgruppen einer Marke in unterschiedlichen Ländern vergleichen will. Man sollte die Zielgruppe so spezifisch wie möglich definieren, umso höher ist die Chance, ein relevantes Markenversprechen zu erarbeiten. Umgekehrt darf die Zielgruppe aber nicht so eng gefasst sein, dass das Potenzial der Marke zu sehr begrenzt wird.

Suche nach allgemeinen Bedürfnissen und Motivationen

Wie bereits erwähnt, zählt es zu den verbindenden Kräften der Menschen, dass wir uns in unseren Grundbedürfnissen und Motivationen alle ziemlich ähnlich sind. Wie wir leben, mag sehr unterschiedlich sein, aber wonach wir streben und was wir dazu brauchen, ähnelt sich sehr. Das ist eine Chance für globale Marketer – eine grundlegende, allen Menschen ähnliche Motivation zu finden, die tatsächlich auf der ganzen Welt anzutreffen ist. Steven Reiss, Professor für Psychologie an der Ohio State Universität, hat solche allgemeingültigen, menschlichen Motive ausgiebig erforscht und dabei 16 grundlegende Motive definiert, die Menschen weltweit antreiben.

Diese Liste von Motiven ist eine gute Hilfestellung für jeden Marketer, um zu überlegen, welches dieser Motive relevant für das Produkt ist und zur treibenden Kraft für die Marke werden könnte. Es ist lohnenswert, alle Motive durchzugehen, denn in den meisten Fällen stützt sich eine gute Marke nicht nur auf eine einzelne Motivation, sondern auf mehrere. Außerdem ist es nicht immer das vordergründige Motiv, das den größten Impact hat. Ein gutes Beispiel hierfür ist die Marke Axe, die sich an männliche Teenager richtet. Normalerweise würde man eine Deodorant-Marke mit (körperlicher) Sauberkeit und dem Herstellen von (körperlicher) »Ordnung« verbinden – doch Axe hat sich dafür entschieden, seine Marke rund um das Basismotiv »Eros« zu positionieren (vgl. Abb. 5). Axe nimmt Jugendlichen die Unsicherheit, die mit ihren körperlichen Veränderungen einher geht und zeigt damit, dass es lohnenswert ist, mit gängigen Motiven zu brechen.

Der eigentliche Nutzen für eine Marke liegt nicht unbedingt darin, ein relevantes Motiv zu finden, sondern vielmehr in der Möglichkeit, ein relevantes Versprechen um diese Motivation zu schaffen. Hierfür ist es notwendig, eine relevante Verbindung zwischen den Elementen der Marke – den Eckpunkten der Differenzierung – und den Bedürfnissen und Bestrebungen des Konsumenten zu finden. Die Motive sind also lediglich ein mögliches Sprungbrett hin zum Versprechen.

International Planning
Wie man globale Markenversprechen erarbeitet | 131

Lebensmotiv	Verhaltensmerkmal
Macht	Das Lebensmotiv Macht gibt Auskunft darüber, ob jemandem das Führen/Verantworten oder eher das Übernehmen von Dienstleistung wichtig ist.
Unabhängigkeit	Das Lebensmotiv Unabhängigkeit macht eine Aussage darüber, wie jemand seine Beziehungen in den Aspekten Autonomie oder Verbundenheit zu anderen Menschen gestaltet.
Neugier	Das Lebensmotiv Neugier macht eine Aussage darüber, welche Bedeutung das Thema »Wissen« für jemanden im Leben hat und wozu er Wissen erwerben möchte.
Anerkennung	Das Lebensmotiv Anerkennung macht eine Aussage darüber, durch »wen« oder durch »was« jemand sein positives Selbstbild aufbaut.
Ordnung	Die Ausprägung im Lebensmotiv Ordnung zeigt an, wie viel Strukturiertheit oder Flexibilität jemand in seinem Leben benötigt.
Sparen/Sammeln	Das Lebensmotiv Sparen/Sammeln kommt in seiner evolutionären Entsprechung aus dem »Anlegen von Vorräten«. Die Ausprägung zeigt an, wie viel es jemandem emotional bedeutet, Dinge zu besitzen.
Ehre	Bei dem Lebensmotiv Ehre geht es darum, ob jemand nach Prinzipientreue strebt oder eher zweckorientiert ist.
Idealismus	Das Lebensmotiv Idealismus betrachtet den altruistischen Anteil der Moralität und gibt Auskunft darüber, wie viel Bedeutung Verantwortung in Bezug auf Fairness und soziale Gerechtigkeit hat.
Beziehungen	Bei dem Lebensmotiv Beziehungen wird die Bedeutung von sozialen Kontakten dargestellt. Hierbei spielt die Quantität der Kontakte eine entscheidende Rolle.
Familie	Das Lebensmotiv Familie gibt Auskunft darüber, welche Bedeutung das Thema Fürsorglichkeit für jemanden hat (bezogen auf die eigenen Kinder).
Status	Beim Lebensmotiv Status geht es um den Wunsch, entweder in einem elitären Sinne »erkennbar anders« oder aber unauffällig und wie die anderen zu sein.
Rache/Kampf	Bei dem Lebensmotiv Rache/Kampf geht es insbesondere um den Aspekt des Vergleichens mit anderen. Dazu gehören auch die Themen Aggression und Vergeltung einerseits sowie Harmonie und Konfliktvermeidung andererseits.
Eros	Eros als Lebensmotiv gibt Auskunft über die Bedeutung von Sinnlichkeit im Leben eines Menschen. Dazu gehören neben der Sexualität auch alle anderen Aspekte von Sinnlichkeit (z.B. Design, Kunst, Schönheit).
Essen	Das Lebensmotiv Essen fragt nach der Bedeutung, die Essen als Selbstzweck für jemanden hat, d.h. wie viel der Genuss an Essen zu der Lebenszufriedenheit beiträgt.
Körperliche Aktivität	Das Lebensmotiv Körperliche Aktivität fragt nach der Wichtigkeit, die körperliche Aktivität (Arbeit oder Sport) für die Lebenszufriedenheit hat.
Emotionale Ruhe	Das Lebensmotiv Emotionale Ruhe kann auch mit emotionaler Stabilität umschrieben werden und fragt nach der Bedeutung stabiler emotionaler Verhältnisse für die Lebenszufriedenheit.

Abb. 5: Die 16 universellen Lebensmotive nach Steven Reiss (Quelle: reissprofile.eu)

Eine Verbindung schaffen

An diesem Punkt geschieht, wie in jedem Planning-Prozess, ein bisschen »Magic«, die schwer zu erklären ist. Inzwischen hat man einen mehr oder weniger vollständigen Überblick über die derzeitige Situation und Zielsetzung der Marke, und man weiß auch, wo die Marke in den Köpfen der Konsumenten steht. Jetzt liegt es am Team, die einzelnen Punkte miteinander zu verbinden und die Insights in ein aussagekräftiges Versprechen zu verwandeln, für das die Marke begründet stehen kann. Es ist vielleicht gut, klar zu stellen, dass es fast unmöglich ist, zu einem Resultat zu kommen, mit dem jeder am Tisch gleichermaßen glücklich ist – aber das ist ok. Oft ergeben sich aufgrund der vielen Diskussionen für den Planner noch tiefere Einsichten darüber, was noch getan werden muss. Und dennoch: Manchmal hilft auch das nicht weiter. Sollten Sie einmal nicht weiterkommen, kann weiterer Research helfen, zum Beispiel, indem man verschiedene Versprechen austestet, um zu sehen, welches mehr Potenzial besitzt.

Unterschiede im weltweiten Research

Auch Marktforschung ist nicht von Land zu Land identisch und man sollte nicht automatisch davon ausgehen, dass ein Research weltweit standardisiert werden kann. Der Einsatz quantitativer Erhebungen kann sich je nach Land unterscheiden, abhängig von der landesweiten Alphabetisierung, der Verbreitung von Onlinezugängen, nationalen Datenschutzbestimmungen etc. Noch größer sind allerdings die Unterschiede bei qualitativen Erhebungen:

▶ In den *USA* werden so viele Studien mit Hilfe von Fokusgruppen durchgeführt, dass teilweise eine gewisse »Drehtürmentalität« unter Probanden herrscht. Um Konsumenten immer wieder zur Teilnahme an solchen Diskussionen zu bewegen, organisieren einige Institute sogar Gruppen in Restaurants.

▶ In vielen *lateinamerikanischen Ländern* ist es nicht erlaubt, Konsumenten für die Teilnahme an einer Gruppe zu bezahlen. Dementsprechend haben Gruppendiskussionen hier mehr den Charakter eines sozialen Ereignisses – Probanden ziehen sich für diese Treffen besonders an, kommen zu spät, essen ein vom Institut serviertes Menü, treffen Bekannte und verabreden sich für später. Die Tatsache, dass es sich um

Marktforschung handelt, wird da manchmal zur Nebensache – aber andererseits ist auch niemand gehemmt, seine Meinung zu sagen.

▶ In *Japan* ist es einfach nicht üblich, über die eigenen Gefühle in der Öffentlichkeit zu sprechen. Deswegen sind Gruppendiskussionen, die zu echten Insights führen sollen, tendenziell eher schwierig. Abgesehen davon verhalten sich Japaner in Gruppendiskussionen sehr höflich und es gibt kaum eine Diskussion, die ansatzweise als Kritik interpretiert werden könnte. Daher ist es in Japan oft zu empfehlen, mit den Konsumenten Einzelinterviews zu führen, um ein besseren Einblick in ihr Leben zu bekommen.

▶ *Chinesische* Konsumenten betrachten qualitative Marktforschung offenbar als einen effizienten Geschäftsvorgang. Sie beantworten die meisten Fragen mit einem schlichten »Ja« oder »Nein« und können es kaum abwarten, die Gruppe wieder zu verlassen. Man gewinnt dabei manchmal den Eindruck, dass es nie wirklich ihr Anliegen war, bei der Suche nach Antworten zu helfen.

Man sieht: es gibt keinen standardisierten Weg für die Durchführung eines globalen Research-Projektes. Wer also eine globale Studie durchführt, sollte sich dringend von einem Marktforschungsinstitut beraten lassen, welches Verfahren in welchem Land am besten geeignet ist, anstatt »standardisiert« vorzugehen.

Hier sind einige Möglichkeiten, die zeigen sollen, woraus sich das Versprechen ableiten kann:

Funktionalität

Einfach gesagt: Menschen kaufen Produkte, um eine bestimmte Aufgabe zu lösen. Das Bedürfnis sich zu rasieren ist überall auf der Welt gleich und Menschen, die sich rasieren wollen, suchen nach sehr ähnlichen Lösungen. Die *Leistung* des Produkts ist hier der Schlüssel, um eine relevante und anhaltende Markenbindung zu schaffen. Bei der Suche nach einer emotionalen Bindung mit dem Konsumenten vergessen viele Marken, dass eine funktionale Markenbeziehung genauso stark oder stärker sein kann als eine rein emotionale Bindung.

> Bei der Suche nach einer emotionalen Bindung mit dem
> Konsumenten vergessen viele Marken, dass eine funktionale
> Markenbeziehung genauso stark oder stärker sein kann als eine
> rein emotionale Bindung.

Procter & Gamble, Gillette und viele andere verfolgen die Strategie, ihre Marken über funktionale Relevanz aufzubauen. Eine funktionale Markenbeziehung ist auch kennzeichnend für viele der globalen Technologiemarken, schließlich sind nur wenige Menschen mit ihrem Camcorder emotional verbunden.

Emotionalität

Gleichzeitig verdanken einige der weltweit erfolgreichsten Marken ihren Erfolg ihrer emotionalen Bindung zum Konsumenten. Coca-Cola erfrischt Menschen – aber die Marke verbindet sich mit jungen Menschen auf der ganzen Welt, indem sie mit diesen ein Gefühl von Optimismus teilt. Haagen-Dasz lockt mit einem Gefühl von hedonistischem Genuss. Auch viele Autohersteller bauen auf ein emotionales Markenversprechen. Bei BMW zum Beispiel dreht sich alles um die erlebte Freude beim Fahren, und in vielen Ländern der Welt drückt ein Mercedes ein Gefühl von Überlegenheit aus. Emotionen einzusetzen, ist ein wichtiger Weg, um eine Marke aufzubauen, aber sie muss auch gut durchdacht sein, denn die Art und Weise, wie Emotionen ausgedrückt werden, kann sich zwischen Ländern sehr stark unterscheiden.

Identität

Eine Marke kann ihr Versprechen auch auf ein gemeinsames Identitätsbedürfnis bauen. Eine Marke, für die wir uns entscheiden, sagt auch immer etwas über uns aus, und wir fühlen uns von Marken angezogen, die unserer Vorstellung von uns selbst am ehesten entsprechen. Diese Art von Markenversprechen werden vor allem von Marken verwendet, die sich als Teil einer speziellen Gruppe sehen. Eines der bekanntesten Beispiele ist Harley-Davidson. Die Marke gibt ihren Fahrern das Gefühl, ein Outlaw zu sein, obwohl diese einen fünfstelligen Betrag für ein Motorrad ausgeben. Apple Nutzer auf der ganzen Welt sehen sich selbst gern als kreativ und anders (zumindest bis zu dem Zeitpunkt, an dem iPhone und das iPad angefangen haben, an dieser Vorstellung zu kratzen). Auch Zigarettenmarken gehörten bis vor einiger Zeit zu wichtigen Identitätsträgern, aber seitdem das Rauchen in immer mehr Ländern der Welt reglementiert wird, haben sich diese Identifikationsqualitäten deutlich vermindert. Diese Funktion haben inzwischen Mobilfunkmarken übernommen: Fast überall auf der Welt hat die Wahl des Telefons einen enormen Einfluss darauf, wie man wahrgenommen wird.

3. Das Markenversprechen kommunizieren

Nachdem man ein Markenversprechen gefunden hat, stellt sich die Frage, wie dieses weltweit über alle Kontaktpunkte, Medien und Zielgruppen zum Leben erweckt werden kann. Hier geht es nicht nur um die Frage, ob die Kommunikation zentral entwickelt wird, wer darüber entscheidet und welche Medienkanäle genutzt werden, sondern auch um das organisatorische Set-up der Kampagne.

Zentrale vs. lokale Entwicklung

Eine häufige Frage in globalen Markenprozessen lautet: Können wir Kosten einsparen, indem wir unsere Werbung zentral entwickeln? Natürlich erscheinen die Vorteile einer standardisierten globalen Markenkampagne groß. Es entstehen keine Kosten in der Entwicklung lokaler Kampagnen, zudem kann man auf gemeinsame Ressourcen zurückgreifen und spart zusätzlich noch Produktionskosten und Zeit. Tatsächlich aber gibt es nur ganz wenige Marken, die das so umsetzen können. Viele Fashion- und Parfummarken haben nur eine Kampagne für alle Märkte. Fluggesellschaften und Tourismuskampagnen treten oft vollkommen einheitlich auf. Aber abgesehen von diesen Beispielen gibt es nur wenige Marken, die in der Lage sind, eine zentrale Herangehensweise umzusetzen. Meist gibt es hierfür auch nicht die Notwendigkeit. Bei Fashion- oder anderen Luxusgütern macht eine Vereinheitlichung Sinn, da Fashion-Marketing meist versucht, die spezifische Vision des Designers zu vermitteln. Armani und Hermès sind deswegen *bewusst* darauf aus, den exakt gleichen Style auf der ganzen Welt zu verbreiten. In diesen Fällen wird eine zentrale Kampagne lediglich durch die Planung lokaler Touch Points ergänzt.

| 136 | **Kapitel 3: Brand & Positioning** |

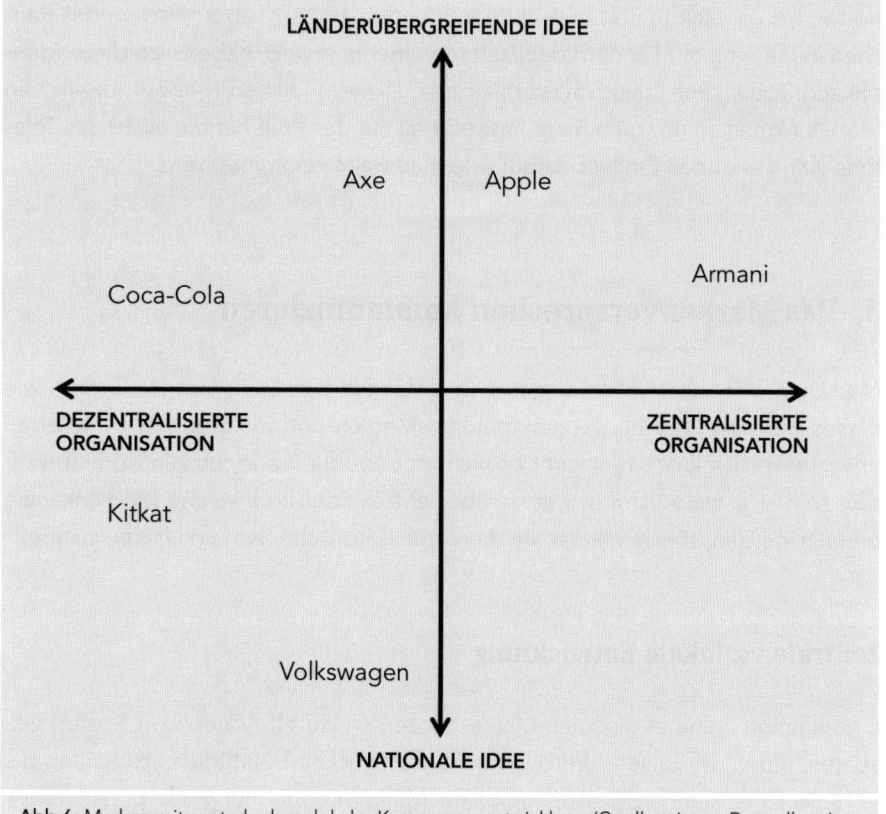

Abb 6: Marken mit zentraler bzw. lokaler Kampagnenentwicklung (Quelle: eigene Darstellung)

Für alle anderen Marken gibt es prinzipiell drei Möglichkeiten, die Entwicklung einer internationalen Kommunikation zu organisieren:

1. Zentrale Idee/zentrale Umsetzung – Die erste Möglichkeit ist eine vollständige Zentralisierung, bei der sowohl die Entwicklung der Idee als auch die Umsetzung vom Headquarter aus erfolgen. Diese Methode eignet sich vor allem dann, wenn ihr Produkt nicht maßgeblich von einer lokalen Kultur geprägt ist und es nur wenige regionale Besonderheiten gibt, die Ihre Marke berücksichtigen muss. In diesem Fall werden die fertigen Kommunikationsmittel lediglich an die Länder *übergeben*, die diese dann verteilen (oder leicht adaptieren).

2. Zentrale Idee/lokale Umsetzung – Diese Herangehensweise wird von vielen großen Marken genutzt, die die »wahren globalen Marken« sind. Hier wird die zentrale Kreatividee von der kreativen Lead-Agentur zusammen mit dem Unter-

nehmen entwickelt. Die Idee wird dann in den Märkten mit Variationen lokal umgesetzt. Dies kann in unterschiedlichem Ausmaß geschehen: Als beispielsweise
die Marke Dove ihre »real beauty«-Kampagne einführte, in der authentische
Frauen und nicht Models gezeigt wurden, war die zentrale Idee dahinter sehr eng
definiert und die wichtigste Aufgabe der regionalen Agenturen bestand darin,
passende und authentische Frauen für den jeweiligen Markt zu casten. Auf der
anderen Seite des Spektrums steht die »Open Happiness«-Kampagne von Coca-
Cola, die wesentlich weniger streng definiert war. Hier war die zentrale Idee,
durch Öffnen der Coca-Cola Flasche, Freude erlebbar zu machen. Was »Happiness« jedoch bedeutet und wie man das am Besten zeigt, kann sich von Markt zu
Markt unterscheiden. Beide Ansätze können funktionieren. Wie sehr die kreative
Idee dabei den Ton angibt, hängt maßgeblich davon ab, welche Rolle die Marke
im Leben der Menschen in jedem Markt spielt. Wer sich für diesen Ansatz entscheidet, wird natürlich nicht die gleiche Kosten- und Zeitersparnis haben, die
eine zentrale Kampagne verspricht, aber man läuft auch nicht Gefahr, in einzelnen
Ländern irrelevant zu sein. Es ist wichtig, dass man die Gewissheit hat, dass jedes
lokale Marketingteam die übergeordnete kreative Idee vollständig verstanden
und akzeptiert hat – das kann manchmal eine Mammutaufgabe sein, und oft genug wird man dabei mit dem »Not Invented Here«-Syndrom konfrontiert.

> Es ist wichtig, dass man die Gewissheit hat, dass jedes lokale
> Marketingteam die übergeordnete kreative Idee vollständig
> verstanden und akzeptiert hat.

Ein Vorteil dieser Vorgehensweise ist, dass einzelne Kampagnenelemente zwischen den Märkten geteilt werden können. Aus irgendeinem Zufall eignen sich
TV-Spots aus Ungarn immer auch für Argentinien. Für solche Fälle ist es natürlich
nützlich, eine Best-Practice-Datenbank anzulegen, die es den Marketern aus unterschiedlichen Ländern ermöglicht, Kommunikationsmittel und Bildmaterial miteinander zu teilen.

3. *Lokale Idee/lokale Umsetzung* – Diese Vorgehensweise wird oft von Marken
genutzt, deren Internationalisierung sich bereits entwickelt hat und die schon
über eine hohe Bekanntheit und Reputation in den einzelnen Märkten verfügen.
Hier ist die Situation der Marke in den Märkten so unterschiedlich, das es schwierig ist, eine gemeinsame Markenstrategie zu formulieren, ganz abgesehen von
einer gemeinsamen kreativen Idee. Auch wenn dieses Modell funktioniert, ist es
sicherlich nicht der ideale Ausgangspunkt, um ein neues globales Markenver-

sprechen einzuführen. Letztlich überwiegen hier die Nachteile der Internationalisierung, denn ein hoher Aufwand wird mit hohen Kosten für die Entwicklung von Maßnahmen in jedem Land kombiniert, ohne Synergieeffekte erzeugen zu können.

Diese drei Wege sollen nur einen kurzen Überblick über die Möglichkeiten internationaler Kampagnensteuerung schaffen. Natürlich ist es bei einer Entscheidung für ein Modell auch wichtig, das eigene interne Set up und das beste Agenturmodell zu berücksichtigen.

Ich denke, es ist klar geworden, dass sich internationale Planningprozesse nicht wirklich von nationalen Prozessen unterscheiden. Mein Fokus in diesem Artikel sollte darin liegen, die Komplexität der Aufgabe aufzuzeigen und vor allem pragmatische Hinweise zu geben. Vielleicht etwas zu kurz gekommen ist dabei der Hinweis, dass internationale Prozesse natürlich auch enorm viel Spaß machen und persönlich sehr bereichernd sind – aber das werden Sie selbst erleben.

Kapitel 4:
Briefings & Kreativität

Alles braucht einen Anfang

Das Agenturbriefing

Nina Rieke

> Oft beginnt ein Strategieprozess mit der Erstellung eines Briefings an die Agentur. Nina Rieke stellt die Ergebnisse einer Expertenbefragung unter 56 Plannern vor. Ein Agenturbriefing sollte demnach klar und stringent sein. Außerdem sollten Auftraggeber und Agentur einen offenen Dialog pflegen. Außerdem verweist Rieke auf die Wichtigkeit einer klar formulierten Aufgaben- und Zielbeschreibung.

»A brief is the most important bit of information issued by a client to an agency. It's from the brief that everything else flows.« (IPA 2003, S. 3)

Viele Briefings von Unternehmen an Agenturen sind extrem gut strukturiert und durchdacht. Regelmäßig gibt es aber Stolpersteine im Arbeitsprozess. Häufig liegt das Problem bereits beim Briefing. Die Bewertung der strategischen und kreativen Arbeit fällt dann später besonders schwer. Natürlich können Auftraggeber auch gemeinsam mit der Agentur und den dortigen Plannern das Briefing verfassen. Dies kommt nicht selten vor, setzt jedoch eine etablierte und gut funktionierende Kundenbeziehung voraus. Zumindest im Pitch ist das selten der Fall. Es gibt zahlreiche Checklisten und Dokumente, um bessere Agenturbriefings zu schreiben. Sowohl der deutsche Gesamtverband Kommunikationsagenturen (GWA) als auch das britische Institute of Practitioners in Advertising (IPA) haben mit ihren Publikationen dazu eine Grundlage geschaffen, die Elemente eines guten Agenturbriefings nennen. Im Folgenden geht es darum, die besondere Bedeutung des Agenturbriefings aufzuzeigen. Agenturen sind ganz wesentlich auf ein fundiertes Briefing angewiesen, denn nur so sind der Planning-Prozess und die daran anschließende Kreation zielgerichtet und lösungsorientiert.

Kapitel 4: Briefings & Kreativität

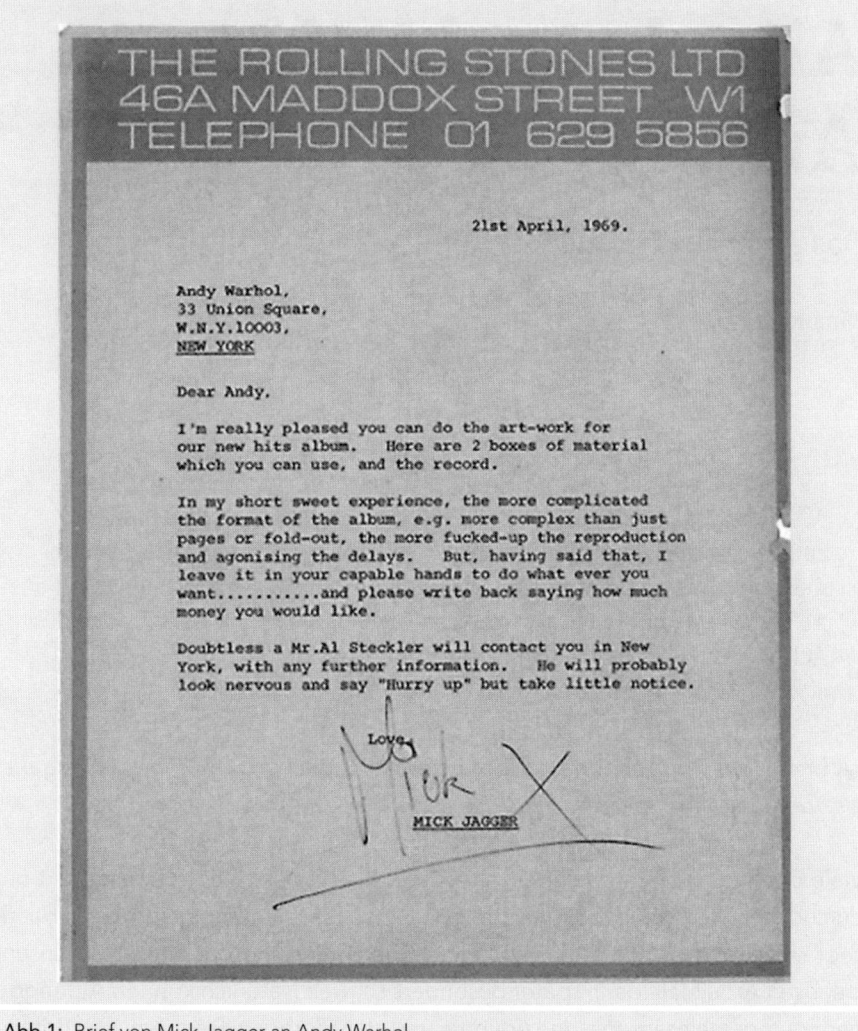

Abb.1: Brief von Mick Jagger an Andy Warhol

In den 15 Jahren, die ich als Plannerin arbeite, habe ich viele Briefings von Unternehmen an Agenturen gesehen. Einige waren sehr knapp gefasst, andere waren regelrechte Bücher. Aber erst bei den Recherchen für diesen Beitrag habe ich im Detail darüber nachgedacht, was ein wirklich gutes Briefing auszeichnet. Neben meiner eigenen Erfahrung aus der Zusammenarbeit mit Unternehmen und Agenturen stützt sich dieser Beitrag auf eine Online-Befragung unter 56 erfahrenen Plannern. Folgende Fragen sollen hier beantwortet werden:

1. Warum ist ein Briefing überhaupt wichtig?
2. Warum ist das Briefing auch für die Auftraggeberseite ein wesentlicher Teil ihrer Arbeit?
3. Was für ein Briefing brauchen Planner, um produktiv zu arbeiten?
4. Was sind die wesentlichen Briefing-Elemente?
5. Wie unterscheiden sich Agenturbriefing und Creative Brief?

1. Warum ein Briefing wichtig ist

»I leave it in your capable hands to do what ever you want...and please write back saying how much money you would like« (Briefing von Mick Jagger an Andy Warhol, 1969).

Das sagenumwobene Briefing von Mick Jagger an Andy Warhol wird gern als Optimum für die totale Freiheit zitiert. Einzige Kundenbedingung: den geforderten Preis für die Arbeit zu nennen. Was dabei vergessen wird ist, dass hier ein Künstler einen anderen Künstler um eine Dienstleistung bittet. Unternehmen haben aber meist klare Absichten, was sie mit ihrer Marke, ihren Produkten oder Dienstleistungen erreichen möchten. Und oft haben sie auch klare Vorstellungen davon, wie sie ihre Ziele erreichen können. Das »Traumbriefing« an Agenturen, wenn es so etwas überhaupt gibt, ist somit sehr weit weg von der Jagger'schen Vorgabe. »Well, we're not artists, as much as we might like to be. We are in the business of selling products. And that's my responsibility to my clients«, so John Webster, früherer Executive Creative Director der Agentur BMP London (zit. nach Steel 1998, S. 11).

Ein gutes Briefing ist wichtig, denn es
▶ liefert bessere Arbeitsergebnisse, die effizienter und messbar sind,
▶ spart Zeit und Geld,
▶ macht eine erfolgsorientierte Agenturhonorierung möglich und fairer (vgl. IPA 2003, S. 4).

> Ein *Briefing* ist vor allem eine Klärung von Erwartungshaltungen und eine Arbeitsbasis. Aus Erfahrung wissen Kunden und Agenturen, dass Zusammenarbeit und Arbeitsverlauf oft schwierig sind, wenn Erwartungen nicht klar formuliert wurden.

2. Warum das Briefing auch für Kunden ein wesentlicher Teil ihrer Arbeit ist

Briefings sind die Basis für eine spätere Evaluation der Ergebnisse. Damit bilden sie einen wesentlichen Baustein im gemeinsamen Arbeitsprozess. Sie sollten ein selbstverständlicher Teil des Arbeitsprozesses sein. Zudem sollten Auftraggeber und Agentur das Briefing inhaltlich abstimmen, sofern es sich nicht um eine Pitch-Situation handelt.

> Machen Sie keine Briefings zwischen Tür und Angel. Auch Veränderungen und Ergänzungen des Briefings sollten nicht mündlich und auf Zuruf sein. Briefings sollten immer schriftlich erfolgen.

Wer selber schreibt, überprüft sich und seine Gedanken. Unternehmen können und sollten im Prozess der Briefing-Formulierung die Aufgabenstellung und wesentlichen Elemente des Briefings noch einmal auf die Probe stellen und intern diskutieren. Was ist wirklich wesentlich in der Aufgabenstellung? Ist die Ausgangslage realistisch beschrieben? Passen die definierten Kommunikationsziele zum eigenen Marketingziel? Ist alles in sich schlüssig? Auch sollte das Briefing vor der Übermittlung an die Agentur noch einmal mit unbefangenem Blick gelesen werden. Man kann dazu beispielsweise einen unbeteiligten Kollegen bitten. Nicht involvierten Lesern fallen Unstimmigkeiten noch schneller auf. Die kritischen Fragen lauten hier: Ist alles verständlich formuliert? Ist die Sprache klar und einfach? Enthält das Briefing so wenig Fachchinesisch wie möglich? Ein kritischer Umgang mit dem Briefing erspart ein ständiges Umschwenken im Arbeitsprozess, der sowohl für Auftraggeber und Agentur mühsam und kostspielig ist. Besonders für Agenturen ist es schwer, auf ein sich bewegendes Ziel hin zu arbeiten. Dies ist nicht nur frustrierend, sondern auch so gut wie unmöglich. Am besten sollte ein Briefing vom Entscheidungsträger selbst geschrieben werden. Zumindest sollten die Entscheidungsträger in die Formulierung des Briefings involviert sein und überprüfen, ob alle aus ihrer Sicht wesentlichen Punkte darin enthalten sind und insbesondere die Aufgabenstellung richtig ist. Nichts ist unproduktiver, als auf einem Briefing zu arbeiten, das nicht die Sichtweise derer reflektiert, die am Ende über die entstandene Leistung entscheiden. Das heißt nicht, dass alle Mitarbeiter, die auch nur peripher mit dem Projekt zu tun haben, ihren Teil ins Briefing schreiben. Es geht darum, dass die Inhalte intern abgestimmt sind. Klar definierte Verantwortlichkeiten im Prozess und die Freigabe durch finale Entscheider erleichtern für Auftraggeber und Agentur die Arbeit. Wichtige Entscheidungsträger sollten deshalb das Briefing verabschieden, an der Ergebnispräsentation und nach Möglichkeit auch am Re-Briefing und Schulterblick teilnehmen.

3. Was für ein Briefing Planner brauchen, um produktiv zu arbeiten

»*The main difference between good briefs and bad briefs is that good briefs leave you with a clear understanding of what you are trying to do. Bad briefs drown you in contradictory information and objectives.*« *(IPA 2003, S. 7)*

Ich habe 56 Planner in einer Online-Erhebung im Jahr 2011 gefragt, was ihnen bei einem Agenturbriefing besonders wichtig ist. Das Ergebnis: Ein gutes Agenturbriefing muss vor allem klar und stringent sein. Außerdem soll das Briefing in einem persönlichen Gespräch erfolgen und die Möglichkeit eines gemeinsamen Re-Briefings bestehen.

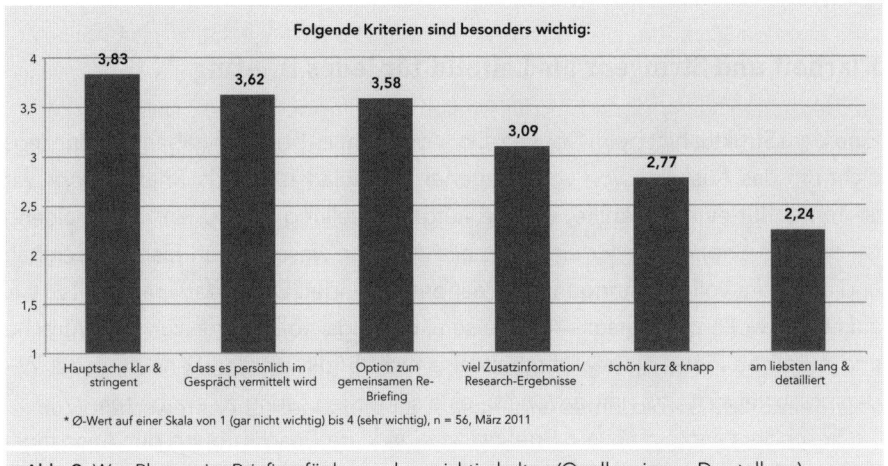

Abb. 2: Was Planner im Briefing für besonders wichtig halten (Quelle: eigene Darstellung)

Diese Umfrage-Ergebnisse decken sich mit meiner persönlichen Erfahrung: Klarheit und Dialog sind zentral. Dies gilt nicht nur für Agenturbriefings, sondern für Strategieprozesse generell. Klarheit und Dialog werden deshalb von Plannern besonders geschätzt. Sie sind ein Maßstab für die eigene Arbeit und die Zusammenarbeit mit Kreativen. Dies wird bestätigt, wenn man Planner nach den häufigsten Fehlern in Briefings fragt (vgl. Abb. 3). Ganz oben auf der Fehlerliste ste-

146 | **Kapitel 4: Briefings & Kreativität**

hen ein unklarer Aufbau (63%) und zu viele verschiedene Ziele, die erreicht werden sollen (83%).

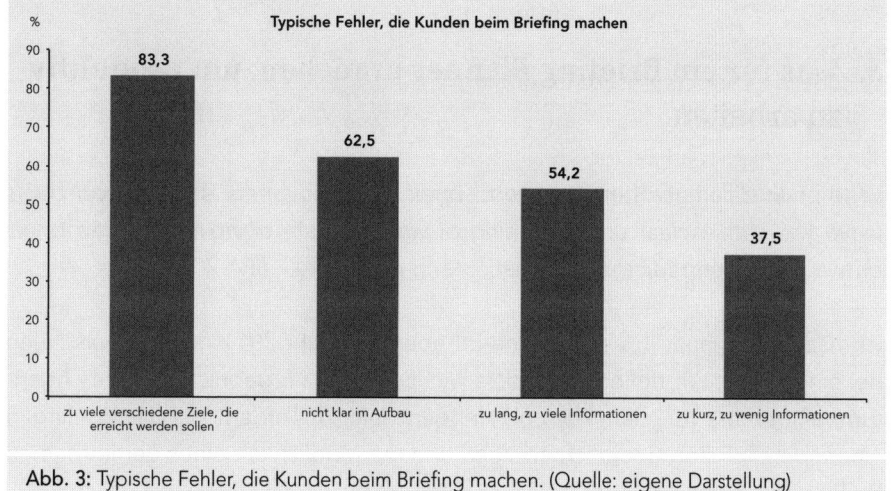

Abb. 3: Typische Fehler, die Kunden beim Briefing machen. (Quelle: eigene Darstellung)

Klarheit und Stringenz als Leitbild für jedes Briefing

Eine klare Struktur hilft beim Denken. Dennoch geht es beim Schreiben von Briefings nicht um das Ausfüllen von vorgegebenen Formularkästen. Ein Briefing-Formular ist immer nur eine Denkhilfe, die die Aufgabenstellung strukturiert. Entscheidend ist, dass ein Briefing die *für eine spezielle Aufgabe* wesentlichen Elemente enthält und diese sinnvoll und stringent miteinander verbindet. Dabei darf man nicht zu viel auf einmal wollen: »Einerseits-Andererseits-Briefings« reflektieren zu viele Wünsche und mögliche Ziele, die realistischerweise nicht erfüllt werden können. Jeder Widerspruch verwirrt und hält davon ab, eine sinnvolle Lösung zu erarbeiten.

Besonders wichtig für ein Briefing ist eine klare Beschreibung der Ausgangslage. Wer weiß, wo er steht, kann überhaupt erst sagen, wo er hin will. Die Problemstellung und Ausgangssituation und eine ehrliche und offene Beschreibung helfen, die Situation und das Businessproblem zu verstehen. Eine klare Ausgangssituation ist auch die Voraussetzung, um klare Ziele zu formulieren, die eindeutig, priorisiert und nach Möglichkeit auch quantifiziert sind. Die Online-Befragung zeigt: Ein Briefing sollte nicht zu viele Ziele umfassen. Auch sollte darauf geachtet werden, dass diese nicht schwammig formuliert sind und sich nicht gegenseitig ausschließen. Gerade die Quantifizierung von Zielen ist wichtig, um den Erfolg einer Strategie später messen zu können. Vage Beschreibungen, wie z. B. dass das Image optimiert werden soll, helfen nicht weiter und müssen konkretisiert werden: Welche Image-Facetten sollen gestärkt werden? Und um wie viel Prozent? In welchem Zeitraum? Bei welcher Zielgruppe? Wichtig ist auch, das eine Agentur vorab weiß, mit welchem Tool bzw. Instrument die Zielerreichung durch welches Marktforschungsinstitut überprüft werden soll.

Ein klares Briefing kann gern im Sinne der wörtlichen Übersetzung kurz sein. Wer sich gekonnt kurz fasst, konzentriert sich auf den Kern der Dinge und zeigt, wo der Fokus liegt. Das heißt nicht, dass auf zusätzliche Informationen und flankierende Daten verzichtet werden muss. Diese können Teil des Anhangs sein, in dem Agenturen stöbern können.

> Ein gutes Agenturbriefing zeichnet sich durch Klarheit und Stringenz aus. Es erfolgt in einen persönlichen Dialog und gemeinsamen Prozess und enthält Hintergrundwissen und Zusatzinformationen.

Das Briefing als Start des gemeinsamen Dialogs

Das geschriebene Briefing ist die Basis für den gemeinsamen Arbeitsprozess. Dieser und der persönliche Austausch zwischen Auftraggeber und Agentur sind, wie unsere Online-Befragung zeigt, sehr wichtig. Der Dialog wird im optimalen Fall auch nach dem Briefing-Termin weitergeführt. Eine gute Möglichkeit ist das Re-Briefing. In diesem kann die Agentur sagen, was sie nach gründlicher Reflektion über das Briefing denkt, offene Fragen stellen, erste strategische Gedanken formulieren und sich inhaltlich rückversichern. Die Möglichkeit zum offenen und ehrlichen Austausch, zu Frage- und Antwortrunden wird von Strategen sehr geschätzt. Dieser offene Dialog ist für Auftraggeber und Agentur gleichermaßen wertvoll. Oft werden dabei viele wichtige Fragen gestellt. Diese sind nicht ein Zeichen für Unwissenheit oder Denkfaulheit, sondern zeugen von einer unvoreingenommenen Betrachtung und konstruktiven Auseinandersetzung mit dem Thema. Ein Beispiel: Die Agentur stellt in der Analyse fest, dass die im Briefing formulierte Aufgabenstellung nicht den Kern des Problems trifft. In einem Re-Briefing oder Schulterblick sollte die Möglichkeit bestehen, noch einmal gemeinsam die Ausgangssituation und Aufgabenstellung zu erörtern und erste Gedanken und Arbeitsansätze zu diskutieren. Für Strategen ist es optimal, wenn sie über den Tellerrand – sprich die vorformulierte Problematik – schauen dürfen und eine eigene Sichtweise dazu entwickeln und offen diskutieren können.

148 | Kapitel 4: Briefings & Kreativität

Das Briefing lebt von Hintergrundinformation

Das Briefing ist mehr als bedrucktes Papier. Beispielsweise kann es beim Launch eines neuen Produktes hilfreich sein, wenn die Agentur das Produkt frühzeitig testen und ausprobieren kann, um ein besseres Verständnis für das Produkt und die Aufgabenstellung zu entwickeln. Es kursiert die Legende, dass die britische Werbeagentur Bartle Bogle Hegarty den Audi-Claim »Vorsprung durch Technik« bei einem Fabrikbesuch auf einem Schild entdeckte. Auch Marktforschungsergebnisse können das Briefing sinnvoll ergänzen: existierende Studien, Interviews mit Mitarbeitern in Produktion und Vertrieb, Teilnahme an laufenden Fokusgruppen etc. Strategen sind neugierig und wollen alles ganz genau wissen. Vor allem zur Marketingstrategie wünschen sie sich mehr Hintergrundinformationen, so ein weiteres Ergebnis der Online-Studie (vgl. Abb. 4).

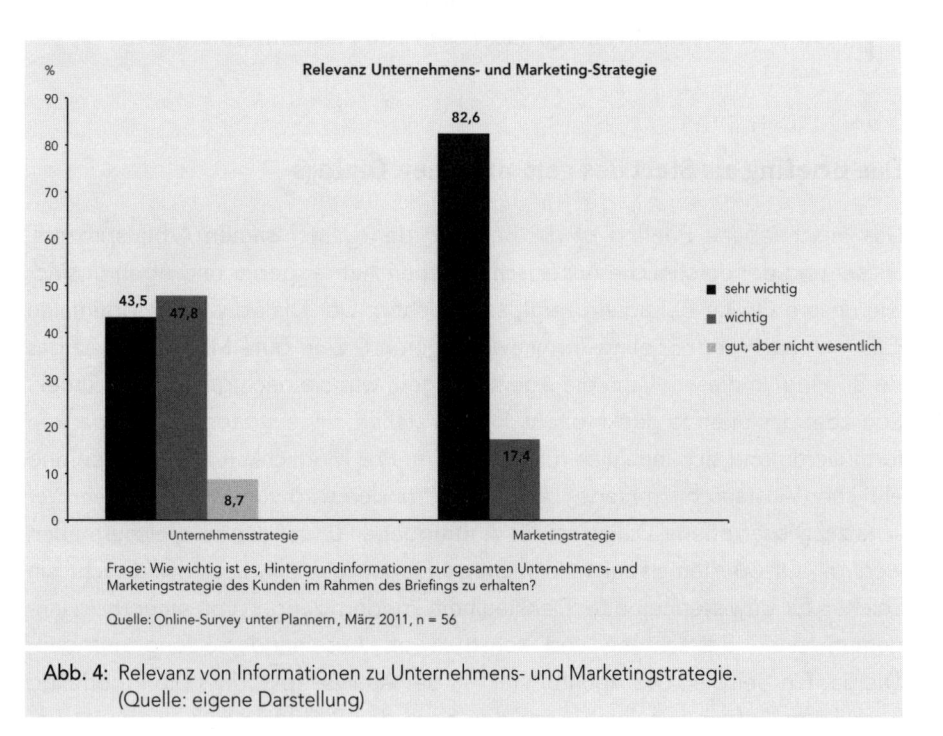

Abb. 4: Relevanz von Informationen zu Unternehmens- und Marketingstrategie. (Quelle: eigene Darstellung)

Obwohl viele Briefings an Agenturen taktischer Natur sind, sollte ein Briefing immer auch grundlegende strategische Informationen enthalten. Besonders die Marke, ihre Positionierung, Werte und Persönlichkeit, sind dabei besonders relevant. Nur bei einer sehr eingespielten Beziehung zwischen Auftraggeber und

Agentur kann darauf verzichtet werden. Sind diese Elemente bisher nicht klar definiert, so sollte es Teil des Briefings sein, diese zu entwickeln. Um es mit den Worten von David Ogilvy zu untermauern, der auf die Frage, wie sich ein guter Kunde benimmt, klare Regeln aufstellt: »Der Kunde bekommt die Art von Werbung, die er verdient. (...) Informieren Sie Ihre Agentur eingehend. Je mehr Ihre Agentur über Ihre Gesellschaft und Ihr Produkt weiß, um so besser wird sie für Sie arbeiten.« (Ogilvy 1963, S. 95)

4. Aus welchen Elementen ein Briefing bestehen soll

»Forget just for a minute, that you are briefing an agency. Instead, pretend you are standing on the bank of a river about to build a bridge.« (IPA 2003, S. 2)

Das perfekte Briefingformular gibt es nicht. Jedes Unternehmen und jede Aufgabenstellung ist unterschiedlich, und nicht jedes Briefing braucht ein standardisiertes Formular. Das Briefing für eine taktische Anzeige sieht anders aus als das Briefing für eine große Markenkampagne. Auch wenn am Ende dieses Kapitels ein Vorschlag für ein Briefingformular steht, ist es empfehlenswert, dieses abhängig von der Aufgabenstellung und der Beziehung zwischen Auftraggeber und Agentur individuell anzupassen und kontinuierlich zu optimieren. Die IPA vergleicht ein optimales Briefing mit einem »Brückenbauer«. Dadurch werden die zwei wesentlichen Punkte eines Briefings deutlich: die Ausgangslage (Wo stehe ich heute?) und das Ziel (Wo will ich hin?) – und nicht die detaillierte Beschreibung, wie man am besten dorthin kommt. Auch der GWA macht einen Vorschlag, welche Punkte ein Briefing enthalten sollen – die Checklisten gibt es zum Download auf der Website des GWA (www.gwa.de). Es handelt sich hierbei um eine umfassende Sammlung möglicher Briefingpunkte, die jedoch nicht gewichtet werden. Generell sollte ein Agenturbriefing die folgenden Punkte umfassen:
1. Ausgangslage (Aufgabe, Situation, Herausforderung)
2. Zielsetzung (Business-, Marketing- und Kommunikationsziele)
3. Kontext (Business- und Marketing-Strategie, Rolle der Kommunikation)
4. Zielgruppe
5. Erfolgskriterien
6. Sonstige Informationen

Die Punkte im Einzelnen werden nachfolgend erläutert.

Die Ausgangslage: Wo stehen wir heute?

Jedes Briefing sollte eine Beschreibung der Ausgangssituation enthalten und wichtige Herausforderungen benennen, vor denen das Unternehmen und deren Marken stehen. Wo steht die Marke im Kontext des Gesamtmarkts? Wie hat sie sich in der Vergangenheit entwickelt? Was ist die eine große Herausforderung für die Marke und die zu entwickelnde Kommunikation? Man sollte sich im Briefing auf die wirklich zentralen Herausforderungen konzentrieren.

Ausgangslage:

Produktbeschreibung

▶ Attribute und Benefits

▶ Vertriebskanäle und Distributionsstruktur

▶ Saisonalitäten

▶ Marktgröße (Menge, Wert)

▶ Marktanteile

▶ Kaufverhalten

▶ Markenpositionierung

▶ Markenwahrnehmung (Bekanntheit, Image)

▶ Kommunikationshistorie

▶ Wettbewerber, ihre Kommunikationsmaßnamen und Spendings

▶ ...

Die Zielsetzung: Wo wollen wir hin?

Bei der Formulierung von Zielen hilft eine einfache Faustregel: Ziele sollten SMART sein, d.h. **s**pezifisch, **m**essbar, **a**mbitioniert und **a**ngemessen, **r**ealistisch und **t**erminierbar. Zunächst muss das Markenmanagement prüfen, welche Ziele vor dem Hintergrund der spezifischen Aufgabenstellung erreichbar sind. Häufig werden dabei Unternehmens-, Marketing- und Kommunikationsziele durcheinander gebracht oder unzulässig miteinander vermengt. Das Erreichen eines Unternehmensziels (z.B. Steigerung von Umsatz, Ausbau Marktführerschaft) ist abhängig von der erfolgreichen Zusammenarbeit sämtlicher Unternehmensbereiche. Eine Werbekampagne alleine greift hier zu kurz und kann das Ziel alleine nicht erreichen. Gleiches gilt für viele Marketingziele. Auch diese sind abhängig von vielfältigen strategischen und operativen Einflussgrößen wie der Vertriebs- und Preispolitik, auf die das Brand Planning meist nur geringen Einfluss hat. Auch hier ist auf die Verhältnismäßigkeit der Ziele zu achten. Eine Aufgabenstellung, wie die Entwicklung einer Kommunikationskampagne, sollte ausschließlich an Zielen gemessen werden, die durch Kommunikation erreichbar sind. Hierzu zählen der Aufbau von Markenbekanntheit, die Beeinflussung des Markenimages bzw. von Konsumenteneinstellungen sowie die Steigerung von Kaufbereitschaft bei Kunden und Nicht-Kunden. Wichtig bei der Formulierung von Zielen ist zudem, dass diese nicht gegenläufig sind. Beispielsweise lautet eine beliebte Briefingfloskel: Ziel ist es, neue Kundengruppen zu erschließen, ohne bestehenden Kunden zu verlieren. Was denn nun? Entweder man will neue Kunden gewinnen oder Kundenbeziehungen pflegen. Zudem ist dieses Ziel viel zu unkonkret. Es ist nicht messbar. Weiterhin sollte beachtet werden, dass ein Ziel realistisch ist. Eine ambitionierte Steigerung der Markenbekanntheit ist beispielsweise nur möglich, wenn das Budget im Vergleich zum Wettbewerb angemessen ist. Auch lässt sich eine Marke durch eine Werbekampagne nur dann verjüngen (ein sehr beliebtes Ziel), wenn Markenidentität und Corporate Design dies zulassen.

Mögliche Zielsetzungen:

Marketingziele:
- Steigerungen der Verkaufszahlen
- Intensivierung der Nutzung bei bestehenden Verwendern
- Gewinnung neuer Verwender
- Steigerung von Marktanteilen
- Rückgewinnung ehemaliger Verwender
- ...

Kommunikationsziele:
- Aufzeigen neuer Verwendungsmöglichkeiten
- Kommunikation bestimmter Produktattribute
- Bestätigung der Verwender in ihrer Wahl
- Steigerung von Markenbekanntheit
- Steigerung der Produkt- und Markenbekanntheit
- Verbesserung von Einstellungen zur Marke
- Erhöhung von Responsequoten
- ...

Kontext (Business-, Marketing- und Kommunikationsstrategie): Was unternehmen wir bereits?

Damit eine Agentur die Aufgabenstellung und Ziele eines Briefings besser versteht, ist es ratsam, diese in den Kontext der gesamten Unternehmens- und Marketingstrategie einzuweihen. Die Agentur muss wissen, warum ein bestimmtes Kommunikationsziel überhaupt erreicht werden soll, welcher größere Unternehmenszweck dahinter steckt. Was unternimmt das Unternehmen sonst noch, um die Business-Ziele zu erreichen? Wie sieht die übergeordnete Unternehmensstrategie aus? Welche Maßnahmen sind in Bezug auf Distribution oder Preisstellung geplant? Was läuft im Bereich Forschung und Entwicklung? Wie wird voraussichtlich das Produkt, die Rezeptur o. ä. verändert? Erst wenn eine Agentur den Gesamtzusammenhang versteht, kann sie eine Aufgabenstellung effektiv und effizient lösen und ggf. Synergien zu anderen Kommunikationsinstrumenten herstellen. Gerade weil die Grenzen zwischen einzelnen Disziplinen immer mehr verschwimmen, ist es wichtig, zu wissen, welche PR- oder Sponsoringaktivitäten geplant sind o. Ä.

Interessante Kontextfaktoren:

- ▶ Unternehmensziele/-zweck
- ▶ Sonstige Marketing-Aktivitäten
- ▶ Erschließung neuer Distributionskanäle
- ▶ Veränderungen in der Preisstellung
- ▶ Weitere Kommunikationsmaßnahmen anderer Disziplinen (PR, Online usw.)
- ▶ Erfahrungen aus vorherigen Kampagnen
- ▶ Aktivitäten in anderen Märkten und Erfahrungen
- ▶ ...

Die Zielgruppe: Mit wem wollen wir sprechen?

Jede Kampagne richtet sich an eine bestimmte Gruppe von Menschen. Da eine genaue Zielgruppenkenntnis für Marken- und Kommunikationsstrategien besonders wichtig ist (vgl. Kap. 2), sollte deren Beschreibung möglichst genau sein – in Bezug auf Soziodemografie, Produkteinstellungen, Lifestyle und Psychografie. Jeder Insight, der zur Marke und zur Produktkategorie bereits vorliegt (vor allem qualitativer Research), hilft, ein besseres Verständnis zu entwickeln. Oft weiß das

Unternehmen mehr über seine Zielgruppe als im Briefing steht. Auch wenn das Planning meist selbst an Zielgruppen forscht oder gemeinsam mit dem Kunden Zielgruppenprofile entwickelt, hilft das vorhandene Wissen des Auftraggebers, schneller und einfacher ans Ziel zu kommen.

Relevante Zielgruppenfaktoren:

▶ Soziodemografie (Alter, Geschlecht, Bildung, Einkommen, Familienstand etc.)

▶ Psychografie (Werte, Einstellungen, Milieu)

▶ Lebensstil und Freizeitverhalten

▶ Informations- und Mediennutzungsverhalten

▶ Einstellungen gegenüber Werbung

▶ Kaufverhalten und Preissensibilität

▶ Einstellungen zu Produkten und Marke

▶ Marken- und Produktverwendung

Erfolgskriterien: Wie messen wir Erfolg?

Kunde und Agentur sollten wissen, woran am Ende der Erfolg der entwickelten Kommunikationslösung gemessen wird. Das gilt für mögliche Pre-Tests und andere bereits definierte Erfolgskriterien. Klar definierte KPIs und eine Erläuterung, mit welchen Instrumenten wann was gemessen wird, helfen im Verständnis der Kundenansprüche und Erwartungen. Das gilt nicht nur für kurzfristige Kampagnenziele, sondern auch für langfristige Marken- und Unternehmensziele. Dabei kann die Auswahl des Testverfahrens erheblichen Einfluss auf die Bewertung einer Kampagnenidee haben. Ein Beispiel hierfür ist die vielfach ausgezeichnete Guiness-Kampagne: »Good things come to those who wait«. In dem TV-Spot wird das Warten auf ein Guiness-Bier elegisch zelebriert – kein dankbares Konzept für einen Pre-Test. Auftraggeber und Kunde haben sich vorab darauf verständigt, den Spot als Animatic mit dem sogenannten LINK-Test von Millward Brown zu testen und konnten sich entsprechend darauf einstellen. Sowohl Kunde als auch Agentur haben mit den Ergebnissen aus dem Pre-Test produktiv weiter gearbeitet und einen legendären TV-Spot für die Marke entwickelt. Es gibt zahlreiche Pre-Test und Tracking-Tools, die allesamt Stärken und Schwächen haben. In großen Unternehmen kann die Marktforschung zu allen verfügbaren Tools Auskunft geben, aber auch große Institute bieten hervorragende Schulungen und

Präsentationen dazu. Millward Brown, TNS, Icon Added Value oder die GfK bieten weltweit die gängigen, oft quantitativ ausgerichteten Pre-Test-Verfahren und Werbemonitore an. Auf ihren Homepages finden sich detaillierte Informationen zu den entsprechenden Tools sowie oft auch Case Studies und Best Practice Studien.

Relevante Erfolgskriterien:

▶ Awareness (Kommunikation, Marke)
▶ Veränderungen von Imagedimensionen
▶ Generelle Benchmark-Werte für Pre-Test, Werbe- und Marken-Trackings
▶ Verkaufszahlen
▶ Responsequoten
▶ Werbeeffizienz

Sonstige Informationen: Was ist uns noch wichtig?

Neben Angaben zu Timing und Budget sind hier vor allem marken- und produktspezifische Zusatzinformationen wichtig. Hierzu zählen alle Hintergrundinformationen, die Einfluss auf das Endprodukt haben, wie z. B. rechtliche Aspekte in der Werbung für pharmazeutische Produkte oder Genussmittel. Ebenfalls kann es wichtig sein zu wissen, ob ein Unternehmen u. U. bereit ist, mögliche Abmahnungen zu riskieren. Die oftmals provokante Kommunikation von Sixt ist hierfür ein Beispiel. Auch Informationen zur Mediastrategie können hier angeführt werden.

Relevante sonstige Informationen:

▶ CI-Vorgaben
▶ Kategoriespezifische rechtliche Einschränkungen (Tabak, Alkohol, Pharmazie etc.)
▶ interne Auffassung, Überzeugungen, Code of Conduct
▶ unternehmensinternen Regeln und Vorgaben
▶ (bereits verabschiedete) Media-Strategie
▶ Märkte, in denen die Kampagne adaptiert werden soll

5. Wie sich Agenturbriefing und Creative Brief unterscheiden

Im Aufbau von Agenturbriefing und Creative Brief (vgl. Kap. 4, S. 156) gibt es Parallelen. Aber: Ein Creative Brief ist fokussierter und enthält bereits die strategische Stoßrichtung für die Zielerreichung. Anders als das Agenturbriefing richtet sich der Creative Brief an die Kreation. Folglich ist seine Informationstiefe eher gering. Die kondensierte Vermittlung wesentlicher Fakten und inspirierender Ansatzpunkte steht hier im Mittelpunkt, um kreative Lösungen zu finden. Ein Creative Brief muss nicht notwendigerweise kreativ, aber auf jeden Fall inspirierend sein. Das Agenturbriefing hingegen bildet das Fundament für die strategisch-analytische Arbeit. Es braucht noch keine konkrete und inspirierende Botschaft für die Kreation. In seinem Mittelpunkt stehen die Schilderung von Problem, Herausforderung sowie eine möglichst klare Zielvorgabe. Viele Kunden definieren in ihrem Briefingformat bereits eine Kernbotschaft. Zwar ist die Botschaft ein wesentlicher Teil des Creative Briefs, sie gehört jedoch nicht in ein Agenturbriefing. Hier sollten statt einer spitzen und finalen Botschaft lieber die Key Benefits eines Produktes oder andere strategisch nutzbare Facetten beschrieben werden.

Fazit

Ein gutes Briefing ist die beste Grundlage für eine erfolgreiche Marken- und Kommunikationsstrategie. Hierfür braucht es eine klar formulierte Ausgangslage, klare Zielsetzungen, relevante Hintergrundinformationen, eine detaillierte Zielgruppenbeschreibung sowie Erfolgskriterien, an denen das Ergebnis messbar ist. Nicht die Menge macht dabei ein gutes Briefing aus, sondern Klarheit und Stringenz. Das Briefing an die Agentur ist aber immer erst der Startpunkt. Ich möchte deshalb mit Vincent Cassel schließen, der im Film »Black Swan« sagt: »Perfection is not just a result of total control, but also of the talent to let go! Surprise yourself so you can surprise the audience.«

Creative Briefs und Creative Briefing

Wie Sie die strategische Botschaft am besten rüberbringen

Alison Segar

Die Britin Alison Segar, u. a. langjährige Strategiechefin der Werbeagentur Springer & Jacoby, widmet sich dem Creative Brief – der zentralen Schnittstelle zwischen Strategie und Gestaltung. Der Text liefert weder einfache Rezepte noch einen Leitfaden. Für Segar ist ein Creative Brief kein standardisiertes Formular, sondern ein lebendiger Prozess, der Lärm, Leidenschaft und weise Gedanken braucht. Der Text richtet sich an Planner, da diesen in der Regel die Aufgabe zufällt, einen Creative Brief zu schreiben. Er ist aber ebenso lesenwert für alle, die einen Creative Brief in Auftrag geben oder damit arbeiten sollen.

Den Schalter umlegen – Creative Briefs im Kontext

Creative Briefs (CBs) sind Dokumente, um Kreative zu briefen. Gute Creative Briefs sind kurz, einfach, logisch und inspirierend. Sie sind der sichtbarste Beleg für die Arbeit des Plannings. Um einen Creative Brief zu schreiben, müssen Planner eine Reihe von Fähigkeiten besitzen. Dieses Kapitel will ein Gefühl dafür vermitteln, wie man sich dem Schaffensprozess eines Creative Briefs am besten nähert. Zudem wirft der Text einen Blick auf den gesamten Prozess des Creative Briefings in einer sich stetig wandelnden Kommunikationsgesellschaft. Denn viele Planner neigen dazu, einen Creative Brief zu schreiben und den dazugehörigen Briefing-Prozess eher nebenher zu bewältigen.

Nach den verheerenden Bombenanschlägen in der Londoner U-Bahn im Juli 2007 stieß ich auf einige erstaunliche Interviews mit Ärzten und Helfern, die an diesem Tag vor Ort im Einsatz waren. Wie konzentriert man sich auf seine Arbeit, während man von Chaos und Hunderten von Verletzten und sterbenden Menschen umgeben ist? Scheinbar lautet die Antwort: Man muss einen Schalter umlegen. In solch einem Moment blendet die enorme Konzentration auf die Aufgabe Menschenleben zu retten, alles andere einfach aus.

Schlechte Creative Briefs sind nicht fatal. Aber um wirklich gute Briefs zu schreiben, müssen wir auch hier den Schalter umlegen, den Modus wechseln, alle Störungen um uns herum ausblenden. Creative Briefs bilden einen kritischen Punkt innerhalb des Planungsprozesses. Dieses kleine Stück Papier – egal in welcher Form – ist der sichtbarste Beleg für die Arbeit des Plannings. Kein Wunder also, dass ihm so viel Aufmerksamkeit geschenkt wird. In der sich immer schneller wandelnden Kommunikationslandschaft hat sich quer über alle Agenturen ein eklektischer Mix von Methoden und Ansätzen herausgebildet, einen Creative Brief zu schreiben. Es kann sein, dass ein Planner auch überhaupt gar keinen physischen Brief mehr schreibt und das Briefing an die Kreation auf anderem Wege erfolgt. Aber egal wo und wie Creative Briefs entstehen, fest steht, dass Creative Briefings überall und jeden Tag auf der ganzen Welt stattfinden. Für jeden, der in dieser Branche arbeitet, ist es daher wichtig, mit dem Prozess vertraut zu sein. Zurück zu unserem Schalter und der Situation kurz davor: Was passiert unmittelbar vor einem Creative Brief? Bevor man den Schalter umlegt, sollte man erst einmal den Lärm, den ein Strategieprozess mit sich bringt, für sich selbst erfassen – denn dieser Lärm ist gut.

»For hundreds of years we have believed that if something is logical in hindsight, then logic should have been enough to get the idea in the first place. This is complete and total rubbish.« (De Bono zitiert nach Fletcher 2007, S. 140)

Der gesamte Prozess der Brief-Erstellung kann nur erfolgreich sein, wenn der Planner für seine Aufgabe in einen aufsaugenden und extrahierenden Modus wechselt. Er muss mit den einströmenden Informationen auf vielfältige Weise arbeiten, sich seinen Weg hindurch bahnen, um das zu finden und festzuhalten, was wertvoll ist. Wenn dies geschehen ist, gehört es ebenfalls zum Job eines Planners, rauszufinden und zu formulieren, welche Richtung er dem Brief geben will. Er sollte diese Erkenntnis niederschreiben, an Wände pinnen, auf Flipcharts festhalten, auf Datenträgern, einfach überall, so dass andere ihre Gedanken und Ideen hinzufügen können. Konstruktiven Lärm, mit dem man arbeiten kann, findet man an vielen Orten. Ich rate jedem Planner: Erinnern Sie sich an den Eindruck, den Sie hatten, als Sie zum erstmal durch die Eingangstür des Kundengebäudes traten, in der Empfangshalle standen, als Sie in den ersten Verhandlungen steckten. Erinnern Sie sich an die Inhalte der Mitarbeiterzeitung, die Sie schnell am Empfang durchgeblättert haben, an die Besuche in der Forschungs- und Entwicklungsabteilung, Erklärungen auf Schildern während der Werkführung und natürlich an das Agentur-Briefing und Rebriefing mit dem Kunden, die Trendanalysen, die unter den Strategen herumgereicht wurden, die vertiefenden Research-Berichte, Zielgruppen und Consumer Insights, erleuchtende Momente hinter dem Spiegel während einer Gruppendiskussion, ältere aber gute qualitative Forschungsberichte, Produktbefragungen und unmittelbare Produkterfahrungen, die Sie selbst gemacht haben, Markenmodelle, Statistiken über Kundenkontakte und Kundenverhalten, Diskussionen mit der Mediaabteilung, Wettbewerbs-Cases, das umfangreiche Research-Papier, das der Kunde unbedingt im Planungsprozess mit berücksichtigen wollte, Diskussionen in externen Workshops, das Bauchgefühl des Marketing Direktors, ein fünfminütiges Gespräch mit dem Geschäftsführer, interne Agenturgespräche, ein kleiner Plausch mit dem ehemaligen Account Director, diesen tollen Link, den Ihnen letzte Woche jemand zugeschickt hat und der sich irgendwie wichtig anfühlt, erinnern Sie sich an interne Schulterblicke, ihre ersten Kindheitserinnerungen mit der Marke...

Falls sich diese Aufzählung für Sie wie eine Kette Proust'scher Gedanken liest, dann liegt das daran, dass ich die Suche nach dem strategischen Aufhänger für einen Brief oft so erlebt habe; merkwürdig subjektiv, auskundschaftend und intuitiv, fast immer zufällig, aber irgendwie auch sinnerfüllt, erreicht man am Ende sein Ziel.

># Creative Briefs und Creative Briefing
Wie Sie die strategische Botschaft am besten rüberbringen | **159**

»It is not the plans you think up that make the difference, it is how well you use the accidents.« (Steel 1998, S. 25)

Planner sollten Zeit, Neugier und einen aufgeschlossenen Geist haben. Sie sollten die Welt auf ihre Art intuitiv erkunden und interpretieren, stets über alle wichtigen Information verfügen, Wissenslücken füllen und ihre Erkenntnisse jederzeit mit jedem teilen können. Bewaffnet mit einer Zeile, einem Textausschnitt oder einer Lieblingsseite aus einem Forschungsbericht können Planner Ideen von Kollegen aufschnappen und diese Gedanken mit Kunden weiterformen. Indem man stetig auf diesen fließenden Input baut, schafft man sich Klarheit und ebnet den weiteren Weg. Denken Sie als Planner auch immer kritisch daran, dass es nicht nur um die Qualität eines strategischen Arguments allein geht. Es geht darum, das gesamte Team, alle Menschen um einen herum, dazu zu bewegen, in dieselbe Richtung zu gehen und daran zu glauben. Tatsächlich macht die Fähigkeit eines Planners zur Teamarbeit oft den entscheidenden Unterschied aus – zwischen einem akzeptablen und einem richtig guten Brief, zwischen einem Brief, an dem die Kreativabteilung irgendwie arbeitet, und einem Brief, den alle unbedingt in die Finger kriegen wollen. Dies bedeutet Diskussionen und Tassen Kaffee in der Kantine, einen kultivierten Umgang mit E-Mails und die Weitergabe von Informationen und eine offene Arbeitsatmosphäre mit allen Beteiligten. Und es kann bedeuten, dass man 18 Stunden mit Telefonkonferenzen verbringt – erst mit dem einen und dann mit dem anderen Ende der Welt. Sie müssen sich dabei die lohnenden Kämpfe raussuchen und sich von allem anderen fernhalten, was dem Vorwärtskommen des Gesamtprozesses nicht dienlich ist.

»...the reality remains that teamwork ultimately comes down to practicing a small set of principles over a long period of time. Success is not a matter of mastering subtle, sophisticated theory, but rather of embracing common sense with uncommon levels of discipline and persistence.« (Lencioni 2002, S. 220)

Darüber hinaus gibt es sehr unterschiedliche Sprachen, die ein Planner allesamt verstehen muss. Da gibt es die Sprache des Marketings, die Sprache des Kunden, verschiedene Sprachen in der Forschung und Psychologie, in Sachbüchern, im Umgang mit der Marke, mit Produkten oder Produktkategorien und eine Sprache, um innerhalb einer Agentur akzeptabel miteinander zu kommunizieren.

Kapitel 4: Briefings & Kreativität

»A planner is a kind of interpreter between three alien species (i. e. Creative people, clients and consumers) who don't have any language in common.« (Steel 1998, S. 51)

Als Mitarbeiter einer Werbeagentur ist man oft gezwungen, sehr schnell zu lernen, wenn man den Respekt seiner Kunden gewinnen will. Zu Beginn einer neuen Geschäftsbeziehung ist ein unverbrauchter Blick von außen oft hilfreich. Aber wenn man grundlegende Fakten falsch versteht, stiftet dies Verwirrung. Auf internationaler Ebene wird die Sache noch komplexer. Ein Strategiepapier, das für einen kalifornischen Marketing-Spezialisten single-minded und überzeugend ist, hat wenig Ähnlichkeit mit einer ebenfalls überzeugenden Präsentation auf Deutsch bei der VW-Konzernleitung. Es kann tatsächlich sein, dass ein und dieselbe Präsentation bei dem einen genau ins Schwarze trifft und bei dem anderen völlig das Ziel verfehlt.

Als Fazit dieser Vorbereitungsphase lässt sich festhalten, dass Planner in dieser Phase einer ganzen Menge Lärm ausgesetzt sind und sein müssen. Ein Planner braucht viele verschiedene Fähigkeiten, um diesen Prozess hin zum Brief zu leiten. Teamfähige Strategen, die offen und empfänglich für Neues bleiben, während sie dem Ziel entgegensteuern, haben die besten Chancen, die richtigen Antworten zu finden und passende Briefs zu kreieren.

Nun wird es Zeit, den Schalter umzulegen. Ein guter Creative Brief oder Briefing ist ein simples, durch und durch wahrhaftes und persönliches Dokument. Es soll allen Wirrwarr ausschließen, menschlich und in simpler Sprache verfasst sein. Für 8-Jährige verständlich. Klar und ordentlich. Dies ist so wichtig, weil Kreativität klare Räume zum Denken braucht.

Kreative Menschen tragen diese wundervolle Sammlung an skurrilen und faszinierenden Dingen in ihren Köpfen mit sich herum. Um es anschaulich zu machen: Stellen Sie sich vor, der Kopf eines kreativen Menschen ist ein Wohnzimmer. Und nun stellen Sie einen schönen, schlichten Stuhl mitten in den skurril faszinierenden Wohnzimmer-Kopf eines kreativen Menschen und bitten dann um die Idee, die perfekt auf diesen Stuhl passt. Die Aufgabe ist klar formuliert. Es gibt genügend Platz um den Stuhl herum, um sich zu entfalten und die Stärken des Raums zu nutzen.

»We shape our buildings; thereafter they shape us.« (Winston Churchill zitiert in Fletcher 2007, S. 417)

Und nun fahren Sie mit Ihrem Kipplaster geradewegs durch die Wand in dieses Wohnzimmer, entladen einen Stapel unsortierten Mülls und hasten dann weiter zum nächsten Meeting, winken mit einem Zeitplan und murmeln etwas über zusätzliche Feedbacks, die gleich nach der anstehenden Telefonkonferenz mit dem Kunden nachgereicht werden. Sie werden feststellen, dass Sie mit diesem Verhalten ein hoch empfindliches Öko-System zerstört haben. Und es wird Sie eine ganze Menge Zeit und Arbeit kosten, dieses wieder aufzubauen. Ganz abgesehen davon, dass dies absolut keinen Spaß macht. Also nehmen Sie besser Abstand von all dem Lärm, wechseln Sie den Modus, finden Sie zuallererst zurück zu simplen, verständlichen Worten. Finden Sie ihren Raum. Je mehr Strategen die Fähigkeit der Terroranschlags-Ärzte von London für sich entdecken, in einen anderen Modus zu wechseln, umso besser wird der Brief und umso einfacher wird alles was noch vor Ihnen liegt.

Hüten Sie sich vor Textfeldern – Creative Briefs und ihre Struktur

Im Kommunikationsbusiness gibt es die weit verbreitete »Kunst«, an Creative Brief-Formaten herum zu basteln. Aus einem an sich relativ simplen Dokument kann so ein wahres Monster werden. Tatsächlich gab es in der Entstehung des Creative Briefs schon durchaus einfachere Daseinsformen. Doch dann entdeckten Agenturen den Brief als Ausweis für ihre Denkweise und Philosophie. In den Tagen als es schwieriger war, die internen Arbeitsprozesse einer Werbeagentur zu durchleuchten, gab es sicherlich ein sehr viel größeres Potenzial, das strategische Know-how einer Agentur über Tools, Terminologien, Worte, Formate und Prozesse zu profilieren, die allesamt in mythischen Creative Brief-Formaten gipfelten. All dies erfolgte hinter verschlossenen Türen und abgeschirmt durch eine Geheimhaltungsvereinbarung. Heutzutage, in einer weitaus transparenteren Welt, verbreiten sich neue Ideen in der Kommunikationswelt rasend schnell und die Sache ist weitaus weniger geheimnisvoll. Trotzdem tauchen immer wieder neue Ideen auf. Manchmal frage ich mich, wie viele sogenannte »Books of Dreams« da draußen kursieren. Auf welchen Brief oder welche Briefing-Philosophie Sie auch immer stoßen, Fakt ist, dass für jeden Brief zu viele vorgegebene Textfelder zum Ausfüllen schlecht sind.

Kapitel 4: Briefings & Kreativität

Legen Sie den Schalter um! In ihrem Kopf existiert eine simple Argumentations-
kette, ein klares Bild darüber, in welche Richtung ihr Brief gehen soll. Jetzt ist die
Zeit, dies zu Papier zu bringen. Überdimensionierte Creative Briefing-Formate
mit 15 hübschen kleinen Textfeldern zum Ausfüllen, mit Unterscheidungen zwi-
schen rationalem/emotionalem Nutzen, Take Outs, Tonalitäten, heiligen Kühen,
Anforderungen, strategischen Zielen und so weiter können Strategen in eine Art
»Textfeld-Ausfüll-Ekstase« versetzen, was bedeutet, dass sie den Fokus verlieren.
Und die Geschichte nimmt ihren Lauf. Legen Sie einen »Schaut her, ich hab alle
Textfelder brav ausgefüllt Brief« in die Mitte unseres Wohnzimmer-Kopfes von
Kreativen, und diese werden sich raussuchen was immer ihnen passt (was aber
nicht immer Ihrem Fokus entspricht). Auch werden alle verständlicherweise anfangen, Sie damit zu konfrontieren, was ihnen zu diesem einen kleinen Textfeld so
einfällt (um quasi die ganze Arbeit wieder von vorn beginnen zu lassen) oder
werden den Brief auf ihre ganz eigene Weise neu gestalten. Die Kreativen übernehmen dann Ihren Job. Verstehen Sie mich nicht falsch. Es gibt durchaus eine
Menge sehr guter strategisch-denkender Kreativer da draußen und alles kann gut
ausgehen. Aber je besser Sie ihre Aufgabe erfüllen, umso mehr Zeit haben Kreative für ihre eigentliche Aufgabe. Halten wir fest: Wir mögen keine Überzahl an
Textfeldern und nicht zu viele Fragen, auch wenn wir eine gewisse Struktur brauchen. Heben Sie sich die Textfelder-Version für den finalen Entwurf auf. Nichts ist
befreiender als ein weißes Blatt Papier. Was sind aber dennoch sinnvolle Fragen,
die ein Brief beantworten sollte?

Was ist das Businessziel?

In Zeiten, in denen Agenturen immer mehr Verantwortung übernehmen und teils wie Unternehmensberatungen agieren, ist dies keine schlechte Frage für einen Brief. Sie erdet den Brief und öffnet diesen für das große Ganze, das Big Picture. Ein sehr spannendes und unbedingt empfehlenswertes Buch zu diesem Thema heißt »Baked in« (Bogusky/Winsor 2009). Es ist ein sehr erfrischendes Buch, das neue Wege geht und eine klare Meinung vertritt. Hier ein kurzer Auszug:

»Our baked-in approach to marketing and product design starts with the same cultural and consumer research and strategy that companies« product groups and marketing groups have long been doing separately and essentially combines them into one process. Marketing has a seat at the table with product. Product has a seat at the table with marketing. And the deliverable isn't product or marketing. The deliverable is both. This process yields a strategy and a narrative that can fuel not only the product alone but also the marketing, distribution, and everything else the brand is trying to do with the product.« (Bogusky/Winsor 2009, S. 38f.)

Was wollen wir mit unserer Kommunikation erreichen?

Diese Frage wird häufig unterschätzt. Inspirierende Briefs fangen hier an, inspirierend zu sein. Ein Beispiel: a) »Ziel ist es, mehr junge Menschen zu ermutigen, eine Karriere als Polizist einzuschlagen« oder b) »Recruiting für die Polizei: Locken Sie qualifizierte Bewerber dadurch an, dass 999 von 1000 Bewerbern erkennen, dass sie niemals Polizist werden können«. An welchem Brief würden Sie eher arbeiten wollen? Richtig. Der Unterschied zwischen a und b liegt in dem Gebrauch eines konkreten Ziels, einem Ziel, das zum Leben erweckt wird, das einem ins Auge springt, das die Sprache der Menschen und nicht die Sprache des Marketings spricht, das anspornt und Ehrgeiz weckt. Die meisten Agenturmenschen LIEBEN Herausforderungen. Lassen Sie ihre Aufgabe wie eine »Mission Impossible« klingen, die nur was für Mutige ist. Sie werden Kreative erleben, die sich aufrichten und bereit stehen für Ihre Sache. Herausforderungen müssen einnehmend und aufregend klingen. Wenn Sie mehr über die Bedeutsamkeit sogenannter BHAGs (Big Hairy Ambitious Goals) erfahren wollen, schlagen Sie im Buch »Built to last« (Collins/Porras 2002) nach.

Zu wem sprechen wir?

Bei der Auseinandersetzung mit der Zielgruppe können viele kuriose Dinge passieren. Trotz aller guten Absichten driften wir bei der Beschreibung von Menschen allzu leicht ab und bedienen uns bei Stereotypen oder schreiben zu akademisch oder einfach nicht lebensnah und greifbar. Typische Portraits, wie die eines aufstrebenden Anfang 30-Jährigen Junior Designers, der das Leben in seiner 60qm Wohnung mitten im angesagten Hafenviertel einer Nordeuropäischen Stadt mit Hauskatze und Balkon genießt, helfen nicht weiter. An dieser Stelle können die Sprache der Zielgruppe und Beobachtungen sinnvoll sein. Um Stereotypen zu vermeiden, hilft es, sich das Bild einer konkreten Person vorzustellen, zu der Sie sprechen, z. B. jemanden, den Sie aus einer Fokusgruppe kennen oder aus einer Anekdote, dies es auf den Punkt bringt. Respektieren Sie die Menschen, die Sie beschreiben und mit denen Sie kommunizieren. Lassen Sie diese Menschen an sich ran. Legen Sie ihre persönlichen Werturteile und Vorurteile ab und versetzen Sie sich in deren Leben. Wie fühlt es sich wirklich an, mit hohem Blutdruck zu leben? Mir fällt dazu sofort ein Bild ein: eine Einwanderin aus der Karibik, die auf einem Sofa in einem Hochhaus in der Nähe von Earls Court in London sitzt. Sie ist nicht wirklich daran interessiert, mit mir über ihre Medikation zu sprechen, ihre täglichen Routine des Blutdruckmessens oder ihre Arztbesuche. Ihr Blick ruht auf einem Foto vor ihr. Es zeigt ihren sechs Jahre alten Sohn. Ihm gilt ihre wahre Sorge, nicht ihr selbst. Diese Bilder und Geschichten entspringen dem wahren Leben.

Was wollen wir kommunizieren?

Das ist das Epizentrum der meisten Briefs. Das Herzstück. Das *Kundenversprechen*. Das WAS. Die treibende Idee. Die Plattform. Der Raum. Dies ist der Moment, in dem Sie sehr fokussiert und deutlich sein müssen. Wählen Sie die richtigen Worte, auch wenn es noch nicht darum geht, einen Claim zu formulieren. Was nicht bedeutet, dass das Kundenversprechen am Ende nicht der Claim werden kann. Aber starten Sie nicht so. Die inhaltliche Aussage ist zunächst wichtiger, als deren textliche Übersetzung. Auf den Internetseiten des Gesamtverbands Kommunikationsagenturen (GWA) und der britischen IPA (Institute of Practitioners in Advertising) finden Sie zahlreiche gute Beispiele wie man Konsumentenversprechen und ganze Briefs formuliert. Hier gibt es ein umfangreiches Archiv von prämierten Effie-Cases. Ich erinnere mich an einen Brief, den wir für die Lufthansa geschrieben haben. Der Brief handelte von dem aufmerksamen aber unaufdringlichen Service der Lufthansa und dem Gefühl von Sicherheit an Board. Die Passagiere erreichen so ihr Reiseziel ausgeruhter und erholt. Das Versprechen drehte sich also um das Ankommen am Ziel und nicht um die Reise an sich – der letztendliche Benefit, wenn man so will. Diese Ziel-Reise-Diskussion im Brief führte zu einer völlig neuen Kommunikation im Markt. Die Kampagne »You see the world the way you fly« gewann Silber in Cannes. Sie vermittelt eine Haltung und bleibt für mich immer ein gutes Beispiel dafür, welche Kraft ein gut gedachtes Versprechen hat.

Womit können wir das untermauern?

Gemeint ist ein Beweis für das zentrale Versprechen, der sogenannte *Reason to Believe* (RTB), der in der Marke, im Produkt oder Service begründet liegt. Häufig kommt es hier zu einem inhaltlichen Bruch im Brief. Plötzlich geraten Reason to Believes in das Textfeld, die nicht direkt zum zentralen Gedanken passen. Denken Sie daran, weniger ist oft mehr. Je zwingender die Argumentation ineinander greift, umso besser. Dies ist die richtige Stelle, um zu reflektieren, welche RTBs den zentralen Gedanken stützen und zur Kommunikationsidee leiten und welche man im Interesse eines klaren Briefs weglassen kann. Zurück zum Lufthansa Beispiel: Ich erinnere mich, dass der RTB der Lufthansa davon handelte, dass das Servicepersonal eher wie ein Butler und weniger wie ein Diener ist, sozusagen das Gegenteil vom »Singapore Airlines Girl«. Meist bestehen RTBs aus Fakten, aber trotzdem ist es nützlich, sie anschaulich zu beschreiben, um sie zum Leben zu erwecken. Viele Kommunikationsideen wurden aus der Beschreibung eines Reason to Believe geboren.

Was soll man von unserer Kommunikation denken oder wozu soll sie veranlassen?

Heutzutage wird die Frage nach dem *Consumer Take Out* immer wichtiger und bedeutungsvoller. Oftmals spiegelt diese die Vielfalt neuer Möglichkeiten wieder, die wir haben, um den Konsumenten durch die Integration sämtlicher Medien zu involvieren. Dies ist ein guter Punkt, um ihn in großer Runde im Team zu besprechen. Ähnlich wie bei der Formulierung des Kommunikationsziels, sollten Sie auch hier möglichst konkret sein. Mögliche Fragen lauten hier: Was sollen die

Menschen machen, wenn sie die Kommunikation gesehen haben? Wie soll sich der Gedanke in Communities verbreiten? Wie sieht die Architektur unserer Kommunikation durch alle Medien hinweg aus? Welche Kontaktpunkte wählen wir?

Vorgaben, Zeitpläne, Budget – Dinge, die Sie wissen müssen

Selbstverständlich brauchen Planner alle wichtigen Fakten. Aber man sollte vorsichtig sein, im Hinzufügen von Dingen, die man wissen muss, heiligen Kühen und sonstigen Anforderungen an die Kommunikation. Es kann unglaublich einschränkend sein, wenn man eine Liste an Vorgaben abarbeiten muss. Leider kommt es vor, dass alle zusammen einen Brief zunichte machen, indem sie vorab allen einschränkenden Vorgaben des Kunden zustimmen. Manchmal hat es den Anschein, als wollte man kleine Kinder zurechtweisen, wenn zum Beispiel offenkundige Dinge angemerkt werden, entscheidende Teile des kreativen Produkts in Stein gemeißelt werden (wie zum Beispiel das Wording des Claims), Warnschüsse abgegeben werden (wie die ominöse Forderung nach einem »Appetite Appeal« oder einer »Product Celebration«) oder ganze Listen von Zusätzen hinzukommen (Produktdemonstrationen, Sponsorenlogos, Kennzeichnungen o. ä.) – das alles raubt dem Brief seine Inspiration und erinnert eher an ein technisches Bestellformular. Schlimmer noch: Das Account Management rückt Stück für Stück mit der Wahrheit raus, was vorab mit dem Kunden vereinbart wurde. Besser, man ist von Anfang an ehrlich zueinander.

Hoffen wir, dass Sie mit einem klaren und sauberen Creative Brief-Format arbeiten. Sollte Ihnen das Brief-Format dennoch mal im Wege stehen, lösen Sie sich davon und kreieren Sie etwas anderes. Solange Sie klar denken, sind Formate letztendlich nicht so ausschlaggebend. Oftmals kann eine inspirierende Brainstorming-Liste mit Headlines oder die E-Mail, in der das letzte Briefing für alle noch mal zusammengefasst wurde, sich als wesentlich nützlicher erweisen, als der Brief selbst. Werfen Sie einen Blick auf das, was Kreative an Pinnwände heften und mit einem Filzstift umkreisen.

Fische und Kreisverkehr – wie man gute Briefs schreibt

»At the heart of an effective creative philosophy is the belief that nothing is so powerful as an insight into human nature, what compulsions drive a man, what instincts dominate his action, even though his language so often camouflages what really motivates him. For if you know these things about (a) man you can touch him at the core of his being.« (Bill Bernbach, speech to AAA, 1980)

Zunächst ein paar Gedanken über den Einsatz eines Creative Briefs: Es ist ein großer Schritt nach vorn, dass die Kluft zwischen Kunde und Agentur in den letzten Jahren kleiner geworden ist und beide Seiten weitaus transparenter und gemeinschaftlicher zusammenarbeiten. Ich meine das ernsthaft (!). Aber leider ist die Konsequenz daraus heute immer häufiger, dass es kein Briefing an die Agentur durch den Kunden gibt – zumindest nicht sorgfältig auf Papier (vgl. Kap. 4, S. 141). Diese Nachlässigkeit kann die Nebenwirkung haben, dass der Creative Brief der Agentur das einzig verbindliche schriftliche Dokument im Arbeitsablauf zwischen Agentur und Kunden ist und vom Kunden mitunter sogar unterschrieben wird. An diesem Punkt können gleich mehrere Sachen schief gehen. Plötzlich ist eine Vielzahl von Leuten involviert, die sich den Wortlaut eines Briefs ganz genau ansehen. Strategen finden sich plötzlich in der Situation, Verträge zu schreiben, bei denen jedes einzelne Wort umgedreht wird. Einzelne Sätze werden in den Zielgruppenteil aufgenommen, um Befindlichkeiten des Kunden und Nebensächlichkeiten nachzukommen. Der persönliche Stil und Schreibfluss des Autors des Dokuments wird so beschnitten. Im Rahmen internationaler Projekte kann es zudem lange Diskussionen über einzelne Formulierungen geben. Positioning Statements enden in Textfeldern, Reason to Believes schießen wie Pilze aus dem Boden. Anforderungen an die Kampagne werden länger. Der Sinn eines Briefs geht verloren. Dies kann zu einem Desaster werden. Natürlich hängt das alles sehr von der Beziehung zwischen Kunde und Agentur ab. Manchmal funktioniert ein gemeinsames und lückenloses Teilen von Dokumenten sehr gut. Aber im Allgemeinen gibt eine saubere Trennung zwischen externem Agentur-Briefing und internem Creative Brief beiden Parteien den Raum, ihre Erwartungen und Ziele zu klären – mit genügend Freiraum für Kreative. Auch ist es im Interesse aller Beteiligten, auf eine saubere Sprachtrennung zu achten. Im Marketing benutzen wir eine professionelle Business Sprache, mit Fachbegriffen und Kürzeln, eine eher akademische Sprache manchmal. Die Sprache eines Creative Briefs hingegen ist anders. Sie sollte menschlich und unverfälscht sein, mit vielen bildhaften Worten. Mischt man diese Sprachen, wird es in beide Richtungen schwierig.

Kapitel 4: Briefings & Kreativität

Wenn eine Zielgruppenbeschreibung von primären und sekundären Segmenten, rationalem Nutzen, Einkommenslevels und C2-D Aufteilungen im Markt handelt, dann ist dies Marketing. Geht es um Anna, ihre Katze und ihre Vorliebe für Aqua Aerobic und ausgedehntes Joggen, dann sind Sie viel zu sehr in einer poetischen Blümchensprache. Irgendwo dazwischen gibt es eine Sprache, die menschlich, aufschlussreich, mit Bildern und Bedeutung ist. Das ist es, was ein Brief braucht. Was kann einem helfen, so zu schreiben?

Eine hervorragende Quelle für die richtige Sprache mit echten Insights kommt quasi geradewegs aus dem Mund der Menschen, die Sie erreichen möchten. Eine andere gute Quelle sind Marktforscher, die Insights lebensnah und mit eigenen Worten wiedergeben können. Oftmals beschreiben O-Töne der Zielperson ein Problem wesentlich besser, als Sie das jemals könnten. Auch eine Anekdote kann eine ganze Denkweise und Zielgruppe zum Leben erwecken. Also durchleiden Sie endlose Abende in Fokusgruppen. Kritzeln Sie alles nieder, was Ihnen durch den Kopf geht, moderieren Sie die Diskussionen selbst und schreiben Sie Ihre Erfahrungen in den Brief, um diesem Leben einzuhauchen. Wenn Sie selbst nicht hingehen können, versuchen Sie dies bei der Präsentation der Research-Ergebnisse nachzuholen.

»As such, the most vital part of a planner's job is the understanding of the consumer. The best way to understand consumers is to talk to them – and the best way to talk to them is first hand. If a planner is not good at talking to consumers first hand, he probably is not a very good planner.« (Butterfield 1989, S. 129)

Die Marke E.on ist eine »leere rote Jacke« – das ist ein starkes Bild, um ein Markenproblem zu beschreiben. »Menschen fühlen sich unwohl bei dem Gedanken, Fisch zu essen und essen lieber Rinder, da es ebenfalls Landlebewesen sind wie wir. Fische hingegen zählen zu der dunklen Seite der Macht.« Herzlichen Dank an

Creative Briefs und Creative Briefing
Wie Sie die strategische Botschaft am besten rüberbringen | 169

die Researcher vom Marktforschungsinstitut Rheingold für diese Aussage. Die Bösartigkeit von Fischen derart herauszuheben, erweckt das Ganze in einer starken Bildsprache zum Leben. Oder nehmen Sie beispielsweise die Kraft von Anekdoten. Ich erinnere mich an ein extremes Beispiel, als ich vor langer Zeit für eine Apfelwein-Marke in England gearbeitet habe. Ich saß hinter dem Vorhang des Gemeindehauses irgendwo in Somerset und lauschte einer beschwingten Gruppendiskussion. Auf der anderen Seite des Vorhangs sprachen die Menschen über organisierte Partys auf Kreisverkehrsinseln und über die interessante Frage, ob man beim Sex den Schlüpfer noch an oder aus hat. Es hatte ganz den Anschein, dass die Wahl der Apfelweinmarke quasi ein Code war, wie der Abend weitergehen sollte. Solche Geschichten erklären natürlich so einiges. Ein weiterer Ort, an dem man eine noch unverbrauchte Sprache findet, ist inmitten der Organisation des Kunden. Als Mitarbeiter einer Agentur hat man Vorteil, ein gewisses Maß an Naivität besitzen zu dürfen, wenn man zum Beispiel mit Menschen aus der Forschungs- und Entwicklungsabteilung spricht. Im Gegensatz zu den Marketingmitarbeitern darf man auch mal dumme Fragen stellen. Ich erinnere mich zum Beispiel daran, dass der gesamte Brief für eine Kampagne über die Produktqualität von Ribenas Johannisbeersaft in einem Gespräch mit einem sehr charmanten, bereits pensionierten Manager der Qualitätskontrolle der Ribena Fabrik entstand. Indem wir ihn fragten, ob bei Ribena schon jemals etwas schief gegangen sei und vor allem mit welchen Auswirkungen, erhielten wir einige Anekdoten über schwierige Ernten und einige sehr anstrengende Johannisbeer-Farmer. Der Brief schrieb sich danach quasi von selbst. Ein anderes Mal sprachen wir mit den Sicherheitsingenieuren von Mercedes-Benz. Wir erfuhren, wie Ideen Jahrzehnte später auf neue Fragestellungen wieder angewendet wurden und sprachen über die Forschung an echten Crashsituationen. Erst das Gespräch hat uns ein Gefühl für das Denken und die Kreativität dieser Entwicklungsabteilung gegeben. Durch das vorherige Lesen der Powerpoint Präsentation wurde dies nicht so deutlich vermittelt. Plötzlich hatten wir wunderbares Material für die Kommunikation.

Schlussendlich findet Ihr Brief hoffentlich den Weg zu etwas, was schlicht und einfach ist. Twittern Sie es. Machen Sie den Fahrstuhltest. Großartige Briefs überzeugen in wenigen Sekunden. Ich liebe *Twitterature*, ein kleines Buch, das weltbekannte Bücher auf Twitterlänge reduziert. Shakespeares »Romeo & Julia« endet beispielsweise mit: »@Montague, @Capulet: Can't we just get along?« (Aciman/Rensin 2009, S. 57).

Großartige Briefs sind die perfekte Form von Reduktion. Ich erinnere mich an einen Planner von der Agentur Saatchi & Saatchi, der mir vor langer Zeit von einem großartigen Brief für eine Premium Hundefuttermarke erzählte. Die damalige Aussage lautete »X dog food. Food for dogs«. Die Kampagne erzählte von einem Hund, der das selbstgekochte Gourmetfutter seines Herrchens verschmähte zugunsten der Hundfuttermarke X. Kurz und simpel. Großartige Briefs erscheinen manchmal erstaunlich offensichtlich, aber sie haben wahre Tiefe und Substanz.

Wir alle ringen heutzutage um Zeit. Zudem herrscht überall um uns herum Lärm. Nichtsdestotrotz sollten Sie versuchen, eine kleine mentale Bibliothek an Referenzen mit sich zu tragen. Vermeiden Sie dabei wenn möglich die Apples, Googles und Innocents. Es wird Ihnen helfen, Ihren eigenen Maßstab und Ihre eigene Meinung zu haben und damit die richtigen Antworten zu finden.

Anfänge statt Enden – Creative Briefings heute

Früher waren Creative Briefings eine ziemlich intime Angelegenheit. Das Team bestand aus Kreation, Kundenberatung, Planner und Traffic. Apfelwein-Briefings im Pub waren verhältnismäßig einfach zu organisieren. Heutzutage hat sich einiges geändert. Globale Marken und Unternehmen, mächtige Kunden mit gestiegenen Erwartungen und rapide Veränderungen des medialen Umfeldes haben neue Typen von Creative Briefs und Briefings hervorgebracht. Es gibt heute live Video-Briefings über drei Zeitzonen mit zwanzig interdisziplinären Teams und Feedbacks, die zeitgleich eingetippt und für alle zugänglich sind, offene Brain-

Creative Briefs und Creative Briefing
Wie Sie die strategische Botschaft am besten rüberbringen | 171

storming Sessions und 48 Stunden geballte Ideengenerierung. Dies mag durchaus aufregend klingen, ein solches Briefing schlägt jedoch keines der Pub-Briefings von damals.

Die Herausforderung besteht heute darin, die Dinge einfach und dennoch offen zu halten, um neue Wege zu beschreiten und neue Möglichkeiten auszuprobieren, die es in den damaligen Pub-Zeiten einfach nicht gab.

»Maybe we should be looking for planners to create opportunities instead: flexible frameworks, which consumers can add to themselves. This is closer to the idea of entrepreneurialism, but a shift in the way that planning has traditionally worked, which will involve new skills – relinquishing control, accepting constant change, and acknowledging that planning in the literal sense is less possible.« (Nairn/Calcraft/Briginshaw 2010)

Mehr denn je stehen Creative Briefs und Briefings heute am Beginn von integrierten Prozessen, die im besten Fall leichtfüßig, spontan und anpassungsfähig an Echtzeitentwicklungen sind. Nicht dogmatisch. Nicht politisch. Nicht kontrolliert durch irgendein HQ Büro in New York, nur damit es den Anschein eines gemeinschaftlichen Teamworks hat. Gute Ideen können und kommen heutzutage von vielen verschiedenen Orten. Auch wird heute mehr Mut verlangt, ein Vorwärtswollen und unbedingter Glaube an die Sache. Die gemeinsame Einstellung eines Teams macht dabei einen entscheidenden Unterschied und ist etwas, was Planner beeinflussen können. Sie stehen im Zentrum des Prozesses. Üben Sie ›tight loose‹ zu denken und zu arbeiten. Das kann durchaus hilfreich sein, vor allem bei internationalen Prozessen, in denen es kulturelle Unterschiede zwischen den beteiligten Agenturen gibt. Einen Brief durch Bedeutung anzureichern, ohne dabei die Antworten bereits vorzugeben, verschafft Klarheit und verhindert, dass ein und der selbe Brief unterschiedlich aufgefasst wird. Mit einer offenen Herangehensweise sind Sie wesentlich besser unterwegs und ebnen den Weg für mehr Flexibilität bei Kreativprozessen in unterschiedlichen Regionen der Welt unter Beibehaltung einer zentralen globalen Markenidee.

Trotz aller Veränderungen: Ein Briefing-Prozess muss immer angemessen zu Umfang und Tragweite der Aufgabe sein. Er muss Platz für Diskussionen lassen, für Menschen und ihre Gedanken. In den Tagen der Pub-Treffen war das sicherlich einfacher.

»Today, the Creative idea is the start of something not the end ... When judging an idea today, we should be looking at elasticity, malleability and richness. Can it spark a series of manifestations across a whole array of media?« (Laurence Green)

Die gute Nachricht ist, dass jeder mit ähnlichen Problemen konfrontiert ist und Sie in vielen Cases Parallelen zu ihrer Situation finden. Nehmen Sie sich deshalb die Zeit, z. B. in den Internetarchiven von GWA und IPA zu schmökern. Selbst wenn Sie hier nichts aufschnappen, das Ihnen den Weg weisen könnte, ist es zumindest beruhigend zu wissen, dass Sie mit Ihren Fragen nicht alleine sind.

Zusammenfassung

Um die Grundlagen für einen guten Brief zu schaffen, ist Lärm hilfreich. Hören Sie zu, sieben Sie aus, setzen Sie Prioritäten, behalten Sie die wertvollen Elemente. Großartige Briefs entstehen durch großartige Teamarbeit. Also bauen Sie, bauen Sie, bauen Sie. Und dann: Legen Sie den Schalter um. Schalten Sie den Lärm aus. Finden Sie Ihren Raum, um ein einfaches und lebensnahes Stück Papier zu kreieren, einen klaren Brief, den man in die Mitte eines Wohnzimmer-Kopfs eines Kreativen legen kann. Einen Brief zu schreiben bedeutet, dass man Wörter und Geschichten findet, die ein Bild ergeben. Setzen Sie Sprache sorgsam ein. Heute sind Creative Briefs mehr denn je die Tür zu einer Reise an viele verschiedene Orte. Gehen Sie los und lassen Sie Dinge geschehen. Glauben Sie an das, was Sie tun und teilen Sie es mit dem gesamten Team. Finden Sie den Prozess, der zu Ihnen passt. Nutzen Sie die stärker vernetzte Planning-Welt, um sich leiten zu lassen. Und schließlich: Planner können eine Menge bewirken, in dem Getümmel das uns umgibt. Die Fähigkeiten eines Planners sind hoch relevant. Mutige Planner gehen weiter.

Minding the Gap

Wie die linke und die rechte Gehirnhälfte Spielkameraden werden

Andréa Mallard

Zwischen Strategie und Design besteht häufig eine Kluft – gedanklich und organisatorisch. Andréa Mallard von der Innovationsberatung IDEO zeigt, wie durch das Zusammenspiel von linker und rechter Gehirnhälfte innovative Markenstrategien entstehen. Sie beschäftigt sich mit häufigen Denkblockaden, die Kreativität beschneiden, bevor diese überhaupt entsteht. Zudem zeigt die Autorin an einer Reihe von Techniken auf, wie man zu kreativen Strategien und strategischer Kreativität gelangt.

Hinter uns lag eine Präsentation epischen Ausmaßes vor einem internationalen Mode-Label. Über sechs Stunden hatten wir unsere gewonnenen Erkenntnisse über den Kundenstamm des Unternehmens vorgestellt – gekrönt von einer gewagten Zukunftsvision inklusive Wachstumsstrategie. Der anschließende, herzliche Beifall gab uns ein richtig gutes Gefühl. Doch als das Klatschen abklang, bereitete ein Mitarbeiter aus dem Vertrieb unserem Glück ein jähes Ende: »Mich haben Sie nicht überzeugt«, sagte er, richtete sich auf und räusperte sich. »Diese Positionierung ist nahezu identisch mit der, die wir vor fünf Jahren hatten.« Im Raum wurde es mucksmäuschenstill und auch unserem Team verschlug es kurzzeitig die Sprache. Wir waren bis zu diesem Moment davon ausgegangen, dass unser Konzept einen grundlegenden Richtungswechsel für die Marke darstellte. Unsere Vision war mutig und innovativ – mit einem enormen Potenzial, Konsumenten zu begeistern und Mitarbeiter, trotz der eher konservativen Unternehmenskultur, aktiv einzubinden. Ich holte einmal tief Luft: »Wir haben uns monatelang mit Ihren Konsumenten, Ihrem Team und Ihren Geschäftspartnern beschäftigt. Wir sind förmlich in die Marke eingetaucht – genauso wie in jeden Ihrer Berührungspunkte mit dem Kunden. Für diese Positionierung gab es aber nicht einen Anhaltspunkt«. »Das mag bei der bloßen Betrachtung unserer Produkte und Läden schon sein«, räumte der Vertriebsleiter ein und lehnte sich zurück. »Aber Ihre Präsentation deckt sich mit unserem ursprünglichen Konzept.«

Aus heutiger Sicht war dieser Wortwechsel ein entscheidender Moment in meiner Karriere. Er hat mir die eigentliche Herausforderung in der Beschäftigung mit Marken vor Augen geführt: Es geht nämlich nicht darum, sich zwischen einer perfekten Strategie und einem hochkreativen Ansatz zu entscheiden, sondern vielmehr darum, die Kluft zwischen diesen beiden Herangehensweisen zu überbrücken. Jeder noch so ausgeklügelte Plan misslingt, wenn er die Kunden nicht erreicht. Unternehmen stecken Unmengen von Zeit und Geld in Markenpyramiden oder Marktforschung und vernachlässigen dabei die *kreative Umsetzung* ihrer *Strategie* auf alle Berührungspunkte, an denen der Kunde mit der Marke in Kontakt kommt.

IDEO ist bekannt für seinen Ansatz des »Human Centered Design«: Gewonnene Erkenntnisse über die Bedürfnisse, Wünsche und Verhaltensweisen von Konsumenten werden dafür eingesetzt, Innovationen voranzutreiben. Unsere Stärke als Gestalter liegt in der Fähigkeit, Erfahrungen und Beobachtungen aus dem wahren Leben in erlebbares Design zu übersetzen, das die jeweilige Markenstrategie unserer Kunden verstärkt. Wir sind überzeugt davon, dass Erkenntnisse über das Verbraucherverhalten und kreative Werbemittel jeweils für sich genommen relativ nutzlos sind. Beides zusammenzubringen – darin liegt die zentrale Herausforderung in der Markenführung. Oder, um es frei nach Marty Neumeier in »The Brand Gap« auf den Punkt zu bringen: »it's not enough to get the right idea. We must also get the idea right.« Es reicht also nicht, die richtige Idee zu haben – wir müssen die Idee auch richtig umsetzen. Wie das funktioniert, möchte ich Ihnen im Folgenden anhand einiger IDEO-erprobter Techniken zeigen – mit denen Sie sich übrigens auch die Unterstützung der anderen Leute in Ihrem Unternehmen sichern können.

Nutzen Sie Ihr ganzes Gehirn

Die moderne Psychologie hat uns einen schlechten Dienst erwiesen, als sie die These aufstellte, dass wir entweder mit der linken *oder* mit der rechten Gehirnhälfte denken. Ich war ein extrem kreatives Kind, schrieb komplexe, lustige Geschichten, dachte mir raffiniert gereimte Lieder aus und konnte die subtilen emotionalen Signale fremder Menschen deuten. Je besser meine Fähigkeiten wurden, umso öfter sagte man mir, ich sei kreativ und würde mit der rechten Gehirnhälfte denken. Dies implizierte, dass ich kein logisch denkender Mensch war, der seine linke Gehirnhälfte nutzt ... als würde eine Seite des Gehirns die andere ausschlie-

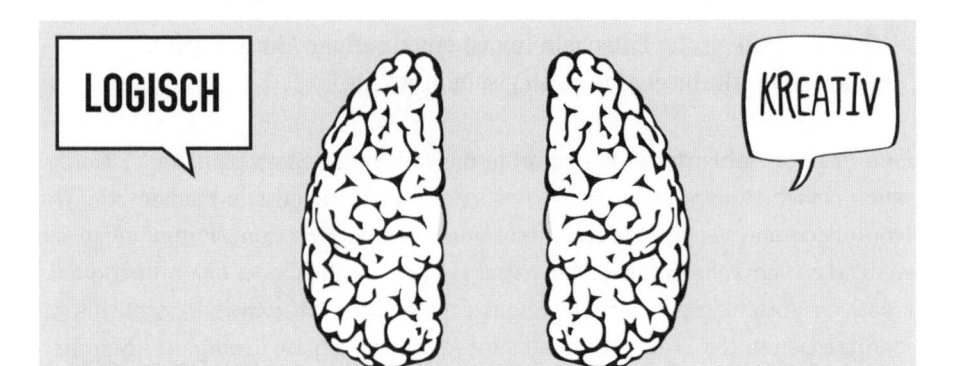

Abb. 1: Das Gehirn hat *zwei* funktionsfähige Hälften

ßen. Wie und warum auch immer – mit Anfang zwanzig landete ich vorübergehend als Business Strategin bei einem großen Finanzmagazin. Aber statt, wie ich es mir immer ausgemalt hatte, für dieses Magazin schreiben zu dürfen, wurde ich angestellt, um mich um die Steigerung der Auflage, die Vertriebsstrategien und die strategische Planung zu kümmern. Während ich darauf wartete, auf diesem Gebiet als Mogelpackung aufzufliegen, beschloss ich, ein wenig mit Excel herumzuspielen und mir die grundlegenden betriebswirtschaftlichen Rechenmethoden selbst beizubringen. Monate und Jahre verstrichen, und ich musste feststellen, dass mir meine Aufgaben regelrecht Spaß machten. Zu meiner Überraschung war die Barrikade zwischen meiner rechten und meiner linken Gehirnhälfte offensichtlich nicht so unüberwindbar, wie man mir weisgemacht hatte. Ich fand die gleiche kreative Befriedigung in der Programmierung einer komplexen Formel wie im Schreiben eines cleveren Slogans. Wäre ich damals in einem Kernspintomographen untersucht worden ... ich vermute, *beide* Seiten meines Gehirns hätten geknistert.

Andere Menschen, inklusive meiner Kollegen und Kunden, sitzen bezüglich ihrer Fähigkeiten regelmäßig dem gleichen Irrtum auf. Es ist verblüffend, wie oft ich Führungskräfte sagen höre: »Ich habe nicht eine einzige kreative Ader in mir.« Oder Designer, die gestehen: »Ich bin kein Zahlenmensch.« In Wirklichkeit treffen wir alle tagtäglich zig strategische *und* kreative Entscheidungen: die schnellste Schlange an der Supermarktkasse? Strategisch. Der anschließende Flirt mit dem Kassierer, um eventuell noch einen Rabatt abzustauben? Kreativ! Diese Entscheidungen schließen sich nicht gegenseitig aus, sondern jede strategische Entscheidung ist ein kreativer Akt und jeder kreative Akt birgt eine strategische Absicht.

> Jede strategische Entscheidung ist ein kreativer Akt und jeder
> kreative Akt birgt eine strategische Absicht.

Einer meiner Lieblingskunden betreute die weltweiten Strategien der VF Corporation, einer Holding mit einem Portfolio von Modelifestyle-Marken wie The North Face und Vans. Oft begannen seine Aussagen mit den Worten: »Also, ich weiß, dass ich kein Kreativer bin, aber...«, um anschließend einen hochgradig kreativen Vorschlag zu machen. Ebenso habe ich mit Kreativdirektoren zusammengearbeitet, die Zweifel an einer strategischen Vorgabe »von ganz oben« hatten, und sich nicht für qualifiziert genug hielten, diese offiziell in Frage zu stellen. Dies hätten sie jedoch tun sollen.

> Die erfolgreiche Umsetzung einer Markenstrategie ist eine ganz-
> heitliche Gehirnaktivität. Und ob es Ihnen bewusst ist oder nicht,
> Sie haben zwei voll funktionsfähige Gehirnhälften.

Die Frage lautet: Was können Sie tun, damit Ihre Gehirnhälften Spielkameraden werden? Wie organisieren Sie Ihr Unternehmen oder Ihr Team, um eine bessere Kommunikation zwischen Menschen zu ermöglichen, die überwiegend auf der einen oder auf der anderen Seite stehen? Wie können Sie sicherstellen, dass Ihre Marke nicht zwischen die beiden Fronten gerät?

Wie groß ist die Kluft zwischen Strategie und Kreativität?

Ob Ihre Marke seit einem Jahr oder seit hundert Jahren existiert – es ist unwahrscheinlich, dass sie von Ihren Kunden genauso wahrgenommen wird, wie von Ihren Mitarbeitern. Um herauszufinden, in welche Richtung Sie die Entwicklung Ihres Unternehmens vorantreiben sollen, müssen Sie zuerst herausfinden, inwieweit und in welcher Hinsicht diese Perspektiven auseinander gehen.

Die Konsumenten wissen über Ihre Marke nur das, was Sie ihnen mit kreativen Werbemitteln erzählt haben – mit Anzeigen, Web-Marketing oder Produktverpackungen. Mitarbeiter hingegen können leidenschaftlich davon schwärmen, was das Markenerlebnis einzigartig und bedeutsam macht – und zwar unabhängig von den kreativen Maßnahmen, denn sie sind unzählige Stunden darin eingetaucht (länger, als es ein Konsument jemals könnte). Will heißen: Ihre Mitarbeiter sind die *letzten*, die Sie fragen sollten, wofür die Marke steht – sie sind schlichtweg zu nah an ihr dran.

Neue Kunden frage ich nie nach ihrer Sicht auf die Marke, sondern danach, *wie ihre Kunden sie beschreiben würden*. Danach folgt meist eine Denkpause. Meine Intention ist, die Kunden zu einem Abgleich zu bewegen: Wonach strebt die Marke und welche Ergebnisse erzielt sie tatsächlich mit ihrem Marktauftritt? Die Antworten auf diese beiden Fragen sind in den seltensten Fällen deckungsgleich. Warum das wichtig ist? Weil, um Marty Neumeier nochmals zu zitieren, »eine Marke nicht das ist, was Sie über sie sagen. Sie ist das, was Ihr Kunde über sie sagt«.

Vor einigen Jahren arbeitete IDEO mit einem weltweit agierenden Lebensmittel- und Getränkehersteller zusammen, der unter anderem auch Fruchtsnacks verkauft. Wir sprachen mit unzähligen Angestellten über die Marke und ihr Potenzial. Jeder von ihnen lieferte uns mindestens zwei Dutzend Schlagworte, mit denen er die Produktlinie und das Mutterunternehmen beschrieb, so dass wir letztlich vor einer atemberaubenden Liste mit Markenvorteilen standen. Hätten wir uns ausschließlich auf diesen Input verlassen, wären wir vermutlich zu dem Schluss gekommen, dass es sich um die raffinierteste und facettenreichste Marke aller Zeiten handelt.

Versuchen Sie dieses Experiment

Eine Grobmessung der Kluft

▶ Interviewen Sie die wortgewandtesten Markenbotschafter Ihres Unternehmens. Fragen Sie sie, warum sich Menschen für Ihr Produkt interessieren sollten. Zeichnen Sie die Antworten auf Video auf oder notieren Sie sorgfältig alle emotionalen/rationalen Aussagen über die Marke.

▶ Interviewen Sie eine Handvoll Konsumenten (eine Mischung aus Menschen, die die Marke lieben, hassen und ihr gegenüber neutral eingestellt sind). Fragen Sie, warum sie sich für Ihr Produkt interessieren bzw. warum nicht.

▶ Vergleichen Sie danach, wie viele Aussagen sich emotional/rational überschneiden.

Wie dem auch sei, als wir anschließend mit Konsumenten sprachen (auch mit denen, die die Marke regelmäßig kauften), sagten diese meist Dinge wie: »Oh, Unternehmen X. Ich glaube, die machen Saft, oder? Haben die nicht ein Bild von einer Frucht auf der Packung?«. Unsere Interviews machten sehr schnell deutlich, vor welcher zentralen Herausforderung die Marke stand: Die Ideen und der Enthusiasmus des Unternehmens schwappten nicht auf die Straße über. Die *strategische Absicht* der Marke war klar, die *kreative Übersetzung* hingegen umso weniger.

> Sobald Sie mehr als eine Woche mit einer Marke arbeiten, haben Sie sich intensiver mit ihr beschäftigt, als es der durchschnittliche Konsument während seines ganzen Lebens tun wird. Dieses Phänomen wird oft treffend als gelernte Inkompetenz bezeichnet.

Sobald Sie mehr als eine Woche mit einer Marke arbeiten, haben Sie sich intensiver mit ihr beschäftigt, als es der durchschnittliche Konsument während seines ganzen Lebens tun wird. Dieses Phänomen wird oft treffend als *gelernte Inkompetenz* bezeichnet. Es ist, als ob Sie in eine neue Stadt ziehen. Nach einer Weile ist es schwer, sich an die Zeit zu erinnern, in der alles noch fremd war – als Sie noch nicht die Abkürzung nach Hause kannten, das beste Restaurant oder das schönste Viertel. Genau so geht es Unternehmen und ihren Mitarbeitern, wenn sie sich in ihre Kunden hineinversetzen sollen. Selbst wenn sie bezüglich Lifestyle oder Alter in ihre eigene Zielgruppe fallen würden – die meisten ihrer Kunden verbringen keinerlei Zeit damit, auch nur im Geringsten über ihre Marke nachzudenken. Hat man ein Produkt erst einmal durchdrungen, ist es nahezu unmöglich, alles, was man darüber weiß, beiseite zu schieben, um es mit den Augen eines Laien zu sehen. Um herauszufinden, wie Ihre Marke wahrgenommen wird, müssen Sie mit den Verbrauchern reden.

Ihre Kunden sind nicht auf den Kopf gefallen

Ich bin jedes Mal überrascht, wie oft Menschen davon ausgehen, dass ihre Konsumenten eine Werbung (oder ein Produkt oder einen Laden) nur deshalb nicht mögen, »weil sie es nicht kapieren«. Als ich noch im Verlagswesen arbeitete, beobachtete ich einen Redakteur bei der stolzen Präsentation von Konzept und Cover einer neuen Frauenzeitschrift vor der Zielgruppe. Diese zeigte sich gänzlich unbeeindruckt. Eine sagte: »Die ist irgendwie wie alle anderen«. Der Redakteur begann sofort, all die Punkte aufzuzählen, in denen sie falsch lag. Hat sie die subtile Formulierung der Schlagzeile bemerkt? Den selbstsicheren Ausdruck im Blick des Covermodels? Das clevere Wortspiel im Slogan? Innerhalb kürzester Zeit hatte der Redakteur die gesamte Fokusgruppe so weit eingeschüchtert, dass sie mit seinem Standpunkt übereinstimmte – und damit die einmalige Chance verpasst, seine eigene »Kluft« näher zu beleuchten.

Ein anderes Mal ging es um eine weibliche Fokusgruppe um die Zwanzig, die über eine Kosmetikmarke herfielen. Hinter dem verspiegelten Glas wurde der Markenmanager zunehmend ungeduldig, weil die Frauen sein neues Verpackungskonzept und die Werbekampagne offensichtlich fehlinterpretierten. »Macht nichts«, sagte er, sichtbar irritiert. »Diese Frauen gehören nicht zu unserer Zielgruppe. Die verstehen uns nicht.« Aber natürlich war genau das Gegenteil der Fall: Die Marke hatte die Frauen nicht verstanden.

Um fair zu bleiben – es ist wirklich schwer, dem Drang zu widerstehen, unliebsames Kundenfeedback einfach zu verwerfen. Auch wir sind dagegen nicht immer immun.

Auch wenn der alte Spruch »Der Kunde hat immer Recht« vielleicht nicht wortwörtlich stimmt, so können wir von ihm doch immer etwas über unser Unternehmen lernen. Und es geht nicht darum, ob der Kunde dumm ist oder nicht – wir müssen klug genug sein, zuzuhören.

Erkenntnisse aus der Welt des Verbrauchers gewinnen

Der Grundstein jeder erfolgreichen Markenstrategie sind tiefe Erkenntnisse aus der Welt des Verbrauchers. Oder in anderen Worten: Was können Sie über Ihre Konsumenten lernen, das nicht nur ein allgemeingültiger Fakt ist (z. B. der durchschnittliche BMW-Fahrer ist 41 Jahre alt) oder gesunder Menschenverstand (z. B. BMW-Fahrer bevorzugen Autos, die Freude am Fahren bieten)? Eine echte Erkenntnis über das Bedürfnis, Verlangen oder Verhalten eines Konsumenten zeichnet sich dadurch aus, dass sie eine klare Richtung für Ihre Marke anstoßen kann (oder sogar ein Produkt-Feature), auf die Sie aus dem Bauch heraus nicht gekommen wären. Beispielsweise versuchte BMW vor Jahren herauszufinden, welche Fahrsituation bei den Deutschen den meisten Stress verursacht. Die naheliegendste Vermutung: Das schnelle Fahren auf der Autobahn führt zum größten Adrenalinausstoß – möglicherweise eine Chance für eine BMW-Positionierung als sicherste Marke für Adrenalin-Junkies. Die tatsächliche Beschäftigung mit den BMW-Fahrern ergab jedoch, dass das meiste Adrenalin beim Rückwärts-Einparken vor Publikum ausgestoßen wird. Die lauernde Blamage war für die Fahrer (vor allem eines edlen Wagens) einfach nicht zu ertragen. Rückblickend vollkommen naheliegend – insbesondere da dieser Horrormoment vielen von uns bekannt ist – aber diese Erkenntnis wurde jahrelang übersehen, obwohl sie quasi direkt vor der Nase lag. Seitdem werden BMWs mit einer automatischen Einparkhilfe ausgestattet – nur eine von vielen Innovationen, die ihre Position als »Ultimative Driving Machine« unterstreicht.

Hier nun einige *kreative Ansätze*, die IDEO benutzt, um eine Markenstrategie neu zu denken.

1. Mehr Tiefblick mit weniger Mitteln

Bei IDEO glauben wir, dass weniger mehr und tiefer besser ist. Wenn wir uns für die strategischen Möglichkeiten einer Marke inspirieren lassen wollen, führen wir tiefgehende Einzelgespräche mit etwa ein Dutzend Konsumenten. Dabei beobachten wir auch ihr Verhalten. Die Idee, die dahinter steckt: Je mehr Zeit wir mit Personen verbringen, umso größer wird die Wahrscheinlichkeit, dass wir das Offensichtliche und Oberflächliche hinter uns lassen und stattdessen auf das Unerwartete und Tiefgründige stoßen.

Warum das wichtig ist? Weil Sie in einer frühen Phase der Design-Recherche Erkenntnisse über die Möglichkeiten einer Marke gewinnen müssen. Sie müssen genug Material sammeln, um brauchbare Hypothesen darüber aufzustellen, wie die Marke positioniert sein könnte oder sollte. Sobald Sie das haben, können Sie die Hypothesen mit quantitativen Erhebungen überprüfen, verfeinern oder widerlegen. Unternehmen gehen oftmals umgekehrt vor – sie beauftragen ausufernde quantitative Kundensegmentierungen, füttern diese aber mit falschen oder rückwärtsgerichteten Annahmen. Es mangelt ihnen an Inspiration und Ideen, wie die Welt *sein könnte* – sie definieren einfach nur, wie die Welt *ist*. Für einen Blick in die Zukunft sollten Sie also grundsätzlich einen qualitativen Ansatz heranziehen, um neue Denkweisen anzustoßen – und erst *danach* einen quantitativen Ansatz, um ihre Gültigkeit zu verifizieren.

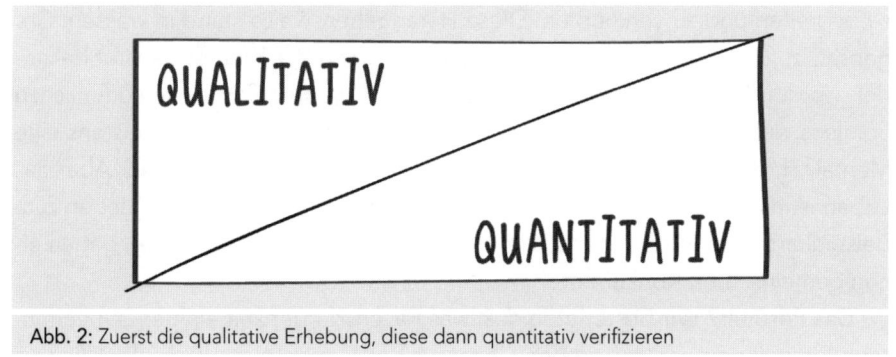

Abb. 2: Zuerst die qualitative Erhebung, diese dann quantitativ verifizieren

2. Stellen Sie die »Frage Null«

Erst kürzlich arbeitete IDEO mit Ravensburger, einem Hersteller von Lernspielen, -büchern und -puzzles. Traditionell zeugte das Produkt-Design des Unternehmens von einem tiefen Verständnis des deutschen Schulsystems. Doch beim CEO des Unternehmens wuchs der Verdacht, dass das Ravensburger Markenversprechen »Spielend Neues Lernen« hinter seinem Potenzial zurückblieb. Die entscheidende Frage, die nun gestellt werden musste, lautete *nicht* »Wie verkaufen wie mehr Produkte?« – obwohl dies natürlich eines der Ergebnisse unserer Arbeit sein sollte. Um ein wirklich visionäres Zukunftsbild der Marke zu entwickeln, stellten wir die elementarste aller Fragen: Wie lernen Kinder? Gefolgt von: Was *sollten* Kinder lernen? Um beide Fragen zu beantworten, sprachen wir mit verschiedensten Konsumenten und Experten, inklusive Kinderpsychologen, aktiven und ehemaligen Lehrern, Schülern und verstimmten Eltern, die gerade versuchten, ihre Kinder in privaten Alternativschulen unterzubringen. Natürlich waren ihre unterschiedlichen Ansichten nicht zwangsläufig repräsentativ für die Gesamtbevölkerung, aber sie öffneten uns die Augen für sich wandelnde soziale Normen und mögliche strategische Antworten. Einen großen Aha-Moment hatten wir zum Beispiel, als wir feststellten, dass Eltern heute, im Gegensatz zu den Eltern vor 30 Jahren, weitaus weniger daran interessiert sind, ihren Kindern die grundlegenden Fähigkeiten wie Lesen, Rechnen und Schreiben beizubringen, sondern den Fokus vielmehr auf Fähigkeiten wie kreatives Denken, Medienkompetenz, soziale Kompetenzen und Belastbarkeit legen. Wir erfuhren, dass fortschrittliche Schulen nicht nur mit Büchern unterrichten, sondern auch über Learning by Doing und Experimente. Zum Beispiel wird der Sportunterricht auch mit Physik verbunden und das Mittagessen mit Chemie. So lernen die Kinder, Themen mit allen Sinnen zu begreifen und zu verknüpfen. Diese Herangehensweise stand in krassem Gegensatz zu den traditionellen Lernspielen, bei denen die Themen separat behandelt werden (Mathe ist und bleibt Mathe). Auch die Regeln des herkömmlichen Spielens wurden in Frage gestellt. Das typische Brettspiel fördert meistens eine Mentalität, die darauf abzielt, dass einer gewinnt und der Rest verliert. Aber das Leben ist nicht so – oder sollte es im besten Fall nicht sein. Im Berufsleben zum Beispiel arbeiten Mitarbeiter zusammen an einem gemeinsamen Ziel, gegen einen gemeinsamen Konkurrenten.

Das Resultat? Wir bestätigten das, was Ravensburger seit einiger Zeit vermutete: Sie standen vor der großen Chance eines Perspektivenwechsels: *Wie* und *was* lernen deutsche Kinder wirklich? Darüber hinaus eröffnete sich ihnen die Möglichkeit, sich an der landesweiten Diskussion zwischen Eltern, Erziehern und Schülern zu beteiligen oder diese sogar anzuführen. Mittlerweile hat das Unternehmen damit begonnen, andere Spiele, Bücher und Puzzle zu gestalten, um die neue Interpretation ihres alten Markenversprechens »Spielend Neues Lernen« voranzutreiben. Dank der »Frage Null« konnte Ravensburger sich auf dem Gebiet des Lernens *und* Spielens rasant weiterentwickeln – und seine Leidenschaft für beides neu entfachen.

3. Wagen Sie sich von einem Extrem ins andere

Vor der Neupositionierung einer Marke will man instinktiv mit dem »Durchschnittskonsumenten« sprechen. Wenn es allerdings um Inspiration für eine *innovative* Markenentwicklung geht, suchen wir bei IDEO nach Nutzern, die mit einer

Marke sehr viel kreativer umgehen oder eine Beziehung zu dieser Marke aufgebaut haben, wie es sich ihr Schöpfer nie hätte ausmalen können. Diese »extremen Nutzer« haben oft aufschlussreiche Gewohnheiten. Auch »Extreme Nicht-Nutzer« einer Marke können bei der Aufklärung helfen, weswegen einige Menschen kein Interesse an ihr haben. Wenn wir uns zum Beispiel mit Einwegrasierern für Männer beschäftigten, würden wir nicht nur mit 35-jährigen Männern sprechen, die sich dreimal die Woche rasieren (und sich somit im Durchschnitt der Zielgruppe bewegen). Wir könnten auch professionelle Schwimmer oder Fahrradfahrer befragen – Männer also, die aus funktionalen Gründen buchstäblich alles an ihrem Körper rasieren. Wir könnten mit männlichen Strippern reden, die sich aus kosmetischen Gründen sehr gründlich rasieren. Wir könnten Männer mit Hypertrichose interviewen, einem Syndrom, bei dem überall am Körper Haare wachsen, sogar auf Nase, Wangen und Händen. Wir könnten sogar Menschen einbeziehen, die sich grundsätzlich nie rasieren oder aber eine gänzlich ungewöhnliche Methode der Haarentfernung nutzen.

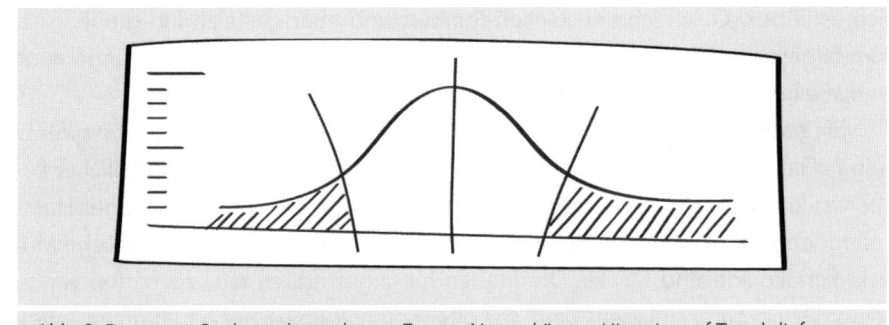

Abb. 3: Das ganze Spektrum betrachten – Extrem-Nutzer können Hinweise auf Trends liefern

Wenn eine Marke »feststeckt« oder hinter den Erwartungen zurückbleibt, betrachten Sie den Markt, auf dem Sie sich bewegen. Wer sind die Extrem-Nutzer? Inwiefern nutzen diese das Produkt anders als der Durchschnitt? Was können Sie von den Menschen lernen, die Ihr Produkt auf eine Art und Weise verwenden, die Sie nie beabsichtigt hatten oder von Menschen, die eine Beziehung zu Ihrer Marke haben, die Sie sich nie hätten vorstellen können? Extrem-Nutzer sind oft so etwas wie ein Orakel für kommende gesellschaftliche Bewegungen und Trends. Vor fünfzehn Jahren zum Beispiel waren Bioprodukte eine Randerscheinung und wurden lediglich von Gesundheitsfanatikern oder Ökos gekauft. Heute ist es ein Milliardengeschäft. Stellen Sie sich vor, Sie könnten die Entwicklungen anführen, die Ihr Geschäftsfeld in Zukunft beeinflussen ...

4. »Entfokussieren« Sie Ihre Fokusgruppe

Wenn Sie jemals in einem Marktforschungsinstitut hinter der einseitig verspiegelten Glasscheibe saßen, um eine Fokusgruppe zu beobachten, dann haben Sie sicher auch dieses Unbehagen verspürt, das dieser künstlichen, sterilen Umgebung innewohnt. Ich saß im Laufe meines Berufslebens hinter dutzenden solcher Glasscheiben und es fühlte sich immer falsch an. Ich will damit nicht sagen, dass Fokusgruppen sinnlos sind, ganz im Gegenteil. Aber die Methodik erschien mir schon immer kontraproduktiv. Zum Beispiel sind diese Fokusgruppen-Räume typischerweise so einfach wie möglich eingerichtet: weiße Wände, schlichte Tische, Holzstühle. Die Moderatoren sind darauf trainiert, in der Diskussion jede potenzielle Befangenheit zurückzuhalten oder auszuräumen. Ebenso arbeiten sie hart daran, dem sogenannten »Echo-Effekt« zu entgehen, der entsteht, wenn ein besonders lautstarker Teilnehmer unbeabsichtigt eine Kettenreaktion auslöst, aus der ein Gruppenzwang entsteht, zum Beispiel: »Die Frau links von mir hat gesagt, dieses Make-up ist eher was für Clowns, jetzt kann ich ja schlecht zugeben, dass ich es liebe«. Gespräche in solchen Runden sind eher gestelzt und drehen sich um allgemeine Ansichten und Erfahrungen – und liefern in diesem Sinne auch meist eine magere Ausbeute an Erkenntnissen.

Ein anderer Ansatz ist die Anti-Fokusgruppe. Erst kürzlich veranstaltete IDEO eine »Girls-Night«. Sechs Frauen verschiedenen Alters und unterschiedlicher Lebensstile sollten in gemütlicher Atmosphäre über ein extrem hochwertiges Hautpflegeprodukt reden: schummriges Licht, überdimensionale Sofas, fröhliche Musik, Schokolade und Drinks. Die Frauen hingegen trafen ein, als hätten wir zu einer Dinnerparty geladen. Statt die offensichtlich erwartete Situation zwischen Interviewer und Befragtem zu bestätigen, nahm ich die Kurve, wechselte auf »die andere Seite« und feierte mit den Frauen mit. Nach nur ein paar Minuten gemeinsam herumalbern, mit vollem Mund Fragen stellen und Champagner trinken, hatten sich die Hemmungen, die so typisch für die traditionelle Fokusgruppe sind, in Nichts aufgelöst. Die offenen Gespräche dieses Abends brachten etwas Überraschendes zu Tage: Die Frauen, die die versprochene Wirksamkeit hochwertiger Pflegeprodukte grundsätzlich in Frage stellten, wünschten sich in Wirklichkeit ein offizielles »Go«, diesen Versprechen glauben zu dürfen. Wir mussten also eine Marke kreieren, die spielerisch mit dieser Skepsis umging – und Claims, die auf der Realität aufbauten statt auf Märchen. Dieser Ansatz war wegweisend für die Kosmetikindustrie.

Abb. 4: Die Anti-Fokus-Gruppe – offene Gespräche, neue Erkenntnisse

Was mich zu meiner Hauptaussage bringt: Eine Fokusgruppe kann ihr Potenzial nur dann entfalten, wenn man sie nicht in eine künstlich konstruierte Umgebung setzt. Wir wollten Frauen dazu bewegen, über die komplexe Gefühlswelt zu sprechen, die hinter den Themen Hautpflege und Schönheit steckt. Dabei war es wichtig, dass sie ganz sie selbst sind. Also gingen wir davon aus, dass uns eine eher unperfekte, dafür aber menschliche Herangehensweise weiter bringen würde, als ein »perfekter«, steriler Ansatz. Und wir lagen richtig. Gefühle sind chaotisch und komplex. Es gibt keinen gradlinigen Weg zu ihnen – wer Einsichten aus ihnen ziehen möchte, muss das berücksichtigen.

5. Nutzen Sie Ihre Vorurteile zu Ihrem Vorteil

Schon während meines Journalismus-Studiums wurde mir klar, dass die Kluft zwischen Berichterstattung und Marktforschung merkwürdig groß ist. Das Ziel der Marktforschung ist es, ein Interview nicht zu beeinflussen, also dem »Zeugen« die Antworten nicht vorzugeben. Im Journalismus, der ebenfalls dem Vorsatz einer vorurteilsfreien Berichterstattung folgt, müssen die Autoren jedoch für die wirklich spannenden Geschichten oftmals einen Standpunkt einnehmen. Wenn man sich in der Marktforschung auf ein Gespräch vorbereitet, liegt der Trick darin, *seine eigenen Vorurteile zu kennen* und diese vorerst ausblenden zu können, um sie dann während des Gesprächs strategisch einzusetzen und so mehr zu erfahren.

Vorurteilsfreie Frage: »Warum kaufen sie Muttermilchersatz?«

Voreingenommene Frage: »Fühlen Sie sich nicht schuldig, Muttermilchersatz zu kaufen?«

Abb. 5: Die Marktforschung erlaubt vorurteilsfreie und voreingenommene Fragen

Es ist wichtig, sich darüber bewusst zu sein, dass *die Marktforschung genügend Spielraum für beide Arten der Befragung lässt.* Der voreingenommenen Frage ging die Recherche-Beobachtung voraus, dass die interviewte Mutter die Flaschen mit Muttermilchersatz ganz unten im Vorratsschrank aufbewahrte, oft noch hinter anderen Produkten, obwohl sie die Milchnahrung mehrmals täglich benutzte. Die Beschreibung ihres Tagesablaufs war zwar vollkommen sachlich – ihr Körper befand sich dabei jedoch in einer Art Abwehrhaltung. Als wir dann das Thema »Schuld« ansprachen, brachen alle Dämme. Sie gab zu, dass sie vor einem

Monat in einem Online-Forum öffentlich angeprangert worden war, weil sie ihre Muttermilch mit Muttermilchersatz anreicherte. Diese Erkenntnis führte uns dazu, eine Markenstrategie zu entwickeln, die auf diesen »Mütter-Kleinkrieg« – und auf die Mütter zwischen den Fronten – einging und zwar clever, erfrischend und vor allem vorurteilsfrei. Ohne das Einbringen unserer eigenen Vorurteile hätten wir nie die wahren Gefühle (und somit die ganze Geschichte) aufgedeckt, die uns zu einer neuen Strategie inspiriert haben.

Massengrab Markenpyramide

Sagen wir mal, Sie haben ein klares strategisches Ziel für Ihre Marke und Ihr Unternehmen vor Augen. Irgendwer wird Sie mit Sicherheit danach fragen, diese Strategie in eine prägnante Form zu bringen, wie zum Beispiel in eine klassische Markenpyramide, die veranschaulicht, wofür Ihre Marke steht, an wen sie sich richtet und warum sich jemand für sie interessieren sollte. Ich behaupte nicht, Markenpyramiden wären niemals hilfreich, vertrete aber auch die Meinung, dass sie gefährliche Werkzeuge sein können (vgl. Kap. 3, S. 101). Mir ist selten ein Markenpositionierungs-Chart begegnet, das aufzeigt, *wie sich das Ziel einer Markenstrategie in ihrem Design ausdrückt.* Es ist etwa so, als würde man sagen: »Hier sind 12 Zutaten für einen Kuchen. Hoffentlich backt er sich von alleine.«

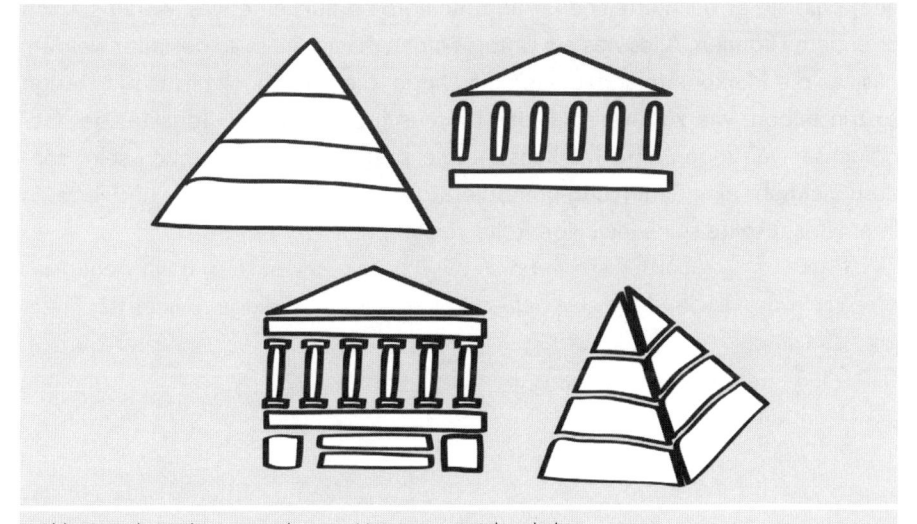

Abb. 6: Jede Markenpyramide muss Visionspotenzial enthalten

Kapitel 4: Briefings & Kreativität

Eine leistungsfähige Markenpyramide muss die Strategie deutlich machen und gleichzeitig die Gestaltung lenken. Sie muss eine eindeutige Handlungsanleitung für die Menschen sein, die sie zum Leben erwecken, also die Marke für den Konsumenten sicht- und erfahrbar machen sollen. In den letzten zehn Jahren habe ich jede Menge Markenpyramiden gesehen, die keinerlei Informationen für die Gestaltung beinhalteten. Egal wie präzise die Markenposition formuliert war, sie konnte nicht in auch nur eine sinnvolle Maßnahme übersetzt werden. Die Modelle klangen gut, beinhalteten aber keinerlei Visionspotenzial oder den Anstoß, etwas zu ändern.

> Eine leistungsfähige Markenpyramide muss die Strategie deutlich machen und gleichzeitig die Gestaltung lenken. Sie muss eine eindeutige Handlungsanleitung für die Menschen sein, die sie zum Leben erwecken, also die Marke für den Konsumenten sicht- und erfahrbar machen sollen.

Ihre Pyramide muss klar deutlich machen, inwiefern sich die Aufgaben der Menschen des jeweiligen Unternehmens *ab sofort* verändern werden, basierend auf den Informationen, die sie enthält. Welche Entscheidungen haben Sie heute gefällt, die schon morgen keine Gültigkeit mehr haben? Dies ist der Moment, in dem die meisten Unternehmen oder Marken in die Kluft zwischen strategischer Absicht und kreativer Umsetzung fallen: Die Mitarbeiter wissen zwar um das neue Ziel, aber sie haben keine Ahnung, wie sie ihre tägliche Arbeit so anpassen können, dass sie es auch erreichen. Alle Beteiligten brauchen etwas, woran sie sich orientieren können. Alles was ein Unternehmen macht, muss so gestaltet werden, dass es die Marke unterstützt, auch die Dinge, die traditionell nichts mit Design zu tun haben, wie zum Beispiel das Umtauschrecht und die Tonalität der Gebrauchsanweisungen. Ihre Markenstrategie sollte kein Märchenbuch sein, sondern vielmehr eine Sammlung von Spielzügen, wie beim Fußball – und jeder in Ihrem Team sollte seine jeweilige Rolle verstehen.

Achten Sie auf jede Kluft (auch wenn sie noch so klein erscheint)

Die Kluft zwischen Strategie und Kreativität ist nicht die einzige, der Sie Aufmerksamkeit widmen sollten. Auch zwischen den Berührungspunkten, an denen Ihr Kunde mit der Marke in Kontakt kommt, können sich Gräben auftun und Ihre Marke schwächen (vgl. Kap. 5, S. 229).

Vor einigen Jahren führte mich einer unserer Kunden durch seinen neu gestalteten Laden. Die Räumlichkeiten waren von einer fantastischen Agentur überarbeitet worden, die dafür bekannt ist, großartige Markenerfahrungen zu kreieren. Alle waren sich über das traumhafte Design einig, aber es passte einfach nicht zu der generellen Markenabsicht – oder zu der bereits etablierten Ästhetik der anderen Kundenschnittstellen. Als ich auf diesen Umstand hinwies, nahm der Kunde verständlicherweise eine defensive Haltung ein: »Aber die Räume sind wunderschön und wir bekommen ein fantastisches Kunden-Feedback.« Ich sammelte mich kurz, bevor ich antwortete: »Es geht nicht darum, ob es schön ist. Es geht darum, ob es passt.« Zu oft denken Menschen bei Marken an große Gesten – eine riesige Reklamefläche am Piccadilly Circus oder Times Square – und weniger an die Gesamtheit der vielen kleinen Interaktionen mit einer Marke. Das heißt nicht, dass alle Interaktionen immer gleich sein müssen, aber sie müssen sich stimmig anfühlen. Die Gestaltung muss über Werbekampagnen hinausgehen – sie beinhaltet auch, wie Ihre Kundenbetreuer ans Telefon gehen, wie sie Ihr Umtauschrecht umsetzen, was Ihre Verkäufer im Laden tragen oder die Tonalität des Kleingedruckten auf Ihrer Homepage. Fakt ist: Alles ist Werbung. Und wenn nur eine Kundenschnittstelle aus der Reihe tanzt (sagen wir, wenn eine ansonsten tadellose Fluggesellschaft achtlos mit Beschwerden von Fluggästen umgeht), kann sie das gesamte Markenerlebnis ruinieren. Nehmen wir zum Beispiel Apple. 90 Prozent des Erfolgs bei den Konsumenten gründet auf Stimmigkeit. Die Print-Anzeigen sind für sich genommen gut, aber nicht außergewöhnlich. Aber als Teil eines viel größeren, unglaublich stimmigen Erlebnisses gesehen, sind sie fantastisch. Apple hat seine Anzeigen, Produkte oder Stores nicht individuell perfektioniert, sondern alle auf einmal in Angriff genommen – so dass sie ineinandergreifen. Genau deswegen kommt auch so viel von der Apple-Strategie beim Konsumenten an – und genau deswegen ist diese Markenwelt so eindeutig. Apple erwartet von seiner Werbung nicht, dass sie jeden Aspekt der Produkte verkauft. Und das ist auch nicht nötig, denn jedes Detail, vom Design einer Außenfläche bis zur Formulierung der Gebrauchsanweisung, unterstützt die Markenstrategie.

Kapitel 4: Briefings & Kreativität

Die Kluft überbrücken

Unternehmen, zwischen deren Strategie und Kreativität nur kleinste Ungereimtheiten bestehen, haben tendenziell eine Sache gemeinsam: Strategie und Kreativität sind auch im wahrsten Sinne des Wortes, also physisch, getrennt. Die beste Maßnahme, eine symbolische Kluft zu verringern, liegt manchmal darin, sie wortwörtlich zu eliminieren.

1. Reißen Sie die Mauer nieder

Denken Sie an Ihren Arbeitsplatz. In nahezu allen Unternehmen sind die strategischen und kreativen Bereiche räumlich voneinander getrennt, oftmals aufgrund des (fehlgeleiteten) Designs. Strategie und Marketing sitzen zusammen, die Kreativen auf einer anderen Etage. Das Problem: Die Strategen sollten den Großteil ihrer Zeit damit verbringen, sich mit den Kreativen auszutauschen und sich von ihnen inspirieren zu lassen – und vice versa. Wie also kann man diese beiden »Gehirnhälften« physisch näher zusammenbringen? Dies würde nicht nur Empathie für die jeweils andere Seite entstehen lassen, sondern auch zu einer eher informellen und spontanen Zusammenarbeit ermutigen – beides tritt oftmals ein, wenn die Brücke zwischen den Disziplinen geschlagen wird. Es geht dann nicht mehr nur um Übergabemomente, sondern um Momente der Co-Creation.

2. Laden Sie die *unüblichen* Verdächtigen ein

Laden Sie zu kreativen Brainstormings doch mal auch sogenannte Nicht-Kreative ein. Bei IDEO bringen wir gezielt eine möglichst bunte Gruppe zusammen. Holen Sie jemandem vom Empfang, den IT-Leiter oder die Finanzchefin dazu. An diesem Punkt gibt es eine Menge »falscher« Leute, die ihnen die »richtige« Idee liefern können – und oftmals sehen diejenigen, die den größten Abstand zu einer Aufgabe haben, die Sache am klarsten. Später dann, wenn Sie die Ideen präzisieren, ist es sinnvoll, das Team auf die Experten zu reduzieren. Aber am Anfang sollten Sie sich möglichst breit bewegen und sich selbst dazu anhalten, anders zu denken, indem sie einige unverbrauchte oder »naive« Köpfe dazu holen.

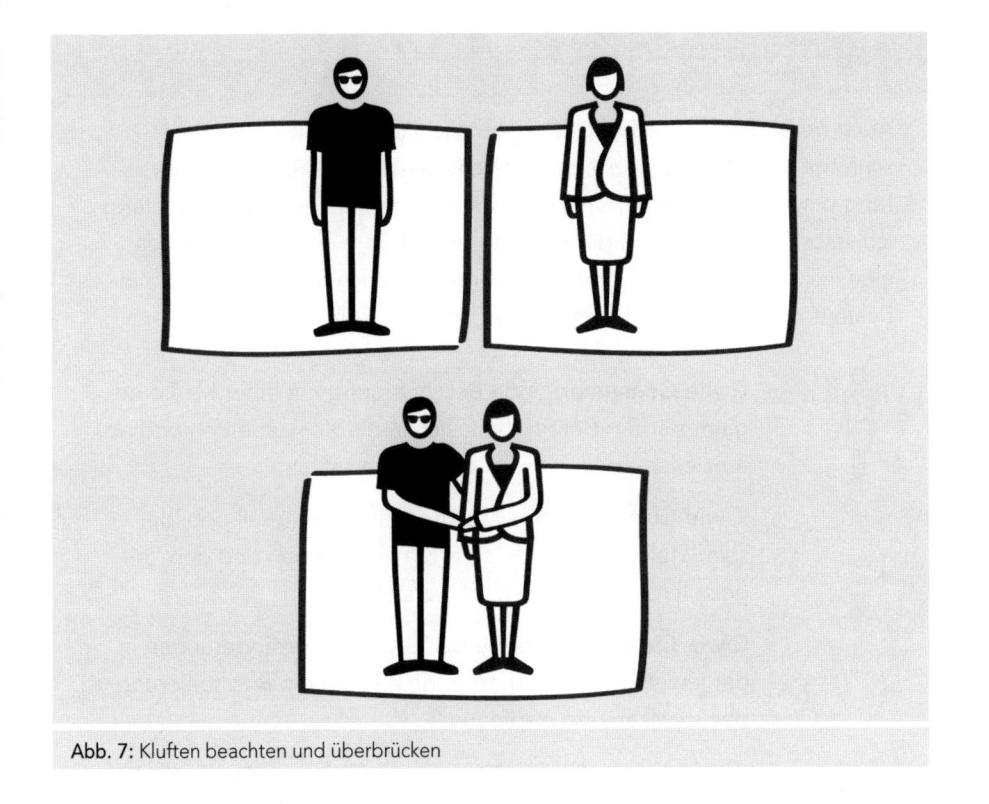

Abb. 7: Kluften beachten und überbrücken

3. Fördern Sie eine gesunde Spannung

Denken Sie immer daran: Es geht hier nicht um verantwortungsvolle Erwachsene (Strategen), die über missratene Kinder (Kreative) herrschen. Es geht vielmehr darum, das Ziel klarzustellen (Markenstrategie) und es dann auszubauen (kreativ). Wenn Sie in Ihrem Unternehmen einen Strategy Director haben, brauchen Sie auch einen Creative Director. Sie sollten Seite an Seite sitzen. Sie sollten sich mögen. Sie sollten gleichstarke Befugnisse haben. Und sie sollten sich darüber bewusst sein, dass der eine nicht ohne den anderen zur Unternehmensentwicklung beitragen kann. Der Creative Director sollte die Leistungen des Strategy Directors mit dem gleichen Elan kritisieren und in Frage stellen, wie der Strategy Director die Arbeit des Creative Directors. Ein Creative Director, der die Business Inputs nicht ernst nimmt oder absolut nicht versteht, ist ebenso ungesund und unnütz wie ein Stratege, der eine kreative Leistung »nicht mag«, dies aber nicht begründen kann. Es geht nicht darum, aus jedem einen Alleskönner zu machen, sondern darum, die wechselseitige Empathie und Wirkungskraft zu verstärken.

Die sieben C's für eine kreative Recherche

Auch wenn dieser Abschnitt sich hauptsächlich mit Konsumenten beschäftigt hat – für die stabile strategische Basis einer Markenpositionierung brauchen wir auch immer Erkenntnisse jenseits des Marktverhaltens.
Ich selbst orientiere mich dabei oft an sieben Cs, die mir dabei helfen,
eine inspirative Recherche zu arrangieren und mich motivieren, mit mindestens einer starken Erkenntnis pro C zurückzukommen:

C wie Consumer: Jede Beschäftigung mit einer Marke beginnt mit der Bereitschaft, sich in die Konsumenten und potenziellen Konsumenten hineinzuversetzen.

C wie Culture: Große Marken müssen kulturell gebildet
sein. Stellen Sie sicher, dass Sie die Normen und den Zeit-
geist Ihres Marktes wirklich verstehen.

C wie Category: Welche bedeutenden Veränderungen in
der jeweiligen Markt-Kategorie können die Positionierung
beeinflussen und inspirieren?

C wie Competition: Wen sehen wir als unseren Konkurrenten? Und wer ist es aus der Sicht unserer Konsumenten?

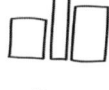

C wie Cost: Wie können wir unser Geschäftsmodell oder
unsere Kostenstruktur neu denken? Welche anderen Modelle können wir in Erwägung ziehen oder effektiv einsetzen, um weiterzukommen?

C wie Channels: Über welche Kanäle verkaufen wir derzeit
und welche anderen Optionen haben wir?

C wie Currents: Wo stehen wir bei Trends? Führen wir den
Markt an oder folgen wir nur? Gibt es mächtige »Gegenkräfte«, die – auch wenn derzeit noch vernachlässigbar –
in Zukunft zu einer Bedrohung heranwachsen könnten?

Sobald wir einen Standpunkt zu jedem der genannten Cs haben, können
wir eine ganzheitlich ausgerichtete Markenhypothese bilden, die sich wie
ein roter Faden durch alle Cs zieht.

Fazit

Die beste Strategie der Welt bringt nichts, wenn sie nur in einer Schublade liegt. Und eine außergewöhnlich clevere und sehenswerte kreative Arbeit, die definitiv die falsche Botschaft sendet, ist ebenso nutzlos. Um auf das erste Beispiel unseres Modelabel-Kunden zurückzukommen: Letztendlich mussten wir feststellen, dass dieser weniger einen Wandel in der Marke, sondern einen Wandel in der Kultur brauchte – alleine schon deshalb, um sich darüber bewusst zu werden, dass interne Markenanschauungen im Vergleich zu externen Auffassungen bedeutungslos sind. Diese Erkenntnis führte nicht nur zu einer neuen Auslegung der grundlegenden Markenpositionierung, sondern schaffte ein Bewusstsein dafür, dass interne Geschäftspraktiken und Verhaltensweisen Teil des Problems waren. Heute arbeiten die Strategen und Kreativen des Klienten nicht nur zusammen, sie sitzen auch zusammen. Auch die Konsumenten gehören dazu – sie werden kontinuierlich dazu eingeladen, Feedback zur Aussagekraft neu gestalteter Kundenschnittstellen zu geben. Und sie haben sich ihre Markenpositionierung in großen Lettern auf die Innenwand ihres Büros geschrieben, mit einer einfachen Motivation darunter: »*How did you make this even more true today?*«

Kapitel 5:
Steuerung & Umsetzung

Markenthemen-Management

Den Marken eine Bühne bauen

Jan Pechmann/Emke Hillrichs

Themen spielen für die Steuerung und Umsetzung von Marken heute eine entscheidende Rolle. Marken brauchen Themen, um ihre Botschaften über unterschiedlichste Medienkanäle und Märkte aussteuern zu können. Zudem liefern Themen den Content, um mit den Konsumenten auf vielfältige Weise zu interagieren. Jan Pechmann und Emke Hillrichs zeigen, wie eine Marke, ausgehend von ihrer Positionierung und Zielgruppe, Themen identifizieren und diese in ihrer Kommunikationsplanung implementieren kann.

Warum brauchen Marken Themen?

Markenthemen-Management ist die Kunst, abstrakte Markenwerte in Erzählungen und Themen zu übersetzen, die Menschen berühren. Markenthemen-Management baut relevante Bühnen, auf denen Markenwerte inszeniert und narrativ vermittelt werden können. Im Kern bedeutet Markenthemen-Management zunächst ganz simpel, aus den Werten einer Marke eine Themenagenda zu entwickeln und diese mit den Themeninteressen der Konsumenten strategisch zu vernetzen. Haben Marke und Menschen ein gemeinsames Thema, lassen sich auf diesem Themenfundament Zielgruppen involvieren und positionierende Botschaften inszenieren.

Themen schlagen die Brücke zwischen Marken und Menschen

Themen schaffen Relevanz. Ein Beispiel ist das Thema »Motorsport«, das zahlreiche Automobilhersteller zur Emotionalisierung ihrer Marken nutzen, um Kernwerte wie Innovation, Sportlichkeit und Leistungsfähigkeit zu unterstreichen. Auch die Getränkemarke Red Bull setzt das Thema Motorsport sehr erfolgreich ein, um ihre Positionierung »Red Bull verleiht Flügel« in einem Umfeld zu inszenieren, das voller Energie ist. Über Themen lassen sich Traditionen, Emotionen und Werte vermitteln, z. B. über Erzählungen (vgl. Kap. 5, S. 210). Sie transportieren Bedeutungen und sprechen den Einzelnen mit seinem individuellen Erfahrungsschatz und Wertekanon an. Eine Marke, die etwas zu sagen hat und dem Konsumenten eine spannende oder berührende Geschichte erzählen kann, hat seine ganze Aufmerksamkeit und Empathie. Zudem ergänzen Themen die Marke inhaltlich und schaffen damit Anknüpfungspunkte für den persönlichen Dialog. Die Marke wird zugänglich und erfahrbar. Themen übersetzen eine Marke in den Alltag der Konsumenten. Markenthemen-Management erhöht damit die Wahrnehmung der Kompetenz und die Verankerung der Marke in der Lebenswelt der Menschen.

Steigende Relevanz von Markenthemen-Management in Zeiten der Digitalisierung

In Zeiten der Digitalisierung und eines veränderten Fokus der Markenkommunikation – weg von der klassischen Werbung hin zu neuen Kanälen, Plattformen und Kundenbindungsmaßnahmen – wird Markenthemen-Management zum strategischen Stellhebel. Die systematische Planung und langfristige Steuerung der Markenbotschaften werden immer wichtiger, um die Konsumenten an allen Touch-Points ihres analogen und digitalen Lebens mit den jeweils richtigen und zueinander passenden Botschaften zu versorgen. Die Multiplizierung der Erzählkanäle erfordert substanziellen Content. Gleichzeitig erlaubt die strenge Disziplin der Markenführung keine Inkonsistenzen in der Wahrnehmung der Verbraucher, sondern benötigt eine Klammer, die über alle Kanäle die Botschaften zusammenhält. Die Entwicklung von Themenfeldern aus der Marke heraus erleichtert diese Aufgabe erheblich: Markenthemenfelder bilden diese strategische Klammer, um geeigneten Content für Events, virale Spots, Facebook-Aktionen u. v. a. m. zu finden. Im folgenden Beitrag soll deshalb gezeigt werden, wie Unternehmen ein systematisches Markenthemen-Management entwickeln und umsetzen können.

> Die systematische Planung und Steuerung der Marke wird immer wichtiger, um die Konsumenten an allen Touch-Points mit den jeweils richtigen und zueinander passenden Botschaften zu versorgen. Themen bilden dabei eine wichtige Planungsgröße.

Was sind relevante Suchfelder für Markenthemen?

Die Suche nach möglichen Markenthemen sollte systematisch erfolgen. Hierbei bieten sich mehrere Suchfelder an, in denen mögliche Themen liegen können. Das erste Suchfeld, das ein Unternehmen systematisch beleuchten kann, ist das *Produkt*. Häufig bilden das Produkt, seine Materialien und Design, erste interessante Anknüpfungspunkte für mögliche Themen. Ein Markenthema sollte dabei immer im Zusammenhang zu einem spezifischen Markenwert stehen, um die Passung zur Marke zu gewährleisten. Eine Automobilmarke mit dem Markenwert »Innovation« könnte beispielsweise im Suchfeld »Produkt« diverse modellinspirierte Technik-Themen besetzen, wie ein intelligentes Fahrerassistenzsystem, Sicherheitsfeatures aller Art oder neue Antriebstechnologien und damit das Thema »Nachhaltigkeit«.

Ein weiteres Suchfeld ist die *Produktverwendung*. Wann wird ein Produkt gekauft oder genutzt? Im welchem Kontext erfolgt die Produktverwendung? Bei der Verwendung eines Automobils dreht sich beispielsweise alles um das Thema »Mobilität«. Um den Markenwert »Innovation« zukunftsorientiert zu inszenieren, könnte eine Automobilmarke am Mobilitätstrend »Urbanisierung« anknüpfen und sich über die Themen »Digitalisierung«, »Entertainment« oder »Car Sharing« profilieren. Die Marke Smart hat dieses Thema frühzeitig erkannt und für sich genutzt. Weitere innovative Mobilitätsthemen liegen im Bereich der Finanzierung oder Wartung. Diese Suchfelder können bereits ausreichen, um eine relevante und absatzförderliche Brücke zur Lebenswelt der Menschen zu bauen.

Ein drittes mögliches Suchfeld für Markenthemen ist die *Lebenswelt des Verbrauchers*. Dieses Suchfeld ist häufig sehr breit. Beispielsweise könnte man den Nachweis der Innovationskraft einer Automobilmarke dadurch führen, indem man das Vertrauenskapital einer Marke auf andere Geschäftsfelder projiziert und das Geschäft damit konsistent ausweitet. Man sollte hier ganz bewusst auch neue Themenkomplexe ausloten, die bislang in einem Markt noch weniger oder gar nicht besetzt sind. Wäre es z. B. als Automobilmarke möglich, Themen wie eine zeitgemäße Ernährung oder neue Wege in Bildung und Karriere zu besetzen?

Aus dem richtigen (Themen-)Blickwinkel betrachtet, erschließen sich viele Probleme im Leben von Konsumenten und Kunden, die glaubwürdig mit der eigenen Markenkompetenz verlinkt und mit innovativen Lösungen beantwortet werden können.

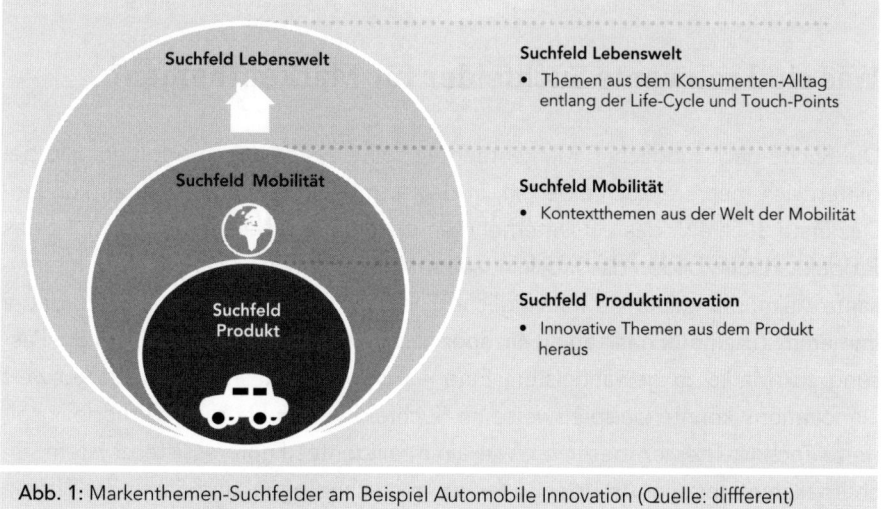

Abb. 1: Markenthemen-Suchfelder am Beispiel Automobile Innovation (Quelle: diffferent)

Erschwert wird die Entscheidung für ein Thema dadurch, dass dieses in unterschiedlichen Märkten unterschiedliche Bedeutungen haben kann. Ein durchschnittlicher Autokäufer in Indien legt bei Sicherheit andere Maßstäbe an als ein deutscher Kunde. Ebenso verschieden sind die Gestaltungsspielräume und operationalen Freiheitsgrade, um ein Thema zu besetzen. Beispielsweise lässt sich das Thema »Service-Kompetenz« nur in Märkten mit einem stark ausgebauten Vertriebsnetz glaubwürdig besetzen.

Markenthemen halten Marken frisch

Für die Führung der eigenen Marke hält das Markenthemen-Management noch einen weiteren Mehrwert bereit. Gerade die fortlaufende Aktualisierung und Re-Interpretation der eigenen Markenthemen hält die Markenpositionierung frisch und beweglich. Die Markenpositionierung wird ständig an der fluktuierenden Themenagenda der Zielgruppe geeicht und justiert. Eine Marke, die auf ein neues Thema der Zielgruppe eine glaubwürdige Antwort hat, verstaubt nicht, sondern bleibt in der Wahrnehmung der Zielgruppe hochaktuell. Sich verändernde Themen und Themeninterpretationen haben somit für Marken einen wertvollen Rückkopplungseffekt. Sie sorgen für die langfristig überlebensnotwendige Evolution der Marke.

> Durch ein konsequentes Markenthemen-Management erneuert sich eine Marke fortlaufend und bleibt somit in der Wahrnehmung der Zielgruppe hochaktuell.

Vom Markenwert zum Markenthema: Wie funktioniert Markenthemen-Management als Prozess?

Der Prozess des Markenthemen-Managements besteht vereinfacht aus fünf Phasen (vgl. Abb. 2).
1. Themen-Generierung
2. Themen-Selektion
3. Themen-Implementierung
4. Themen-Besetzung
5. Themen-Kontrolle

Phase 1: Themen-Radar – Suchfelder und Themen-Generierung

Die erste Phase hat das Ziel, den umfassenden Themenspeicher zu füllen. Das bedeutet, potenzielle Themen aufzuspüren, heranzuzoomen und ihre Relevanz für die Marke zu erfassen. Zum einen untersucht das Themen-Radar die gesellschaftlichen und technologischen Rahmenbedingungen sowie die Lebenswelten der Zielgruppen. Zum anderen ist das Themen-Radar in die Unternehmung hinein gerichtet und sucht hier nach relevanten Themen, z.B. Innovationen. Um das Themen-Radar fokussierter einzusetzen, werden vorab Suchfelder identifiziert, die für eine Marke relevant sind. Leitfragen sind hier: Welche Themen passen zu den Werten einer Marke? Welche Themen passen zum Produkt bzw. lassen sich aus der Produktverwendung und Lebenswelt des Verbrauchers ableiten? Durch die Eingrenzung möglicher Suchfelder verläuft der Prozess gerichteter und effizienter. Dabei sollten alle existierenden Insights und Business-Intelligence-Instrumente in den Suchprozess einbezogen werden, egal ob sie aus dem Bereich

Kapitel 5: Steuerung & Umsetzung

Corporate Communications (u. a. Presse-Audits, Clipping, Issue Management), Marketing/Markenführung (u. a. Marken-Trackings, Consumer-Insight-Studien, Markt-Media-Studien, Sekundäranalysen), Pre-/After-Sales (u. a. Insights aus Service und Kundenbindung) oder aus der Produktentwicklung (u. a. Forschungs-Dialoge, Innovation-Labs, Konzepttests und Clinics, Usability-Tests) stammen. Der Suchprozess sollte zudem durch ein umfängliches Trend-Research und Web-/Social-Media-Monitoring ergänzt werden. Damit das Themen-Radar mehr als ein reines Monitoring ist, empfehlen wir den Einsatz von *Inspiration-Workshops*. Hierfür laden wir Fachleute aus allen relevanten Bereichen des Unternehmens sowie Experten aus anderen Branchen ein. Die Workshops haben das Ziel, potenzielle Themen für eine Marke zu identifizieren und gemeinsam weiterzuentwickeln. Hierfür werden mit Hilfe neuer und ungewöhnlicher Impulse u. a. die Lebenswelten der Kunden und innovative Produkttechnologien ausgeleuchtet.

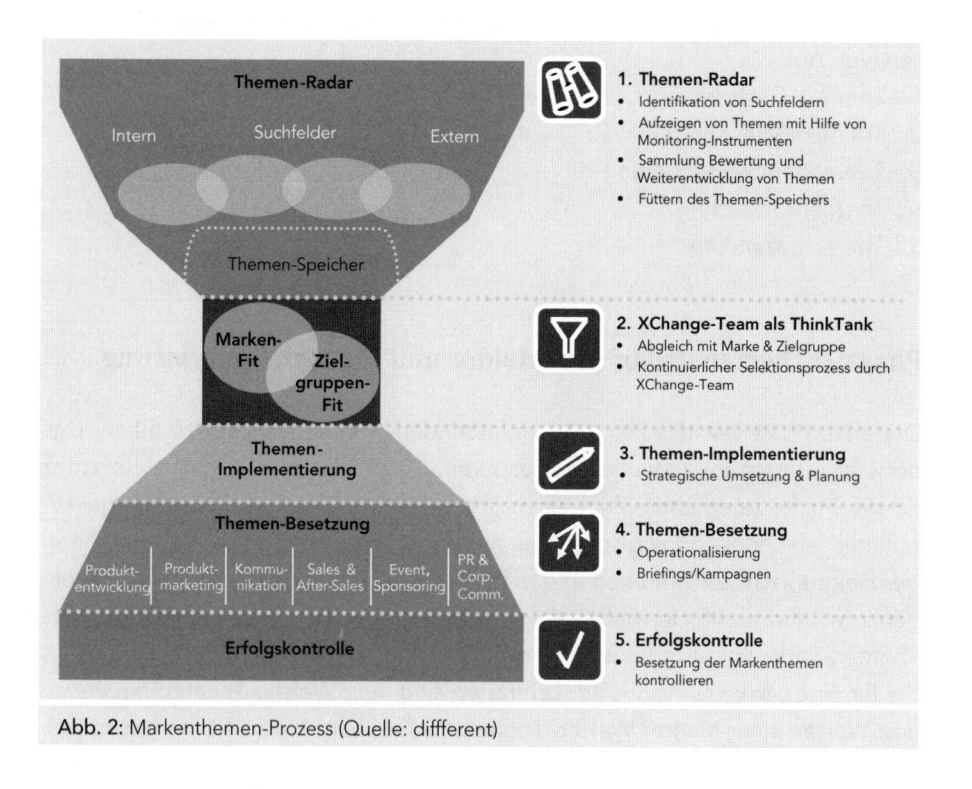

Abb. 2: Markenthemen-Prozess (Quelle: diffferent)

Phase 2: Themen-Selektion – Markenpassung und Zielgruppenpotenzial

Kernaufgabe der zweiten Phase ist die Selektion der strategisch wichtigen Markenthemen. Hierfür müssen die identifizierten Themen aus Sicht der Marke und Zielgruppe bewertet und priorisiert werden.

Marken-Passung
Erster und wichtigster Filter ist die Bewertung der Passung zwischen Thema und Marke (Marken-Fit). Es gilt, die echten, originär mit der Marke verbundenen Themen aus dem Themenspeicher herauszufiltern. Hierbei kann man auf gänzlich neue Themen setzen, die der Marke eine neue Facette hinzuaddieren oder bekannte Themen neu interpretieren. Maßgeblich für die Selektion ist dabei stets das Markenleitbild bzw. die Markenpositionierung (vgl. Kap. 3.2 und 3.3). Nur wenn das Thema zum Markenleitbild inhaltlich passt, sollte dieses weiterverfolgt werden. Um dies diskutieren und bewerten zu können, ist es sinnvoll, die Themen mit ersten Umsetzungs- und Einsatzmöglichkeiten zu illustrieren. Die so entstehende Short-List bildet die Marken-Agenda: das Set der qualifizierten Marken-Themen.

Zielgruppen-Passung
Die Marken-Agenda wird in einem zweiten Schritt mit der Zielgruppen-Agenda abgeglichen und abhängig von der Bedeutung für verschiedene Zielgruppen priorisiert. Die Kernfragen sind hierbei: Welches Markenthema ist wie relevant für die Kernzielgruppen? Und welches Thema könnte zukünftig interessant werden (Aktualität und gesellschaftliches Potenzial)? Für eine fundierte Bewertung empfehlen sich der Einsatz von Zielgruppenforschung und die Einschätzung von Experten.

Die Themen-Selektion als strategisches Herzstück des Markenthemen-Prozesses sollte in einem interdisziplinären Team vorgenommen werden. Dieses so genannte XChange-Team ist ein unternehmensübergreifender Think Tank. Um die richtigen Themenbühnen zu bauen, müssen im XChange-Team alle Beteiligten einer Marke an den Tisch: Trendforscher, Produktentwickler, CSR-Verantwortliche, Unternehmenskommunikation, Vertrieb und Marketing. Nur in der interdisziplinären Zusammenarbeit können die Markenthemen integrativ entwickelt und über die gesamte Breite im Unternehmen auch durchgesetzt werden. Kernaufgaben des Think Tanks sind die Sammlung, Strukturierung und Priorisierung von

Markenthemen sowie die Festlegung der finalen Markenthemen und deren produkt- und kommunikationsspezifische Aussteuerung. Dabei ist es wichtig, dass das XChange-Team nicht nur eine Innensicht einnimmt, sondern beispielsweise in Inspiration-Workshops auch den Blick von außen mit in seine Bewertung einbezieht. Erst dann entsteht ein tragfähiger Resonanzboden für die Themen einer Marke. Es liegt nahe, dass dieser unternehmensübergreifende Prozess vom Vorstand mandatiert und protegiert werden muss.

Phase 3: Themen-Implementierung – Planung und Allokation

Nach der strategischen Kernarbeit müssen die Markenthemen sinnvoll in das operative Marketing eingepasst werden. Leitfragen sind hier: Welche Rolle spielen die Markenthemen in der kommunikativen Jahresplanung? Wie werden die Markenthemen konkret in Kampagnen übersetzt? Und wie lässt sich durch das Set an Markenthemen die Kommunikationsplanung insgesamt strukturieren?

Phase 4: Themen-Besetzung – Operationalisierung und Briefing

Die konkrete Umsetzung der Markenthemen in Form von Kampagnen erfolgt meist in Zusammenarbeit mit Werbe- und Kommunikationsagenturen. Besonderes Augenmerk sollte hierbei auf den Briefing-Prozess gelegt werden (vgl. Kap. 4, S. 141). Zum einen muss im Briefing konkret festgelegt werden, welches Markenthema mit einer Kampagne transportiert werden soll. Zum anderen müssen alle Kampagnen einer Marke so aufeinander abgestimmt werden, dass sie auf die Marken-Agenda einzahlen. Die kreative Besetzung und Inszenierung eines Themas ist dabei eine Schlüsselaufgabe im Rahmen des Markenthemen-Managements. Da das Spektrum möglicher Themen in den meisten Branchen begrenzt ist, ist es die Aufgabe von Werbe- und Kommunikationsagenturen, Themen einzigartig und differenzierend in Szene zu setzen. Um ein Markenthema differenzierend zu besetzen, müssen die faktischen Botschaften aus überraschender Perspektive und mit ganz eigenem Zungenschlag erzählt werden.

Phase 5: Den Kreis schließen – Erfolgskontrolle der Markenthemen

Für ein erfolgreiches Markenthemen-Management ist es notwendig, dass die Performance einer Marke kontrolliert wird. Dabei müssen vor allem die Passung und die Besetzung der Markenthemen kontinuierlich überprüft werden. Wo diese nicht optimal gelungen sind, muss nachjustiert werden. Auch dies ist Aufgabe des XChange-Teams als Themen-Steuerungsinstanz (Warum ist die Themenbesetzung so nicht gelungen? Ist es das richtige Thema? Wie lässt sich die Umsetzung verbessern?). Es empfiehlt sich, die Erfolgskontrolle direkt in das Themen-Radar (Phase 1) zu integrieren, da einige der hier genutzten Insight-Methoden (klassische Marktforschung, Web- und Social-Media-Monitoring) auch für die Erfolgsmessung bestens geeignet sind.

Was bringt Markenthemen-Management? Unternehmensstrategische und kommunikative Mehrwerte des Konzeptes

Markenthemen-Management ermöglicht den Aufbau eines systematischen Kanons von Erzählvarianten eines Themas, die flexibel, je nach Touch-Point, Kanal und Kommunikationsanlass, zielgenau eingesetzt werden können. Jedes Markenthema wird über die Zeit hinweg mit mehreren Erzählvarianten ausgestattet. Dies erleichtert die Führung einer Marke über längere Zeiträume, Kanäle und Zielgruppen hinweg, denn die meisten Themen bleiben im Kern erhalten. Gerade in komplexen mehrkanaligen Planning-Prozessen führt konsequentes Markenthemen-Management so zu einer konsistenten Kommunikation der Marke. Ein Markenthema sollte also den Ausgangspunkt für die eigentliche Kommunikationsplanung und Entwicklung einer kreativen Idee bilden, um Zielgruppen passgenau anzusprechen.

> Ein Markenthema sollte den Ausgangspunkt für die eigentliche Kommunikationsplanung und Entwicklung einer kreativen Idee bilden, um Zielgruppen passgenau anzusprechen.

Die Marke am Puls der Zeit halten

Markenthemen-Management ermöglicht die Rückkopplung einer Marke an gesellschaftliche Veränderungen. Themen durchlaufen in der öffentlichen Wahrnehmung bestimmte Karrieren und erfahren immer wieder Bedeutungsverschiebungen. Um den Verlauf dieser semantischen Konnotationsveränderungen in der Gesellschaft richtig interpretieren und integrieren zu können, ist ein Markenthemen-Monitoring, das auch das Social Web umfasst, zwingend erforderlich. So lassen sich auch Konfliktpotenziale frühzeitig aufspüren und mögliche Krisen vermeiden.

Markenführung auf Augenhöhe mit Zielgruppen

Durch ein konsequentes Markenthemen-Management können Markenbotschaften fortlaufend adaptiert und je nach gesellschaftlichen Rahmenbedingungen neu interpretiert und weiterentwickelt werden, um in der Gesellschaft und in den Zielgruppen keine Missverständnisse zu produzieren. Damit wird Markenführung durchlässiger, osmotischer mit der Gesellschaft und verliert gegenüber den immer souveräner kommunizierenden und kritischer eingestellten Konsumenten ihren autoritären Charakter. Der Kontrollverlust der Markenführung, der damit einhergeht, wird durch das spielerische Involvement der Zielgruppe mehr als kompensiert. Wenn die Marke thematisch sattelfest ist und ihrer ganz eigenen Erzählweise treu bleibt, kann der Emanzipation der Konsumenten offen begegnet werden und die Chance eines echten Dialogs für ein zeitgemäßes Relationship-Management genutzt werden.

Steuerung für internationale und interkulturelle Markenführung

Erst ein konsequentes Markenthemen-Management erlaubt eine koordinierte globale Markenführung und Umsetzung von Kampagnen in Teilmärkten. Die große Angebotsvielfalt, die über die neuen kaufkräftigen Konsumenten in Asien und Osteuropa hereingebrochen ist, erfordert Orientierung durch Marken. In diesen Schwellenländern steigt jedoch auch der wirtschaftliche Stolz und kulturelle Eigensinn der selbstbewussten Globalisierungsaufsteiger. Gerade aufgrund dieses neuen Selbstbewusstseins bestimmen trotz der Globalisierung die lokalen kulturellen Gegebenheiten weiterhin das Leben der Menschen. Darum ist es wichtig, die kulturellen Rahmenbedingungen in den Zielländern zu berücksichtigen, um die Steuerungsfunktion des Markenthemen-Managements erfolgreich nutzen zu können (vgl. Kap. 3, S. 118). Die lokalen Entscheider, Insider und Insights vor Ort müssen dabei in die Markenstrategie miteinbezogen werden, um für den richtigen cultural fit der Markenthemen zu sorgen. Die zentral vorgegebenen Themen müssen vor Ort so umgesetzt werden, dass sie keine kulturellen Irritationen produzieren – auf semantischer Ebene kann häufig schon ein falscher Zungenschlag entscheidend sein. Die Interpretations- und Inszenierungsweisen eines globalen Markenthemas können also durchaus verschieden sein – konstant bleibt die weltweite Besetzung eines bestimmten Markenwertes. Hierin liegt die intelligente Steuerungsfunktion des Markenthemen-Managements: Kontrolliert und standardisiert wird nicht die konkrete Botschaft oder der Kommunikationsinhalt (da diese global sehr unterschiedlich relevant oder verständlich sein können), sondern die Erreichung einer bestimmten Positionierung und die Schaffung eines internationalen Markengefühls über spezifische Markenthemen.

> Hierin liegt die intelligente Steuerungsfunktion des Markenthemen-Managements: Kontrolliert und standardisiert wird nicht die konkrete Botschaft oder der Kommunikationsinhalt (da diese global sehr unterschiedlich relevant oder verständlich sein können), sondern die Erreichung einer bestimmten Positionierung und eines Markengefühls.

Budgeteffiziente Fokussierung der Marke auf das inhaltlich Wesentliche

Markenthemen-Management bündelt die Vielfalt der Produktkommunikation durch eine klare Fokussierung der Markenführung auf bestimmte Themen und fördert so eine effiziente Budgetallokation. Es werden Themen-Bühnen gebaut, auf denen sich ganze Produktgruppen präsentieren können. Das erleichtert die Zusammenlegung mehrerer kleinerer Budgets zu einem gemeinsamen Themenbudget, das dann auch groß genug ist, um relevante Aufmerksamkeit zu erzeugen. Gleichzeitig schränkt ein Markenthemen-Management den in großen Marketingabteilungen unvermeidbaren Aktionismus ein, da nur noch Aktionen durchgeführt werden, die tatsächlich auf das jeweilige Themenkonto der Marke einzahlen. Diskussionen innerhalb einer Marketingabteilung um konkurrierende

Marketingaktionen können damit rationalisiert und auf einer neutralen Grundlage entschieden werden.

Interne Koordination aller am Markt kommunizierenden Unternehmensbereiche

Ein systematisches Markenthemen-Management erleichtert auch die effiziente Koordination des Produkt- und Markenmanagements. Einzelne Produktlinien können sich so in ihrer Kommunikation nicht mehr verselbständigen. Insbesondere große Produktmarken-Portfolios können so besser kontrolliert und zu einer markenstrategischen Gesamtstoßrichtung synchronisiert werden. Durch ein systematisches Markenthemen-Management können zudem ›kommunikative Herzogtümer‹ von einzelnen Abteilungen und Bereichen überwunden und stattdessen eine konsistente Markenführung implementiert werden – über alle Produkte, Kampagnen und Disziplinen hinweg. Darüber hinaus erleichtert ein systematisches Markenthemen-Management die Priorisierung und Strukturierung von Aufgaben und Marketing-Maßnahmen und damit auch die Koordination aller Agenturen und Umsetzungsdienstleister.

Fazit: Markenthemen-Management als Herzstück zukunftsorientierter Markenführung

In den Kommunikationswelten der Zukunft wird es erfolgsentscheidend sein, bereits möglichst früh in Themen und Stories zu denken. Reiner Werbedruck als zentraler Wirkungsparameter der Marketingkommunikation ist längst passé. Es ist anachronistisch, Menschen im Sinne von Konsonanz und Kumulation immer und überall anzuschreien. Vielmehr gilt es, je nach thematischem Anlass und Touch-Point, den Konsumenten dialogisch zu überzeugen und zu unterhalten. Diese Herausforderungen müssen Unternehmen und Agenturen annehmen. Strategisches und kreatives Storytelling wird somit in allen Arbeitsfeldern der Kommunikation der entscheidende Stellhebel, um langfristig profitable Kundenbeziehungen entlang der kompletten Customer Journey aufzubauen (vgl. Kap. 5, S. 210). Wenn sich zudem Markenstrategen und Planner in ihrem Rollenverständnis zukünftig mehr als Markenthemen-Manager verstehen und in dieser Eigenschaft die strategischen Themenprozesse führen und in Unternehmen integrieren, wird dies zu einer erhöhten Einflussnahme der Disziplin führen. Für Strategen schlummert hier die Chance, jenseits von Accounts und Kampagnen eine strategische Schlüsselfunktion einzunehmen – und zwar produkt-, kanal- und abteilungsübergreifend. Um diese Position reklamieren und ausfüllen zu können, müssen sich die Markenstrategen von morgen noch deutlicher als narrative Brückenbauer zwischen Produkt- und Portfoliostrategie einerseits und Kommunikation und Werbung andererseits verstehen und positionieren.

Storytelling

Warum eine zeitlose Form der Kommunikation zeitgemäßer denn je ist

Judd Labarthe

> Menschen erzählen, denken und erinnern intuitiv in Geschichten. Was liegt deshalb näher, als auch Marken über Storytelling zu führen. Der Amerikaner Judd Labarthe zeigt, dass jede Geschichte einem festen Spannungsbogen folgt: Sie beginnt mit einem Konflikt, der mit Spannung aufgeladen wird und sich in einem Höhepunkt entlädt. Markenmanager sollten deshalb Konflikte nicht scheuen, sondern suchen: Was sind die Feinde meiner Marke und Kunden? Und wer hasst sie? Wer diese Fragen mit Spannung beantwortet, schreibt Geschichte und macht am Ende aus einem Sparschwein einen Goldesel.

»Alles am Marketing ist Storytelling.« Das hat mal ein Kollege behauptet, den ich vor langer Zeit bei einer Strategie-Fortbildung traf. Wie sehr er recht behalten sollte, wurde mir seither regelmäßig vor Augen geführt: Branche für Branche, Marke für Marke, Kunde für Kunde, Agentur für Agentur – bis es zu meinem Mantra wurde. Zugegeben: Dass gutes Storytelling bessere Markenkommunikation bedeutet, dürfte niemanden überraschen, der dieses Buch aufschlägt. Aber ich habe etwas anderes im Sinn. Ich möchte zeigen, dass Storytelling sehr viel mehr meint als eine Absatzstrategie am Ende der Markenbildung; es meint die Markenbildung selbst. Storytelling, so verstanden, ist der schlüssigste und vielleicht schlagkräftigste Markenmanagementansatz, dem Sie je begegnen werden.

Storytelling liegt in der Natur des Menschen

Eine kurze Google-Suche nach »storytelling« liefert mehr als 15 Millionen Treffer; »storytelling in business« kommt auf knapp fünf Millionen; und über zwei Millionen Treffer findet, wer »storytelling in marketing« sucht. Kurzum, Storytelling ist in aller Munde. Bleibt die Frage: Warum gerade jetzt? Eine aufregende Antwort stammt von Bestseller-Autor Daniel Pink: Nach den Zeitaltern der Agrikultur, der Industrie und der Information, so schreibt er, stehen wir auf der Schwelle zu einem »konzeptuellen Zeitalter […], in dem Sinn und Harmonie sowie Design und Zweck für die Welt mehr Bedeutung haben werden« – bedeutender als das Denken in Schablonen. »Die Fähigkeiten, die bis jetzt in vielen Berufen am meisten gegolten haben, standen alle mit unserer linken Gehirnhälfte in Zusammenhang: Es handelte sich um lineare, sequentielle, ja tabellenhafte Begabungen. Natürlich sind solche Eigenschaften immer noch wichtig, aber sie alleine genügen nicht mehr. Was heute zählt, sind die Fähigkeiten, die von der rechten Gehirnhälfte gesteuert werden: Künstlertum, Empathie, Erfindergeist und gesamtperspektivisches Denken. Sie gelten mittlerweile in vielen Berufsfeldern als Topqualitäten.« (Pink 2009) Zwar wurde diese Hirnhälften-Logik in jüngerer Zeit neu überdacht, doch bleibt Pinks Argument bestehen: Die Schlüsselfähigkeit von heute und morgen liegt darin, Informationen in Kontexte zu setzen und als emotionales Paket zu überbringen. Genau das leistet Storytelling. Und genau das hat es schon immer getan. Die Fähigkeit des Geschichtenerzählens ist eine der wenigen menschlichen Eigenschaften, die einen wahrhaft universalen Charakter aufweisen – quer durch alle Kulturen und die ganze Menschheitsgeschichte hindurch.

> Die Fähigkeit des Geschichtenerzählens ist eine der wenigen menschlichen Eigenschaften, die einen wahrhaft universalen Charakter aufweisen – quer durch alle Kulturen und die ganze Menschheitsgeschichte hindurch.

Bis zum heutigen Tage machen persönliche Geschichten den größten Teil zwischenmenschlichen Kommunizierens aus. Man könnte es Tratsch nennen. Oder Facebook. Eine »Story« – und das ist entscheidend – ist gerade keine Auflistung von Fakten. Sie muss vielmehr als ein Set kausal verknüpfter Ereignisse verstanden werden, die sich über die Zeit entfalten, ein Set, das die Wechselbeziehungen von Akteuren widerspiegelt, die unterschiedlichen Absichten folgen (vgl. Hsu 2008). Diese »Akteure« müssen übrigens keine Menschen sein. In schöner Regelmäßigkeit schreiben wir auch unbelebten Objekten menschliche Absichten zu und kreieren Geschichten von »wütenden« Vulkanen, »lebensfrohen« Marken oder, wie ich heute Morgen, von »unkooperativen« Kopiergeräten. Robert McKee (2003), die Storytelling-Koryphäe schlechthin, erläutert: »Der Mensch will normalerweise durch Geschichten arbeiten. Kognitive Psychologen beschreiben, wie der menschliche Geist in seinem Bestreben, zu verstehen und sich zu erinnern, die Einzelteile der Erfahrung in einer Geschichte zusammenfasst und dabei mit einer persönlichen Intention beginnt [...], und dann die Gegenkräfte schildert, die diese Absicht blockieren. Geschichten sehen so aus, wie wir uns erinnern; wir vergessen Listen und Aufzählungspunkte.« Hinzu kommt, dass gewisse Story-typen immer und immer wieder auftauchen, in allen Kulturen und Zeiten: Junge trifft Mädchen (Romanze), Überfluss gegen Hungersnot (Aufopferung) sowie Machtkämpfe (Heldensagen). Alles sind Erzählmuster, die menschliche Grundbe-dürfnisse wie Fortpflanzung, Nahrung und Status ausdrücken. Will sagen: Dass wir uns die Welt mittels wiederkehrender Geschichten erklären, ist womöglich nicht nur kulturelle Prägung, sondern biologisches Programm (vgl. Hsu 2008). Tatsächlich, so McKee (2003), entspringen Erzählungen »einem tief greifenden menschlichen Bedürfnis (...), die Strukturen des Lebens zu erfassen – nicht einfach als eine intellektuelle Übung, sondern innerhalb einer sehr persönlichen, emotio-nalen Erfahrung.« Anders ausgedrückt: Geschichten erklären, warum das Leben spielt, wie es spielt. Fassen wir zusammen: Storytelling ist persönlich bereichernd, kulturell wesentlich und womöglich biologisch notwendig. Aber was hat das jetzt mit Markenmanagement zu tun?

Storytelling und Markenmanagement: Eine symbiotische Beziehung

Deutschland mag das Land der Dichter und Denker sein, doch wer sich für Sto-rytelling stark macht, stößt bei Marketern häufig auf Skepsis. Ich weiß, wovon ich rede! Dabei besitzt diese Strategie eine unwiderstehliche Logik: Menschen er-finden Geschichten, um sich in der Welt zurechtzufinden. Für Konsumenten gilt genau dasselbe: Auch sie brauchen Geschichten, um zu verstehen, in welchem Wettbewerbsumfeld ihre Marke antritt. Die nie da gewesene Markenvielfalt von heute macht Storytelling wichtiger denn je: »Menschen kaufen keine Produkte, sie kaufen Geschichten. Jeder von uns hat seine eigene Geschichte, seine ›Ge-schichte von sich selbst‹. Wir erzählen sie durch all die Entscheidungen, die wir im Leben treffen... das Auto, das Haus, die Kleidung – all diese Dinge spinnen die Geschichte des eigenen ›Ichs‹ weiter. In diesem Sinne ist es eindeutig, wel-che Aufgabe die Geschichte einer Marke hat... sie erlaubt den Menschen, sich mit der Marke zu identifizieren. Wenn Sie keine Story erzählen, wissen die Leute nicht, was sie mit Ihnen anfangen sollen, oder wie sie Ihre Marke nutzen können, um ihre eigene Geschichte weiterzuerzählen.« (Montague 2010). Das mag philosophisch klingen, aber überlegen Sie nur, wie viel Storytelling schon jetzt in Ihrer Arbeit steckt. Wenn Sie etwa die Positionierung Ihrer Marke festlegen, so bestimmen Sie nichts anderes als ihre Rolle in der Warenwelt – Sie bestimmen ihre Geschichte. Wenn wir über »Authentizität« diskutieren, dann reden wir über die Integrität, die Aufrichtigkeit, die Empathie einer Marke – wir reden über eine Figur in einer ganz bestimmten Erzählung.

Marketing und Storytelling verhalten sich symbiotisch zueinander. Zur Erinnerung: »Story« bedeutet soviel wie »Veränderungen, die aus einem Grund geschehen«. Und Marketing wurde eigens erfunden, um Veränderungen zu bewirken – indem es die Vorlieben und das Kaufverhalten der Menschen beeinflusst. Hieran lässt sich nicht nur ablesen, wie sehr sich Storytelling und Marketing natürlich ergänzen; hier zeigt sich auch, woran es jedem statischen Markenmodell mangelt: Plausibilität und Inspiration. Statische Modelle fordern Veränderungen, ohne sie zu rechtfertigen oder auch nur zu benennen. Zwar können sie den aktuellen Stand einer Marke beschreiben, doch kennen sie keine Parameter für die Vision – wohin es gehen, was erreicht werden soll. Wie in diesem Buch an anderer Stelle gezeigt wird, sind statische Modelle nicht völlig nutzlos (vgl. Kap. 3, S. 101). Doch sie versäumen es, ein Bühnenbild zu erzeugen, vor dem sich eine Marke als »bewusste Akteurin« inszenieren kann; sie versäumen es, das Markenbild nachhaltig zu *leiten*. Mit »Markendiamanten«, »Pyramiden« oder »Zwiebeln« lässt sich nichts sagen, was nicht klarer und zweckdienlicher als Geschichte erzählt werden kann – weil Geschichten die natürliche Kommunikationsform der Menschen sind. Eine Story ist wie »eine kleine Lunte, die ein unausgesprochenes Verständnis im Kopf Ihres Zuhörers detonieren lässt« (Sole/Wilson 1999). Storytelling im Markenmanagement *macht Sinn* – und zwar buchstäblich. Lassen Sie uns also mit dem Erzählen beginnen. Und mit der Frage: Wo fangen wir an?

Storytelling schöpft aus universalen Erzählmustern

Das, was wir heute »Handlungsverlauf« nennen, geht bis auf Aristoteles zurück. Der Philosoph stellte sich die Anordnung von erzählerischen Elementen als eine »Einheit« vor, die sowohl intellektuell stimuliert als auch emotional befriedigt. Es ist verblüffend, wie sehr sich solche Handlungsverläufe quer durch die Kulturen und Zeiten gleichen: Ein Grundkonflikt drängt den Helden zur Tat; eine Reihe von Verwicklungen hindert ihn sein Ziel zu erreichen; bis sich die Spannung zuspitzt und der Konflikt sich schließlich auflöst. Sozial- und Geisteswissenschaftler be-

| 214 | **Kapitel 5: Steuerung & Umsetzung**

schreiben diesen immer wiederkehrenden Ablauf in einem prototypischen Spannungsbogen (vgl. Abb. 1).

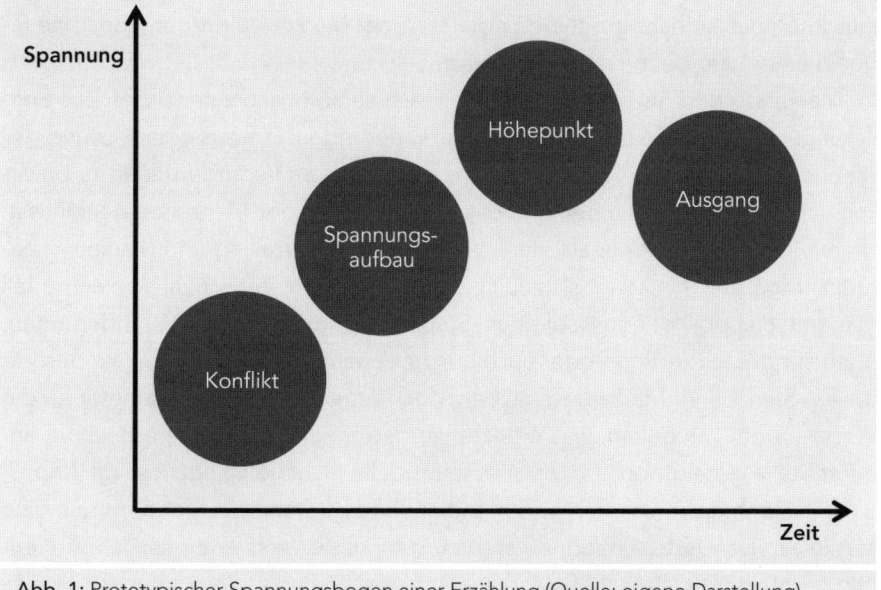

Abb. 1: Prototypischer Spannungsbogen einer Erzählung (Quelle: eigene Darstellung)

Forschern ist es gelungen, stolze 25 Varianten dieses »universellen« Handlungsschemas zu identifizieren (z. B. Reise und Rückkehr; Erwachsenwerden; von den Toten auferstanden; Fremde in einem fremden Land etc.). Sie alle basieren auf einem klar umrissenen Konflikt, der die Handlung gleichsam vorantreibt: »Der Storyteller entwickelt eine Handlung, indem er bestimmte Schlüsselfragen stellt. Erstens, was möchte mein Protagonist tun, um das Gleichgewicht in seinem oder ihrem Leben wieder herzustellen? Verlangen ist das Blut einer Handlung... ein Grundbedürfnis, durch dessen Befriedigung die Handlungskette stagnieren würde. Als nächstes, was hält meinen Protagonisten davon ab, sein Verlangen zu stillen? Antagonisten können Menschen, die Gesellschaft, Zeit, Ort und jedes Objekt daraus oder irgendeine Kombination dieser Einflüsse zugleich sein. Dann, wie würde mein Protagonist auf diese Einflüsse reagieren?« (McKee 2003). Eine Story erklärt, warum das Leben so spielt, wie es spielt: Eine harmonische Situation gerät außer Balance, weil die Hoffnungen des Protagonisten mit einer widerspenstigen Wirklichkeit kollidieren. Alle großen Erzählungen seit Menschengedenken speisen sich aus diesem fundamentalen Konflikt. Wer je ein Buch partout nicht weglegen konnte, der weiß: Was uns ködert, ist der Konflikt. Und was uns am Haken zappeln lässt, die Spannung.

Das zweite Schaubild überträgt nun diesen Spannungsbogen in eine prototypische »Markenstory« mit der Marke als Heldin. Sie schickt sich an, ein konkretes Ziel zu erreichen, hat aber mit Hindernissen zu kämpfen, die sie zu Veränderungen drängen (potenziell auch an ihr selbst) – bis sie es schließlich genießen kann, in dieser veränderten Welt zu leben. (Ist dies eine Vereinfachung? Selbstverständlich – genau wie jedes Modell.)

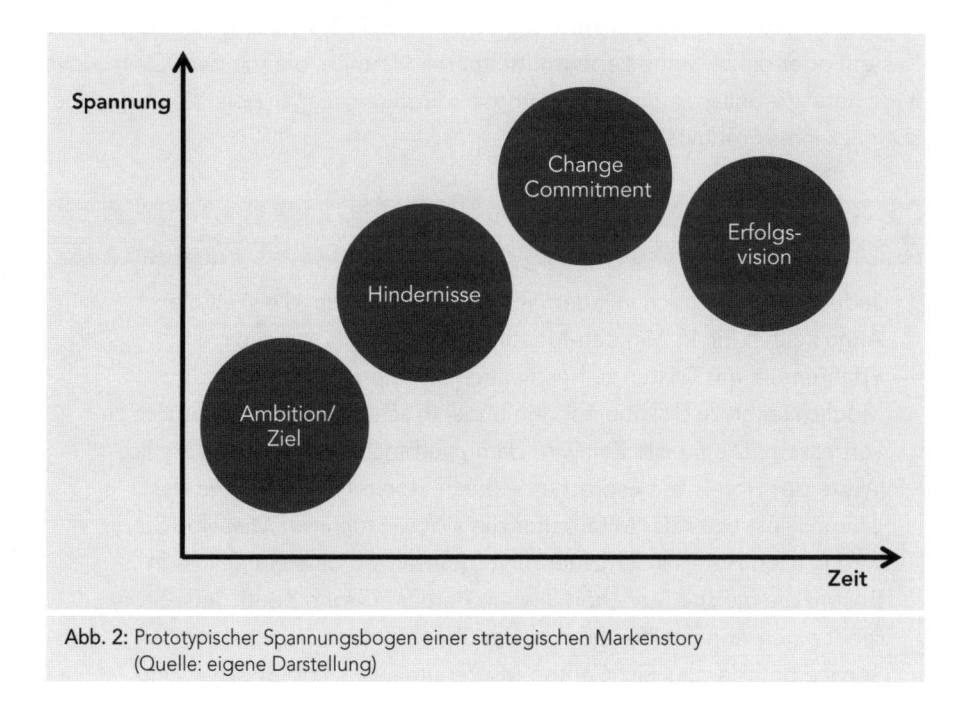

Abb. 2: Prototypischer Spannungsbogen einer strategischen Markenstory
(Quelle: eigene Darstellung)

Wenn wir uns mit dem Protagonisten identifizieren, so McKee (2003), dann brennen wir für seine Ziele und Wünsche und machen sie uns zu eigen. Deshalb gilt es, den Kernkonflikt Ihrer Markenstory ganz genau zu identifizieren. Mögliche Konflikte sind:

Kapitel 5: Steuerung & Umsetzung

Wettbewerbskonflikt

Ein Beziehungskonflikt um die Vorherrschaft in einer Kategorie oder Denkweise – z. B. Mac vs. PC oder McDonald's vs. Subway.

Identitätskonflikt

Ein interner Konflikt um Identität und Ausrichtung der Marke – z. B. die Hotelkette Ritz-Carlton, die ihre Markenkultur tagtäglich mittels Storytelling verteidigt (siehe Kasten) oder die britische Lebensmittelmarke Marmite, die mit dem Claim »love it or hate it« brillant den gewöhnungsbedürftigen, sogar polarisierenden Geschmack ihres Produkts vermarktet.

Ritz-Carlton: Storytelling als Managementinstrument

Jeden Tag treffen sich in jedem Ritz-Carlton rund um die Welt die Angestellten für 15 Minuten-Meetings, bekannt als »Lineup«, um Erfahrungen mit Gästen zu besprechen, Probleme zu lösen und Möglichkeiten zu diskutieren, den ohnehin schon legendären Service zu verbessern. Die meiste Zeit wird damit verbracht, einen der 12 Service-Werte des Hotels zu besprechen – durch Storytelling. Während des Lineups liest einer der Mitarbeiter die »Wow-Story« vor. Dieselbe Story wird in allen Hotels in 21 Ländern vorgelesen, so dass ein Kellner in Boston die gleiche Story hört wie ein Portier in Hong Kong. Jede Story greift einen Angestellten heraus, der über sich hinauswuchs und den Service bot, der das Ritz-Carlton-Mysterium ausmacht. Beispiel: Eine Familie, die in einem Ritz-Carlton in Bali übernachtete, hatte für ihren Sohn besondere Eier und Milch mitgebracht, da er an einer Allergie litt. Als sie jedoch am Hotel ankam, waren die Eier zerbrochen und die Milch sauer. Die Mitarbeiter des Hotels suchten in der ganzen Stadt, konnten jedoch keinen Ersatz finden…bis der Küchenchef sich an ein Geschäft in Singapur erinnerte, welches diese Lebensmittel verkaufte. Er kontaktierte seine Schwiegermutter und bat sie, die Produkte zu kaufen – und sie nach Bali zu liefern, was sie erstaunlicherweise tat. Diese Geschichten verfolgen zwei Ziele: Sie zollen dem Einsatz des Angestellten vor seinen Kollegen Respekt und sie stärken einen der Service-Werte (#7 »Teamwork

nutzen, um die individuellen Bedürfnisse unserer Gäste zu erfüllen.«).
Laut Simon Cooper, dem Präsidenten von Ritz-Carlton, »ist das der beste
Weg zu vermitteln, was wir erwarten. Jede Story betont die Handlungen,
die wir uns wünschen, und zeigt, wie jede einzelne Person in unserem
Unternehmen etwas zu den Service-Werten beitragen kann.« (Gallo 2007)

Wertekonflikt

Ein sozialer Konflikt mit einer bestimmten Gruppe – genauer gesagt ein Kampf
gegen Missverständnisse, Vorurteile oder andere »falsche« Ansichten. Beispiele
sind die Dove »Initiative für wahre Schönheit« (übrigens ein Konflikt, der laut Ef-
fie-Einreichung einen Umsatzplus von 1,2 Milliarden US-Dollar lieferte), die »dirt
is good«-Kampagne von Persil/Omo, die eine erfrischende Sicht auf Schmutz an-
regt, oder die »Waltraud«-Kampagne der Allianz, die die Massenverwirrung um
die Riester-Rente mit einem Handstreich auflöste (und dafür einen goldenen Effie
gewann).

Allianz: Storytelling als Marketinginstrument

Die Riester-Rente, die 2001 an den Start ging, sollte den Druck von einem unterfinanzierten, öffentlichen Rentensystem nehmen und den Menschen finanzielle Anreize bieten, in private Rentenvorsorge zu investieren.
Vor der jüngsten Rezession war die Riester-Rente das wohl am meisten
diskutierte Finanzthema in Deutschland, hauptsächlich, weil niemand –
weder die staatlich geförderten Unternehmen noch die Institutionen, die
Riester-Produkte anboten – erklären konnten, wie Riester wirklich funktioniert. Das deutsche Volk war nicht nur verwirrt, sondern wütend. Schließlich spricht man über die Zukunft der Menschen, wenn es um die Rente
geht. Es war ein wunderbarer Konflikt, dem sich eine Marke annehmen
konnte. Und während viele Institutionen berühmte Fürsprecher engagier-
ten, die keine Kompetenzen im Bereich der Finanzen aufweisen konnten,
war die Allianz mit einem außerordentlich einfachen Motiv erfolgreich:
»Waltraud«, das erste Sparschwein der Welt mit zwei Schlitzen – statt einem gab es zwei, weil der Vorteil bei Riester darin besteht, dass man selber einen und der Staat den anderen Teil beiträgt. Die Werbekampagne

brachte Erfolge in der Kommunikation und im Geschäft, die weit über die eigentlichen Ziele hinausgingen. Aber ich vermute, der wahre Grund, warum die »Waltraud«-Kampagne den 2006 GWA Effie Gold gewann, ist, weil sie nicht nur gut für die Allianz war, sondern auch bei vielen Deutschen einen großen Konflikt löste. Das Land konnte erleichtert aufatmen und dann einfach zur Tagesordnung übergehen.

(Quelle: Atletico International Advertising S.L., GWA Effie Jahrbuch 2007)

Regelkonflikt

Ein Regelkonflikt ist ein Konflikt mit der Welt als solcher – also ein Kampf gegen ökonomische oder politische Kräfte. Ein Beispiel ist der Versuch von Etsy, Kunsthandwerker direkt mit den Menschen zusammenzubringen, die ihre Produkte kaufen, um die persönliche Beziehung beider Parteien im Handel zu stärken.

Etsy: Storytelling als Geschäftsmodell

Rob Kalin kam die Idee für Etsy (www.etsy.com), ein Unternehmen mit Sitz in Brooklyn, während er an einer Kunstgewerbe-Internetseite arbeitete, die für Künstler ein Forum zur Unterstützung und Hilfe darstellen sollte, dabei jedoch die Künstler nicht mit potenziellen Märkten verband (Etsys grundsätzlicher Konflikt). Heute sind 300.000 Künstler auf Etsy registriert und der Wert der Seite wird auf über $300 Millionen geschätzt – und Kalin ist davon überzeugt, dass er seinen Erfolg dem Storytelling verdankt. »Es ist Teil der menschlichen Natur, zu wissen, von wem man kauft… das ist kein Trend und keine Bewegung. Dieses Bedürfnis hat schon immer existiert.« In der Tat kannten die Menschen im vorindustriellen Zeitalter generell die Hersteller ihrer Töpferwaren, ihrer Glasartikel oder ihrer Möbel, weil sie diese Waren auf dem Markt direkt von den Produzenten kauften. Manche Geschichten werden auf Etsy durch die Beschreibung eines Schmuckstückes und der Frau, die es hergestellt hat, vermittelt. Andere werden über die »Video-Porträts« erzählt, die Etsy produziert, um einige Verkäufer hervorzuheben. Kalins Lieblingsbeispiel: Armor Guitars, in Handarbeit von der Familie Peters aus Springfield, Tennessee (17.000 Einwohner) hergestellt und jetzt

> diskutiert, gekauft, gespielt und gefeiert von Gitarren-Fans auf der ganzen Welt (vgl. Gerzema 2011).

Machtkonflikt

Ein Machtkonflikt findet sich z. B. beim Thema »Technologie« – und ist prinzipiell ein Kampf gegen ungleiche, »asymmetrische« Kraftverhältnisse, wie bei der Greenpeace-Kampagne gegen die Verwendung von Palmöl in Nestlés Kit Kat-Produkten. Anders als bei der Geschichte von David vs. Goliath, die sich beim Konflikt Marke vs. Marke wiederspiegelt, geht es hier eher um einen Etappen- als um den Gesamtsieg.

Der Konflikt, den Sie definieren, ist der Ausgangspunkt für die Ziele, die Ihre Marke (im Sinne eines Protagonisten) verfolgen wird. Leider neigt die Geschäftswelt dazu, Konflikte unter den Teppich zu kehren, um der Außenwelt ein möglichst reines, von Natur aus langweiliges Bild zu präsentieren. Dabei ist der Konflikt für das Storytelling, so McKee (2003), was der Klang für die Musik ist: nämlich alles. Die Aufrichtigkeit eines Erzählers, der Schattenseiten anerkennt und sich der »unkooperativen Wirklichkeit« stellt, erzeugt ehrliche und positive Energien bei seinen Zuhörern. Er erzeugt Vertrauen. Wenn wir also sinnieren »Für wen ist meine Marke?«, »Wofür steht meine Marke?« und »Wer sind die Freunde meiner Marke?« und so weiter, dann stellen wir aus Sicht des Storrytellings nicht die besten Fragen. Viel sinnvoller ist es, die »falschen« Fragen zu stellen wie: »Wer sind die Feinde meiner Marke?«, »Warum könnte meine Marke erfolglos sein?« und nicht nur »Welche Art Mensch ist der geeignete Botschafter für meine Marke?«, sondern »Wie würde mir mein Hauptkonkurrent meine besten Kunden wegschnappen?«, Fragen wie »Für wen ist meine Marke NICHT?«, »Was mag meine Marke eigentlich überhaupt nicht an ihren Kunden?« und sogar »Was hasst meine Marke?«. Jeder Manager, der diese Fragen ehrlich beantwortet, kann der Realität seines Geschäftes furchtlos ins Auge blicken und hat nebenbei einen Motor gefunden, um seine Markenstory effektiv anzutreiben.

Die Welt braucht Konflikte! Es gibt kein Yin ohne Yang, kein süß ohne sauer, kein Gut ohne Böse und keinen Helden ohne den Bösewicht, denn nur indem der gute Kerl das Böse überwindet kann er überhaupt erst zum Helden werden. Auch Phönix musste erst verbrennen, um aus seiner Asche wieder neu zu entstehen. Gut und Böse, Leben und Tod, Liebe und Hass… Wenn diese Gegensatzpaare

Kapitel 5: Steuerung & Umsetzung

zu bedeutungsschwanger klingen, versuchen wir es mal mit diesen: Tom vs. Jerry, Coke vs. Pepsi, Real Madrid vs. Barcelona, Batman vs. Robin. (Natürlich nicht! Ich wollte nur testen, ob Sie noch bei mir sind. Es muss natürlich Batman vs. der Joker heißen, den Batman viel dringender benötigt als seinen treuen Gefährten.) Beim Storytelling ist Konflikt der Motor. Und wie ein Motor, so will auch Ihre Markenstory gewartet und gepflegt sein.

> Die Welt braucht Konflikte! Es gibt kein Yin ohne Yang, kein süß ohne sauer, kein Gut ohne Böse und keinen Helden ohne den Bösewicht. Auch beim Storytelling ist ein Konflikt der Motor.

Der Spannungsbogen kann dabei als Filter dienen, um zu verstehen, an welchem Punkt der Handlung sich die Story insgesamt befindet. Aber auch, um die Marschroute festzulegen, wie der Kernkonflikt der Marke bewältigt werden kann. »Sobald Sie den ganzen Erzählbogen in Ihrem Kopf mit all seinen Stücken zusammengesetzt haben, werden Sie sich immer noch nicht sicher sein, welche Teile davon die Menschen mitreißen und welche sie ignorieren oder verpassen werden. Es ist also wie ein lebendiges Theaterstück, bei dem Sie sehen, an welchen Stellen das Publikum nicht reagiert und Sie eine Lösung finden und improvisieren müssen, um die Lücken zu füllen. Es handelt sich hierbei um eine lebendige Sache, die eine dauerhafte Pflege und ständiges Engagement von den Storytellern und den teilnehmenden Akteuren verlangt.« (Montague 2010). Diese Markenpflege kann auch als ein Sondierungsprozess innerhalb Ihrer gesamten Erzählung verstanden werden, der Ihnen dabei hilft, spezifische Antworten auf spezifische Spannungen (z. B. Herausforderungen oder Gelegenheiten) zu geben. Mit anderen Worten: Wenn Sie wissen, welche Geschichte Ihre Marke *leben* soll, müssen Sie sich entscheiden, welche Geschichten sie *erzählt*. Unser Spannungsbogen ist flexibel genug, um auch diesen Aspekt zu veranschaulichen (vgl. Abb. 3).

Es gibt viele Wege, eine Marke zu prägen und ihre Handlungen zu planen. Doch soweit ich weiß, ist Storytelling der einzige Ansatz, der stets mit derselben, verlässlich episodischen Logik arbeitet: »Dies geschieht, damit jenes geschehen kann«. Ob Sie nun für fünf Jahre im Voraus planen oder sich eine einzelne Maßnahme vornehmen – die Herangehensweise bleibt gleich. Das macht Storytelling zunächst einmal praktisch. Das wahrhaft Bestechende daran ist aber, wie intuitiv es funktioniert: Wir alle wissen sofort, wenn uns eine gute Story begegnet; wir wissen es, weil wir uns an sie erinnern, auch dann, wenn wir uns das nicht vornehmen. Zu guter Letzt ist Storytelling flexibel, um nicht zu sagen aufgeschlossen: Selbst wenn Sie derzeit statische Markenmodelle verwenden, können diese po-

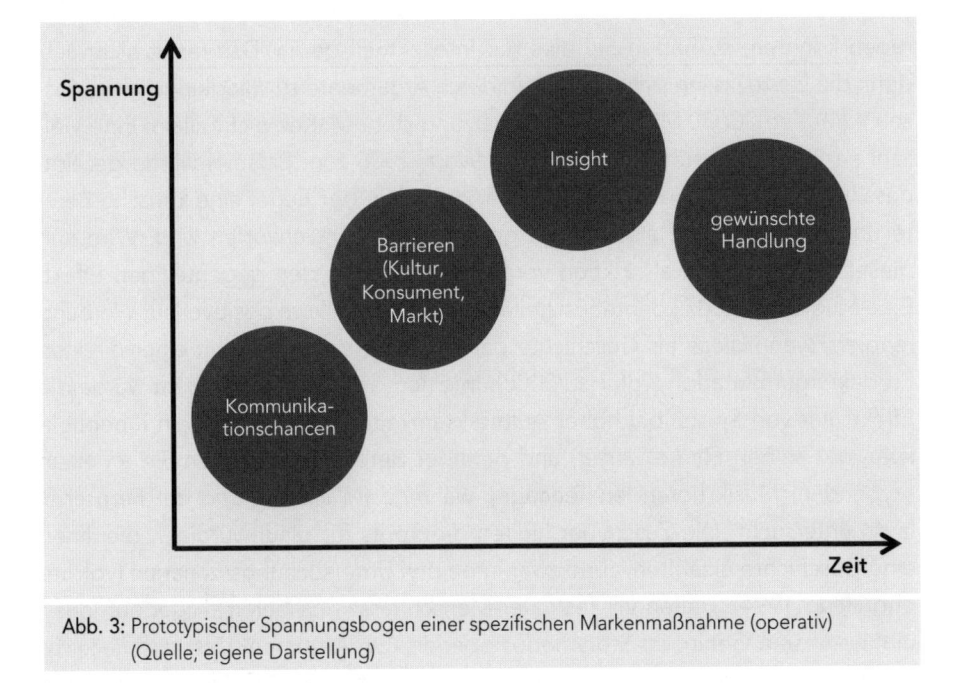

Abb. 3: Prototypischer Spannungsbogen einer spezifischen Markenmaßnahme (operativ) (Quelle; eigene Darstellung)

tenziell eine gute Markenstory inspirieren und sie mit Informationen füttern. Aber ist es wirklich so leicht? Im Prinzip ja, und darin liegt auch die Crux – weil es tatsächlich Manager gibt, die Einfachheit mit Schwäche verwechseln. Bis hierhin haben wir untersucht, wie Struktur und Zielsetzung im Storytelling funktionieren. Aber was ist mit der *inhaltlichen* Seite der Medaille? Wie erzeugt gutes Storytelling jene Bedeutung, die den Markt verändern kann?

Storytelling schafft Empathie

Platt gesagt, ist es die Aufgabe des Marketings, Leute zu motivieren. Dies führt uns direkt zum eigentlichen Kernkonflikt: Viele Marketer glauben noch immer, Menschen überzeugen zu können, wenn sie diese nur laut genug anschreien. Natürlich können Fakten überzeugen, doch was uns motiviert, sind Emotionen: »Es gibt zwei Probleme mit der Rhetorik: Erstens, die Personen mit denen Sie sprechen, haben ihre eigenen Autoritäten, Statistiken und Erfahrungen. Während Sie versuchen, sie zu überreden, argumentieren Ihre Gesprächspartner mit sich selbst, in ihrem Kopf. Zweitens, wenn Sie jemanden tatsächlich erfolgreich überreden konnten, so haben Sie dies nur intellektuell getan. Das reicht nicht aus, denn die Leute lassen sich nicht allein durch Argumente zu Handlungen veranlassen.« *(McKee 2003)*. Mit dieser Einschätzung steht McKee nicht allein: Eine Vielzahl an Studien bestätigt ihn Wort für Wort. 2006 zum Beispiel wurde gezeigt, dass Information, die als Faktum verpackt wird, in der Regel eine kritische Beurteilung zur Folge hat, also infrage gestellt oder gar verworfen wird. Wird nun dieselbe Information als Fiktion vorgestellt, hat dies den gegenteiligen Effekt. Eine Studie von 2007 konnte feststellen, dass ein Publikum positiver auf Werbung reagiert, wenn diese als Geschichte daherkommt, verglichen mit einer direkten Produktargumentation (vgl. Hsu 2008). In einem weiteren Experiment wurde die Effektivität von Spots, bei hoher Aufmerksamkeit (denken Sie an ein Kinopublikum, das seinen Film erwartet) und geringer Beteiligung (denken Sie an einen skypenden, Musik hörenden Teenager, während im Hintergrund der Fernseher läuft) untersucht. Die Zuschauer hielten die Spots für glaubwürdiger, die ihnen eine Geschichte erzählten – und zwar in *beiden* Untersuchungsszenarien (vgl. Leong/Heng 1994). Halten wir fest: Der Mensch lässt sich bereitwilliger auf Ideen ein, wenn sein Gehirn im Storymodus operiert. Ein Argument lässt uns vielleicht hinschauen und zuhören, aber es sind Geschichten, die uns wirklich Augen und Ohren öffnen. Womöglich fragen Sie sich gerade, wie das denn sein kann? Warum gelingt es einer Story, Menschen zum Handeln zu bringen, während die nackten Fakten scheitern? Ich zitiere Stephen Denning, den Guru des Business-Storytelling: »Der Überbringer einer logischen Analyse beteuert eine Aussage: »Die Katze saß auf der Matte«. Worauf die Antwort ist: »Nein, sie tat es nicht.« Wenn ich andererseits sage: »Ich erzähle euch jetzt von einer Katze, die auf einer Matte saß«, dann sind wir Arm in Arm und schauen gemeinsam. Ich erzwinge keine Schlussfolgerung. Wenn jedoch der Zuhörer denkt: »Vielleicht trifft dies in meinem Kontext zu«, dann sind wir nur noch einen Millimeter davon entfernt, anzufangen, etwas zu implementieren.« (Denning 2004).

> Der Mensch lässt sich bereitwilliger auf Ideen ein, wenn sein Gehirn im Storymodus operiert. Ein Argument lässt uns vielleicht hinschauen und zuhören, aber es sind Geschichten, die uns wirklich Augen und Ohren öffnen.

Der gute Geschichtenerzähler gibt seinem Publikum stets den Raum zur Identifikation. Je lauter und plumper eine Geschichte erzählt wird, desto weniger Platz gewährt sie den Zuhörern – sie werden auf Distanz gehalten zu etwas, das jemand Anderem gehört. Nuancierte und dramatisierte Geschichten dagegen schaffen eine Empathie, die das Publikum förmlich einlädt, sich in die Figuren hineinzuversetzen, in ihr Befinden, ihre Absichten – bis sie die Geschichte *miterleben*, als ob es ihre eigene wäre (vgl. Woodside/Aood/Miller 2008). Indem sie uns eigene Schlüsse ziehen lässt, nimmt uns die gut erzählte Geschichte ein. Doch nur die *besten* Geschichten werden weitererzählt. Für solche gibt es zwar kein richtiges Rezept, aber ich zeige Ihnen gerne ein paar gute Zutaten.

Storytelling lässt Ideen kleben

Eine der zentralen Herausforderungen des Marketing ist der Transfer von Wissen: Was wissen, glauben, fühlen die Freunde Ihrer Marke, das der Wettbewerb noch nicht entdeckt hat? Dieses Wissen wollen Sie so ansprechend und einprägsam wie nur möglich verbreiten – und dafür brauchen Sie Geschichten, die weitergegeben, gespeichert und immer wieder neu erzählt werden. Kurzum, Sie brauchen eine Markengeschichte, die »kleben bleibt«. Für diese »Klebrigkeit« gibt es weder eine Zauberformel noch ein absolutes Maß. Doch »klebrige« Ideen haben Gemeinsamkeiten – und die Gebrüder Heath haben sie zusammengefasst. Ideen, die kleben bleiben, sind (vgl. Heath/Heath 2007):

Einfach

Das ist keine Überraschung: Je näher Sie zum Kern Ihrer Markenidee vorstoßen, desto einfacher und klebriger wird es. Und »Kern« meint hier nichts anderes als das, was übrig bleibt, wenn Ihre Marke von jedem Rest – ganz gleich, wie attraktiv – befreit ist. Für die Heaths ist dieser Punkt nichts weniger als die entscheidende Schlacht, die Sie gewinnen müssen, wenn Ihr Feldzug gelingen soll. Bill Clinton, der dafür berüchtigt war, sich nie festlegen zu wollen, gewann seine erste Präsidentschaftskampagne mit dem so brutalen wie simplen Statement »It's the economy, stupid.« Für Disney liegt der Kern darin, jede Erscheinung der Marke als »Auftritt« zu inszenieren.

Unerwartet

Überraschungen machen uns aufmerksam; sie zwingen uns zum Nachdenken und bleiben oft haften – sofern das überraschende Moment ein gewitztes und kein dämliches ist. Es ist eigentlich gar nicht so schwer zu überraschen: Es gilt, ein Muster aufzuspüren, es zu durchdringen und es schließlich zu brechen. Neugierde liegt in der menschlichen Natur, der Drang, Informationslücken zu schließen oder Rätsel zu lösen. (Ein hinreißendes Beispiel sind die »sozialen Experimente« von Volkswagen: www.thefuntheory.com) Zur Kunst des Geschichtenerzählens zählt es, gewisse Lücken offenzuhalten – dem Publikum aber genug Wissen mitzugeben, damit es die richtigen Fragen stellt. In den Worten der Heaths: »Aha! funktioniert am besten nach Hä?« Wenn Sie nicht wissen, dass Sie vor ein Rätsel gestellt werden, dann macht es weder Sinn noch Spaß, es zu lösen.

Anschaulich

»Mag die Sprache oft abstrakt sein, das Leben ist es aber nie« (Heath/Heath 2007). Diese Anschaulichkeit ist einer der Gründe, warum viele antike, mündlich überlieferte Sagen die Zeiten überdauert haben: Ihre konkreten Details (anstelle abstrakter Umschreibungen) erleichterten die Erinnerungsleistung. Die Forschung belegt folgerichtig, dass Menschen konkrete Objekte (wie Fahrräder und Avocados) signifikant besser erinnern und beschreiben können als immaterielle Ideen (wie Gleichheit oder Gerechtigkeit). Anschauliches Erzählen erklärt übrigens auch die Hartnäckigkeit urbaner Mythen (wie vom Schuhverkäufer, der sich als er aufwachte, in der mit Eis gefüllten Badewanne eines Johannesburger Hotelzimmers befand und dem eine Niere fehlte). In den 1960er-Jahren motivierte sich das Boeing Team beim Bau der 727 damit, ein Flugzeug zu entwickeln, das 131 Passagiere unterbringt, nonstop von New York nach Miami fliegen kann und auf der Landebahn 4-22 landet – anstatt sich nur das grobe Ziel zu setzen, das beste Flugzeug der Welt zu bauen.

Glaubwürdig

Jede neue Idee muss sich mit den lebenslang gesammelten Überzeugungen ihres Publikums messen. Aber es wäre ein Fehler, dies als Entschuldigung zu verwenden und nur noch rational zu handeln. Ein Schlüssel, um Glaubwürdigkeit zu gewinnen, liegt darin, sich stets selbst zu hinterfragen: Stellen Sie sich zum Beispiel vor, Sie hören Ihre eigenen Verkaufsargumente zum ersten Mal. Außerdem hilft es, die Kraft Ihrer Argumente in einen menschlich Maßstab und Kontext zu bringen. Wenn Sie sagen: »Nur 37 Prozent unserer Mitarbeiter verstehen, was wir versuchen zu erreichen«, dann klingt das nur halb so überzeugend wie: »Wenn wir eine Fußballmannschaft wären, dann wüssten nur vier von unseren Spielern, auf welches Tor sie schießen ». Die Moral von der Geschichte? Nicht die Zahlen machen die Story; Ihre Story macht die Zahlen. Manchmal kann auch ein Testimonial helfen, Glaubwürdigkeit zu schaffen. Doch denken Sie daran, es geht weniger um »Wer ist der Kompetenteste?« und mehr um »Wie hat diese Person ihre Kompetenz in dieser Sache erlangt?« Ein Blick auf die Werbelandschaft zeigt, dass wir diese Frage ruhig öfter stellen sollten.

Emotional

Während der elf Jahre, die ich nun schon in Deutschland arbeite, ist mir noch nie ein Briefing begegnet, das nicht irgendwo verlangte, die Marke zu emotionalisieren. Ich meine das als Kompliment, wenn auch mit einer Einschränkung: Angesichts der Bandbreite menschlicher Regungen ist mit »emotional« noch nicht viel gesagt. Zwar haben wir bereits gesehen, dass sich analytisches Denken auf Kosten emotionaler Empfindung vollzieht. Dasselbe gilt jedoch für beliebig eingesetzte Gefühlsduselei. Menschen lassen sich nicht durch Emotionalität im Allgemeinen motivieren, sondern durch empathische Geschichten: nicht die Armut, sondern das Waisenmädchen in Somalia, oder die Erhöhung des Alltäglichen (ein Wettkampf) zu etwas Noblem (die Liebe zum Spiel). Menschen werden motiviert durch Appelle, die nicht an ihr Ego appellieren, sondern an ein Wir-Gefühl; Appelle, die sie daran erinnern, Teil eines größeren Ganzen zu sein (also nicht: »was ist das Beste für mich?«, sondern: »wofür entscheiden sich Menschen wie ich in dieser Situation?«). Anstatt zu sagen: »Meine Zielgruppe soll meine Marke kaufen, weil…«, fragen Sie lieber: »Warum wird sich meine Zielgruppe mit meiner Marke *beschäftigen*?« Und hören Sie nie auf, sich diese Frage zu stellen.

Womöglich kommen Ihnen diese Grundprinzipien der Klebrigkeit ein wenig offensichtlich vor, jetzt da Sie sie gelesen haben. Und womöglich sind sie das auch! Aber warum verwenden wir sie dann nicht automatisch? Auch darauf geben die Heath-Brüder eine Antwort, wenn sie vom »Fluch des Wissens« sprechen. Dieser Fluch lässt Sie vergessen, was Sie alles *nicht* wussten, *bevor* Sie für Ihre Marke arbeiteten. Erinnern Sie sich! Geben Sie sich alle Mühe! Auch Sie waren, das unterstelle ich jetzt einmal, das Zielpublikum Ihrer Marke. Und wenn Sie sich dieses Gefühl bewahren, dann wissen Sie, was zu tun ist, um auch die Anderen überzeugen zu können.

Storytelling schafft Markenkohärenz

Als das Zeitalter integrierter Kommunikation begann, war »Konsistenz« das Zauberwort. Inzwischen wissen wir, dass »Kohärenz« die wichtigere Rolle spielt. Nicht »überall dieselbe Markenbotschaft«, sondern »die relevanteste und authentischste Botschaft, abhängig vom jeweiligen Berührungspunkt zwischen Konsument und Marke«. Doch in einer Zeit, da sich Werbung als alles versteht, worauf sich ein Markenname drucken lässt, ist kohärente Markenregie eine massive Herausforderung. Das zeigt sich an der recht kurzen Liste von Marken, die sowohl für Konsistenz *und* Kohärenz stehen und auf insgesamt hohem kreativem Niveau agieren: z. B. Lucky Strike, Sixt oder Volkswagen. Die Beiträge, die 2011 um die IPA Effectiveness Awards konkurrierten, nutzen durchschnittlich sieben Medienkanäle; 1990 waren es drei. Ist es Zufall, dass die Qualität der Markenwerbung im selben Zeitraum zusehends schwand? Nein, sagt Tim Broadbent und liefert zwei mögliche Erklärungen mit: 1) »mehr Kanäle mit demselben Budget« bedeutet, dass die einzelnen Kanäle nur unzureichend bespielt werden können. Die Kampagne wird bis zur Unkenntlichkeit verdünnt; 2) die »Integration von Inhalten« über all diese Kanäle funktioniert nur unzureichend. Statt einer Story wird zusammenhangslos erzählt.

> Kraftvolle Geschichten können dabei helfen, ein gering ausgestattetes Medienbudget zu kompensieren. Sie berühren die Emotionen des Publikums und sie kreieren eine Energie, ein Dröhnen, einen »Buzz« um die Marke.

Und jetzt die gute Nachricht: Eine kraftvolle Geschichte kann dabei helfen, ein gering ausgestattetes Medienbudget zu kompensieren. Das zeigen Studien über Kampagnen, die sowohl für Kreativität als auch für Effektivität ausgezeichnet worden sind – solche Kampagnen also, für die wir alle kämpfen sollten. Konkret weisen diese Studien nach, dass besagten Kampagnen zwei Dinge besser gelingen: Sie berühren die Emotionen des Publikums und sie kreieren eine Energie, ein Dröhnen, einen »Buzz« um die Marke. Letzteres ist die Aufgabe der neuen Kanäle, typischerweise Digital und Social Media. Von ihnen muss jene Wucht ausgehen, die eine Marke zur Autorität in ihrem Segment werden lässt, zur meistbesprochenen Marke. Das ist nicht annähernd so trivial wie es klingt: In hochentwickelten Märkten wie Deutschland meint Marketing die Schlacht um Marktanteile – und wachsende Anteile rühren fast ausschließlich aus einer profunderen Durchdringung dieses Marktes. Das erste Gebot Ihrer Markenstory muss deshalb lauten: erhöhen Sie Ihre Popularität. Daraus erklärt sich auch die tragende Rolle, die dem Storytelling bei der Integration von Inhalten zukommt. Doch aus meiner Sicht gibt es eine weitere, spannende Verwendung von Storytelling: Als »Bindegewebe« innerhalb einer Markenorganisation, wie die folgende Passage zeigt (die Ihnen bekannt vorkommen könnte): »Da der Markenaufbau eine gemeinsame Leistung von Markenmanagern, ihren strategischen Markenberatern, Naming-Experten, Designern und Werbeagenturen ist, gibt es sehr viele Momente, in denen das ganze Konzept aus der Spur geraten kann. Strategische Entscheidungen gehen während des sequenziellen Prozesses unterwegs verloren, bei dem ein Briefing nach dem anderen nur für den nächsten Kreativen in der Reihe geschrieben wird. Tatsache ist, dass all die am Prozess beteiligten Parteien verschiedene Sprachen sprechen und ihren eigenen Jargon verwenden und Methoden und Philosophien dabei nicht wirklich weiterhelfen. Diese Hindernisse können sehr teuer werden.« (Cramer/Koene 2011). Wie wir gesehen haben, kann Storytelling dieser »Ineffizienz« beikommen, weil es Markenmanagern eine intuitive und prozessübergreifende Sprache verleiht. Aber den schönsten Teil habe ich Ihnen noch gar nicht verraten: Wenn Storytelling wichtiger für das Markenmanagement allgemein wird, wenn Sie konkret Ihre eigene Story formen, dann befördern Sie sich selbst. Warum? Weil Sie die Geschichte Ihrer Marke erschaffen, ausbauen und immer wieder neu erfinden, anstatt sie in abstrakte Bilder zu quetschen (Diamanten, Zwiebeln etc. pp.). Und nebenbei stellen Sie sicher, dass diese Geschichte widerspiegelt, was Ihr Unternehmen und Ihr Produkt *wirklich* ausmacht.

Eine Marke ist ausgesprochen fragil – und sollte es nicht bereits für jeden offensichtlich sein, dann macht das Social Web ihre Unvollkommenheit sichtbar. Wie es in der Fernseh-Serie »Akte X« immer hieß: Die Wahrheit ist irgendwo da draußen. Twitter, Blogs, Facebook und Co. ermöglichen es uns, Reporter, Autor und Kuratoren der Geschichten zu sein, die wir sonst für uns behalten hätten. Hier bekommen wir das Publikum, das uns immer gefehlt hat. Und jetzt ist es an uns als Marketer, eine Markenstory zu erzählen, die es schafft, dieses Publikum zu begeistern und ein Teil der Geschichten zu werden, die sie tagtäglich schreiben. Wir sind umgeben von Geschichten; sie sind der Stoff, der unser Leben ist. Viel-

Kapitel 5: Steuerung & Umsetzung

leicht denken Sie jetzt an die zerstückelte Medienlandschaft; das Multitasking; das immerwährende Sinken der Aufmerksamkeit. Vielleicht denken Sie: Wann habe ich noch Zeit für Storytelling? Wenn Sie mich fragen, haben Sie keine Zeit für irgendetwas sonst.

Umsetzungsorientierte Markenführung

Oder warum nur ein positives Markenerleben zum Erfolg führt

Christiane Wenhart/Marc Sasserath

Die konsequente Umsetzung einer Markenstrategie entscheidet über deren Erfolg oder Misserfolg – und zwar an jedem einzelnen Kontaktpunkt. Christiane Wenhart und Marc Sasserath erläutern die Notwendigkeit eines einzigartigen und widerspruchsfreien Markenerlebens. Zudem zeigen sie, wie sich dieses durch das Aussteuern der Inhalte, Signale und Kanäle einer Marke in der Wahrnehmung der Menschen einstellt.

Warum braucht es eine umsetzungsorientierte Markenführung?

Es klingt so wunderbar einfach, wie David Aaker und Erich Joachimsthaler (2001, S. 35ff.) in ihrem Standardwerk die vier zentralen Aufgaben erfolgreicher Markenführung beschreiben: 1. Inhaltliche Definition der Markenidentität und -positionierung; 2. Festlegung der formalen Markenstruktur bzw. -architektur; 3. Konkrete Umsetzungsprogramme zum Aufbau und zur Pflege der Marke und 4. Etablierung der Organisationsstrukturen und Prozesse. In der Praxis bereiten jedoch vor allem die Aufgaben drei und vier die größten Schwierigkeiten. Hinter diesen verstecken sich in der Unternehmensrealität gewaltige Herausforderungen. So hakt es häufig daran, die intendierte Markenidentität und Markenarchitektur in ein System klarer Zielvorgaben zu übersetzen und daraus ganz konkrete Umsetzungspläne und Maßnahmen abzuleiten, durch die eine Marke für die Menschen überhaupt erst erlebbar wird. Held und Scheier (2007) beschreiben denn auch die *Implementierungslücke* als eines »der Hauptprobleme in der modernen Markenführung«. Tatsächlich ist die Umsetzung einer intelligenten Strategie eine der größten Herausforderungen für Marken. Luc Bardin, Chief Sales und Marketing Officer von BP, macht dies in einem Interview nach der Deepwater Horizon-Katastrophe deutlich: »The visual identity of the brand isn't so important. What the brand really means, its positioning, values, actions, behaviours and relationships is what really matters. The BP brand has been tarnished and in the future there is a massive task at hand, but actions are much stronger than words. It's not about reputation management it's about doing the right thing.« (Baker 2010). Bemerkenswert ist in diesem Zusammenhang, dass die Marke BP im Interbrand Ranking der Top 100 wertvollsten Marken nach der Katastrophe nicht mehr auftaucht. Jawohl! Es sind die Taten, die Produkte und das Erfüllen des Markenversprechens, die zählen. Genau hier steckt die Dramatik der Implementierungslücke. Die tolle Strategie, die großartige Vision, die vielen guten Ideen kommen bei den betreffenden Menschen, schlimmstenfalls den Kunden, oft nicht an – die Marke »veropelt«. Aber warum ist das alles so schwer? Das Problem ist doch seit Langem bekannt und benannt. Die Gründe für die »lückenhafte« Implementierung sind vielfältig: ein mangelndes ganzheitliches Verständnis der Markenführung, strukturelle Probleme, unzureichende organisatorische Prozesse oder schlicht ein fehlendes Bewusstsein für die zentrale Bedeutung des Markenerlebens.

> Die tolle Strategie, die großartige Vision, die vielen guten Ideen kommen bei Mitarbeitern und Kunden oft nicht an. Hier steckt die Dramatik der Implementierungslücke.

Marken sind in einer komplexen und digitalen Welt wichtiger als je zuvor: als Informationsspeicher, Orientierungshilfe und Qualitätsgarant. Eine Marke kann bei Kunden, Mitarbeitern, Vertriebspartnern und selbst Finanzspezialisten Faszination und Leidenschaft erzeugen und Produkte, ja ganze Unternehmen zum Leuchten bringen. Voraussetzung hierfür jedoch ist, dass die Markenstrategie perfekt umgesetzt und damit zum Leben erweckt wird. Ein Beispiel ist die Baloise Group, deren erfolgreiche Markenimplementierung das gesamte Unternehmen nachhaltig verändert hat.

Umsetzungsorientierte Markenführung
Oder warum nur ein positives Markenerleben zum Erfolg führt | 231

Baloise Group: Wie man eine intangible Marke erlebbar machen und damit ein Unternehmen transformieren kann.

Die Baloise Group ist eine Schweizer Versicherungsgruppe, der u.a. die Basler Versicherungen in Österreich angehören. Im Jahr 2006 startete die Basler Österreich ein völlig neues Vertriebsprogramm, das bis heute maßgeblich zum überdurchschnittlichen Wachstum beiträgt. Der Clou des Programms: Die Basler Österreich machte ihre intangible Versicherungsleistung greifbar, indem sie Vertriebsmitarbeiter mit einer Sicherheitsbox ausstattete. Der Vertrieb konnte so z.B. anschaulich demonstrieren, wo im Alltag Gefahren lauern und wie man Vorsorge treffen kann, um Unfälle zu vermeiden. Das lästige Thema *Versicherung* wurde so für Kunden über das wichtige Thema *Prävention* positiv erlebbar – für Vertriebsmitarbeiter eine wunderbare Gelegenheit, aktiv auf Bestands- und Neukunden zuzugehen. Das Programm bildete den Ausgangspunkt für eine Neupositionierung der gesamten Versicherungsgruppe. In einer umfassenden Analyse wurden alle relevanten internen und externen Stakeholder einbezogen, z.B. Mitarbeiter, Kunden, Nicht-Kunden, Vertriebspartner und Journalisten. Das Resultat ist eine gemeinsame Sicherheitspositionierung: die Baloise Sicherheitswelt. Diese stellt das Thema *Sicherheit* konsequent ins Zentrum der Unternehmensleistung und geht damit weiter als herkömmliche Versicherungen. Die Baloise will, dass sich die Menschen sicher fühlen, denn Sicherheit ist ein Grundbedürfnis. Mit der Baloise Sicherheitswelt, die klassische Versicherung mit intelligenter Prävention verbindet, leistet die Baloise somit einen wichtigen Beitrag zum Lebensglück der Menschen und stiftet Sinn und Nutzen in der Gemeinschaft. Diese Haltung verdichtet sich im Markenclaim »Wir machen Sie sicherer«. Martin Strobel, CEO der Baloise Group, erläutert: »Wir helfen, dass Schaden gar nicht erst entsteht. Sollte dennoch etwas passieren, regeln wir den Schaden wie bisher kompetent und schnell.« Um dieses Versprechen einzulösen, bildet die Baloise ein Team von Spezialisten aus, das innovative Angebote entwickelt, die das Leben der Menschen noch sicherer machen. Zum Sicherheitsangebot gehört die *Sicherheitsbox*, eine intelligente Zusammenstellung hochwertiger Schutzmittel, die Menschen z.B. in ihrem Wohnbereich oder beim Autofahren vor den häufigsten Gefahren bewahren und ihnen im Extremfall sogar das Leben retten können. Im *Sicherheitsclub* der Sicherheitswelt profitieren treue Kunden von vielfältigen Angeboten und Vergünstigungen. Dabei kooperiert die Baloise mit renommierten Firmen, die im Bereich Prävention tätig sind. Und in der eigens dem Thema *Sicherheit* gewidmeten Kundenzeitschrift *NummerSicher* finden Kunden zahlreiche Sicherheitstipps, damit die Kunden ihr Leben noch mehr genießen können und werden zum lustvollen Erleben von Sicherheit ermuntert. Denn Sicherheit gibt die Freiheit, Neues zu wagen. Eingeläutet wurde die Neupositionierung mit dem ersten konzernweiten Baloise-Sicherheitstag, der seitdem an jedem Freitag der 13. stattfindet. Zu diesem Anlass können sich Mitarbeiter intensiv mit der Sicherheit ihrer Kunden auseinandersetzen. Die neue Positionierung findet auch Ausdruck in einem neuen *Corporate Design*, das für alle Geschäftseinheiten gilt. Gleichzeitig wurde der gesamte kommunikative Auftritt neu gestaltet. Die Sicherheitswelt wird hierbei direkt erlebbar. Alle Kommunikationsmittel bieten dem Betrachter einen direkten, konkreten Nutzen. Anzeigen enthalten wichtige Notfallnummern oder einen Sehtest. Die Sicherheitswelt ist damit nicht länger ein reines Vertriebsprogramm, sondern der Kern einer neuen und einzigartigen vom gesamten Unternehmen gelebten Unternehmensidentität. Auch in allen internen Ausbildungs- und Entwicklungsaktivitäten bekommt die Sicherheitswelt einen zentralen Platz. Mittlerweile bietet die Baloise in den meisten Geschäftsfeldern innovative Sicherheitsleistungen an, die über das klassische Versicherungsgeschäft hinausgehen und im Rahmen der Sicherheitswelt sukzessive ausgebaut werden.

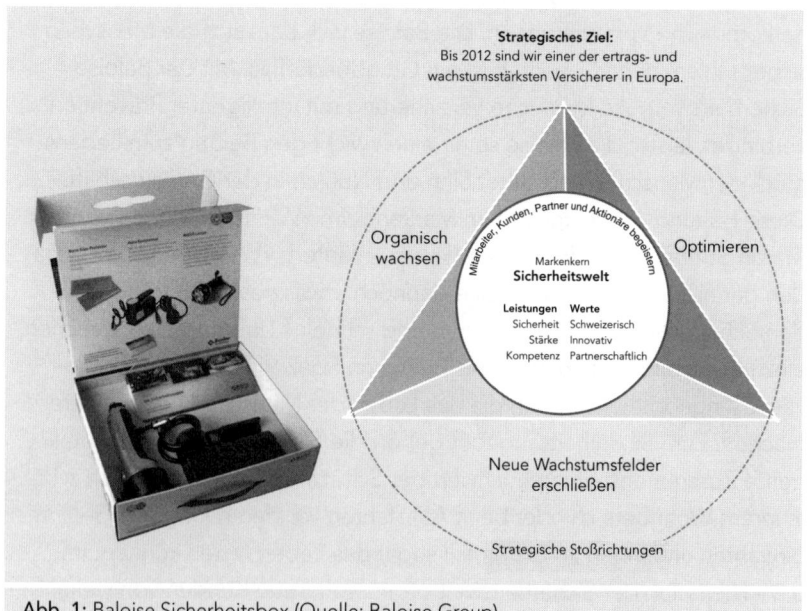

Abb. 1: Baloise Sicherheitsbox (Quelle: Baloise Group)

Warum ist das Markenerleben die zentrale Leitdimension der Markenführung?

Positives Markenerleben schafft Markenpräferenz

Markenpräferenz entsteht durch Markenerleben. In der Filiale, im Verkaufsgespräch, beim Gebrauch des Produkts etc. entscheidet sich, ob es der Marke gelingt Präferenz zu schaffen. Markenpräferenzen bilden sich dann, wenn die Marke im Moment des Erlebens als *nützlich, interessant* und *einzigartig* erlebt wird und sich dieses Erlebnis *widerspruchsfrei* in die Gesamtwahrnehmung der Marke fügt.

> Menschen wertschätzen keine Strategien, sondern konkrete Erlebnisse. Sind diese nützlich, interessant und einzigartig, so entsteht Markenpräferenz.

Die vier zentralen Kriterien der Markenpräferenz

Die Markenerlebnisse an sämtlichen Kontaktpunkten zwischen Marke und Mensch prägen das Markenerleben und haben Einfluss auf die Markenpräferenz. Die nachfolgenden Bewertungskriterien lassen sich auf sämtliche Kontaktpunkte anwenden. Besonders wichtig sind dabei die konkreten Produkt- bzw. Dienstleistungserlebnisse, da diese die Wahrnehmung des Kunden bzw. Nutzers am nachhaltigsten prägen.

1. Die Marke muss als *nützlich* erlebt werden.
Menschen nutzen Marken, um Ziele zu erreichen. Jede Marke muss deshalb zunächst einen kategoriespezifischen Basisnutzen erfüllen (telefonieren, Hunger stillen, sich absichern etc.). Da Menschen in der Regel die Wahl zwischen mehreren Marken haben, muss eine Marke darüber hinaus immer auch ein implizites Ziel bzw. einen impliziten Nutzen erfüllen (viele Snacks stillen meinen Hunger, aber es ist ein großer Unterschied, ob ich schnelle Energie und Kraft erwarte oder eher eine träumerische Auszeit wünsche).

2. Die Marke muss als *interessant* erlebt werden.
Interessant zu sein beschreibt die Kraft der Marke, Menschen zu begeistern, sie zu fesseln und erfreuen, so dass sie sich gerne mit ihr beschäftigen – unabhängig von der Nützlichkeit des Produkts. Diese Dimension ist

unter heutigen Wettbewerbs- und Kommunikationsbedingungen entscheidend, um die Aufmerksamkeit der Menschen zu gewinnen. Interessant ist ein Markenerlebnis, wenn es die richtige Balance zwischen Neuem und Bekanntem findet, d. h. weder überaktiviert noch langweilt (vgl. Zimbardo/Gerrig 1999). Marken müssen also immer wieder neue, interessante Impulse schaffen.

3. Die Marke muss als *einzigartig* erlebt werden.
Alles, was eine Marke bietet, sollte unverwechselbar sein. Die Marke muss erreichen, dass ihr Angebot klar unterscheidbar von dem anderer Marktteilnehmer ist. Im Idealfall sollte nur sie – oder zumindest sie am besten – zur Zielerreichung geeignet sein. Gleichzeitig ist Einzigartigkeit sehr wichtig, um einen Menschen in seiner Entscheidung zu bestätigen und ihm das sichere Gefühl zu geben, die richtige Wahl getroffen zu haben. Dies ist vor allem bei Entscheidungen mit einer hohen Investition für den Kunden wichtig.

4. Die Marke muss als *widerspruchsfrei* erlebt werden.
Widerspruchsfreiheit bedeutet, dass alle Wesensäußerungen und Angebote einer Marke an den unterschiedlichsten Kontaktpunkten untereinander stimmig sind. Dabei geht es nicht um eine konsistente und formale Gleichschaltung von Botschaften, Aussehen und Auftreten, sondern darum, dass das gesamt Erleben »passt«. Das heißt, dass Markenerlebnisse, je nach Bezugsgruppe, Kanalart und Tageszeit, durchaus variieren können. Sie sollten jedoch von den Menschen problemlos zu einem ganzheitlichen Markenerleben zusammengeführt werden können.

Dieser Widerspruchsfreiheit kommt heute eine herausragende Rolle zu: Erstens schafft sie den Sprung vom tradierten Konsistenzdenken hin zu einem variableren Verständnis des Markenerlebens. Zweitens sind Widersprüchlichkeiten im Markenerleben ein Hauptgrund des Scheiterns von Marken. Auch hier zeigt sich: Die Umsetzung entscheidet über Erfolg und Misserfolg einer Marke.

Markenerleben ist die Summe aller Begegnungen zwischen Mensch und Marke

Ein positives Markenerleben entsteht nicht aus einem einzigen, bombastischen *Markenerlebnis*, sondern aus der Summe aller Begegnungen zwischen Mensch und Marke. Dennoch kann ein einzelnes, stark positives oder negatives Markenerlebnis das gesamte Markenerleben nachhaltig prägen (Halo-Effekt). Ein Beispiel sind »Flagshipstores« wie das Nivea-Haus. Die Geschäftsführerin Christin Lüdemann berichtet, dass das Erlebnis des Nivea-Hauses die Wahrnehmung aller anderen Kontaktpunkte positiv beeinflusst – und das nachhaltig. Ein ähnlich positiver Beziehungseffekt ergibt sich, wenn der glückliche VW-Käufer sein Auto persönlich in der Autostadt oder der gläsernen Manufaktur in Empfang nimmt. Dieser Effekt macht auch anschaulich, dass sich Menschen auf alle Sinne verlassen und Präferenzurteile deutlich weniger auf Logik und Verstand basieren, als wir es wahrhaben wollen. Denn das Auto als solches ist ja nicht anders oder gar besser als beim Händler um die Ecke. Der kanadische Kommunikationstheoretiker Marshall McLuhan bemerkt hierzu treffend: »Jeder erlebt mehr als er versteht – aber das Erlebnis, nicht das Verständnis, beeinflusst unser Verhalten.«

Das Markenerleben lässt sich als psychologisches Äquivalent des Marktanteils beschreiben, das in den meisten Märkten in hohem Maße mit den tatsächlichen Marktanteilen korreliert. In unseren Studien liegt die Korrelation über unterschiedlichste Branchen hinweg zwischen r = .81 und r = .92. Dieser Zusammenhang lässt sich leicht erklären: Durch viele einzelne, überwiegend positive Markenerlebnisse wird eine Marke insgesamt als positiv erlebt. Dieses positive Markenerleben schafft Markenpräferenz. Die Markenpräferenz beeinflusst das konkrete Entscheidungsverhalten der Menschen positiv und wirkt somit absatzsteigernd. Im Wettbewerbskontext bedeutet das, dass Marken, die sich durch ein hohes Markenerleben auszeichnen, auch einen entsprechend hohen Marktanteil realisieren können.

Markenerleben schafft Markenstärke und langfristige Kundenbeziehungen

Die empirische Forschung hat drei Kernvariablen identifiziert, mit denen sich die Stärke einer Marke bemessen lässt: *Sympathie*, *Vertrautheit* und *Verbundenheit*. Markenstärke ist somit ein Maß für die Beziehungsqualität zwischen Mensch und Marke. Durch positive Markenerlebnisse entstehen dauerhaft tragfähige Bezie-

| 236 | **Kapitel 5: Steuerung & Umsetzung** |

hungen, die in den hoch umkämpften Märkten für Marken äußerst wichtig sind. Wie nachhaltig und wertvoll eine Markenbeziehung sein kann, zeigt das Beispiel Langnese. Seit Jahren erweckt die Marke eine längst nicht mehr erhältliche Produktmarke aus ihrem Sortiment für eine Saison zu neuem Leben. Markenführung ist heute in erster Linie Beziehungspflege. Hierfür müssen Unternehmen an den Kontaktpunkten zwischen Mensch und Marke positive, präferenzbildende und beziehungsstiftende Markenerlebnisse schaffen und fördern.

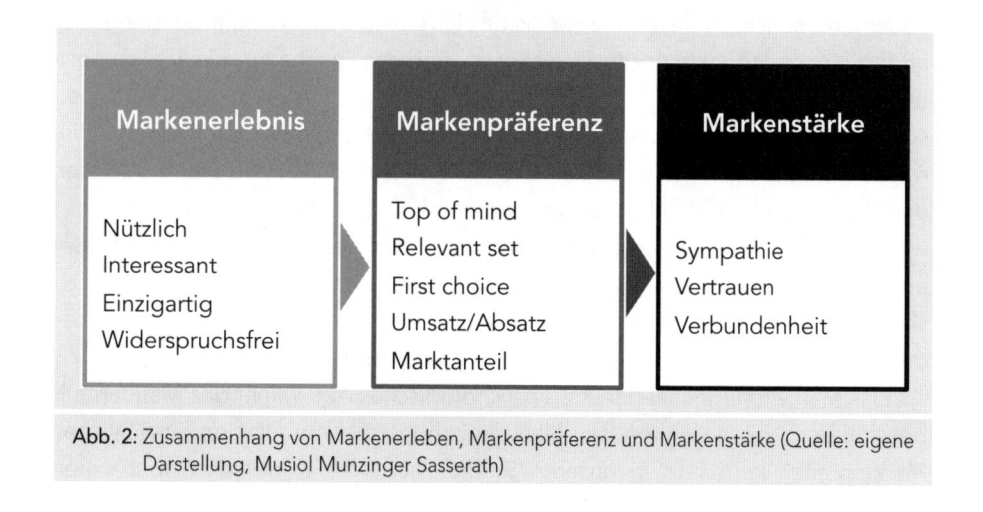

Abb. 2: Zusammenhang von Markenerleben, Markenpräferenz und Markenstärke (Quelle: eigene Darstellung, Musiol Munzinger Sasserath)

Markenerleben wird erzeugt in der Dreiheit aus Inhalt, Signal, Kanal

Wie lassen sich nun das Markenerlebnis an einem spezifischen Kontaktpunkt und das gesamte Markenerleben über alle Kontaktpunkte hinweg steuern? Zunächst ist es wichtig, die drei wichtigsten Steuerungsgrößen von Markenerlebnissen zu kennen. An jedem Kontaktpunkt wirken *Inhalte*, *Signale* und *Kanal*. Wir sprechen daher von der »Markenerleben-Dreiheit«. Mit Inhalten sind die inhaltlichen Botschaften gemeint (Was kommuniziert die Marke?). Die Signale beziehen sich auf das konkrete Auftreten einer Marke (Wie tritt die Marke auf?). Wirksame Signale sind nicht nur abstrakter Natur, wie Logo, Farbcodes und sonstige Gestaltungselemente. Laut Munzinger und Musiol (2008, S. 84ff.) ist bei der Gestaltung von Markenerlebnissen darauf zu achten, Signale mit Bedeutung zu versehen und möglichst konkrete Signale zu entwickeln und verwenden, die im Idealfall markenspezifisch sind. Der Vorteil konkreter Signale ist deren implizite Wirksamkeit

Umsetzungsorientierte Markenführung
Oder warum nur ein positives Markenerleben zum Erfolg führt | 237

über alle Sinne. Als Beispiel für ein markenspezifisches Signal nennen die Autoren das links angebrachte Zündschloss des Porsche 911. Sitzt man in einem Auto und der Zündschlüssel ist links angebracht, muss es ein 911er sein. Die Wirkmächtigkeit von Signalen für den Markenerfolg wird häufig unterschätzt, wie das Beispiel Tropicana zeigt.

> **Verzicht auf ein markenkonstituierendes Signal: Tropicana plötzlich nicht mehr direkt aus der Orange, sondern aus dem Glas?**
>
> Wie schwierig es ist, die Dreiheit von Inhalt, Signal und Kanal zu verstehen und zu steuern, zeigt das Beispiel Tropicana (vgl. Zmuda 2009). Ende 2008 überarbeitete die Marke ihr Packaging – nichts Ungewöhnliches im FMCG-Markt und für Tropicana längst überfällig. Es kam jedoch völlig anders als gedacht: Innerhalb der ersten beiden Monate sorgte das Re-Design für 20% Umsatzeinbruch. Gleichzeitig gab es massive Beschwerden von Seiten der Kunden, so dass sich Tropicana schon Ende Februar 2009 genötigt sah, zur alten Verpackung zurück zu kehren. Gerne wird dieses Beispiel als Beweis für die Macht der Konsumenten diskutiert. Wirklich interessant ist jedoch, dass sich weder die Tropicana-Markenverantwortlichen noch der Designer Peter Arnell der Stärke und Bedeutung der *Orange mit Strohhalm* als konstituie-
>
>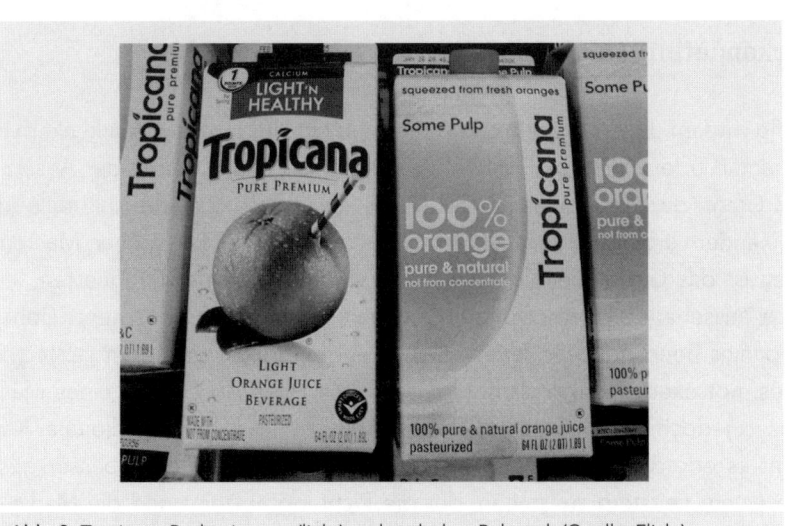
>
> **Abb. 3:** Tropicana Packaging vor (links) und nach dem Relaunch (Quelle: Flickr)

rendem Signal bewusst waren. Dieses Signal ist für das Tropicana-Marken-
erleben elementar, da es die für den Genuss wichtigen Inhalte (Direktsaft,
Frische, purer, natürlicher Geschmack) unmittelbar vor dem Genuss
(Kanal ist hier das Produkt selbst) vermittelt. Dieses Beispiel zeigt, wel-
chen negativen Einfluss eine falsche Umsetzung und damit ein negatives
Markenerlebnis auf den Markenerfolg haben können.

Die dritte Einflussgröße eines Markenerlebnisses ist der Kanal bzw. das Übertra-
gungsmedium (Welches Medium benutzt eine Marke?). Der Kanal legt fest, wann,
wo und unter welchen Umständen das Markenerlebnis stattfindet. Inhalte, Signale und Kanal bilden eine unzertrennbare Dreiheit und stehen in enger Wechsel-
wirkung, was man daran sieht, dass auch der Kanal selbst eine Botschaft transportiert (vgl. McLuhan/Fiore 1967): TV ist ein Prosperitätssignal für eine Marke, der
es gut geht und die es sich leisten kann. Das Sponsoring internationaler Events
bietet einer Marke die Plattform, um sich als Global Player zu präsentieren. Promotions in coolen Clubs und Bars sind ein Kanal, um sich als Trendsetter zu positionieren usw.

Wie lässt sich das Markenerleben umsetzungsorientiert steuern?

Markendefinition als Leitstern

Häufig wird im digitalen Umfeld diskutiert, ob ein verbindlicher Markenkern noch
zeitgemäß oder ein längst überholtes Dogma ist. Spannend ist der Ansatz von
John Grant, der Marken als »Brand Molecules« beschreibt, die kulturelle Ideen
miteinander verbinden. Sein sehr richtiger Kritikpunkt an klassischen Markenmodellen ist das Gebot der Konsistenz. Dieses führt zu einer integrierten, visuell
gleich aussehenden Umsetzung: »Only liars need to be consistent. Coherent
companies need not fear variety. Consistency should come from strategy and
values, not executional similarity.« (Grant 2006) Das Abschaffen eines Marken-
kerns ist jedoch keine Lösung. Gerade die Vielfalt und Dynamik digitaler Kanäle
macht es erforderlich, an einem Markenkern festzuhalten oder besser gesagt,
nach einem Leitstern zu greifen, der die Richtung aufzeigt und die Marke zum
Strahlen bringt. Das Festhalten an einem Markenkern ist keineswegs gleichzuset-

zen mit Unbeweglichkeit, Kreativitätsverbot oder Rückwärtsgewandtheit. Auch sind damit kein zwanghaftes »Durchdeklinieren«, exakte Logovermaßungen oder zentralistische Adaptionsroutinen verbunden, wie Markenkernkritiker gerne überspitzt argumentieren. Es geht nicht um ein starres Regelkorsett. Im Gegenteil: Es geht darum, wie John Grant sagt, eine strategische Basis zu schaffen, um zielführende und markengerechte Umsetzungen überhaupt erst zu ermöglichen. Damit eine Marke ihre Kraft als Leitstern entfalten kann, muss diese verbindlich und verständlich definiert werden (vgl. Kap. 3, S. 101). Erst dann lässt sich eine Marke führen und steuern und kann an unterschiedlichsten Kontaktpunkten für unterschiedliche Zielgruppen präferenzstiftende Markenerlebnisse schaffen, ohne an Kohärenz einzubüßen. Eine starke Markendefinition bietet sämtlichen internen und externen Bezugsgruppen (Agenturen, Management, Mitarbeiter) Orientierung bei der Frage, welchen konkreten Beitrag sie zum Markenerfolg leisten können. Fehlt eine eindeutig definierte Grundlage oder bleiben komplexe Definitionen unverstanden, fehlt die klare Führung der Umsetzung. Vor allem im Bereich Social Media lässt sich häufiger beobachten, dass Marken in ihrem Bemühen sich den »unorthodoxen, jugendlichen« Kanälen anzupassen ihre Markendefinition vergessen.

Markenerleben-Plattform als Grundlage der Implementierung

Im Zentrum der Markendefinition steht eine Markenidee sowie die Markenerleben-Dreiheit (vgl. Abb. 4). Die Inhalte einer Marke können nach (harten) *faktischen Markenleistungen* und (weichen) *Markenwerten* und *Charaktereigenschaften* unterschieden werden. Letztere beschreiben, wie eine Marke sich anfühlt und wie sie den Menschen gegenübertritt. In der Markenerleben-Dreiheit geht es um diejenigen Inhalte, Signale und Kanäle, die konstituierend sind. Denn natürlich entstehen bei der Gestaltung eines spezifischen Kontaktpunkts (auch in Abhängigkeit der Bezugsgruppe) ergänzende Inhalte und Signale, die jedoch weniger zentral und dauerhaft sind. Diese ergänzenden Inhalte und Signale sollten die konstituierenden Markeninhalte und -signale sinnvoll komplettieren. Auf keinen Fall dürfen sie diese aber konterkarieren oder überlagern, ein Effekt, der häufig bei der Verwendung von Prominenten entsteht, die aufgrund ihrer Dominanz und Präsenz die Markenerleben-Dreiheit überstrahlen.

240 | Kapitel 5: Steuerung & Umsetzung

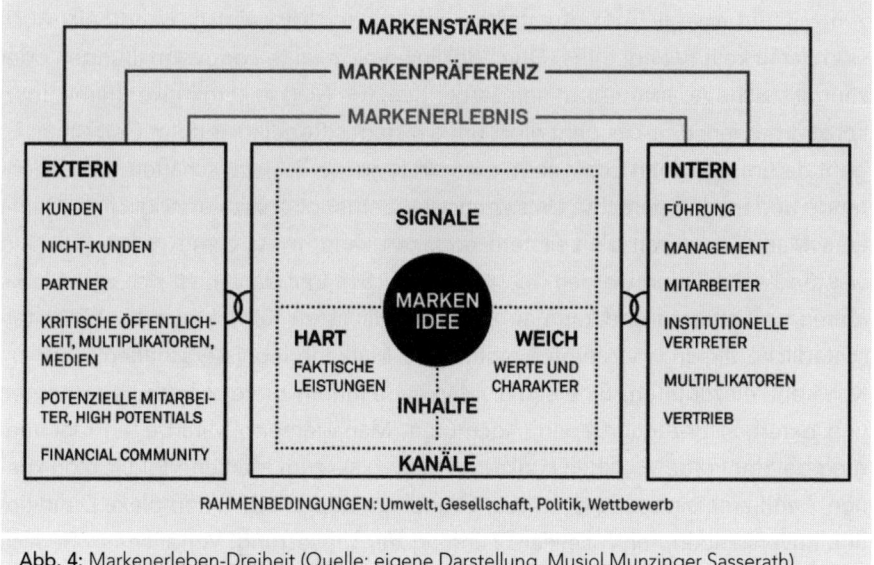

Abb. 4: Markenerleben-Dreiheit (Quelle: eigene Darstellung, Musiol Munzinger Sasserath)

Für eine bessere und nachhaltige Steuerung der Markenerleben-Dreiheit empfiehlt es sich, die Markenidentität um eine *Markenvision* und *Markenmission* zu ergänzen. Häufig lassen diese sich aus der Business-Strategie ableiten. Bei Marken und Unternehmen, die länger existieren oder deren Gründungshistorie eine wichtige Rolle für das Selbstverständnis spielt, sollte auch die *Markenhistorie* mit in die Markenplattform aufgenommen werden. Auf dieser Basis lassen sich nun konkrete Umsetzungen für unterschiedliche Bezugsgruppen an unterschiedlichen Kontaktpunkten entwickeln. Jedes Markenerlebnis muss exakt definiert und die Markenerleben-Dreiheit zielgruppen- und kontaktpunktspezifisch ausgesteuert werden. Besonders die expliziten und impliziten Ziele der jeweiligen Bezugsgruppen müssen dabei berücksichtigt werden. Die Markenerlebnisse an den Kontaktpunkten sind so zu gestalten, dass die Marke als nützlich, interessant, einzigartig und widerspruchsfrei erlebt wird.

Umsetzungsorientierte Perspektive und Prozessverständnis

Die Erfahrung zeigt, dass Markenentwicklung nicht nur eine inhaltliche, sondern vor allem eine prozessuale Aufgabe ist. Bereits bei der Markenentwicklung sollte ein für das Unternehmen oder die Marke passender Implementierungsprozess definiert und wichtige Entscheider, Meinungsführer und Multiplikatoren rechtzeitig integriert werden. Ein guter Prozess zeichnet sich grundsätzlich durch Kollaboration und Beteiligung einerseits und klare Vorgaben, Ziele und Verbindlichkeit andererseits aus. Wie immer liegt der goldene Weg in der Mitte. *Bottom-up-Prozesse* – wie z. B. bei der Formulierung von Leitbildern üblich – bergen die Gefahr, dass die Ergebnisse zu sehr an der Ist-Situation eines Unternehmens ausgerichtet sind und damit für die Organisation keine Leitfunktion haben. Dies funktioniert nur dann, wenn ein Unternehmen eine starke Identität besitzt, z. B. aufgrund einer besonderen Gründungshistorie. Genauso wenig entsteht eine Marke allein per Verordnung von oben. Die Implementierung von *Top-down-Prozessen* scheitert häufig an unteren Hierarchiestufen. Daher geht es in der umsetzungsorientierten Markenberatung vor allem darum, Gruppenprozesse und -entscheidungen zu ermöglichen und zielführend zu coachen. Typische Stolpersteine können so vermieden und besondere Anforderungen an die Implementierung bereits in der Strategiephase mitbedacht werden. Dementsprechend werden vorhandene Strukturen und Prozesse von Anfang an genutzt, rechtzeitig verändert oder eben überhaupt erst initiiert und etabliert. Immer sollte der Blick auf das Ganze gerichtet sein, gepaart mit der unbedingten Orientierung an der Marke.

Aktivierung der Marke nach innen

Für eine erfolgreiche Implementierung der Marke ist es entscheidend, dass die Markenstrategie an alle relevanten internen Bezugsgruppen kommuniziert wird. Vor allem muss aufgezeigt werden, welche Auswirkungen die Markenstrategie für einzelne Arbeits- und Verantwortungsbereiche hat (vgl. Kap. 3, S. 101). Die Implementierung kann nur gelingen, wenn der Transfer auf das alltägliche Handeln und Tun geleistet wird. Es ist deshalb sinnvoll, bereichs- und abteilungsspezifische Umsetzungspläne gemeinsam zu erarbeiten. Hierbei sollte wie folgt vorgegangen werden:

1. Identifikation von Projekten, Abläufen, Tätigkeiten, die bereits optimale Umsetzungen sind und als Leuchtturmprojekte dienen können.
2. Identifikation der größten Baustellen, d. h. Definition der dringlichsten Handlungsfelder, die die Umsetzung ggf. verzögern oder gar verhindern könnten.
3. Ableitung spezifischer Regeln für den Arbeitsalltag und das Tagesgeschäft, ggf. auch für den Umgang mit anderen Bereichen, Schnittstellen, Bezugsgruppen etc.
4. Gemeinsame Ideenfindung.

Leitwährung Markenerleben

Die schiere Anzahl von Kontaktpunkten und deren Handling macht es zum Teil schwierig, das große Ganze nicht aus dem Auge zu verlieren. Bill Bernbach hat dies vor vielen Jahren passend auf den Punkt gebracht: »Nobody counts the number of ads you run; they just remember the impression you make.« Ziel des Markenmanagements ist es, sämtliche Markenerlebnisse ganzheitlich zu steuern. Es verwundert deshalb, dass deren Erfolgsmessung meist isoliert und singulär erfolgt. Erfasst werden Erinnerungen aller Art, Medialeistungen wie GRPs, und TKPs, CPMs, CPOs, Kaufabsichten, Verständnis, Likeability, Visits, Fans oder Empfehlungsbereitschaften (vgl. Kap. 6, S. 295). Was jedoch fehlt, ist eine einheitliche Währung, die tatsächliche Vergleiche zulässt und verrät, welchen Effekt ein spezifisches Markenerlebnis für das Markenerleben als Ganzes hat. Ein erster Schritt ist der konsequente Wechsel der Perspektive hin zu den Menschen und die Reduktion auf eine zentrale Größe: das Markenerleben. Die Messung des Markenerlebens als Leitwährung ist möglich, sie scheitert jedoch meist (noch) an der Umsetzung. Auch ist ein solcher Ansatz unternehmenspolitisch nicht ohne Brisanz: Er schafft Transparenz und ermöglicht einen Vergleich über den Erfolgsbeitrag einzelner Abteilungen. Eine ganzheitliche Betrachtung erfordert eine wesentlich stärkere Vernetzung, weniger Bereichsdenken und die Incentivierung der Marken- und nicht der Kanal-Performance.

Präferenz schaffen durch relevante Kontaktpunkte und intelligente Verknüpfungsstrategien

Um das Markenerleben zu optimieren, kommt der Auswahl der Kontaktpunkte eine entscheidende Rolle zu. Grundlage für die Auswahl der Kontaktpunkte und damit zentrale Leitwährung ist das Markenerleben. In unseren Analysen zeigt sich, dass über 50% des Markenerlebens von nur 10 Kanälen stammen. Dies hat einen erheblichen Einfluss auf die Effektivität und Effizienz der Maßnahmen und der eingesetzten Investitionen. Entscheidend für die erfolgreiche Implementierung ist daher zweierlei:

1. *Auswahl von relevanten Kontaktpunkten:* Diese sollte auf einer genauen Analyse aller Kontaktpunkte bzw. Kanäle und auf Basis einer einheitlichen Währung erfolgen.
2. *Intelligente Verknüpfung der Kontaktpunkte:* Neben der richtigen Auswahl und intelligenten Verknüpfung von Kontaktpunkten und Kanälen müssen diese

marken- und botschaftsadäquat ausgestaltet werden, d. h. es müssen die richtigen Inhalte und Signale für den jeweiligen Kontaktpunkt bestimmt werden. Es reicht nicht mehr, einfach nur das Logo »hinzukleben« und dieses um »Lieb' mich! Kauf' mich!«-Botschaften zu ergänzen. Zudem sollte bei der Verknüpfung relevanter Kontaktpunkte auf eine ausreichende Reichweite und Markenpassung geachtet werden. So erwies es sich zum Beispiel bei Takko Fashion als sehr erfolgreich, dass die Marke auf dem Weg vom Billig-Discounter zum »Best Fashion Deal« zunächst mit großem Aufwand ihre Filialen renovierte, um diese Veränderung dann in TV-Spots reichweitenstark zu inszenieren.

Es geht heute nicht länger darum, jeden möglichen Kontaktpunkt unter einer 360-Grad-Prämisse akribisch abzuarbeiten. Vielmehr sollte jeder einzelne Kontaktpunkt in Abhängigkeit von seiner Relevanz für das Markenerleben ausgesteuert werden. Investitionen in die Marke lassen sich so gezielter einsetzen (vgl. Kap. 7, S. 319).

Eine Handlungsanleitung zum Markenglück

1. Gestalten Sie nützliche und interessante Markenerlebnisse an Kontaktpunkten, die Ihre Marke sowieso besitzt.
2. Maximieren Sie das Markenerleben: Investieren Sie in besonders effektive Kontaktpunkte und machen Sie aus diesen relevante Markenerlebnisse.
3. Entwickeln Sie interessante Inhalte und attraktive/kreative Umsetzungen, die über Multiplikatoren in sozialen Netzwerken (analog wie digital) »kostenlose« Kontakte schaffen.
4. Verknüpfen Sie sämtliche Markenerlebnisse klug miteinander, so dass ein Markenerlebnisnetz entsteht.
5. Prüfen Sie an jedem Kontaktpunkt kritisch, ob das Markenerlebnis nützlich, interessant und einzigartig ist und widerspruchsfrei zu anderen Markenerlebnissen passt.

Fazit: Umsetzungsorientierte Markenführung heißt Markenerleben verstehen, steuern und managen

Die Arbeit an der Marke ist niemals fertig oder zu Ende. Sehr bildhaft beschreibt Tim Leberecht, CMO von Frog Design, seine Vision von der Rolle der Marke. Eine Marke ist demnach wie eine kleine Stadt, die niemals schläft. Ähnlich wie Städte sind auch Marken offen für alle und lebendig. Sie bestehen aus Menschen, myriadischen sozialen Netzwerken und Mikro-Communities, die 24/7 kommunizieren. Was uns an dem Vergleich gefällt, ist diese vollkommen neue Perspektive. Marken werden hier nicht länger als etwas Statisches verstanden, die über sämtliche Kanäle so einheitlich wie möglich kommuniziert werden. Vielmehr ist die Marke hier etwas sich Entwickelndes, Organisches und vor allem aus sich heraus Sinnstiftendes. Die beständige Arbeit an der Marke ist damit überlebenswichtig. Erst durch die ganzheitliche Steuerung und Umsetzung des Markenerlebens lässt sich in unserer hochkomplexen, unkontrollierbaren Welt Markenpräferenz erzeugen. Gelingt dies, so entsteht eine vitale Kleinstadt, die attraktiv für Bewohner und Besucher ist, die wächst und prosperiert und ein immer größer werdendes Volk mit Sinn erfüllt.

13 goldene Regeln der umsetzungsorientierten Markenführung

1. Grundlage guter Markenführung ist, dass man Menschen, Marken und deren Beziehung im Kontext versteht. Dies gilt besonders in Zeiten des Machtwechsels hin zu den Menschen.
2. Trotz aller Partizipations- und Kommunikationsmöglichkeiten einer digitalen Welt, dürfen Markenführer die Markenführung nicht aus der Hand geben.
3. Markenführung und Unternehmensführung gehören organisatorisch und strukturell eng zusammen. Sie können nicht delegiert werden und erfordern das Verständnis und die Mitarbeit aller relevanten Bezugsgruppen im Unternehmen.
4. Unternehmen müssen heute gut sein: in ihrer Kernleistung, im Umgang mit relevanten Bezugsgruppen und in der Übernahme gesellschaftlicher Verantwortung.
5. Gute Kommunikation manifestiert sich in einem guten Management von Erwartungen: Die Marke muss halten, was sie verspricht.

Umsetzungsorientierte Markenführung
Oder warum nur ein positives Markenerleben zum Erfolg führt | 245

6. Ziel der Markenführung ist die Schaffung von Präferenz. Marken-präferenz entsteht über das nützliche, interessante, einzigartige und widerspruchsfreie Erleben der Marke.

7. Markenerleben ist die neue Leitwährung der Markenführung. Sie ist auf alle Kontaktpunkte anwendbar. Je intensiver das Markenerleben, desto größer der Markenerfolg.

8. Markenerleben entsteht über die Dreiheit von Inhalt, Signal und Kanal.

9. Nur zehn Kontaktpunkte prägen in der Regel über die Hälfte des Markenerlebens. Die passgenaue Auswahl der Kanäle und deren intelligente Verknüpfung verstärken den Effekt und die Effizienz.

10. Der Inhalt ist die zentrale Dimension in der Markenentwicklung. Das Zusammenspiel der harten, faktischen Leistungsdimensionen und der weichen Werte muss aus Sicht der Menschen nützlich, interessant, einzigartig und widerspruchsfrei sein.

11. Signale sind die stärkste Waffe im Kampf um die Gunst der Menschen. Idealerweise werden sie exklusiv von einer Marke benutzt und kommunizieren implizit und/oder explizit die Markenleistung.

12. Das langfristige Fundament der Marke ist die Markenstärke. Sie umfasst das Vertrauen in die Marke, die Sympathie und die Verbundenheit mit der Marke. Die Markenstärke baut sich langsam auf und hat unter Umständen einen lang anhaltenden Depoteffekt. Sie lässt sich allerdings auch schnell verspielen, wenn beispielsweise das Vertrauen in die Marke nachhaltig erschüttert wird.

13. Das große Risiko lauert in der Implementierungslücke. Werden Regel 1 bis 12 beherzigt, steht dem Markenerfolg fast nichts mehr im Weg.

Seven

Ein Ansatz für mehr Effizienz in der Marketing- und Kommunikationsplanung

Adel Gelbert/Jan Philipp Dörner

> Kommunikationsbudgets stehen heute unter einem erhöhten Erfolgsdruck. Eine ständige Effizienzmessung und -kontrolle ist deshalb für die meisten Unternehmen Pflicht. Für Adel Gelbert und Jan Philipp Dörner steht diese Aufgabe nicht erst am Ende des Planungsprozesses, sondern ist ein integraler Bestandteil der gesamten Planung, die bereits mit einer effektiven Ziel-formulierung beginnt. Ihr Beitrag fasst zudem die wichtigsten Meilensteine des Planning-Prozesses zusammen und beleuchtet diese vor dem Hintergrund einer Return on Investment-Perspektive.

»Strategische Planung« oder »Account Planning« (kurz »Planning«) gilt als eine Kernaufgabe in der Entwicklung von Marketing- und Kommunikationskonzepten und wird seit den 1960er-Jahren als Dienstleistung von Werbeagenturen oder Marketing-Beratungen angeboten. Die Einflussfaktoren und der Kontext der strategischen Planung haben sich jedoch seitdem grundlegend verändert. Der Wandel in Märkten und Unternehmen – neue Medien, komplexere Entscheidungs-muster, Professionalisierung des Marketings etc. – stellt die strategische Planung vor erhebliche Herausforderungen und erfordert deren prozessuale und inhaltliche Weiterentwicklung. Vor allem verlangt der Wandel *mehr Effizienz* von der strategischen Kommunikationsplanung. Mit dem »SEVEN«-Ansatz wird deshalb hier ein neuartiger Lösungsansatz vorgestellt, der eine verstärkte *Return on Investment-Perspektive* einnimmt. Nach einer kurzen Einführung in Begriff, Funktion und Aufgaben der strategischen Planung, beleuchten wir die wesentlichen Veränderungen auf Markt- und Unternehmensseite. Der anschließend vorge-stellte Planungsansatz in sieben Schritten trägt dem Effizienzgebot in besonde-rem Maß Rechnung.

Was ist Planning?

Es gibt viele Definitionen von *Planning*. Auch gibt es aufgrund der sehr unterschiedlichen Ausprägungen in der Praxis keine Übereinstimmung darüber, was Planning wirklich ist (Grant, Gilmore & Crosier 2003). Hier eine Auswahl an Definitionen, um die Bandbreite zu verdeutlichen:

»Account Planning ist eine multi-dimensionale Disziplin, die Geschäftsziele, aktuelle Herausforderungen und Consumer Insights auf einen Nenner bringt und in eine umsetzbare Lösung – basierend auf Industrie- und Konsumentenforschung – umwandelt.« (dt. Übersetzung einer Definition von Basnight 2007, S.1)

»Planning ist die verbraucherorientierte strategische Planung von Kommunikationsmaßnahmen in der Werbeagentur.« (Beninde 2000, S. 21)

»Beim Planning geht es darum, eine Konsumentenperspektive zu haben, und diese in einen Prozess einzubringen – in den Prozess der Kreation herausragender Werbung.« (dt. Übersetzung einer Definition von Habberstad 1999, S. 12)

Auch wenn eine eindeutige Planning Definition fehlt, so gibt es zumindest ein Grundverständnis über die wesentliche Funktion des Planning: Sie ist das Scharnier zwischen der *Marken*strategie und der *Kommunikations*strategie. Anders ausgedrückt: Planning hat die Funktion, das markenstrategisch Gewollte in das kommunikativ Richtige zu übersetzen.

> *Planning* ist das Scharnier zwischen Marken- und Kommunikationsstrategie. Es hat die Funktion, das markenstrategisch Gewollte in das kommunikativ Richtige zu übersetzen.

In dieser Rolle hat das Planning zwei Aufgaben:
1. *Vereinfachen*: Aufgabe des Planning ist es, komplexe Markenstrategien in einfache, handlungsleitende Gestaltungsprinzipien und Botschaften zu übersetzen.
2. *Konkretisieren*: Aufgabe des Planning ist es zudem, die Markenstrategie auf die Verhaltensweisen und Anforderungen des Kunden (Consumer Insight) anzuwenden, um so zu relevanten Aussagen und Handlungsempfehlungen zu kommen (vgl. Kap. 2, S. 27).

Abbildung 1 verdeutlicht noch einmal die Stellung der strategischen Planung als Scharnier zwischen Marketing- und Kommunikationsstrategie sowie zwischen grundsätzlicher Markenausrichtung und konkreter Markenführung:

Abb. 1: Planning als Scharnier zwischen Marketing- und Kommunikationsstrategie (Quelle: Batten & Company)

Wie hat sich Planning verändert und welche Anforderungen muss es heute erfüllen?

Als die Position des Planners in den späten 1960er-Jahren in England ins Leben gerufen wurde, war das Ziel, mit Hilfe der Auswertung umfangreicher Forschung ein besseres Konsumentenverständnis zu entwickeln (vgl. Kap. 1, S. 3). Dieses Vorgehen wurde durch den Wandel von Verkäufer- in Käufermärkte erforderlich. Seither haben sich Marktumfeld, Kunden und Werbeagenturen umfassend verändert. Die Aufgabenpalette strategischer Planung wurde erweitert, zudem hat das Planning seinen strategischen Einfluss erhöht (Cooper 2001). Diese Veränderung ist vor allem auf die zunehmende Bedeutung von Marken (u. a. als immaterieller Vermögenswert) und die steigende Macht der Konsumenten zurückzuführen. Aber auch Megatrends wie die Technologisierung und Globalisierung der Gesellschaft (Baskin 2007) erfordern immer mehr strategisches Know-how von Agenturen und Marketing-Beratungen. Beispielhaft hierfür stehen folgende Entwicklungen:

▶ *Digitalisierung und Technologisierung:* Immer neue Medienkanäle und (mobile) Endgeräte sowie das rasante Wachstum sozialer Netzwerke führen zu mehr Dynamik und Komplexität. Damit verbunden ist auch eine Veränderung des Konsumenten- und Mediennutzungsverhaltens, die im Strategieprozess berücksichtigt werden muss.

▶ *Individualisierung:* Unsere Gesellschaft differenziert sich immer mehr aus. Die damit verbundene Individualisierung und Fragmentierung von Zielgruppen erschwert die Arbeit des Planners. Er muss den Überblick behalten und die wechselnden Bedürfnisse des Konsumenten verstehen, damit er diesen auch in Zukunft mit relevanten Botschaften erreicht.

▶ *Professionalisierung:* Durch eine stete Professionalisierung des Markenmanagements, z. B. in der Zielgruppenforschung, wachsen die Anforderungen an das Planning. Insbesondere die Effektivität und Effizienz von vorgeschlagenen Maßnahmen wird zunehmend von Unternehmensseite hinterfragt (»Was bringt uns das?«). Das Planning steht somit in der Pflicht, sich gerade in dieser Hinsicht ständig weiter zu professionalisieren (vgl. Jančič/Zabkar 1998).

▶ *Effizienzsteigerung:* Die Finanzkrise mag überstanden sein, aber der Kostendruck in den Unternehmen hält an. Wo Marketingplanung früher häufig nach dem Prinzip »Fortschreibung« erfolgte, wird heute verstärkt eine (finanz-)wertorientierte Marken- und Kommunikationsstrategie verlangt. Das Kommunikationsbudget ist heute mehr denn je eine Investition in die Marke und muss sich, wie jede andere Investition auch, rechnen. Laut Reinecke (2006) müssen zwei Drittel der Marketing-Verantwortlichen in Unternehmen einen »Return on Marketing« belegen. Die Herausforderung für die strategische Planung besteht somit darin, die Effizienz von Werbung und Kommunikation bereits in der Planung zu berücksichtigen und in die Kommunikationsstrategie einzubringen.

Gerade der letzte Punkt wird immer mehr zur entscheidenden Kernkompetenz des Planning: die Fähigkeit, Marketing und Kommunikation konsequent an den Geschäftserfordernissen eines Unternehmens auszurichten. Der im Folgenden beschriebene Planningansatz SEVEN ist die konsequente Verknüpfung von Marketing- und Kommunikationsstrategie. Er verbindet dabei die Perspektive einer Strategieberatung mit der einer Werbeagentur.

SEVEN – ein Prozess für strategische Planung mit »eingebauter« Effizienz

Unser Ansatz orientiert sich im Kern an sieben Leitfragen:
1. Was sind die *Geschäfts- und Wachstumsziele* des Unternehmens?
2. Wer sind die *Kunden*, mit denen das Unternehmen diese Geschäfts- und Wachstumsziele realisieren kann?
3. Was denken/fühlen/tun diese Menschen *heute*?
4. Was sollen diese Menschen *morgen* denken/fühlen/tun?

5. Welche *Informationen/Erfahrungen/Erlebnisse* brauchen diese Menschen, um »von 3 nach 4« zu kommen?
6. Welche *Kontaktpunkte* eignen sich dafür und wie lassen sich diese effektiv und effizient ansteuern?
7. Wie lässt sich eine Strategie in ein nachhaltig effektives und effizientes Marken- und *Kommunikationsmanagement* überführen?

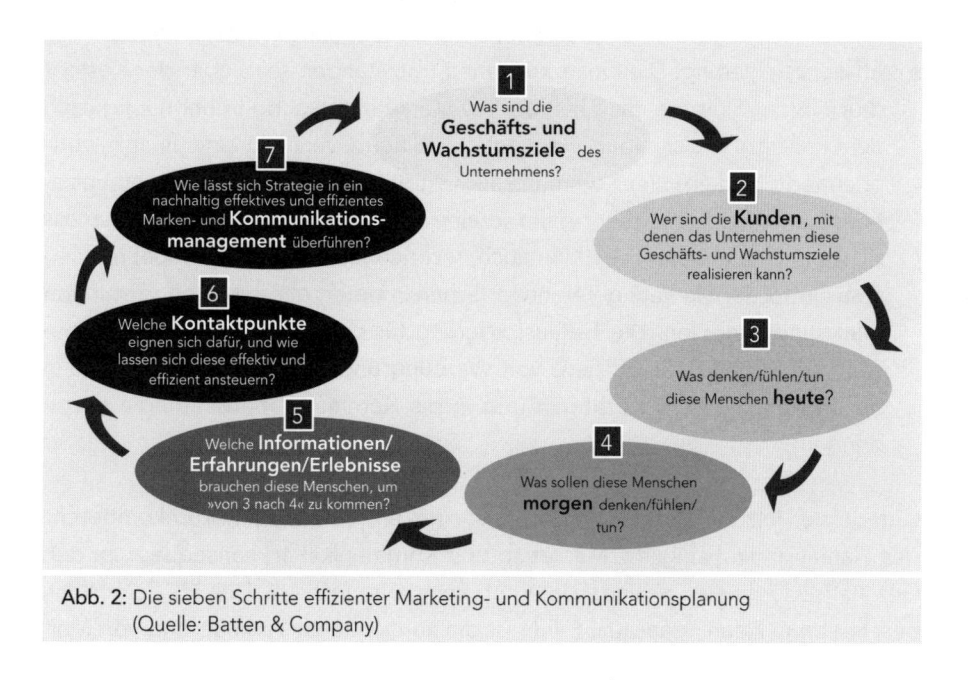

Abb. 2: Die sieben Schritte effizienter Marketing- und Kommunikationsplanung (Quelle: Batten & Company)

1. Was sind die Geschäfts- und Wachstumsziele des Unternehmens?

Zu Beginn der Planung gilt es, die Geschäfts- und Wachstumsziele klar zu definieren. Diese bilden die grundlegende Basis für einen erfolgreichen und stringenten Planungsprozess. Dabei sollten die Prozessbeteiligten drei maßgebliche Anforderungen vor Augen haben: Die Ziele müssen *spezifisch*, *messbar* und *umsetzbar* sein. Insbesondere die Anforderungen »Messbarkeit« und »Umsetzbarkeit« unterstützen Unternehmen bei der Plausibilisierung der Ziele, da immer die Gefahr besteht, zu ambitionierte oder uneffektive Ziele zu definieren. Eine bewährte Praxis besteht darin, die Ziele anhand des *Brand Screens* (vgl. Abb. 3) zu definieren. Der Brand Screen wird in der Kommunikationspraxis häufig als Instrument zur Strukturierung von Zielen eingesetzt. Es existieren daher eine Vielzahl an Bezeichnungen für dieses Instrument, beispielweise *Brand Funnel, Markenmehrklang, AIDA-Modell* etc. Je nach Modell und Einsatzgebiet umfasst der Brand Screen zwischen vier und sieben Stufen (Markenbekanntheit, Markenimage, Kaufbereitschaft etc.). Es empfiehlt sich, für jede Stufe des Brand Screens ein zentrales Ziel festzulegen. Beispielsweise könnte ein Hersteller von Elektroautos auf der Stufe »Markenbekanntheit« das Ziel verfolgen, in den nächsten drei Jahren seine ungestützte Markenbekanntheit in der relevanten Zielgruppe um 10 Prozent zu steigern. Prüft man dieses Ziel entlang der Anforderungen, ergibt sich folgendes Bild:

▶ *Spezifisch:* Erfüllt, da die Zielgruppe abgegrenzt und der inhaltliche Bezug klar ist.

▶ *Messbar:* Erfüllt, da die ungestützte Markenbekanntheit eindeutig messbar ist (z. B. per Onlinebefragung mit der Frage: »Welche Hersteller von Elektroautos fallen Ihnen spontan ein?«).

▶ *Umsetzbar:* Erfüllt, da das Ziel durch unterschiedlichste Kommunikationsmaßnahmen gesteigert und der finanzielle Aufwand hierfür ausgesteuert werden kann.

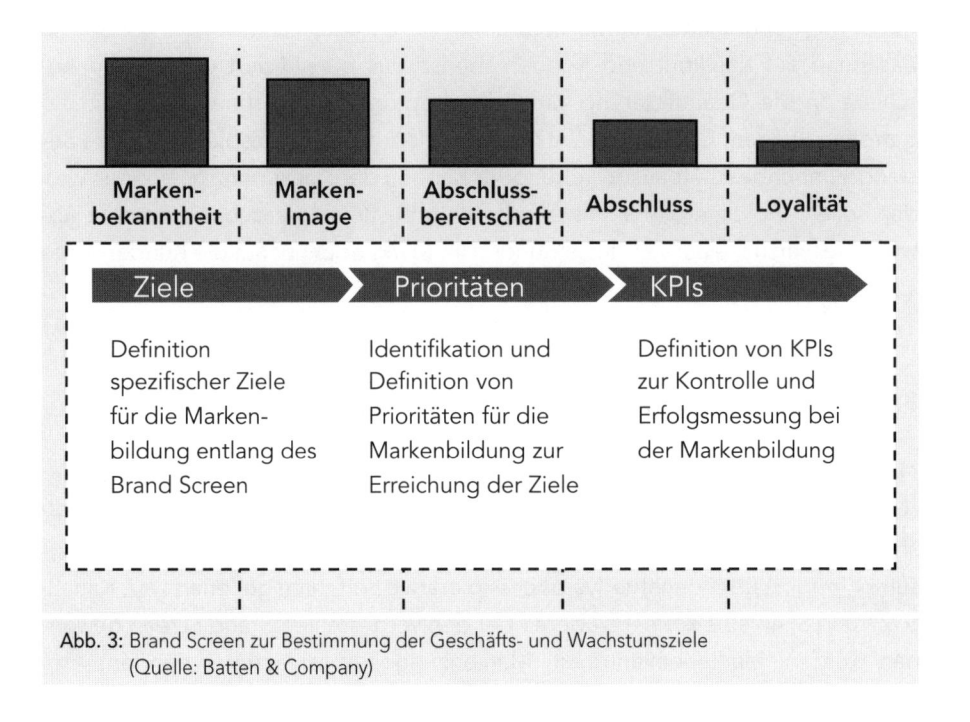

Abb. 3: Brand Screen zur Bestimmung der Geschäfts- und Wachstumsziele (Quelle: Batten & Company)

Nach erfolgter Zieldefinition ist zu klären, welche Ziele priorisiert bearbeitet werden sollen. Jedes Ziel muss dabei nach Relevanz und Dringlichkeit bewertet werden. Auf diese Weise können die Ziele zeitlich versetzt und damit ressourcenadäquat bearbeitet werden. Um alle Ziele abschließend beurteilen zu können, sollten vorab konkrete Leistungsindikatoren festgelegt werden (KPIs). Diese dienen im späteren Planungsverlauf zur Überprüfung der Ergebnisse. Dabei sollte darauf geachtet werden, dass sich die Leistungsindikatoren gegenseitig ausschließen, aber insgesamt vollständig sind. Darüber hinaus sollten die Leistungsindikatoren global anwendbar und bis zu einem gewissen Grad pragmatisch sein, damit die Erhebung nicht zu übermäßigem Aufwand führt.

2. Wer sind die Kunden, mit denen das Unternehmen die Geschäfts- und Wachstumsziele realisieren kann?

Im Anschluss an die Zieldefinition muss die Frage beantwortet werden, welche Kunden die angestrebten Wachstums- oder Businessziele ermöglichen. Eine wesentliche Voraussetzung dafür ist die Identifikation signifikanter, potenzialträchtiger sowie trennscharfer Kundensegmente. Deren Potenzial kann beispielsweise basierend auf Kaufkraft und Kundenlebenszyklus quantifiziert werden. Im Anschluss an die Quantifizierung kann eine begründete Investitionsentscheidung getroffen werden. Eine solche Entscheidung legt fest, ob beispielsweise das Bestandskundengeschäft ausgeweitet oder Kunden der Konkurrenz gewonnen werden sollen. Im letzteren Fall muss außerdem bestimmt werden, ob sich die Abwerbungsversuche auf sämtliche Kunden im Markt oder nur auf die Kunden eines speziellen Wettbewerbers beziehen.

3. Was denken/fühlen/tun diese Menschen heute?

Nach Festlegung der Ziele und Zielkunden werden die Bedürfnisse der Zielkunden analysiert. Die Generierung der erforderlichen Consumer Insights ist eine der schwierigsten Aufgaben der strategischen Planung. Üblicherweise werden Consumer Insights über quantitative oder explorative Verfahren generiert (vgl. Kap. 2, S. 27 und S. 46). Sie können zudem über den vorgestellten Brand Screen gewonnen werden. Markenbekanntheit, Markenimage, Abschlussrate, Kundenzufriedenheit oder Weiterempfehlungsrate können leicht erhoben, in Relation zum Wettbewerb gestellt und sogleich mit den jeweiligen Zielen der Kommunikation abgeglichen werden. Auch das Internet ist eine wichtige Quelle für die Generierung von Insights (vgl. Kap. 6, S. 263). Häufig vertrauen Kunden ihre Einstellungen vor allem Bekannten und Freunden an, deren Meinung wiederum einen hohen Stellenwert bei Kaufentscheidungen einnimmt. Dieser Effekt wird durch die digitale Kommunikation mit anonymen Peergroups und die Interaktion in sozialen Netzwerken potenziert. Darüber hinaus wird im Internet das »Wissen der Masse« zur Verfügung gestellt, wenn beispielsweise auf Portalen oder in Blogs diverse Bewertungen für bestimmte Produkte zugänglich sind. User Generated Content, wie dieser, ist gefüllt mit authentischen Kunden-Insights, die nicht über klassische Markforschung generiert werden können. Aus diesem Grund sind Data Mining- bzw. Text Mining-Methoden erforderlich. Per Definition von Suchfeldern, konkreten Fragen (z. B. »Was assoziieren die Kunden mit dem Produkt?«) sowie geeigneter Quellen und Schlüsselworte können so geeignete Online-Quellen ausgewertet und überraschende Insights generiert werden.

4. Was sollen diese Menschen morgen denken/fühlen/tun?

Das Wissen über die Denkweise der Kunden bildet den Ausgangspunkt zur Veränderung von Kundeneinstellungen. Damit dies gelingt, braucht es eine klare, inhaltliche Zielpositionierung, die definiert, wofür die Marke steht und welches Versprechen sie an den Kunden macht (vgl. Kap. 3, S. 79). Die Entwicklung der Markenpositionierung ist ein zentraler Bestandteil des Planungsprozesses, sofern diese nicht bereits vorliegt. Am Anfang der Entwicklung sollte die Marke einer Statusanalyse unterzogen werden. Dazu dient eine Analyse der momentanen Kommunikation, des Wettbewerbs und Marktes sowie Management-Interviews als Input. Im Fokus stehen dabei die Stärken der Marke, grundlegende Imagedimensionen wie Vertrauenswürdigkeit, Sympathie und Glaubwürdigkeit sowie die Leistungsebenen der Marke. Der Statusanalyse folgt die Entwicklung unterschiedlicher Positionierungsrouten. Eine Positionierungsroute enthält typischerweise drei Elemente: 1.) das übergreifende Markenversprechen an die Kunden, 2.) Nachweise, die das Versprechen glaubwürdig stützen (Reasons to Believe) und 3.) den Markencharakter. Der Markencharakter umschreibt durch zwei bis vier Werte bzw. Attribute den Charakter einer Unternehmens- oder Produktmarke. Beispielsweise wird die Dachmarke des Versicherungskonzerns Allianz durch die Merkmale »Wettbewerbsfähigkeit«, »Kompetenz« und »Engagement« charakterisiert. In einer Bewertung der Positionierungsrouten sollte deren Relevanz für die Zielgruppen sowie deren Glaubwürdigkeit, Attraktivität, Differenzierungspoten-

254 | Kapitel 5: Steuerung & Umsetzung

zial und praktische Anwendbarkeit geprüft werden. Die finale Positionierung bildet schließlich die Leitlinie, um die Einstellungen und Verhaltensweisen der Kunden zukünftig zu verändern.

5. Welche Informationen/Erfahrungen/Erlebnisse brauchen diese Menschen, um »von 3 nach 4« zu kommen?

Die Veränderung der Kundeneinstellung hin zur gewünschten Denkweise erfordert in einem fünften Schritt die Definition von konkreten Informationen, Erfahrungen und Erlebnissen, die im Mittelpunkt der Kommunikation stehen sollen. Zudem müssen Positionierung und Consumer Insight in einer Kernbotschaft verdichtet werden. Ein Beispiel: Die Positionierung einer KFZ-Versicherung basiert auf den Merkmalen »Qualität« und »Kompetenz«. Je nach Zielgruppe muss sie diese Merkmale in relevante Kernbotschaften übersetzen. Für PKW-Besitzer unter 25 Jahren etwa ist die Höhe der Selbstbeteiligung ein Qualitätsausweis, während für Autofahrer über 60 Jahren insbesondere umfangreiche Serviceleistungen für ausgesprochene Qualität stehen. Auch unterscheiden sich die Nutzung des Fahrzeugs und damit die Bedürfnisse der Zielgruppe. Junge Zielgruppen nutzen das Auto für kurze Strecken in der Freizeit, während Menschen über 60 Jahren mit dem Auto auch längere Urlaubsreisen unternehmen. Aus diesen Unterschieden ergibt sich die Notwendigkeit, für jede Zielgruppe passgenaue Informationen und Kernbotschaften zu erarbeiten. Am Beispiel der KFZ-Versicherung bedeutet dies, dass bei jungen Zielgruppen das Erlebnis »sportlichen Fahrens« im Mittelpunkt der Kommunikation steht, das mit dem Versprechen eines umfassenden, aber dennoch preiswerten Versicherungsschutzes aufgeladen wird. Ältere Kunden wertschätzen dagegen das Erlebnis persönlicher Betreuung im Schadensfall und sollten daher mit der Kernbotschaft »freundliche Kundenberater« angesprochen werden.

6. Welche Kontaktpunkte eignen sich dafür, und wie lassen sich diese effektiv und effizient ansteuern?

Zur Vermittlung der Botschaften werden im nächsten Schritt die Kundenkontaktpunkte der Marke definiert. Kundenkontaktpunkte sind zum Beispiel klassische Werbung, PR, Events, Produktliteratur und persönliche Kontakte im Vertrieb (vgl. Kap. 5, S. 229). Um die Aussteuerung der Kontaktpunkte möglichst effektiv und effizient zu gestalten, wird eine Bewertung und Priorisierung nach benötigtem Budget sowie der Bedeutung eines Kontaktpunktes für die Marke vorgenommen. Ziel ist es, das Budget im Gesamtzusammenspiel zu optimieren. Zur Bewertung werden die einzelnen Maßnahmen zunächst mit Budgeteinschätzungen unterlegt. Jeder Maßnahme wird eine minimale sowie eine optimale Budgethöhe zugeordnet, in deren Grenzen eine adäquate Werbewirkung und ein effizienter Einsatz des Budgets gewährleistet ist. Die Werbewirkung ist je nach Maßnahme und gewähltem Medium unterschiedlich, wobei die Wirkung innerhalb eines Mediums (TV, Print etc.) vor allem durch die Ausgaben der Wettbewerber bestimmt wird. Je höher der Werbedruck der Wettbewerber in einem Medium, desto höher liegt die Budgetgrenze mit einer optimalen Werbewirkung. Ein niedriges Investment unterhalb einer minimalen Budgethöhe ist hingegen nutzlos, da die Wirkung der Maßnahme im werblichen Grundrauschen verpufft und nicht wahrgenommen wird. In der Praxis lassen sich diese Grenzen pro Medium durch ein Benchmarking der Kommunikationsausgaben der Wettbewerber ermitteln. Ebenso ist die Relevanz des Mediums für die Zielgruppe zu beachten. Zum Beispiel ist die Wirkung einer imagebildenden Maßnahme über das Internet bei der Zielgruppe über fünfzig Jahre eher unterdurchschnittlich. Zusätzlich wird jede

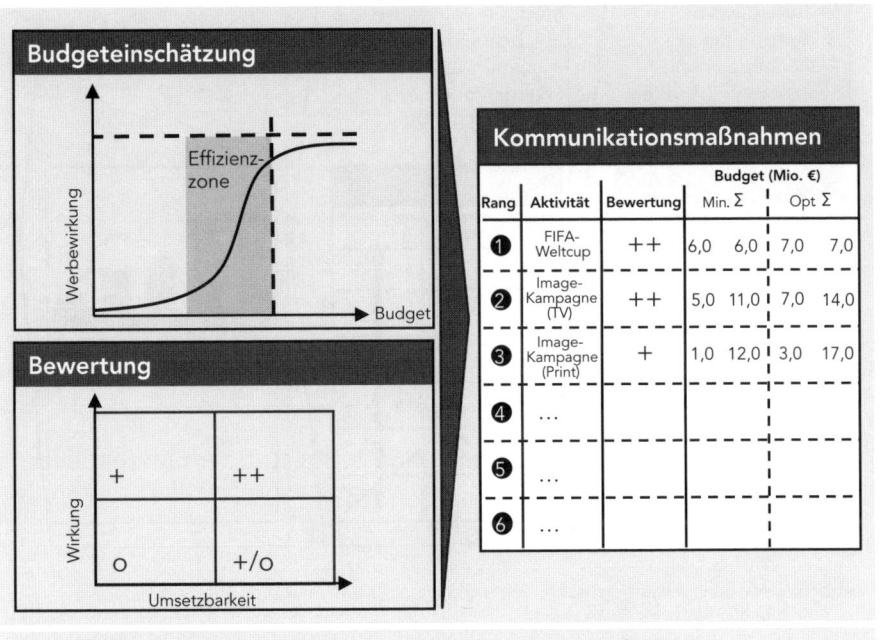

Abb. 4: Effizienzbewertung und Priorisierung von Kommunikationsmaßnahmen
(Quelle: Batten & Company)

| 256 | **Kapitel 5: Steuerung & Umsetzung**

Kommunikationsmaßnahme anhand ihrer Umsetzbarkeit und ihrem Beitrag zur Zielsetzung (Schritt 1) bewertet und priorisiert. Die Umsetzbarkeit wird zum Beispiel anhand von Kriterien wie »Kompetenz der Fachabteilung« oder »Markenfit« gemessen. Das aus der Bewertung resultierende Ranking zeigt die priorisierten Maßnahmen und deren minimale und optimale Budgethöhen im Überblick.

Die Höhe des Gesamtbudgets kann nun in einem zweiten Schritt flexibel variiert werden. Um das Gesamtbudget beispielsweise zu reduzieren, gibt es drei grundsätzliche Optionen (siehe Abb. 5):

1. Zunächst kann für jede Kommunikationsmaßnahme das minimal benötigte Budget ausgewählt werden. Dabei startet man bei Maßnahmen mit geringer Priorität und endet bei Maßnahmen von hoher Bedeutung.
2. Sollte das benötigte Budget anschließend immer noch zu hoch sein, können einzelne Kommunikationsmaßnahmen gestrichen werden.
3. Falls eine weitere Budgetreduzierung notwendig ist, können zuvor definierte Ziele komplett aus der Planung genommen werden.

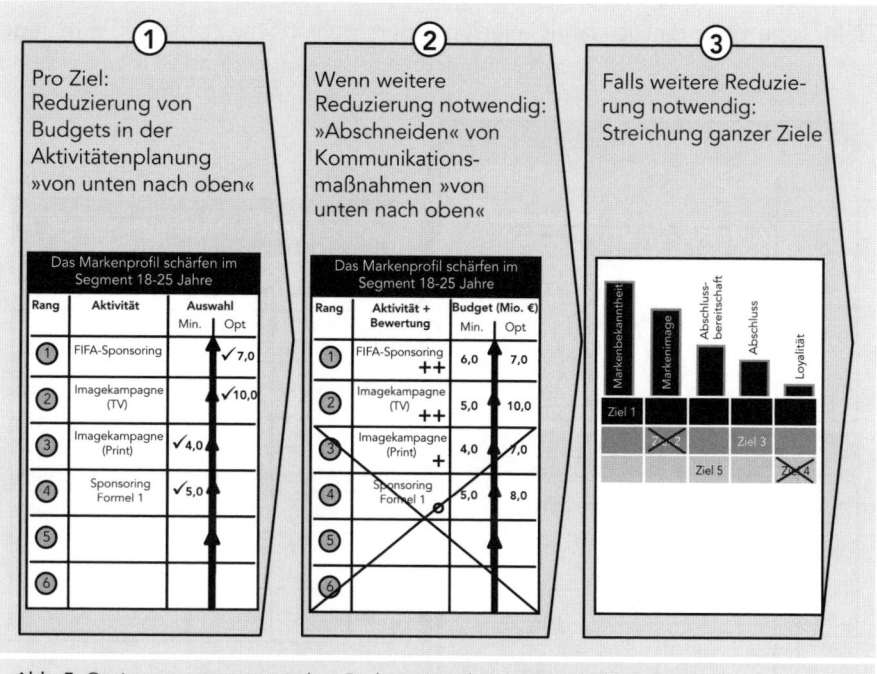

Abb. 5: Optionen zur systematischen Reduzierung des Kommunikationsbudgets (Quelle: Batten & Company)

Die hier vorgestellte Budgetierungslogik funktioniert natürlich auch in die andere Richtung: Bei einer Erhöhung des Marketing-Gesamtbudgets können alle Aktivitäten mit optimalem Budget realisiert werden oder zusätzliche Aufgaben verfolgt werden. Im Unterschied zu einer unkoordinierten Ausweitung von Marketing-Maßnahmen bietet diese Methodik den Vorteil, dass strategische Marketingziele so systematisch weiterverfolgt und ein konsistenter Markenauftritt unterstützt wird. Unter dem Strich bietet eine flexible Budgetierung im Rahmen der strategischen Planung beachtliche Vorteile. Durch die Festlegung einer Budgetspanne für jede Kommunikationsmaßnahme werden sowohl subkritische Investitionen (zu geringe Ausgaben im Vergleich zum Wettbewerb) wie auch »Overspendings« (zu hohe Ausgaben im Vergleich zum Wettbewerb) vermieden (Gelbert/Dörner 2010). Das Ergebnis der vorherigen Analysen und Budgetallokationen ist ein optimaler Kommunikations-Mix und Umsetzungsplan. Dabei wird für jede Aktion in der Gesamtkommunikation der Zeitrahmen und die Verantwortlichkeit festgelegt. Aus prozessualer Sicht ist zu beachten, dass an dieser Stelle eine intensive Abstimmung zwischen Entscheidungsträgern im Unternehmen und beteiligten Agenturen erforderlich ist. Parallel hierzu hat die strategische Planung die Aufgabe, Briefing-Unterlagen für die Kreation zu erstellen. Dieser sogenannte Creative Brief fasst die Erkenntnisse aus den Schritten eins bis fünf zusammen und dient als Grundlage für die Kommunikationsbotschaften und Kampagnen, die der Kunde wahrnehmen wird (vgl. Kap. 4, S. 156).

7. Wie lässt sich eine Strategie in ein nachhaltig effektives und effizientes Marken- und Kommunikationsmanagement überführen?

Dieser letzte und siebte Schritt des strategischen Planungsprozesses beinhaltet die Beurteilung und Überprüfung der qualitativen und quantitativen Effektivität und Effizienz der Ergebnisse (vgl. Crosier/Pickton 2003). Konkret muss kontrolliert werden, ob die in Schritt 1 festgelegten Leistungsindikatoren (KPIs) eingehalten wurden. Diese Erfolgskontrolle findet deutlich nach der Gestaltung der Kontaktpunkte statt, da die Effektivität und Effizienz erst nach Umsetzung des Kommunikationsplans gemessen werden kann. Nach Lachmann (2006) kann eine Erfolgskontrolle vier verschiedene Ziele verfolgen:

1. Evaluation von Ergebnissen
2. Erfolgsbestätigung

3. Misserfolgsbestätigung
4. Erfolgskontrolle als Lernansatz

Im Hinblick auf die prozessuale Perspektive strategischer Planung ist insbesondere das letzte Ziel hervorzuheben, da der Planungsprozess nach Schritt 7 wieder bei Schritt 1 beginnt und die gewonnenen Erkenntnisse direkt angewendet werden können. Effizienz lässt sich anhand von zwei Aspekten prüfen:

▶ *Effizienz der Kommunikation*: Betrachtung des Ergebnisses und der tatsächlichen Wirkung der umgesetzten Kommunikation
▶ *Effizienz des strategischen Planungsprozesses*: Betrachtung des Vorgehens und der Zusammenarbeit aller Parteien, die am Prozess beteiligt waren

Um Effizienz in der Kommunikation zu gewährleisten, muss ein einfaches Axiom erfüllt werden: Der Output übersteigt den Input.

Da eine einzige Kennzahl nicht in der Lage ist, die gesamte Kommunikationseffizienz abzubilden, können Kennzahlensysteme, die mehrere Kennzahlen nach einer bestimmten Ordnung gliedern, genutzt werden. Homburg und Krohmer (2006) unterteilen diese Kennzahlen in potenzialbezogene Kennzahlen (z.B. Anzahl erzielter Kontakte/Kosten der Werbeaktion), markterfolgsbezogene Kennzahlen (z.B. Anzahl gewonnener Neukunden/Kosten der Aktivitäten der Direktkommunikation) und wirtschaftliche Kennzahlen wie die Kundenprofitabilität. Gerade im Online-Geschäft und in der Direkt-Kommunikation werden Kennzahlen wie Tausender-Kontakt-Preise (TKP), Click Rate, Costs per Click, Conversion-Rate oder Cost per Order oft zu Rate gezogen (u.a. Meffert/Burmann/ Kirchgeorg 2008), auch weil sie im Online-Bereich sehr viel leichter und kostengünstiger zu ermitteln sind als bei klassischer Werbung. Für klassische Kommunikation dienen hauptsächlich Markttest-Verfahren dazu, einen Zusammenhang zwischen Verkaufsdaten und Werbeinvestitionen herzustellen. Marktforschungsinstitute wie GfK und Nielsen bieten diese Markttests zum Konsumentenverhalten deutschlandweit an. Ein weiteres Angebot zur Messung der Werbewirkung sind Tracking-Studien (auch Wellen-Befragungen genannt), die ebenfalls von zahlreichen Marktforschungsinstituten angeboten werden (Hofsäss/Engel 2003). Es sei noch hinzugefügt, dass die vorgestellten Messmethoden zwar angewandt werden, die Effizienzmessung von Kommunikation jedoch insgesamt problematisch ist. Sowohl Reich und Zahner (2006) als auch Mattmüller (2000) vertreten diese These und nennen hierfür zwei wesentliche Gründe: Interaktionseffekte und Carry-over-Effekte. Bei der Messung müssten eigentlich die Synergieeffekte durch Interaktion der verschiedenen Kommunikationsinstrumente beachtet werden, aber dies ist schlecht möglich, da solche Effekte schwer messbar sind. Außerdem können Carry-over-Effekte nicht genau genug festgestellt und rausgerechnet werden. Diese entstehen dadurch, dass vorherige Kampagnen noch in der gemessenen Zeitperiode ihre Wirkung entfalten. Falls die eingesetzten Kommunikationsinstrumente nun nicht den gewünschten und geplanten Wirkungsgrad erzielen, sollte eine Budgetverschiebung zu einem effizienteren Medium stattfinden.

> Um Effizienz in der Kommunikation zu gewährleisten, muss ein einfaches Axiom erfüllt werden: Der Output übersteigt den Input.

Mit diesem siebten Schritt ist der Prozess der strategischen Planung beendet bzw. beginnt erneut bei Schritt 1. Auf Basis der Auswertung vorheriger Planungen und Kampagnen werden die Markenziele neu festgelegt.

Kapitel 6:
Digital & Media

Entwicklung von Kommunikationsstrategien für digitale Medien

Martin Lange/Sean MacDonald

Die New Yorker Digitalspezialisten Martin Lange und Sean MacDonald erläutern den Entwicklungsprozess von digitalen Kommunikationsstrategien – von der Analyse bis zur Findung und Priorisierung der Ideen. Für Lange und MacDonald ist »Digital« nicht einfach nur ein weiterer Kanal im Kommunikationsmix einer Marke, sondern die zentrale Infrastruktur im Management von Kundenbeziehungen, deren Implementierung insbesondere auch organisatorische und strukturelle Veränderungen in Unternehmen erfordert.

Eine Welt im Wandel

Technologien verändern unsere Welt und eröffnen endlose Möglichkeiten. Telepräsenz-Technologien, intelligente Haushaltsgeräte, Autos, die sich selbst steuern, und die Integration von Social-Media-Komponenten in Berührungspunkte mit der digitalen Welt, sind nur einige Dinge, die unseren Alltag revolutionieren. Innovationen wie diese werden auch die Marketing-Landschaft weiter verändern. Sie werden das Leben der Konsumenten bereichern und diese befähigen, mit Marken Beziehungen einzugehen, die dynamischer, interaktiver und bedeutungsvoller sind.

Die Macht, Kommunikationsbotschaften zu kontrollieren, hat sich verschoben. Botschaften werden nicht mehr einseitig von einem Unternehmen in die Welt »telegrafiert«. Heute erforschen Konsumenten neue Produkte, testen Kampagnen-Claims, interagieren online mit Marken und tauschen untereinander Erfahrungen aus. Mund-zu-Mund-Propaganda wird zu einem immer einflussreicheren Faktor für die meisten Kaufentscheide. In dieser informationsgetriebenen Landschaft wird die Marke zum Gegenstand öffentlicher Meinung. Sie muss unterhaltende, nützliche und vor allem sinnvolle Erfahrungen liefern, so die Erwartung der Konsumenten. Wichtigster Grund für diese Machtverschiebung ist die Digitalisierung der Medien. In einer digitalen Medienwelt, in der die Beteiligung des Konsumenten die treibende Kraft für den Erfolg oder Misserfolg einer Marke sein kann, müssen Marken den Konsumenten besser verstehen als je zuvor. Obwohl sich die grundlegenden menschlichen Motive und Verhaltensmuster nicht verändert haben, hat die Technologie dem Menschen neue Wege eröffnet, sich seine Wünsche und Bedürfnisse zu erfüllen, sich unterhalten zu lassen und sich mit Gleichgesinnten zu vernetzen. Diese neuen Formen der Interaktion eröffnen Marken nicht nur neue Möglichkeiten im Aufbau von Kundenbeziehungen. Sie stellen Marken und die Kommunikation über sie und mit ihnen zugleich vor die fortwährende Herausforderung, mit dem Tempo der technologischen Veränderungen mitzuhalten. Man halte sich nur mal vor Augen, dass sich das iPad bei seiner Markteinführung vier Mal so schnell verbreitet hat wie das iPhone (Stückzahl pro Quartal). Das Schritttempo der Marketing-Kommunikation ist hingegen noch sehr viel langsamer. Unternehmen und Agenturen adaptieren Veränderungen in der Mediennutzung sehr viel langsamer als die Konsumenten selbst.

Das Spektrum an digitalen Medien, die Unternehmen heute steuern müssen, ist breit. Wir unterscheiden zwischen:

▶ Digitale Medien, für deren Platzierung ein Unternehmen bezahlt (*paid media*): z. B. Onlinewerbung, Suchmaschinen-Marketing, Medienpartnerschaften
▶ Digitale Medien, die ein Unternehmen alleinig steuert (*owned media*): z. B. Corporate Websites, Unternehmensblogs, Facebookpages oder mobile Apps
▶ Digitale Medien, in denen sich ein Unternehmen Resonanz verdient (*earned media*): z. B. externe Blogbeiträge, Tweets/Followers, Nennungen auf Facebook (»Likes«), User-generierter Inhalt und organische Suchergebnisse

Vor dem Hintergrund dieser Vielzahl an digitalen Kanälen und Aufgaben ist es erfolgskritisch, eine digitale Strategie zu identifizieren, die zum Geschäftserfolg eines Unternehmens beiträgt und hilft, langfristige Beziehungen zum Konsumenten aufzubauen. Die nachfolgende Diskussion soll deshalb Marketingexperten mit der gegenwärtigen Situation vertraut machen, ihnen eine Reihe von Tools und Ansätzen zur digitalen Strategieentwicklung an die Hand geben und diese an erfolgreichen Beispielen verdeutlichen.

Wie das Marketing versucht, Schritt zu halten

Noch bis vor kurzem definierten Agenturen und Marketers »Digital« als einen weiteren Kanal neben TV, Print und Radio. Heutzutage wird jedoch mehr und mehr deutlich, dass die digitalen Medien eine grundlegende Infrastruktur bilden, die mit allen Kanälen eng verzahnt ist, sei es durch direkte Integration (z. B. digitale Außenwerbung) oder durch aktivierende Querverweise (z. B. QR-Codes auf Printanzeigen). Digital ist somit kein Kanal, sondern bildet die Infrastruktur für den grundlegenden Wandel der Kommunikationslandschaft.

> Digital ist kein Kanal, sondern bildet die Infrastruktur für den grundlegenden Wandel der Kommunikationslandschaft.

Es gibt drei zentrale Erfolgsfaktoren für ein digitales Marketing. Unternehmen müssen:
▶ Bedürfnisse und digitale Interaktionsmuster der Kunden/Konsumenten verstehen,
▶ Technologien beherrschen, um diese Bedürfnisse und Verhaltensmuster effizient zu bedienen,
▶ Schnittmengen zwischen Bedürfnissen und Technologien finden, um ihren Geschäftserfolg zu steigern.

Daneben gibt es eine Reihe von Grundregeln, die ein Unternehmen beachten sollte, um den Wert seines digitalen Angebots für den Konsumenten zu steigern:
▶ *Echtzeit-Informationen*: Konsumenten erwarten, dass sie zu jeder Zeit und an jedem Ort über sämtliche Schnittstellen Zugang zu einem Unternehmen haben.
▶ *Nutzwert* (Services, Informationen, Unterhaltung): Konsumenten wollen in den digitalen Medien Dinge effizient erledigen, sie suchen nach Information und Unterhaltung.
▶ *Transparenz*: Mit der Machtverlagerung zum Konsumenten und dem theoretischen Zugang zu jeglichen Informationen ist es für eine Marke wichtig, offen zu kommunizieren und bereit zu sein, über Mängel zu diskutieren.
▶ *Qualitätsinhalte*: Content ist das Herzstück digitaler Medien. Die Qualität der Inhalte entscheidet, wie involviert und loyal ein Konsument gegenüber einer Marke ist.
▶ *Involvement, Co-Creation, Dialog und Community*: Konsumenten wollen mit den Marken, die sie lieben, aktiv kommunizieren. Daher ist es wichtig, einen

Kapitel 6: Digital & Media

wechselseitigen Dialog zu schaffen, der es dem Konsumenten erlaubt, Erfahrungen zu teilen. Besonders geschätzt werden Marken, die ein Gemeinschaftsgefühl auslösen.

▶ *Customization*: Konsumenten werden von einer Flut von Informationen überschwemmt. Für eine Marke ist es deshalb wichtig, dem Konsumenten zu zeigen, was für diesen wichtig ist und Inhalte darauf passgenau zuzuschneiden.

▶ *Kontext*: Die Verfügbarkeit von Daten über den Kontext, in dem sich ein Konsument befindet (Ort, Zeit, Einkaufshistorie, Soziodemografie etc.), erlaubt es, noch bedürfnisgerechtere Kommunikation zu initiieren. Konsumenten erwarten zunehmend weniger störende als eher unterstützende Kommunikation in ihren Entscheidungsprozessen.

Nike+: Digitale Markenerfahrung mit Mehrwert

Ein bekanntes Beispiel für eine Kampagne, die diese Grundsätze wirksam einsetzt, ist Nike+ (»Nike Plus«). Läufer haben hier die Möglichkeit, einen Sensor in ihren Laufschuh einzusetzen. Dieser Sensor sammelt Daten über die Laufgeschwindigkeit, die zurückgelegte Strecke, Laufdauer und die Anzahl verbrannter Kalorien. Alternativ können Läufer den Sensor in einer Uhr tragen oder einfach ein GPS-fähiges Handy statt eines Sensors nutzen. Die Applikation bietet unterschiedliche Workout-Methoden und motiviert den Läufer während einer Trainingseinheit. Die mobile App umfasst u. a. ein Spiel, bei dem Gruppen von Freunden versuchen, nicht die langsamste oder kürzeste Strecke zu laufen. Es gibt sogar eine »Feuer-mich-an«-Applikation auf Facebook, die man mit seinem Profil verknüpfen kann. Diese App sammelt alle Kommentare und »likes« zu einem Lauf und schickt diese direkt an den Läufer. Am Ende eines Laufs veröffentlicht die App die Distanz der zurückgelegten Strecke sowie die Anzahl der gelaufenen Schritte und postet eine Dankeschön-Nachricht auf Facebook. Läufer können ihre Statistiken bei iTunes oder auf der Nikeplus.com-Homepage hochladen, wo sie ihre persönliche Trainingsentwicklung über die Zeit hinweg verfolgen und einen Laufplan erstellen können. Zudem können Läufer über die Webseite an verschiedenen Wettbewerben teilnehmen, sich über empfohlene Laufstrecken an allen möglichen Orten informieren, sich mit anderen Läufern austauschen oder Trainingstipps austauschen. Nike+ ist nahezu einzigartig, weil es eine digitale Markenerfahrung vermittelt, die das Markenversprechen weit über das Produkt hinaus erlebbar macht. Das Programm besticht durch eine hoch dynamische Verarbeitung von Daten unter Einbeziehung einer Vielzahl von digitalen Endgeräten, vielfältige Mehrwerte für die Läufer, qualitativ hochwertige Inhalte zur Unterstützung des Trainings, individuell einstellbare Ziele und Ratschläge sowie die Möglichkeit, Teil einer großen Lauf-Community zu sein.

Wie man eine digitale Strategie entwickelt

Bei einer erfolgreichen Marketing- und Kommunikationsstrategie müssen alle Kanäle perfekt zusammenspielen. Nur so lässt sich eine nahtlose User Experience schaffen, die das gewünschte Verhalten beim Konsumenten hervorruft. Die digitalen Medien sind dabei nur ein Element in einem integrierten Marketing-Mix. Vor allem die Entwicklung einer digitalen Strategie ist oft schwierig, weil das Nutzungsverhalten des Konsumenten in den digitalen Medien besonders unberechenbar ist. Auch das Denken und Verhalten des Konsumenten im Hinblick auf eine Marke verändert sich hier rasant und verläuft in nicht-linearen Mustern. Daher ist es wichtig, über alle Kanäle ganzheitlich nachzudenken. Bei Ogilvy in New York verfolgen wir einen Prozess, der es uns ermöglicht, Konsumentenbedürfnisse, Markenwerte und die digitale Landschaft insgesamt zu verstehen. Wir identifizieren die Kernchancen für eine Marke, um sie vom Wettbewerb zu differenzieren, und entwickeln dann eine digitale Multi-Channel-Strategie, um ihre Ziele zu erreichen. Drei Schritte sind dabei essenziell:

1. Analyse
2. Ideenfindung
3. Ideenpriorisierung

1. Analyse

Jeder strategische Prozess beginnt mit einer Analyse der Unternehmensgrundsätze, marktspezifischer Trends, digitaler Consumer Insights und organisationaler Strukturen, um so die Barrieren und Möglichkeiten entlang einer Consumer Journey zu erkennen.

268 | **Kapitel 6: Digital & Media**

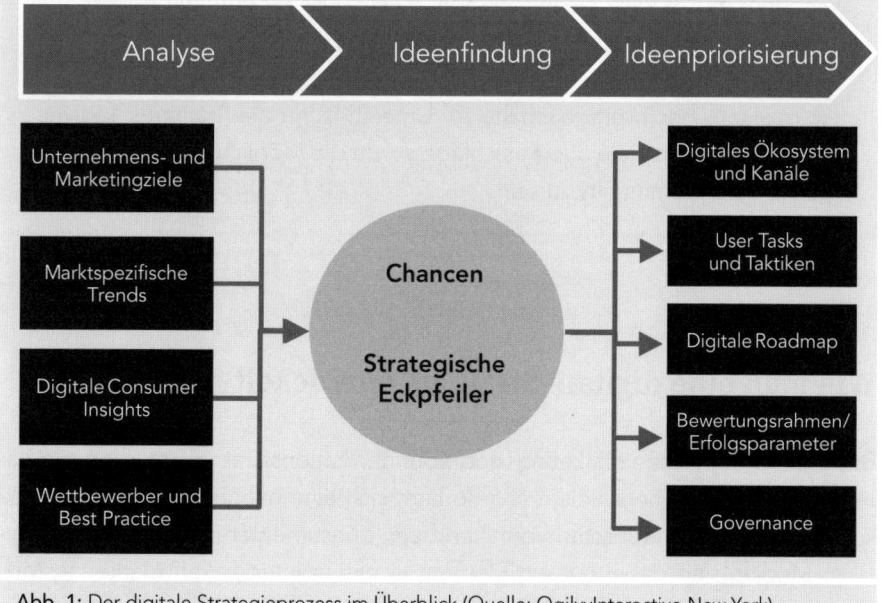

Abb. 1: Der digitale Strategieprozess im Überblick (Quelle: OgilvyInteractive New York)

Unternehmens- und Marketingziele: Zunächst müssen die Business-Ziele eines Unternehmens bekannt sein, um eine digitale Strategie zu entwickeln. Wir stellen immer wieder fest, dass viele Unternehmen zu Beginn eines Projekts keine eindeutige Vorstellung über ihre Ziele haben. Zudem gibt es häufig Widerstände gegen messbare Ziele. Es ist deshalb effektiv, wenn Agenturen ihren Auftraggebern helfen, ihre Ziele zu artikulieren und diese zu Beginn eines Projekts gemeinsam festzulegen. In diesen Prozess sollten nach Möglichkeit alle relevanten Unternehmensbereiche (Investor Relations, HR, Public Relations, IT) involviert werden, um mögliche Ziel- und Interessenkonflikte aufzudecken und auf einen gemeinsamen Nenner zu bringen.

Organisationsstruktur: Go-To-Market-Strategien brauchen häufig spezielle Technologien (z. B. Content Management Systeme) und Roll-Out-Pläne (zentral, lokal, hybrid), die individuell auf ein Unternehmen und seine Bedürfnisse angepasst werden müssen. Durch die Nutzung einer zentralen IT-Infrastruktur können Skaleneffekte erzielt werden, gleichzeitig kann hierdurch aber u. U. die Flexibilität in lokalen Märkten sinken. Entscheidungen wie diese haben erheblichen Einfluss auf den Return on Investment, eine schnelle Markteinführung, die Organisationsstruktur, das Change Management und die Schulung von Mitarbeitern. Ein Beispiel: Ein globaler Hersteller von Konsumgütern glaubte lange Zeit, dass es absolut notwendig sei, seinen lokalen Märkten komplette Autonomie und Flexibilität im Marketing zu gewähren. Jeder Markt sollte die Marke eigenständig interpretieren – oftmals sogar in unterschiedlicher visueller Darstellung –, um die lokalen Gegebenheiten des Landes widerzuspiegeln. Durch diese extreme Dezentralisierung teilte das Unternehmen relativ wenige Technologien. Jeder Markt arbeitete mit unterschiedlichen Agenturen an ähnlichen Lösungen, wodurch erhebliche Kosten und Ineffizienzen entstanden. Heute verfolgt das Unternehmen den umgekehrten Weg der Zentralisierung und entwickelt auf Konzernebene eine gemeinsame digitale Infrastruktur, die über alle Märkte hinweg wirksam eingesetzt werden kann. Sämtliche Marken des Unternehmens werden darin bestärkt, eine global agierende Agentur zu nutzen. Dennoch haben sie ein gewisses Maß an Autonomie, um auf regionale Besonderheiten einzugehen. So bleibt ein Teil des Budgets in den Märkten für die Entwicklung von digitalen Anwendungen, die einzigartig sind und einen kulturell relevanten Ankerpunkt bieten, der die globalen Anwendungen vervollständigt.

Brand Assets: Es ist wichtig, das Kernversprechen einer Marke zu verstehen sowie die gegenwärtigen Werte und Erfahrungen, die zu diesem Versprechen beitragen wie z. B. Werbeaussagen, Call Center Ressourcen, Vertriebsaktivitäten und -kanäle. Diese sollten kontinuierlich analysiert werden, um ein Gefühl für die wichtigsten Erfolgsparameter einer Marke zu bekommen. Gerade für Social-Media-Aktivitäten gibt es ein erweitertes Spektrum von Erfolgsparametern, die eine Marke berücksichtigen sollte. Auch hier ein Beispiel: In einer Reihe von Interviews mit den Stakeholdern eines großes Telekommunikationsunternehmens erfuhren wir, dass dieses Unternehmen über eine Reihe von bemerkenswerten Ingenieuren und Wissenschaftlern verfügte, die sehr genau wussten, durch welche anspruchsvollen Technologien das Unternehmen die Kundenzufriedenheit steigern konnte. Oftmals bleiben »unbesungene Helden« wie diese in einem Unternehmen unbemerkt, obwohl sie unglaublich wichtig sind, um das Markenversprechen zu transportieren und Barrieren abzubauen, die für die Kundenzufriedenheit zentral sind. Wir entwickelten deshalb eine Strategie rund um diese Tüftler und Wissenschaftler mit Filmen auf YouTube. Zudem schufen wir On-Site Touren für einflussreiche Blogger, damit diese direkt mit den Wissenschaftlern sprechen konnten. So entstand eine fesselnde Markengeschichte zu den Produktinnovationen des Unternehmens.

Markttrends: Für die Entwicklung einer digitalen Strategie ist es weiterhin wichtig, die Trends im Markt zu kennen, z. B. die Verbreitung bestimmter Endgeräte und

Technologien in der relevanten Zielgruppe, Kennzahlen wichtiger Plattformen und Kernwettbewerber. Es gibt eine Reihe von Anbietern im Markt, die darauf spezialisiert sind, die (digitalen) Schlüsseltrends innerhalb einer Branche zu identifizieren und hierfür zahlreiche Statistiken und Insights liefern wie z.B. Mintel, Forrester und eMarketer. Für ein globales B2B-Unternehmen fanden wir auf diesem Weg heraus, dass einige wichtige Kunden in den Emerging Markets Bestellungen nicht – wie man vermuten könnte – über Desktop-Computer oder Smart Phones aufgaben, sondern sich weiterhin auf SMS verließen. Diese Erkenntnis hatte großen Einfluss auf die Entstehung einiger Kernfunktionen für die zu entwickelnde digitale Plattform.

Digitale Consumer Insights: Auch digitale Strategien drehen sich im Kern um die Bedürfnisse von Konsumenten. Wir wollen hier nicht wiederholen, was an anderer Stelle des Buches bereits ausführlich besprochen wurde (vgl. Kap. 2, S. 27), sondern auf einige interessante Aspekte zur Generierung von digitalen Insights hinweisen. Hilfreich sind auch hier ethnografische Verfahren, Tiefeninterviews oder Fokusgruppen. Besonders gute Erfahrung haben wir damit gemacht, das digitale Verhalten des Konsumenten in seiner natürlichen Umgebung zu beobachten. Ein international tätiger Hersteller von Chemie- und Kunststoffen stellte uns die Aufgabe, seine globale Website neu zu gestalten und wollte dabei herausfinden, welche digitalen Kanäle am besten geeignet seien, Käufe anzuregen und Crossselling-Effekte unter den Kunden zu generieren. Zusammen mit dem Unternehmen führten wir deshalb eine ethnographische Studie in China, Indien und den Vereinigten Staaten durch. Wir beobachteten Kunden aus unterschiedlichen Branchen und lernten, dass diese die digitalen Kanäle als erste Anlaufstelle für die Sammlung von Informationen nutzten, aber dabei Schwierigkeiten hatten, selbst einfache Basisinformationen über ein Produkt zu finden. Unser Klient musste einsehen, dass dadurch das Image seiner Marke in puncto Innovation beschädigt wird und der Frust bei Konsumenten steigt. Auch die Vertriebsorganisation wurde dadurch erheblich unter Druck gesetzt. Sie musste bestehenden Kunden auf triviale Fragen Rede und Antwort stehen, wodurch enorme Kosten entstanden. Dabei hätten diese auf einfache Weise digital bedient werden können. Auch der Einstieg für Interessenten in einer frühen Entscheidungsphase wurde dadurch erschwert. Die Studie deckte zudem viele Nuancen im Kaufprozess der Kunden auf, so dass Inhalte und funktionale Aspekte der neuen digitalen Plattform identifiziert, entscheidende Hürden im Kaufprozess überwunden und potenzielle Treiber verstärkt werden konnten. Die ethnografischen Filme, die bei der Beobachtung des Mediennutzungsverhaltens der Kunden entstanden sind,

Kommunikationsstrategien für digitale Medien | 271

waren zudem großartige Werkzeuge, um die wichtigsten Entscheidungsträger innerhalb des Unternehmens zu überzeugen. Die einzelnen Geschäftsbereiche bekamen so ein gutes Gefühl für ihre Kunden. Diese Einsicht war wichtig, um eine breite Unternehmensinitiative anzustoßen und hierfür die finanzielle und persönliche Unterstützung aller im Unternehmen zu bekommen.

Suchverhalten: Suche ist der Einstiegspunkt zu allen Informationen im Internet, egal ob von zu Hause aus oder unterwegs. Zwar behalten die großen Suchmaschinen (Google, Baidu, Bing) ihre exakten Algorithmen, die für das Ranking der Suchergebnisse relevant sind, erfolgreich für sich. Dennoch bieten sie sehr nützliche Informationen über das Suchverhalten, z. B. wohin bestimmte Suchbegriffe einen Anwender führen und wie erfolgreich dieser die Informationen findet, nach denen er sucht. Eine gründliche Suchanalyse von Konkurrenzmarken, Schlüsselwörtern und typischen Suchbegriffen im Markt liefert extrem nützliche Informationen über das Konsumentenverhalten und kann eine Richtung vorgeben, wie man Inhalte und Funktionsweisen sinnvoll strukturiert und benennt und welche Schlüsselwörter in die Suche integriert werden sollten. Diese Schlüsselwörter und Suchbegriffe bilden zudem eine interessante Momentaufnahme der generellen Denkweisen und Konsumbedürfnisse des Konsumenten. Sie bieten so einen weiteren wichtigen Insight und Anknüpfungspunkt für das Markenmanagement. In einem anderen Beispiel haben wir für einen Kunden aus der Finanzbranche eine Möglichkeit aufgedeckt, wie dieser ein kosteneffizientes Marketing betreiben kann. Auch hier analysierten wir zunächst, welche Suchbegriffe die Nutzer eingaben, um nach speziellen Brancheninformationen zu suchen. In Analysen wie diesen erfährt man Entscheidendes über die Umgangssprache der Nutzer und welche Worte sie im Zusammenhang mit einem Produkt verwenden. Ein Verständnis dieser Terminologie ist wichtig für die Suchoptimierung von Webauftritten und Video-Material. Sobald eine Marke unter den Top-Zwei einer Suchanfrage bei Google sowie bei den kostenpflichtigen Seitenauflistungen steht, ist der einzig verbleibende Platz, den ein Unternehmen auf einer solchen Seite noch einnehmen kann, die Videoergebnisleiste. Marken können diesen kostenlosen und frei zugänglichen Medienplatz bei einer organischen Suchanfrage zu ihrem Vorteil nutzen, wenn sie passende Videoinhalte produzieren und diese für Suchanfragen optimieren. Für unseren Finanzkunden entwickelten wir zunächst ein Schlüsselwortmodell, um rauszufinden, welche Begriffe unsere Zielgruppe in Zusammenhang mit dem Unternehmen verwendet. Im Anschluss daran machten wir eine Analyse, um zu verstehen, in welchem Maße Videoinhalt zu den jeweiligen Begriffen auftaucht. Abschließend identifizierten wir die Begriffe, von denen wir ausgingen, dass sie am einfachsten bei Google zu besetzen seien, und verknüpften jeden Begriff mit Inhalten, die für den Konsumenten relevant waren. Diese Analyse verhalf uns dazu, alle Suchanfragen durch Video-Content zu dominieren und machte die Marke auf Google äußert präsent.

Social-Media-Analyse: Social Media hat einen massiven Einfluss auf den Kaufentscheidungsprozess. Bei der Wahl zwischen verschiedenen Produkten können persönliche Empfehlungen kaufentscheidend sein. Eine fundierte und kontinuierliche Analyse der Stimmung und Aussagen von Schlüsselpersonen sowie der Aktivitäten der Konkurrenz sollte somit integrierter Bestandteil einer jeden digitalen Strategie sein. Nur so können Unternehmen ihre Kunden bezüglich deren Bedürfnisse und Anforderungen wirklich verstehen. Für eine führende Spirituosenmarke versuchten wir herauszufinden, wie diese das Involvement der Zielgruppe steigern kann. Als wir die Online-Gespräche rund um Spirituosen analysierten, zeigte sich, dass die meisten Gespräche zu einer Zeit stattfanden, wenn Menschen das Haus verlassen, um in eine Bar zu gehen. Während dieser »Vorglühphase« sprachen die User darüber, wie viel Spaß sie gerade mit ihren Freunden zu Hause haben und über ihre Pläne für die kommende Nacht. Dieser Insight war im Vorfeld von keiner anderen Forschungsquelle aufgedeckt worden und stellte sich als entscheidendes Unterscheidungsmerkmal auf dem Markt heraus, da keine der Konkurrenzmarken sich bisher dieses soziale Ritual zu eigen gemacht hatte. Das Ergebnis war, dass unser Kreativteam vielfältige Online-Angebote um diese Vorglühphase entwickeln konnte, wie zum Beispiel kundenspezifische Musik-Playlisten, Cocktailrezepte, Barempfehlungen und Preisnachlässe für Gruppen.

Conjoint-Analyse: Ein hilfreiches Analyse-Tool, das wir häufig einsetzen, sind Conjoint-Analysen. Diese helfen, die für den Konsumenten relevanten Features und Funktionen einer digitalen Plattform zu identifizieren. Für gewöhnlich nutzen wir hierfür die sogenannte Maximum Difference Scaling-Befragung. Bei dieser werden der Testperson verschiedene Auswahlsets von üblicherweise vier Items aus der vollständigen Item-Liste von Features und Funktionen gezeigt. Die Zusammenstellung der Sets erfolgt zufällig. In jedem Set muss der Befragte das wichtigste und unwichtigste Item auswählen. Der Testperson werden solange willkürlich ausgewählte Sets gezeigt bis alle Features zweimal dargestellt wurden. Das Ergebnis gibt einen Index der Features und Funktionen wieder, gelistet nach deren Relevanz für den Nutzer. So lässt sich entscheiden, welche Features umgesetzt werden sollen und welche nicht. Ein führendes Telekommunikationsunternehmen beauftragte uns, eine E-Commerce-Plattform zu entwickeln. Das Unternehmen ging aus einer Reihe von Akquisitionen hervor. Die Folge war ein komplexes System von Datenbanken und Content-Management-Systemen, die sich schwer in eine gemeinsame, nationale E-Commerce-Plattform integrieren ließen. Der Klient benötigte eine starke Begründung, um dieses Investment einzugehen und innerhalb der Organisation durchzusetzen. Wir führten deshalb eine Maximum Difference Scaling-Befragung durch und testeten 30 verschiedene Online-Features bei potenziellen Kunden und Bestandskunden. Die Studie lieferte uns einen Index mit allen Features, gewichtet nach ihrer Relevanz. Alle Features drehten sich um das Thema »E-Commerce«. Ganz oben in der Prioritätenliste standen Optionen für Produktvergleiche, ein Produkt in den Warenkorb legen, relevante Angebote ansehen, online einkaufen oder Terminvereinbarungen zur Einrichtung eines Neuanschlusses, die folglich höchste Priorität für die Entwicklung der Seite hatten. Darüber hinaus konnten wir durch die Befragung vier unterschiedliche Kauftypen identifizieren (u. a. der Rechercheur, der Do-it-Yourselfer, der Kontaktsuchende). Durch die gewonnenen Insights konnten wir das Informationsgerüst der Website passgenau auf die unterschiedlichen Bedürfnisse der Nutzergruppen mit jeweils unterschiedlichen Features und Funktionen für diese Gruppen anpassen.

Digitale Personas: Die hier beschriebene Analyse liefert wertvolle Insights über die Zielgruppe, ihre Bedürfnisse und Nutzungsmuster, aus denen sich »digitale« Charaktere, sogenannte Personas, ableiten lassen. Diese beschreiben archetypische Persönlichkeiten der Zielgruppe. Mit Hilfe von Geschichten oder Collagen lassen sich das demografische und psychografische Profil der Charaktere, ihre digitalen medialen Nutzungsgewohnheiten, Online-Bedürfnisse und Wünsche illustrieren. Diese bilden eine gute Inspirationsquelle für Kreativteams und schaffen ein umfängliches Verständnis für die Zielgruppe.

User Journeys: Eine User Journey beschreibt den typischen Weg, den ein Konsument im Kaufentscheidungsprozess durchläuft, angefangen von der Entdeckung, dass er ein Produkt oder eine Dienstleistung überhaupt braucht, über den tatsächlichen Kauf und Gebrauch des erworbenen Produkts bis hin zur Herausbildung von Loyalität und möglichen Weiterempfehlungen (vgl. Kap. 7, S. 319). Mit Hilfe einer Analyse der User Journey lassen sich die sog. »Moments of Truth« identifizieren, also die entscheidenden Augenblicke, in denen sich ein Kunde entweder einer Marke entscheidend nähert oder sich von dieser entfernt. Entlang einer Customer Journey lässt sich später der Kommunikationsplan entwickeln,

Kapitel 6: Digital & Media

der die zentralen Treiber und Barrieren der Kommunikation benennt. Zur Veranschaulichung einer User Journey entwickeln wir ein Skript über den typischen Tagesablauf unseres archetypischen Konsumenten und erstellen hierzu einen Film. Diese Technik hat sich als hochgradig ergiebig für Klienten erwiesen, da so die Zielgruppe greifbar und zum Leben erweckt wird. Eine weitere hilfreiche Technik, besteht darin, einen Raum mit Gegenständen aus dem Leben der Zielgruppe zu dekorieren, z. B. mit Dingen aus ihrer Handtasche, Kleidung oder Einrichtungsgegenständen aus ihrem Wohnzimmer.

Wettbewerber & Best Practice: Da die Kunden ihre digitalen Erfahrungen mit einer Marke mit anderen digitalen Erfahrungen vergleichen, ist es wichtig die Aktivitäten des Wettbewerbs zu analysieren sowie einen Blick auf bewährte Methoden außerhalb der eigenen Branche zu werfen. Für einen B2B-Kunden mit einem breiten Portfolio an Produkten suchten wir nach einer führenden E-Commerce-Plattform im B2C-Bereich, um besser zu verstehen wie Nutzer durch eine Flut an Produkten und Kategorien navigieren. Von diesem Best-Practice-Beispiel konnten wir wichtige Erkenntnisse für eine facettenreiche Suchfunktion ableiten.

2. Ideenfindung

Die wichtigsten Erkenntnisse aus der Analyse, insbesondere die identifizierten Chancen, werden in der Phase der Ideenfindung in strategische Eckpfeiler übersetzt, aus denen konkrete Aufgaben und Taktiken für die User Experience abgeleitet werden.

Strategische Eckpfeiler: Zunächst besteht das Ziel darin, eine Value Proposition für die digitale Markenerfahrung zu definieren und einen strategischen Rahmen zu schaffen, der auf diese Value Proposition einzahlt. Im Allgemeinen besteht der strategische Rahmen aus fünf oder sechs strategischen Eckpfeilern, die den Klienten dazu befähigen, die vordefinierten Geschäfts- und Marketingziele zu erreichen. Die Eckpfeiler bilden dabei die Zusammenführung von Geschäftszielen einerseits und Kundenbedürfnissen andererseits. Sie werden i. d. R. nach Kernfunktionen definiert (z. B. Reach, Educate, Engage, Support etc.). Bei Konsumgüterstrategien werden die strategischen Eckpfeiler entlang der Kaufentscheidungsphasen entwickelt (von Awareness über Consideration bis hin zur Wiederkaufsphase). Diese weichen in B2B-Geschäftsprozessen leicht ab, da der Kaufentscheidungsprozess unterschiedlich verläuft. Je nach geschäftlicher Problemstellung (z. B. Produkteigenschaften sind nicht eindeutig bekannt) werden die strategischen Eckfeiler definiert (z. B. »Generierung von Online-Funktionen und Aktivitäten, die es dem Kunden erlauben, sich mit dem Produkt auseinanderzusetzen«).

Brainstorming: Sobald die Kernstrategien festgelegt sind, ist es wichtig, das Kreativteam mit einzubeziehen, damit dieses aus den Strategien eine lebendige User Experience entwickeln kann. Bei Ogilvy nutzen wir eine eigens dafür entwickelte Brainstorming-Methode mit unterschiedlichen Spieltechniken. Ein Beispiel: Jeder Brainstorming-Teilnehmer, muss den Namen einer berühmten Persönlichkeit, eines Politikers oder einer historischen Figur aus einem Hut ziehen und dann erklären, wie diese spezielle Person die Marketingaufgabe lösen würde. Diese Art von Übungen soll dabei helfen, auf neue und außergewöhnliche Weise zu denken, um abseits der Norm mehr innovative Ideen zu generieren.

User Tasks und Taktiken: Durch die Kombination von digitalen Personas und User Journeys lassen sich spezifische Benutzertasks bzw. User Tasks identifizieren. User Tasks sind aus Nutzersicht verfasste Bedürfnisse in der Auseinandersetzung mit dem digitalen Angebot. User Tasks spiegeln dabei konkrete Fragestellungen wider, die ein Konsument an das Angebot oder Produkt hat. Für einen weltweiten Hersteller von Agrarzusatzstoffen entwickelten wir User Tasks aus Sicht der Landwirte, die sich mehr kontext- und produktbezogene Informationen während der Arbeit auf dem Feld wünschten (z. B. »Ich benötige jederzeit und an jedem Ort Zugriff auf die möglichen Mischverhältnisse des Produktes A mit weiteren Zusatzstoffen bevor ich dieses anwende.«). Diese aus Usersicht verfassten Tasks bilden u. a. die Grundlage für die Kreativteams, konzeptionelle Lösungen (»Taktiken«) im Rahmen der Geschäftsziele zu verfassen. Diese Taktiken können sowohl Inhalte (»Bereitstellung von interaktiven Produktdarstellungen«) als auch funktionale Angebote (»Vereinfachte Registrierung über Nutzung des Facebook-Accounts«) beinhalten. Die taktischen Maßnahmen werden i. d. R. den strategischen Eckpfeilern zugeordnet.

Interaktionsmuster und Interface: Einige Marketingexperten haben früh den fundamentalen Unterschied zwischen mobilen und stationären digitalen Endgeräten verstanden. Informationen über Bildschirmgröße, Bandbreite der Übertragung und Kontext der Online-Nutzung sind der Schlüssel, um unterschiedliche Anwendungsmuster mit jeweils unterschiedlichen Interfaces zu entwickeln. Ein Konsumentenbedürfnis in einer Reisesituation (z. B. im Bus, Zug) muss anders angesprochen werden als ein Bedürfnis, das in einer Bürosituation am Arbeitsplatz entsteht. Auch hier sind die identifizierten User Tasks hilfreich, um herauszufinden, welche Anwendungen und Interfaces in welcher Nutzungssituation geeignet sind, um die Bedürfnisse des Nutzers zu befriedigen.

3. Ideenpriorisierung

In der Regel unterliegen die im Ideenfindungsprozess erarbeiteten taktischen Maßnahmen organisatorischen Rahmenbedingungen (Budget, Prozess, Zeit), die eine Priorisierung notwendig machen und den operativen »Fahrplan« darstellen. Dieser »Fahrplan« wird um das »digitale Ökosystem«, ein Bewertungssystem (Ziele, KPIs, Basisdatenerhebung wie z. B. Trackingwerte) und ggfs. ein Rollen- und Prozesssystem aus unternehmensorganisatorischer Sicht ergänzt.

Digitale Roadmap: Die identifizierten User Tasks werden zunächst nach ihrer Wichtigkeit priorisiert. Grundlage der Bewertung ist ihr Wertbeitrag für den Geschäftserfolg, ihr Wert für Marke und Kunden, mögliche organisatorische Barrieren und ihre generelle Machbarkeit. Die Aufgaben mit der höchsten Priorität werden in einen stufenweisen Roll-Out-Plan überführt und bilden für das Kreativteam die Grundlage, um passgenaue Lösungen zu gestalten.

Digitales Ökosystem und Kanäle: Es ist hilfreich, sich einen Überblick über alle digitalen Kanäle zu verschaffen, die zur Umsetzung der Strategie genutzt werden. Zudem sollte man wissen, wie diese konzeptionell zusammenspielen. Wir sprechen hier von einem digitalen Ökosystem, in dem jeder Kanal eine klar definierte Rolle für das Gesamtsystem hat.

Bewertungsrahmen: Die vielfältigen Möglichkeiten, Nutzungsdaten online zu erheben und deren Erfolg messen zu können, werden seit Langem als eine wichtige Errungenschaft des digitalen Marketings gepriesen. Und auch wenn das sicherlich zutrifft, setzt die Fülle an potenziell verfügbaren Daten ein umfangreiches Know-how voraus: im Bereich der Systemmöglichkeiten, des CRMs und der Implementierung. Wie lassen sich die Datenquellen innerhalb eines Backend-Systems abgleichen? Welche rechtlichen Auswirkungen ergeben sich durch die Datensammlung? Was sind die Ableitungen aus den Ergebnissen? So lauten einige der Fragen, die hier beantwortet werden sollten.

Content-Strategie und Verbreitung: Content is King. Diese Weisheit hat sich im Marketing seit Langem durchgesetzt. Im Kontext digitaler Strategien muss der Content-Begriff jedoch neu gedacht werden. Intelligente Content-Management- und Publishing-Systeme, die auf unterschiedlichen Geräten und Webseiten laufen, statten das Marketing mit einer großen Fülle an Werkzeugen aus, um Inhalte passgenau auf unterschiedliche Kontexte, Zeiten und Ziele zuzuschneiden. Oft ist eine spezielle Hierarchisierung von Inhalten nicht länger sinnvoll, da die Nutzer kontextorientiert vorgehen. Sie betreten eine Seite durch die Hintertür, indem sie einen bestimmten Suchbegriff eingeben und damit einer bestimmten Intention folgen. Diese kann sich im Kontext der Suche auch ändern, wenn dem Nutzer bestimmte (alternative) Inhalte, Produkte oder Services offeriert werden. Es wird immer wichtiger, das ursprüngliche Content-Bedürfnis des Nutzers zu verstehen, um ihm passgenaue Angebote und ergänzende Informationen zu offerieren. Dies bedeutet, dass Inhalte mehr und mehr hierarchiefrei entwickelt werden, ohne eine bestimmte Informationsaufnahme im Vorfeld vorauszusetzen (z. B. kann nicht mehr davon ausgegangen werden, dass sich ein User durch die Hierarchie einer Sitemap clickt und dadurch alle darüberliegenden Inhalte wahrnimmt). Um dennoch die bedürfnisgerechteste Information zur Verfügung zu stellen, werden Inhalte zunehmend dynamisch und ad hoc generiert, basierend auf situationsbezogener Analyse des Klickpfads bzw. des Suchverhaltens des Nutzers (wo kam der Nutzer her, welche Suchbegriffe hat er genutzt), Daten zu seiner Person (z. B. über Login) sowie multivariaten Verhaltensannahmen (Predictive Behavioral Targeting). E-Commerce-Seiten haben auf diesem Gebiet die größten Fortschritte gemacht und gelten als Benchmark.

Organisatorische Handlungsbereitschaft: Die Gewinnung von digital versierten Mitarbeitern sowie der Aufbau von spezialisierten Stellen und deren Einbindung in die Marketingorganisation erweist sich als besondere Schwierigkeit bei digitalen Transformationsprozessen und sollte im Planungsprozess berücksichtigt werden. Die ständige Verfügbarkeit von Informationen (24/7) erfordert mehr Geschwindigkeit in Unternehmen und flexiblere Arbeitsverträge, Prozessvereinfachungen und -automatisierungen. Der Wechsel zu neuen und zeitgemäßen digitalen Plattformen und Interaktionsmustern geht oftmals mit einem organisatorischen Change-Management-Prozess einher, um nicht nur die Umsetzung der Strategie, sondern vor allem den Umgang mit den neuen Möglichkeiten nach dem Launch effizient und zielorientiert zu gestalten.

Governance: Wenn Organisationen nicht länger einseitig kommunizieren, sondern Informationen frei fließen und Mitarbeiter aktiv in sozialen Netzwerken kommunizieren, ohne ständig überwacht zu werden, ist es entscheidend, dass alle Informationen und Interaktionen mit den Kunden kontrolliert gesteuert werden. Dies gilt vor allem für regulierte Branchen, in denen die rechtlichen Auswirkungen einer Fehlinformation eine große Gefahr für das Wohlergehen eines Unternehmens bedeuten können (z. B. in der Pharmaindustrie). Angestellte müssen deshalb geschult werden, welche Auswirkungen ihre Kommunikation in der digitalen Welt haben kann – ein Fakt, der bei der Entwicklung der strategischen und taktischen Maßnahmen im Rahmen des o. g. Change-Management-Prozesses berücksichtigt werden muss. Auch Content-Publishing-Prozesse müssen in besonderer Weise gesteuert werden, da hier mehrere Rollen (Inhaltsentwickler, Abnahmeberechtigte, Prozessverantwortliche) und Abteilungen (Brand Manager, Unternehmenskommunikation, IT, Rechtsabteilung etc.) Anteil an dem Prozess haben. Diese müssen nicht nur definiert, sondern auch reguliert werden. Es ist deshalb wichtig klare Arbeitsabläufe zu definieren, um Onlineinhalt und Werkzeuge zu managen oder diese global auszurollen. Ein Unternehmen sollte dabei seine verfügbaren Ressourcen identifizieren, mögliche erforderliche Ressourcen diskutieren sowie darüber hinaus die Rollen, Verantwortlichkeiten und Prozesse für eine effektive Umsetzung von Projekten diskutieren. Oftmals scheitern ambitionierte digital-strategische Veränderungsprozesse an einem Mangel an organisatorischer Wandlungsfähigkeit – oder werden zumindest nicht vollständig ausgeschöpft. Insbesondere die letzten beiden Punkte spielen daher bei der Entwicklung einer digitalen Strategie eine wichtige Rolle.

Verschiedene Techniken, sich einer digitalen Strategie zu nähern und deren Auswirkungen auf Design und Entwicklung

Während die Werkzeuge für die Entwicklung einer digitalen Strategie für fast alle Projekte gleich sind, gibt es unterschiedliche Wege, sich diesen Projekten bzw. deren Zielen zu nähern. Digitale Projekte lassen sich generell in drei Lager einteilen: kampagnenorientierte Projekte, transaktionsbasierte Projekte und Social-Media-Projekte. Die erfolgreiche Umsetzung einer digitalen Strategie ist hochgradig abhängig von der Zusammenarbeit mit einem großartigen Kreativteam, das dem Ganzen Leben einhaucht. Demzufolge ist es für jedes einzelne Projekt enorm wichtig, für einen Schulterschluss zwischen Strategen und Kreativen zu sorgen.

Kampagnenorientierte Projekte werden meist von einer großen kreativen Idee zusammengehalten. Es ist deshalb sinnvoll, wenn das Kreativteam mit der Ideenfindung bereits in dem Moment beginnt, wo das Strategieteam erste Insights sammelt. So können beide Teams in regelmäßigen Abständen ihre Ideen austauschen. Die Strategen können dem Kreativteam erste Insights liefern, die dann sofort in die Konzeptentwicklung eingehen. Gleichzeitig kann das Kreativteam erste Konzepte mit den Strategen diskutieren, um zu sehen, ob diese »on strategy« sind.

Bei *Transaktionsprojekten* wie der Überarbeitung einer E-Commerce-Plattform oder dem Relaunch einer globalen Website ist es sehr wichtig, dass eine gut ausformulierte Strategie vorliegt, bevor die kreative Umsetzung startet. Aufgrund der Komplexität der Business-Anforderungen, Nutzerbedürfnisse und technologischen Infrastruktur ist die Vorgabe einer klaren Richtung entscheidend für den Erfolg. Die Entwicklung einer digitalen Strategie kann zu einem hochgradig komplexen Vorhaben werden, insbesondere bei größeren Transformationen (angefangen bei raffinierten User Tasks bis hin Reorganisationsprozessen). Während Einigkeit darüber besteht, dass die Strategie im Vorfeld definiert werden sollte, gibt es in der Branche eine breite Diskussion darüber, ob die Umsetzung per klassischem Wasserfallverfahren noch effektiv ist (vgl. Kap. 6, S. 281). Bei dieser erfolgt der Entwicklungsprozess Schritt für Schritt. Eine Projektstufe muss demnach vollständig abgeschlossen und vom Klienten freigegeben sein, bevor die nächste Projektstufe genommen wird. Die Lösung wird so mit Voranschreiten des Projektes immer detaillierter. Demgegenüber sind immer mehr Entwickler mit einem Prozess erfolgreich, der beweglicher ist. Teams arbeiten hier an separaten Funktionen und entwickeln in vielen kleinen Zwischensprints die Lösung durch Ausprobieren und Lernen weiter. Diese vorläufigen Lösungen werden während des gesamten Prozesses regelmäßig mit den Zielen abgeglichen und können in bestimmten Intervallen auf den Markt gebracht werden. Diese Herangehensweise ermöglicht schnellere Go-To-Market-Geschwindigkeiten. Auch können Irrtümer oder Fehlinterpretationen der Nutzerbedürfnisse schneller korrigiert werden. Gleichzeitig bürgt diese Herangehensweise aber die Gefahr, dass der Prozessverlauf insgesamt weniger vorhersehbar ist und dass Budget, Umfang und Timing überschritten werden.

Beim dritten Projekttyp liegt der Fokus auf *Social Media*. Aufgrund der raschen weltweiten Adaption von Social Media müssen Unternehmen diesem Be-

Kapitel 6: Digital & Media

reich ganz besondere Aufmerksamkeit schenken. Zudem ist dieser aus verschiedenen Gründen sehr komplex: Erstens verlässt sich der Großteil von Social Media auf bereits existierende Plattformen wie Facebook, YouTube und Twitter. Ein tief greifendes Verständnis dieser Plattformen ist deshalb notwendig, um strategische Empfehlungen geben zu können. Zweitens entwickeln sich diese sozialen Plattformen ständig weiter, so dass es schwierig ist, alle Veränderungen im Auge zu behalten. Und drittens ist Social Media sehr dynamisch und erfordert eine sorgfältige Planung, welche Inhalte, Gespräche und Einflüsse langfristig von Bedeutung sind. Social-Media-Projekte sind daher oft Kommunikationsfahrplänen sehr ähnlich und sind nicht notwendigerweise an die Entwicklung von Kommunikationsmaßnahmen (Plattformen, Werbemittel) geknüpft.

Fazit und Ausblick

Eine optimale Digitalstrategie setzt Echtzeitinformationen zu jeder Zeit und an jedem Ort wirksam ein, liefert Nutzwert, Informationen und/oder Unterhaltung, besticht durch Transparenz, bietet qualitativ guten Inhalt, begünstigt Mitwirkung und Beteiligung, nutzt Co-Creation, Dialoge und einen Community-Gedanken und befähigt Kunden, Erfahrungen individuell zu erschaffen (Customization). Alle diese Elemente sind wichtig, um das Potenzial einer Marke zu entfalten und um einzigartige Markenerfahrungen für die Kunden zu kreieren. Die digitalen Medien sollten bei der Entwicklung eines integrierten Marketingplans fest mit dem Gesamtkonzept verwoben sein – als starkes Rückgrat. Sie bilden das Fundament für den Aufbau von Beziehungen zwischen Menschen und Marken, die dynamischer, interaktiver und relevanter sind. Zudem schaffen sie den Rahmen, um das Leben der Kunden essenziell zu bereichern und den Markenwert für Kunden ein Leben lang zu steigern.

Was kommt als nächstes? Wir glauben, dass sich die Rolle der digitalen Medien verändern wird. Schon bald werden wir mehr Projekte sehen, in denen die digitalen Medien nicht länger nur die Kommunikation einer Marke unterstützen, sondern selbst Teil des Produkts und der Leistung sind. Sie werden zum Schlüsselelement für Unternehmen, um Kaufprozesse effizienter zu gestalten und Geschäftsstrukturen langfristig zu optimieren. Digitale Technologien werden dabei bestehende Produktnutzen in digitale Services übersetzen und dadurch verlängern.

Digital Planning

Wie man Marken im digitalen Zeitalter führt

Thomas Walther/Michaela Jausen

> Die digitale Revolution bedeutet für das Markenmanagement einen Kontroll-
> verlust. Thomas Walther und Michaela Jausen sehen in diesem eine Chance.
> Ihre Empfehlung: Digital Planning muss denken wie ein Stand-up Comedian.
> Es muss schneller, beweglicher und offener für Reaktionen aus dem Umfeld
> sein. Dies gilt auch für die Marke. Für die Autoren ist Digital Planning keine
> eigenständige Disziplin. Sie raten, die Silos zwischen einzelnen Disziplinen ein-
> zureißen und fordern insgesamt mehr Vernetzung – zwischen Unternehmen
> und Agenturen, Marken und Konsumenten sowie Plannern und Kreativen.

Die digitale Revolution verändert die Welt, wie es lange keine neue Technik geschafft hat. *Digital Natives*, also Menschen, die sich an eine Zeit ohne Internet
nicht erinnern können und gleichzeitig real und online aufgewachsen sind, gehen
nicht mehr online, sondern leben »always on«. Sie vermischen virtuelle mit realen
Erlebnissen, wie es ihnen gerade passt und stellen Marken, Markenverantwortliche und Planner vor eine Vielzahl neuer Herausforderungen. Lange erprobte Markenstrategien und Kommunikationstaktiken verlieren an Durchschlagskraft bzw.
werden von privat organisierten Kundeninitiativen erfolgreich torpediert. Mühsam aufgebaute Marken werden auf ihrem angestammten Terrain von scheinbar
gedankenlos zusammengezimmerten Online Brands in den Schatten gestellt.
Und der gute Ruf etablierter Marken wird im Netz durch mehr oder weniger ge-
rechtfertigte Vorwürfe breitenwirksam angekratzt und in manchen Fällen sogar
gänzlich ramponiert. Die daraus resultierende Verunsicherung unter Markenverantwortlichen nutzen viele selbsternannte »Strategen«, um mit erkennbarer
Freude die neue Planungsanarchie auszurufen – mit mehr oder weniger neuen
Konzepten und einer Unzahl neumodischer Begriffe. Die bahnbrechende Lösung
für die eine große Frage liefern sie jedoch nicht: *Wie führe ich eine Marke erfolgreich im digitalen Zeitalter?* Einig scheinen sich alle Beteiligten lediglich darin zu
sein, dass sich Marken dem Internet nicht mehr verschließen können und digital
aktiv werden müssen. Die Verwirrung beginnt bereits bei dem Begriff »*digital*«.

Kapitel 6: Digital & Media

Wir verwenden *Digital Planning* hier als Sammelbegriff für *Online, Interactive und Social Media Marketing*. Eine *digitale Marke* ist demnach:

▶ *immer verfügbar (always available)*. Eine digitale Marke will ihren Kunden prinzipiell immer zur Verfügung stehen. Sie lässt ihre Kunden (so weit dies möglich ist) immer und überall auf ihre Angebote und Leistungen zugreifen.

▶ *nützlich (useful)*. Eine digitale Marke will nützlich sein. Sie bietet ihren virtuellen Besuchern interaktive Plattformen, Tools und Services an, die abhängig von den persönlichen Präferenzen der Nutzer sind.

▶ *offen für Partizipation (open)*. Eine digitale Marke ist prinzipiell offen für Partizipation. Sie beteiligt ihre Kunden, Fans, Freunde und Feinde aktiv an ihrer Kommunikation bzw. lädt diese regelmäßig zu gemeinsamen Aktivitäten und Projekten ein. Bei besonders offenen Marken kann dies so weit gehen, dass Konsumenten aktiv an der Gestaltung und Weiterentwicklung von Services und Produkten beteiligt werden.

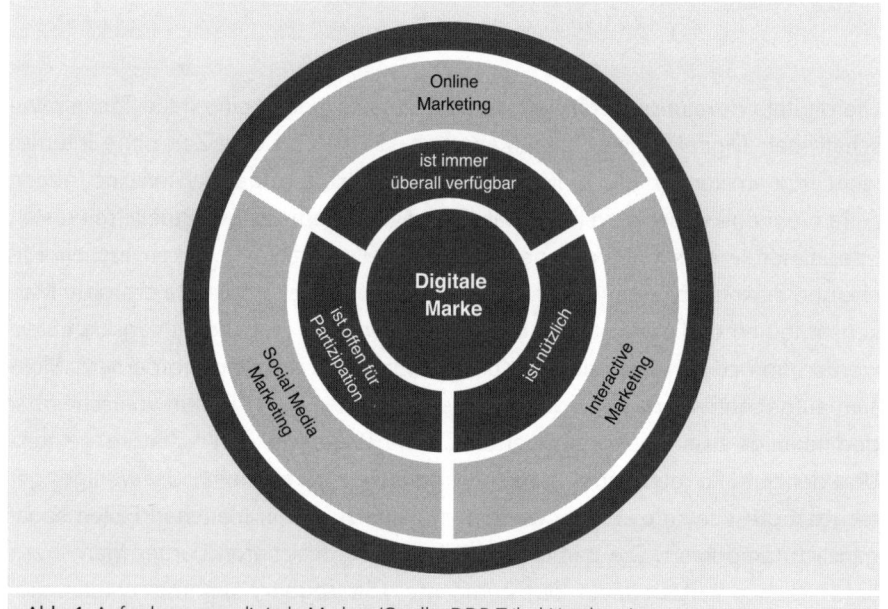

Abb. 1: Anforderung an digitale Marken (Quelle: DDB Tribal Hamburg)

Viele Unternehmen und Agenturen begegnen diesen Anforderungen, indem sie nach neuen, digitalen Planning-Spezialisten rufen. Planner, die sich mit dem Online- und Mobile-Verhalten der Konsumenten auskennen und interaktive Kampagnen planen können. Sie alle beschäftigen drei Fragen:

- ▶ Wie kann man eine Marke in das digitale Zeitalter führen?
- ▶ Wie kann man digitale Kampagnen planen?
- ▶ Wie kann man digitale Konsumenten verstehen?

Wir versuchen, diese Fragen verständlich und weitestgehend buzzword-frei zu beantworten. Anhand aktueller Beispiele wollen wir Tipps für den eigenen Planungsalltag in einer digitalen Welt geben und die Unterschiede zwischen klassischer und digitaler Planung aufzeigen.

»Denke wie ein Stand-up-Comedian!« – Wie kann man eine Marke in das digitale Zeitalter führen?

Die aktuelle Markenführungsdiskussion wird von einem Thema überschattet, das wie ein Damoklesschwert über allen Markenverantwortlichen hängt: »Wie sollen wir dem durch das Internet verursachten Kontrollverlust in der Markenführung begegnen?« Streng genommen geht es in den meisten Fällen nicht um eine erodierende Kontrolle, sondern um den Einflussgewinn der Kunden auf das öffentliche Ansehen der eigenen Marke. Diese Unterscheidung mag kleinlich erscheinen. Für die erfolgreiche Führung einer digitalen Marke ist sie jedoch fundamental. Denn erst wenn man sich bewusst macht, dass einem die »eigene« Marke eigentlich nie gehört hat und man sie auch nie wirklich kontrollieren konnte, kann man dem Einfluss Außenstehender optimistisch entgegentreten und beginnen, den eigenen Einfluss zielorientiert einzubringen. »Bis zu einem gewissen Grad verlieren Sie die Kontrolle über die Markenwahrnehmung. Willkommen in der modernen Werbewelt, das sind die neuen Regeln. Marken müssen heute in einen engen Dialog, in einen Austausch mit ihren Zuhörern treten, sie können nicht mehr einfach nur Ankündigungen machen.« (Porter, 2008, S. 8) Marken entstehen und entstanden schon immer in den Köpfen der Konsumenten und sind die Summe der über sie geteilten Auffassungen. Salopp gesagt: *Marken sind verbreitete Vorurteile*. Das kann jeder Markenverantwortliche bestätigen, der häufiger mit unzufriedenen Kunden, skurrilen Fans und mitteilungsbedürftigen Verwendern in Kontakt kommt. Dafür braucht man das Internet nicht. Jeder kann solchen Kunden an den eigenen Verkaufsstellen begegnen, ihnen im Call Center zuhören oder sie auf Partys treffen. Unternehmen begegnen ihnen seit Jahren mit einem professionellen Kundendienst, 24-Stunden-Hotlines und speziell geschultem Verkaufspersonal. Positives wie negatives Kunden-Feedback, Beschwerdebriefe und Kündigungsandrohungen sind und waren schon immer Teil des Marketingalltags. Neu ist jedoch die Dimension des Kundeneinflusses.

> Das Führen digitaler Marken erfordert zunächst das Eingeständnis des eigenen Kontrollverlustes. Umgekehrt darf das Management die Kontrolle über die Marke aber auch nicht komplett aus der Hand geben.

Durch das Internet gewinnen die Meinungen Einzelner und ihre Äußerungen sprunghaft an Kraft. Hier kann jeder mit einer Marke in direkten Kontakt treten oder sich mit Anderen über eine Marke, ihre Produkte, Services und Leistungen austauschen. In einer digitalen Welt bekommt es (potenziell) jeder mit, wenn Konsumenten enttäuscht sind oder sich Fans von ihrer Marke verschaukelt fühlen. Das Internet konfrontiert die Verantwortlichen einer Marke direkt mit den Reaktionen der sich immer stärker vernetzenden Konsumenten. Bisher ging diese ungeschminkte Wahrheit meist in der Marktforschung unter oder wurde statistisch bereinigt. Besonders hart treffen diese Erkenntnisse Unternehmen, bei denen die Konsumentenmeinung nicht mit dem sorgsam aufgebauten Markenimage übereinstimmt. Früher bekamen es in der Regel eben nur die direkten Freunde und Verwandten eines Konsumenten sowie sein Stammtisch mit, wenn der mediale Auftritt einer Marke mit seinen realen Erfahrungen nicht zusammenpasste. Für eine breitenwirksame Verbreitung solcher Enttäuschungen fehlte es den meisten Einzelpersonen und Konsumentenbewegungen an Geld und Öffentlichkeit. In einer digitalen Welt ist das anders. Argumente verlinken sich von alleine, Geschichten werden in Windeseile verknüpft, Meinungen gesammelt und Initiativen für und gegen alles Mögliche gestartet. Als Folge dieser Entwicklung verbreiten sich positive wie negative Meinungen in Echtzeit und die Verfremdung und Weiterentwicklung von Markensymbolen, -bildern und -geschichten wird zur Alltagserscheinung. Die Performance einer Marke und ihrer Inszenierung wird im Netz öffentlichkeitswirksam besprochen und abgeurteilt. Die Reaktionen des Publikums auf die Darbietung einer Marke sind mittlerweile oft genau so wichtig für ihre Wirkung wie die Performance der Marke selbst. Es ist unbestritten, dass die Meinungen, Äußerungen und Handlungen der Konsumenten die Wahrnehmung und das Image einer Marke beeinflussen. Auch ist davon auszugehen, dass dieser Einfluss weiter wächst. Markenverantwortliche sollten deshalb ihre Marken nicht mehr nur für ihre Kunden, sondern gemeinsam mit diesen führen. »Brands are raw materials which consumers use to construct their identities. These raw materials are being mixed up with dreams, stories, history, values, meaning, and ideals.

In this aspect consumers are producers, as the meaning of a brand is continuously being authored in multiple social contexts.« (Morling 2009) Dies bedeutet jedoch nicht, dass sich eine Marke für Freund und Feind öffnen muss und dass Konsumentenaktivitäten gut geplante Inszenierungen des Markenmanagements ablösen. Erfolgreiche Marken wie Nike, Maggi oder Zalando zeigen, dass Marken auch in einer digitalen Welt *geführt* werden müssen und dabei gleichzeitig offen für den Konsumenten sind. Ihre inszenierten Geschichten, Filme und Bilder werden durch interaktive Plattformen ergänzt. Sie bieten ihren Kunden und Freunden von Zeit zu Zeit eine große Show und laden sie immer wieder zu gemeinsamen Unternehmungen ein. Sie pflegen ihre Beziehungen durch medienübergreifende Kundenbeziehungsprogramme und bieten interaktive Services. Sie haben die Frage »Wer führt eigentlich die Marke?« längst hinter sich gelassen. Für sie ist Markenführung »ohne die Mitwirkung des Konsumenten nicht möglich. Dabei führen Markenmanagement und Konsument beide wechselseitig den jeweiligen Marktpartner und werden von ihm gleichzeitig auch jeweils selbst geführt; kurz: sie interagieren« (Tropp 2009, S. 190). Für sie ist Markenführung eine »Synthese der beiden Notwendigkeiten von plandeterminiertem Management einerseits und Autonomisierung sozialer (wie im Übrigen auch kognitiver) Systeme andererseits« (Tropp 2009, S. 190).

Was aber bedeutet das für den Alltag eines Markenführenden? Das Wichtigste ist wohl, dass er lernen muss, authentisch und adäquat zu reagieren. Dazu muss er die Marke für interessierte Kunden, Fans und Kritiker öffnen und lernen, auf Vorschläge, Lob und Kritik zu reagieren. Ganz individuell oder auch öffentlich. Im Mittelpunkt steht dabei der Aufbau einer langfristig erfolgreichen Partnerschaft zwischen Marke und Kunde. Eine Marke muss hierfür ihre Kunden begeistern können. Sie muss nützlich sein und beeindrucken, zuhören und überraschen, unterstützen und faszinieren. Die Hauptaufgabe eines jeden Markenverantwortlichen ist es, ein authentisches Gleichgewicht aus begeisternder Inszenierung, nützlicher Interaktion und involvierenden Partizipationsmöglichkeiten auf die Beine zu stellen.

> Ziel der Markenführung ist ein authentisches Gleichgewicht aus begeisternder Inszenierung, nützlicher Interaktion und involvierenden Partizipationsoptionen.

Dabei muss natürlich nicht jede einzelne Kommunikationsmaßnahme dieses Gleichgewicht herstellen. Auch ist das richtige Verhältnis von Inszenierung, Interaktion und Partizipation vom jeweiligen Markt, der konkreten Wettbewerbssitua-

Kapitel 6: Digital & Media

tion und der individuellen Kundenbeziehung abhängig. Ein gutes Beispiel für einen solchen Mix ist die Kombination der Volkswagen »*Sharan Family Trophy 2010*« und der Sharan Internet-Plattform zur Vorbereitung der Markteinführung des neuen Sharan. Der Besucher hat hier die Möglichkeit, das Fahrzeug interaktiv zu erkunden. Daneben kann er sich für eine Probefahrt anmelden, zur Händlersuche oder zum Produkt-Konfigurator wechseln. Zudem kann er über einen selbsterstellten Film ein außergewöhnliches Probefahrt-Event gewinnen. Nach Ablauf der Einreichungsfrist wurden die Filme der Gewinnerfamilien und ihrer Testfahrterlebnisse auf der Plattform gezeigt. Bekannt gemacht und beworben wurde die Aktion durch eine Kooperation mit der BILD-Zeitung, PR-Aktivitäten und einer speziell lackierten Boing 737 von TUIfly.

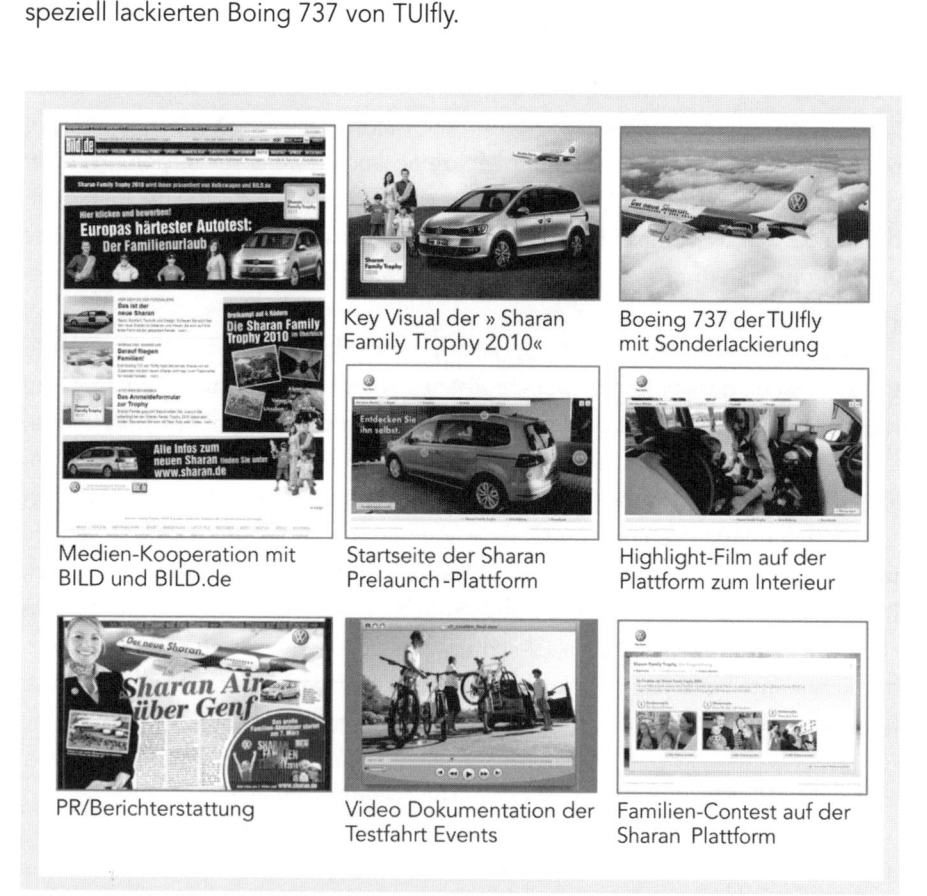

Abb. 2: »Sharan Family Trophy 2010« und Sharan Internet-Plattform (Quelle: Volkswagen)

Fazit: Im Digital Planning muss der Markenführende lernen, wie ein Stand-up-Comedian zu denken bzw. sich wie ein solcher vorzubereiten. Er muss die Inszenierungen seiner Marke nach wie vor sorgsam planen. Darüber hinaus muss er sich jedoch auch auf diverse Eventualitäten vorbereiten, seine Show an die Reaktionen des Publikums anpassen und am besten das Publikum selbst in seine Performance integrieren. Kurz: Er muss mehr Einflüsse berücksichtigen als in den klassischen Massenmedien.

»Practise what you preach!« – Wie kann man digitale Kampagnen planen?

Der vielleicht wichtigste Unterschied zwischen einer klassischen und einer digitalen Kampagne ist, dass eine Kampagne in interaktiven Kanälen selbst nützlich und für Kunden wertvoll werden kann. Für Benjamin Palmer ist eine Kampagne daher auch erst dann wirklich »interaktiv«, wenn sie für den Kunden (virtuell) anfassbar, nützlich und weiter verwendbar ist. »For the same budget and energy as we expend on current forms of advertising, we could be making something more tangible, useful and reusable that plays a more integral part in the consumer's life. This is ›interactive,‹ which is not synonymous with ›online,‹ by the way.« (Palmer 2006) Zwar gibt es heute kaum noch eine Markenkampagne, die nicht auch auf digitale Kanäle verlängert ist. Aber nicht jede Kampagne, die ihre Botschaften online distribuiert, ist interaktiv im Sinne Palmers. Häufig wird das Internet auf seine Funktion als weitere Oberfläche reduziert, um teuer produzierte Werbefilme, Bilder und Texte zu präsentieren und kostengünstig wiederzuverwenden. Erst wenn eine Kampagne ein wahrhaft interaktives Rückgrat hat, kann sie im engeren Sinne selbst nützlich sein, indem sie dem Nutzer einen Mehrwert bietet, der bereits weit vor dem Kauf eines Produktes oder der Inanspruchnahme eines Services eingelöst wird. Die Kommunikation selbst hat für den Kunden also bereits einen Mehrwert und wird so zu einem eigenständigen Reason-to-believe. Ein gutes Beispiel ist die »Million Voices« Kampagne der Telekom aus dem Jahr 2010.

288 | **Kapitel 6: Digital & Media**

Kommunikation mit Wert: Die »Million Voices« Kampagne der Telekom

Die Kampagne der Telekom aus dem Jahr 2010 hatte das Ziel, mit möglichst vielen Menschen eine neue Version des Songklassikers »7 Seconds« von Neneh Cherry und Youssou N'Dour einzuspielen.

Abb. 3: Phasen der Telekom Kampagne »Million Voices« (Quelle: DDB Tribal Hamburg)

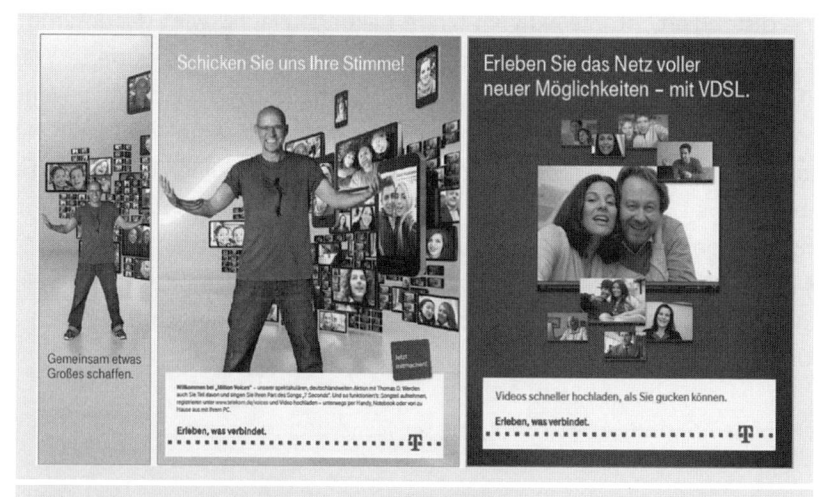

Abb. 4: Banner der Ankündigungsphase (Quelle: Telekom)
Abb. 5: Key Visual der Aktionsphase (Quelle: Telekom)
Abb. 6: Beihefter der Vermarktungsphase (Quelle: Telekom)

Die Kampagne bestand aus drei Phasen:

1. In einer ersten Phase kündigten die Telekom und der Musiker Thomas D die Aktion auf den Online-Plattformen und Social Media-Kanälen der Marke und des Musikers an.

2. In der darauf folgenden Mitmachphase wurden alle Internetnutzer über TV-, Print- und Online-Aufrufe von Thomas D sowie über redaktionelle Beiträge im Social Web eingeladen, Teil eines großen Online-Chors zu werden. Sie sollten hierfür den Song selbst einsingen und sich dabei filmen. Kern der Kampagne waren die interaktive Internet-Mitmach-Plattform www.telekom.de/voices und eine Smart Phone App. Zudem wurden in dieser Phase verschiedene Internetangebote der Telekom in die Kommunikation integriert. Dabei sollte die technische Überlegenheit von Netz und Infrastruktur erlebbar werden: »Das Netz, das alles möglich macht.«

3. In der abschließenden Vermarktungsphase wurden das vom Musiker Thomas D aus den Videobeiträgen der Teilnehmer zusammen geschnittene Lied und Video gefeiert. Jetzt rückten die Internet- und Mobilfunkangebote der Telekom in den Mittelpunkt der Kampagne. Durch die authentische Rolle der Telekom und die Integration der Nutzer wurde bereits *in der* Kommunikation das Markenversprechen der Telekom »Erleben, was verbindet« für alle überprüfbar und erlebbar.

Was aber unterscheidet die Planung einer solchen Kampagne von einer klassischen Botschaftsinszenierung und welche Konsequenzen hat das für die daran Beteiligten?

▶ Eine interaktive Kampagne kann nicht bis ins letzte Detail festgelegt werden. Marketer und Planer müssen sich vom Wunsch, eine Kampagne generalstabsmäßig planen zu können, verabschieden. Stattdessen müssen sie lernen, in Szenarien zu denken. Die Planung von Szenarien ist notwendig, damit entsprechende Ressourcen rechtzeitig budgetiert und tragende Inhalte in guter Qualität vorbereitet und produziert werden können. Neben der Definition des Kampagnengerüstes müssen Freiräume für Partizipation von Konsumenten und Ressourcen für deren Betreuung eingeplant werden. Hierbei hilft das Denken in *Customer Journeys* (vgl. Kap 7, S. 319). Dabei wird der Ablauf der Kampagne aus Sicht prototypischer Zielgruppen durchdacht. Verschiedenen

Reaktionen der Zielgruppe müssen dabei antizipiert werden, damit im Ernst-fall markenaffin und zielgruppenadäquat reagiert werden kann.

▶ Für den Planungsprozess einer interaktiven Kampagne bedeutet dies, dass der klassische »Wasserfallablauf« mit klar abgrenzbaren Stufen und Verant-wortlichkeiten aus Plan (Kunden-Briefing, Strategie und Creative Brief), Build (Ideenentwicklung und Abstimmung) und Run (Maßnahmenentwicklung, Exe-kution und Schaltung) aufgegeben werden muss. Stattdessen müssen sich die Phasen überlappen und die Silos zwischen den einzelnen Disziplinen eingeris-sen werden (vgl. Gillespie 2009). Dabei sollten Kreative in die Planung und Planner in die Ideenentwicklung einbezogen werden. Damit gewinnt die For-derung von Jon Steel (1998, S. 41): »I believe that any good planner has to be very strong both strategically and creativily« zunehmend an Bedeutung. Me-thoden aus der Produktentwicklung (Design Thinking) und Softwareentwick-lung (Agile Softwareentwicklung) können hier als Denkansätze und Anleitung dienen. Wichtig ist an dieser Stelle jedoch anzumerken, dass die Implemen-tierung solcher Methoden und Prozesse aufwendig ist und für alle Beteiligten eine Umstellung bedeutet.

▶ Die prozessualen Änderungen im Digital Planning beschränken sich jedoch nicht nur auf die Phase der Kampagnenplanung. Auch nach dem Launch bzw. nach der Online-Stellung einer Kampagne muss weiter geplant werden. In dieser Phase gilt es, die im Kampagnenablauf gewonnenen Erkenntnisse in die Optimierung einzelner Maßnahmen einfließen zu lassen. Insbesondere bei Social-Media-Kampagnen endet die Strategiephase streng genommen nie. Hier bestimmen die Aktionen der Teilnehmer den Fortgang der Kampa-gne. Der strategische Planer wird hier zu einer Art »Task Force Leader«, des-sen taktisches Gespür und geschicktes Reagieren über Erfolg und Misserfolg einer Social-Media-Kampagne entscheidet.

> Eine interaktive Kampagne kann nicht generalstabsmäßig geplant werden. Einzelne Projektphasen überlappen sich. Kreative müssen in die Planung und Planner in die Ideenentwicklung integriert werden.

Fazit: Digitales Planning agiert taktischer. Es muss deutlich mehr Prozessbetei-ligte involvieren und Ideen von Marketing- und Konsumentenseite in die Strate-gie integrieren. Nur so wird eine wirklich interaktive Kommunikation möglich, die einen Teil des Marken- oder Produktversprechens bereits durch die Kommunika-tion selbst einlöst. Die Herausforderung lautet: »Develop ideas that people want to play with, participate in, and pass on! Ideas that connect people with people, not just people with brands!« (www.ddb.com)

»Schneller, höher, weiter!« – Wie kann man digitale Konsumenten verstehen?

Die digitale Welt ist volkstauglich geworden. So wird nicht mehr von »Everything is online«, sondern von »Everything is intime« gesprochen. Täglich machen sich mehr Menschen auf die Reise durch die digitale Welt. Dabei stellen sie hohe Erwartungen an deren Bewohner. Das gilt auch für Marken und ihre Produkte. Digitale Konsumenten sind verwöhnt. Zu jeder Tages- und Nachtzeit bestellen sie Bücher und Waschmaschinen, konfigurieren Autos, machen Bankgeschäfte oder richten Fragen an Servicecenter. Sie haben verlernt, Öffnungszeiten und räumliche Begrenzungen zu akzeptieren, und sind gewohnt, dass sie alles bekommen können, wie, wann und wo sie wollen. Ihr Drang, Marken kennenzulernen, sie online zu erforschen, zu testen oder zu konfigurieren, ist groß. Es wird »geliked« und kommentiert. Markenfans gehen noch weiter und erhoffen sich, Produkte aktiv mitgestalten zu können. Menschen in der Digital-Welt wollen verstanden werden und Beziehungen aufbauen. Sie fordern ganzheitliche Lösungen und eine Art »Social Creativity«. Das ständige und wechselnde Verlangen des Konsumenten nach Partizipation und Interaktion setzt Marketer unter Druck und überfordert so manchen klassischen Marktforscher.

Doch glücklicherweise beschert die digitale Welt der strategischen Planung nicht nur Herausforderungen. Sie liefert dieser auch das Rüstzeug für eine detaillierte Analyse des Konsumentenverhaltens. Zugleich ist sie die Quelle für neue und vielversprechende Insights. Denn die demokratische Basis, Accesibility und Partizipationsoption des Netzes geben nicht nur dem Konsumenten ganz neue Möglichkeiten an die Hand, sondern auch dem Planning. Digitale Konsumenten hinterlassen Spuren im Netz, die es aufzuspüren gilt. Durch den richtigen Einsatz von Search-Tools wie google mit »google trends« oder »google insights« lassen sich Zusammenhänge zwischen unterschiedlichen Themen analysieren und das Suchverhalten der Menschen verstehen. Tools wie »TNS Digital life« machen Technik-, Mediennutzung und -verhalten weltweit nachvollziehbar. Quantitative Analysen von Forrester oder Nielsen können die gewonnen Erkenntnisse fundieren oder eine erste Richtung vorgeben. Kreative Denkanstöße zu Mechaniken, die den Beziehungsaufbau zwischen Mensch und Marke weiterbringen, werden durch »digital buzz« oder »Mashable« geliefert. So können aus verschiedensten Richtungen Insights generiert werden, die zum Ziel haben, Kreative zu ganzheitlichen Lösungsansätzen zu inspirieren. Die renommierte Plannerin Anne Benvenuto (2007, S. 3) schreibt: »When you are facing the Creative Hydra, you cannot just bring along one consumer insight. This beast needs to digest something more complex to develop advertising that says something, listens, and makes things happen. To satiate the Hydra's needs, a planner needs to develop consumer insights in four dimensions – perceptual, behavioural, technological, and cultural – and also synthesise a big aha! from the way these insights interact with one another.«

Bei der Ideenfindung für Plattformen (Interaktionssysteme) oder Programme (Beziehungsaufbau) sollte das Kreativteam um Information Architects, Creative Technologists oder Community Manger erweitert werden. Fragen zur technischen Machbarkeit, Usability oder zu digitalen Trends können sie schnell und einfach klären. Jede dieser Disziplinen hat jedoch unterschiedliche Anforderungen. Dies hat nicht zuletzt Auswirkungen auf den Creative Brief (vgl. Kap. 4, S. 156). Durch die Erweiterung der Aufgabenstellungen, wie den »Beziehungsaufbau zwischen Mensch und Marke« oder die Entwicklung von Interaktionssystemen, greift der klassische Creative Brief zu kurz. Es geht im Kern nicht mehr um die eine zentrale Botschaft, die einseitig kommuniziert wird, sondern um das Versprechen, die Erfahrung oder den Nutzen der Interaktion. Der Creative Brief muss somit vielschichtiger sein und folgende Fragen beantworten: »Wie sieht das Verhalten der User aus?«, »Welches Erlebnis können wir ihnen bieten?«, »Warum sollen sie interagieren und wo liegt der Trigger?«, »Was animiert User zum weitererzählen?«. Ziel ist es, wie gesagt, dass die Interaktion selbst für den User einen Nutzen schafft.

Ein weiteres hilfreiches Tool zur Gewinnung von Insights ist der sogenannte *Conversation Scan*. Bei dieser Methode wird User Generated Content aus Foren, Blogs etc. auf relevante Gesprächsthemen, Gesprächsorte und potenzielle Multiplikatoren durchsucht. Der Fokus liegt hier auf einer qualitativen Analyse, bei der Dialoge im Netz »belauscht«, analysiert und klassifiziert werden: Was motiviert Menschen über ein Thema zu sprechen, auf welchen Plattformen sprechen sie über ein Thema und worüber wird am meisten diskutiert? Auf der Basis dieser Erkenntnisse werden Insights gewonnen und Ideen entwickelt. Ein gutes Beispiel ist die Online-Plattform »Mythen-Checker« der Marke Calcium Sandoz. Besonders Schwangere und Mütter in der Stillzeit tauschen sich im Netz zu den Themen Nahrungsergänzung und Kalziumhaushalt aus. Das Internet bietet hierzu eine Vielzahl an Informationen, allerdings ist es schwierig, sich in der Informationsflut zurechtzufinden. Der »Mythen-Checker« von Calcium Sandoz greift Mythen auf wie z. B. »viel Fisch essen macht ein schlaues Kind« oder »bei wenig Eisen verliert man einen Zahn« und stellt diese richtig. Die Plattform sorgt so für Aufklärung und Orientierung und stärkt das Vertrauen der Konsumentinnen in die Marke. Verstärkt wird die Interaktion auf der Plattform durch eine Spiel-Mechanik und ein Belohnungssystem. Der »Mythen-Checker« bildet eine dauerhafte Plattform, die sich auf Beziehungsaufbau fokussiert und das Produkt in der Zielgruppe vermarktet. Frei nach dem Motto: »Give the people the tools and the story. They will tell your story«. (Hachez 2007)

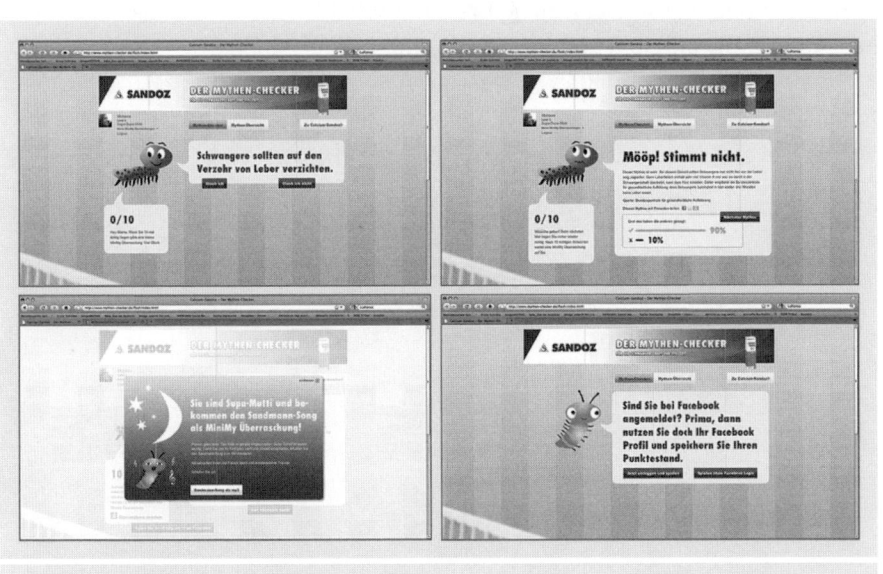

Abb. 7: Mythen-Checker Calcium Sandoz 2010

Neue digitale Technologien helfen, das Verhalten des Konsumenten und seinen Umgang mit Produkten und Marken online zu erforschen. So können vielfältige Insights generiert werden. Das Analysespektrum muss dabei über Einstellungen und Bedürfnisse des Konsumenten hinausgehen. Es muss Verhalten, kommunikative Vorlieben, Mediennutzung und Technologieumgang berücksichtigen.

Kapitel 6: Digital & Media

Fazit: Planungsprozesse müssen sich der Geschwindigkeit der digitalen Welt anpassen. Zudem geht ihnen eine gründliche Spurensuche im Netz voraus. Die Konzentration auf Einstellungen und Bedürfnisse reicht nicht mehr aus, um die Konsumenten im digitalen Zeitalter zu verstehen. Das Analysespektrum muss auf Verhalten, kommunikative Vorlieben, Mediennutzung und Technologieumgang erweitert werden, um so verschiedene Insights zu generieren. Anders als in der Planung klassischer Kampagnen greift zudem die Konzentration auf einen zentralen Gedanken zu kurz. Für komplexe Projekte wie die »Million Voices« der Telekom oder den »Mythen Checker« von Calcium Sandoz benötigen Kreative Einblicke in das vielschichtige Interaktions- und Kommunikationsverhalten des Konsumenten. Ein Digital Planning braucht deshalb Generalisten, die reaktiv planen, kooperativ arbeiten und medienneutral denken können.

Strategie statt Streudienst

Wie datengetriebenes Planning einen Mehrwert in der Mediaplanung schafft

Dirk Engel

> Dirk Engel beschreibt den Wandel der Mediaplanung zu einem strategischen Kommunikationsmanagement. Mediaplaner, so Engel, sind heute nicht mehr der Streudienst, der gerufen wird, wenn alle strategischen Entscheidungen bereits getroffen sind. Vielmehr sollten diese von Anfang an in die Planung von Kampagnen integriert werden. Zudem besitzen Mediaagenturen ein umfassendes Know-how in der Analyse und Auswertung von komplexen Markt- und Mediadaten, das von vielen Unternehmen noch nicht ausreichend genutzt wird. Der Text bietet einen umfassenden Einblick in die Instrumente moderner Mediastrategien – auch in den digitalen Medien.

Die strategische Wende der Media-Agenturen

Eines der am meisten verwendeten Wörter im Marketing ist mittlerweile der Begriff »Strategie«. Alles wird strategisch gesehen, jede Managementfunktion folgt einer Strategie, jeder Funktionsträger ist heute ein Stratege. Das geht schon seit langer Zeit so, doch gibt es im großen Kreis der Strategen auch Spätzünder: Die Mediaagenturen haben erst vor einigen Jahren die Strategie für sich entdeckt. Seitdem werden die Worte »Strategie« und »strategisch« dafür umso penetranter in den Präsentationen, Briefings, Fachartikeln, Vorträgen und Unternehmensdarstellungen wie ein Mantra wiederholt. Kreativ- und Fullservice-Agenturen haben allerdings schon lange vorher das Buzzword »strategy« für sich gepachtet. Sie etablierten auch mit dem »Strategic Planning« eine eigene Funktion, teilweise sogar mit entsprechenden Spezialisten, den »Plannern«, die nur den Namen nach etwas mit den Mediaplanern zu tun haben (vgl. Fortini-Campbell 1992; Beninde 2000). Auch hier haben in den letzten Jahren die Mediaagenturen aufgeholt: In vielen Agenturen gibt es mittlerweile ebenfalls eigene strategische Planner.

Wieso das verspätete Interesse am Planning? Ist es nur die Verwendung eines Modebegriffs oder bringt die strategische Planung tatsächlich eine neue Qualität in das Mediageschäft ein? Anders formuliert: Bringt strategische Planung in der Mediaagentur einen Mehrwert für die Auftraggeber, nämlich die werbungtreibenden Unternehmen? Um das zu beantworten, müssen wir uns wieder zurückversetzen in die Zeiten vor der strategischen Wende.

Früher: Erbsenzähler und Buchhalter-Seelen

Jahrzehntelang wurde die Mediaplanung im Prozess der Werbeentwicklung nur als nachgeordnete Subfunktion betrachtet. Die Kundenberater, Kontakter, Marktforscher und Kreativen der Fullservice-Agenturen lieferten die Hauptarbeit – nämlich die Kampagnenidee und ihre Umsetzung. Die Frage, wie die so entstandenen Anzeigen und TV-Spots tatsächlich an die Zielgruppe gelangen, war eine nachgeordnete, weil recht einfache Aufgabe. Das wurde auch offenbar im mangelnden Prestige der Medialeute innerhalb der Agenturhierarchie – man sah in ihnen unkreative Erbsenzähler und Buchhalter-Seelen, deren banaler Job es war, die Werbung »zu streuen«. Diese Streuarbeit wurde zwar aufgrund ihrer betriebswirtschaftlichen Bedeutung geschätzt – schließlich wurde durch die AE-Provision auf die Mediaschaltungen das wichtigste Income für die Agenturnetzwerke erwirtschaftet – doch die Kollegen aus der Kreation und der Beratung sahen die Tätigkeit der Medialeute als nicht besonders anspruchsvoll an: Sie machten immer und immer wieder die immer gleichen Kreuzchen-Pläne, belegten die immer gleichen Medien und verwendeten außerdem noch eine seltsame Geheimsprache, mit mysteriösen Buchhalter-Abkürzungen wie TKP oder GRP. Deshalb wurde der Mediaplan auch bei jeder Kundenpräsentation als letztes gezeigt (oder oft gar nicht, wenn die Berater und Art-Direktoren wieder wie gewöhnlich ihre Redezeit überzogen haben). Mediaplaner wurden bei der Kampagnen-Entwicklung als letzte ins Boot geholt, nachdem alle wichtigen strategischen Entscheidungen schon feststanden. Sie waren eben nur der Streudienst der Werbebranche.

> Mediaplaner wurden bei der Kampagnen-Entwicklung als letzte ins Boot geholt, nachdem alle wichtigen strategischen Entscheidungen schon feststanden. Sie waren eben nur der Streudienst der Werbebranche.

Flüchtige Verbraucher in der flüchtigen Moderne

Die Situation hat sich geändert, weil heute ganz andere Rahmenbedingungen vorliegen. Gesellschaftswissenschaftler beschreiben unser Zeitalter als »flüchtige Moderne« (vgl. Baumann 2003), in der sich feste Gruppen, Schichten, Produktionsverhältnisse und Lebensmuster auflösen. Das zeigt sich nicht nur in unserem Zusammenleben (z. B. in der Patchwork-Family) und der Arbeitswelt (»Ich AG«), sondern gerade bei der Mediennutzung. Wenn man sich diese anschaut, gibt es vor dem Hintergrund der flüchtigen Moderne einige grundlegende Mega-Trends, welche die Entwicklung in den letzten Jahrzehnten bestimmt haben und die weiterhin bedeutsam sein werden:

Das Angebot an klassischen Werbemöglichkeiten hat sich vervielfacht: Nicht nur die Zahl der werbeführenden TV-Kanäle hat sich erhöht, es gibt auch heute mehr Zeitschriftentitel als je zuvor, mehr Außenwerbeformen, mehr Radiosender, mehr Werbesonderformen in allen Mediagattungen. Hinzu kommen ständig neue Online-Werbe- und Kommunikationsformen, wie Display-Werbung (also dem Schalten von Bannern auf Fremdseiten – der Teil der Online-Werbung, der am ehesten der klassischen Mediaplanung entspricht), Suchmaschinen-Werbung, Affiliate Marketing, Social Media, Werbung über mobile Endgeräte, Apps, Location Based Services und so weiter, und so weiter… Die Vervielfältigung des Medienangebots führte von der Massen- zur Zielgruppenkommunikation. Sie prägte besonders die 1980er- und 1990er-Jahre mit der explosionsartigen Vermehrung der Werbeträger – vom privaten Rundfunk bis hin zur Flut von Printtiteln.

Das Mediennutzungsverhalten der Menschen hat sich ebenso grundlegend gewandelt: Die Menschen haben heute eine größere Auswahl an Freizeit- und Mediennutzungsmöglichkeiten. Sie können sich ihr individuelles Medienmenü selbst zusammenstellen. Mediennutzung wird mehr und mehr von Raum und Zeit emanzipiert. Die Menschen selbst bestimmen, wann, wo und wie sie Medien nutzen – althergebrachte Rituale verlieren an Bedeutung, der Nutzer möchte die Kontrolle behalten. Dieser Trend begann mit Einführung von Fernbedienung und Videorekorder, doch die wirklichen Auswirkungen spüren wir erst jetzt so langsam: Zeitversetztes TV, mobiles Internet, elektronische Programm-Guides, Video on Demand, E-Reader und iPads, auf denen jeder beliebige Inhalt abrufbar sein wird. Hier wird es noch mehr Umwälzungen in den nächsten Jahren geben.

Beide Entwicklungen führen zu einer Fragmentierung des Publikums. Es wird immer schwerer für einen einzelnen Werbeträger, große Reichweiten zu erreichen, die durchschnittliche Reichweite über alle Werbeträger sinkt. Auch die Werbevermeidung wird für den Konsumenten immer einfacher. Dieser kann Werbeblocks in TV-Sendung mit Festplatten-Rekordern überspringen oder durch Ad-blocker das Anzeigen von Werbebannern im Internet verhindern. Dafür wird der Nutzer selbst zum Zentrum des Mediengeschehens. Er schafft selbst Inhalte, distribuiert Informationen, entwickelt Angebote mit und macht seine zwischenmenschliche Kommunikation öffentlich und privatisiert die öffentliche Kommunikation. Anzeichen gibt es viele – von der Publikumsbeteiligung in Casting- und Call-In-Shows bis zum Siegeszug von Facebook oder Youtube. Hier ist die Entwicklung noch lange nicht abgeschlossen.

Eine Branche im ständigen Wandel

Diese gesellschaftlichen Trends spiegeln sich auch in der sich verändernden Struktur und Organisation der Mediaplanung wider.

▶ Es gibt immer mehr Zahlen und Datenquellen: Relevant sind Media-Studien wie die MA und die Zahlen des AGF/GfK-Fernsehpanels sowie Markt-Media-Studien – also repräsentative Umfragen, die sowohl Informationen über Mediennutzung wie auch über Konsumverhalten und andere Zielgruppen-Merkmale erheben. Daneben gibt es Werbewirkungs-Studien (z. B. Tracking-Studien), Studien zur Kontaktqualität, Markt- und Zielgruppeninformationen, Geomarketing-Datenbanken, und nicht zu vergessen, die Vielzahl an Daten, die im Internet generiert werden: Kampagnen-Kontakt, Klicks, Conversions und vieles mehr (vgl. Frey-Vor/ Siegert/Stiehler 2008).

▶ Seit den 1980er-Jahren haben alle Werbe-Networks ihre vormals integrierten Mediaabteilungen ausgelagert und aus ihnen eigenständige Unternehmen gemacht. Heutzutage werden Media-Etats unabhängig von den Etats der Kreativ-Agenturen vergeben. Das gleiche gilt für alle anderen Bereiche der Marketing-Kommunikation: Dialog- und Direktmarketing, Sponsoring, Public Relations, Verkaufsförderung, Eventmarketing, Online-Marketing. Für jede Kommunikationsdisziplin gibt es eigene Abteilungen, Agenturen, Leistungswerte und Planungsprozesse (vgl. Taylor 2005, S. 83ff.).

▶ Obwohl die Bedeutung einer Integrierten Kommunikation, in der alle Kommunikationskanäle wie in einem Orchester harmonisch auf einander abgestimmt dirigiert werden, allerseits bekannt ist, stehen doch oft die Strukturen in den Unternehmen dagegen (vgl. Bruhn 2009): Dort gibt es eine Vielzahl von Spezialabteilungen mit ihren eigenen Spezialagenturen. Sie sprechen unterschiedliche Sprachen, verwenden unterschiedliche Leistungswerte und lassen sich nur schwer auf einen Nenner bringen. Eine zentrale Stelle, die alle Kommunikationsmaßnahmen koordiniert und auf Effektivität und Effizienz miteinander vergleicht und optimiert, gibt es nur in wenigen Unternehmen. Dementsprechend gibt es auch keine Agentur, die hier automatisch eine Lead-Funktion hätte.

▶ Die Flut an Werbemöglichkeiten, Trends, Informationen, Erkenntnissen, Daten und Analysemöglichkeiten überfordert viele Marketing-Leute, insbesondere die Vertreter vieler Kreativ-Agenturen. Viele dieser Daten werden gar nicht ausreichend genutzt und fließen nur unzureichend in die Entscheidungsfindung ein. Nicht alle an der Strategie-Entwicklung Beteiligten haben Zugriff auf diese Informationen. Manche Analyseaufgaben werden ausgelagert, etwa an Marktforschungsinstitute oder Unternehmensberatungen, die komplexe Typologien und Segmentationen entwickeln oder an Audit-Firmen, die noch einmal die Arbeit der Mediaagentur auf ihre Effizienz hin überprüfen (vgl. Marx 2008, S. 89ff.). Alles sind Anzeichen, dass eine zu große Datenverfügbarkeit mitunter auch Unsicherheit produziert.

Diese Punkte machen die Arbeit im Marketing heute nicht einfacher, doch es gibt einen Ausweg aus dieser problemzentrierten Situation: Wir müssen uns einfach die Sichtweise der Konsumenten zu eigen machen. Der Verbraucher und Mediennutzer sieht die schöne neue Medienwelt nicht als Problem, sondern als große Spielwiese. Er hat heute mehr Auswahl, mehr Qualität, mehr Aktualität, ist näher dran am Mediengeschehen, hat mehr Möglichkeiten sich zu informieren oder Geld zu sparen, kann viel besser seine Individualität ausleben. Das bietet riesige Kommunikationschancen – aber nur, wenn sich die Agenturen und Werbungtreibenden darauf einlassen. Grundvoraussetzung ist ein besseres Verständnis des Konsumenten und Nutzers. Hier kommt die strategische Planung ins Spiel. Denn die Frage, wie ich mit meiner Botschaft die richtigen Leute, im richtigen Augenblick, mit den richtigen Kanälen und in der notwendigen Häufigkeit erreiche, ist heutzutage für die Marketingkommunikation zentral. Sie muss von Anfang an in der Planung einer Werbekampagne mitberücksichtigt werden. Mediastrategie ist somit eine zentrale Aufgabe in der Marketingkommunikation, die möglichst frühzeitig geklärt sein muss. Erst die Anzeigen zu entwickeln und diese dann den Medialeuten zum »Streuen« zu geben – dieses Vorgehen ist heute nicht mehr angemessen, denn die Frage, ob man die Zielgruppe überhaupt mit Anzeigen erreicht, ist von nicht zu unterschätzender Bedeutung.

> Die Frage, wie eine Marke die richtigen Leute, im richtigen Augenblick, mit den richtigen Kanälen und in der notwendigen Häufigkeit erreicht, ist heutzutage für die Marketingkommunikation zentral. Sie muss von Anfang an in der Planung einer Werbekampagne mitberücksichtigt werden.

Von der klassischen Mediaplanung zur strategischen Kommunikationsplanung

Die klassische Mediaplanung entwickelt sich immer mehr zu einer strategischen Kommunikationsplanung, die sich auf Basis einer umfassenden Situationsanalyse mit der Bedeutung aller potenziell möglichen Kommunikationsträger im Alltag der Konsumenten beschäftigt. Die Strategische Kommunikationsplanung in Mediaagenturen bedient sich heute einerseits dem Wissen über intermediale, zeitliche und werbedruckspezifische Wirkungszusammenhänge und andererseits der vielfältigen Möglichkeiten, Zielpersonen (werbe-)kommunikativ anzusprechen. Konkret bedeutet dies: Eine zeitgemäße strategische Kommunikationsplanung begreift Mediennutzung und Informationsverhalten immer aus *Sicht der Konsumenten*. Da sich die Menschen nicht mehr nach den Medien richten, müssen die Medien auf die Menschen eingehen (vgl. Engel 2008). Der Begriff des »Consumer Insights« (vgl. Kap. 2, S. 27) hat deshalb seinen Siegeszug auch in der Mediawelt angetreten. Consumer Insights bieten neben einem umfassenden Verständnis der Zielgruppen auch Ideen und Anknüpfungspunkte für die optimale Selektion und die zeitliche wie räumliche Aussteuerung wichtiger Kommunikationsträger. Denn es wird für den Kommunikationserfolg immer wichtiger, Zielpersonen am relevanten Ort, zu der richtigen Zeit und in der optimalen Situation mit dem dafür notwendigen Kommunikationsträger anzusprechen.

Kommunikation passiert auf vielen Wegen, nicht nur durch die klassischen Werbeträger. Wer mit seinen Zielgruppen eine bedeutsame Verbindung aufbauen will, muss alle relevanten Kanäle nutzen. Eine zeitgemäße strategische Kommunikationsplanung betrachtet deshalb alle Kommunikationsdisziplinen und Marketinginstrumente ganzheitlich. Hier wird gerne von einer *360-Grad-Kommunikation* gesprochen (vgl. Kap. 7, S. 319). Folglich besteht ein wachsender Bedarf nach immer mehr Informationen über den Verbraucher und Konsumenten, den Käufer oder Verwender, den Meinungsführer oder Influencer, der in dem Maße zuvor nicht vorhanden war Eine zeitgemäße strategische Kommunikationsplanung ist deshalb *datengetrieben (vgl. Taylor 2005, S. 159ff.).* Denn: Wer den Konsumenten am besten versteht und die Wirksamkeit der eingesetzten Kanäle berechnen kann, der wird gewinnen.

> Strategie ist wichtig für die Mediaplanung und Media ist zentral für jede Strategie.

Der klassische Mediaplanungsprozess

Diesem neuen Verständnis von strategischer Kommunikationsplanung steht im Berufsalltag noch immer der Begriff der Mediastrategie gegenüber. In seiner althergebrachten Bedeutung ist damit der Mediaplanungsprozess gemeint. Im Rahmen der Mediastrategie werden bestimmte Entscheidungen getroffen, welche die Eckpunkte für die eigentliche Detailplanung bilden, z.B. Budget, Zielgruppe, Mediamix und notwendiger Werbedruck. Auch wenn sich in der Arbeit der Medialeute viel verändert hat: Das Skelett ihrer Arbeit bildet nach wie vor ein Prozess, der sich wie folgt darstellt. Dabei folge ich einem typischen Ablauf, wie er in Agenturen üblich ist und in einschlägigen Lehrbüchern (vgl. Hofsäss/Engel 2003, S. 154ff. Siehe auch Unger et al. 2007) dargestellt wird:

▶ Der Planungsprozess beginnt mit einer *Situationsanalyse*, bei der die Marktgegebenheiten und die bisherigen Mediaaktivitäten des Auftraggebers untersucht und zusammengefasst werden. Quellen für die Situationsanalyse sind neben Daten zum Markt und Wettbewerb vor allem Markt-Media-Studien, die für viele Produktbereiche umfassende Informationen über Käufer und Verwender liefern sowie die Daten der Werbestatistik von Nielsen Media Research über die Werbeaufwendungen aller Wettbewerber.

▶ Die Ergebnisse der Situationsanalyse werden zusammen mit den vom Auftraggeber vorgegebenen Marketing- bzw. Kommunikationszielen zu einem *Media-Briefing* zusammengetragen. Das Briefing ist die Geschäftsgrundlage für die weitere Zusammenarbeit von Werbungtreibenden und Mediaagentur, in ihm wird die Richtung für die nächsten Schritte verbindlich und einvernehmlich vorgegeben (vgl. Kap. 4, S. 141).

▶ Auf Basis des Briefings wird die *Mediastrategie* entwickelt, mit der wir uns gleich im Detail beschäftigen werden. Ein wichtiger Punkt ist dabei die Entscheidung, welche Mediagattungen überhaupt eingesetzt werden sollen – also die intermediale Planung.

▶ Wenn die mediastrategischen Entscheidungen getroffen wurden, folgt pro eingesetzte Mediagattung nun die *intramediale Planung* oder auch *Detailplanung*. Früher nannte man diese oft auch die »taktische Planung«, um sie von der Strategie abzuheben. Hier geht es darum, die richtigen Werbeträger pro Gattung auszusuchen, z. B. um die Entscheidung, ob der Focus oder der SPIEGEL geeignete Werbeträger für einen Zeitschriftenplan sind. Des Weiteren geht es darum, Häufigkeit und zeitliche Verteilung der Schaltungen in einem Werbeträger festzulegen. Ziel ist es dabei, die in der Mediastrategie festgesetzten notwendigen Leistungswerte zu erreichen und gleichzeitig möglichst ökonomisch und effizient das Mediabudget einzusetzen.

▶ Wenn der Plan steht und vom Kunden (meist nach einigen Änderungen) freigegeben ist, wird er umgesetzt, d. h. die ausgesuchten Werbeträger oder TV-Werbeblöcke werden *gebucht* und *eingekauft*, gegebenenfalls wird auch noch während der laufenden *Kampagne optimiert* (so etwa bei den Mediagattungen TV und Online). Nach der Schaltung wird überprüft, ob alles so ablief wie es geplant war, und die Rechnungen der Medien werden bezahlt. Es wird ein Post-Buying-Reporting erstellt, in dem die Leistung der Agentur und der eingesetzten Werbeträger dokumentiert werden. Dieses gibt Auskunft wie viel Geld für welche Schaltungen ausgegeben und wie viele Personen damit erreicht wurden. Mit Hilfe der *Daten der Werbestatistik* von Nielsen Media Research werden die gleichen Informationen auch über die relevanten Wettbewerber aufbereitet.

▶ Im Idealfall werden diese Daten auch mit Indikatoren für die *psychische Werbewirkung* und den *ökonomischen Werbeerfolg* gegenüber gestellt, etwa im Rahmen einer statistischen Analyse. Die so gewonnenen Erkenntnisse gehen dann in die *Situationsanalyse* und *Planung* für die nächsten Kampagnen ein.

Die klassische Mediastrategie

Was gehört aber nun zur Mediastrategie? Die einzelnen Entscheidungen sind:

Festlegen des Budgets: Oft wird der Budget-Rahmen vom Auftraggeber vorgegeben, doch ist es für eine Mediaagentur immer sinnvoll, diesen zu überprüfen und gegebenenfalls eine eigene Empfehlung abzugeben. Sind die gesetzten

Ziele mit diesem Budget überhaupt erreichbar? Welcher Werbedruck ist notwendig? Daraus ergibt sich dann eine Budgetempfehlung. Zur Definition des notwendigen Werbedrucks sind wiederum statistische Analysen von Werbeeinsatz und Werbewirkung (Modelling) hilfreich.

Festlegen der Mediazielgruppe: Die Marketing- bzw. Werbezielgruppe muss in eine Media-Zielgruppe übersetzt werden. Dabei muss berücksichtigt werden, dass die Zielgruppe in den verwendeten Media-Studien zählbar ist und dort durch eine ausreichende Fallzahl von Interviews repräsentiert wird (damit verlässliche und keine zufällig schwankenden Informationen ermittelt werden). Da für unterschiedliche Mediagattungen unterschiedliche Studien vorliegen, muss nicht selten mit verschiedenen Mediazielgruppen gearbeitet werden.

Saisonalität und zeitliche Verteilung: Zu welchen Zeiten soll geworben werden und wie verteilt sich der Werbedruck auf diese Perioden? Manche Produkte haben eine natürliche Saisonalität, etwa Schoko-Weihnachtsmänner oder Sonnencreme. In vielen Branchen gibt es zeitliche Schwerpunkte, die manchmal eher auf Gewohnheit als auf strategische Überlegungen beruhen. Hier gibt es verschiedene Ansätze: Man kann zyklisch werben, also den Wettbewerbern folgen, oder antizyklisch. In den Zeiten, in denen der Wettbewerb pausiert, kann ich auch mit geringeren Investitionen einen höheren Werbedruck und einen besseren Share of Advertising bekommen (damit ist der relative Anteil meiner Werbung an den Gesamtwerbeaufwendungen in meinem Produktbereich gemeint). Dabei gibt es aus Sicht der Mediaplanung durchaus Argumente für oder gegen bestimmte Zeiten: TV-Werbung und sogar Anzeigen in bestimmten Zeitschriften sind je nach Monat teurer oder günstiger. Auch die Entscheidung, ob ich eher längere Zeiten mit einem kontinuierlichen Werbedruck werbe oder kurze Perioden mit hohem Werbedruck fahre (hier spricht man von »Flighting«), gehört in diesen Zusammenhang.

Ein oft vernachlässigter Bereich sind die eigentlichen *strategischen Grundprinzipien*. Zu diesen gibt es kaum Literatur (das einzige Buch mit dem Titel »Mediastrategie« liefert hier leider auch nur wenig Input, es ist eher eine allgemeine Einführung in die Mediaplanung, garniert mit Zitaten des großen Militärstrategen Sun Tzu; vgl. Krupp 2004). Oft wird das Erreichen eines Marketing- oder Werbeziels (z. B. Bekanntmachung eines neuen Produkts) schon als Strategie angesehen. Einer der wenigen strategischen Ansätze, der relativ gut ausgearbeitet wurde, ist das »Recency Planning«, das in bestimmten Branchen und vor allem in den USA schon fast eine Doktrin für die Bewerbung von Fast Moving Consumer

304 | Kapitel 6: Digital & Media

Goods ist (vgl. Jones 1995; Hofsäss/Engel 2003, S. 196). Trotzdem ist die Reflexion über strategische Optionen in der Mediawelt gering – Bücher wie »Das Strategiebuch« von Rainer Zimmermann (Zimmermann 2011) oder die chinesischen Strategeme (vgl. von Senger 2006) geben einen schwachen Eindruck, welches Potenzial im strategischen Denken noch unausgeschöpft ist.

Ein Neues Denken: Strategic Media

Während die Mediastrategie zum Pflichtprogramm im Planungsprozess gehört, sind andere Methoden der strategischen Kommunikationsplanung immer noch eher als Kür zu sehen. Nicht alle Agenturen und Kunden nutzen diese Möglichkeiten, doch gibt es eine ganz klare steigende Tendenz bei ihrem Einsatz. Zu den Arbeitsfeldern der strategischen Planner im Mediaprozess gehören:

▶ eine umfassende *Analyse der Markenpositionierung*, analog dem Vorgehen, das auch bei strategischen Plannern in anderen Unternehmen zu beobachten ist. Vielleicht vertrauen die Planner in Mediaagenturen noch stärker auf quantitative Daten als ihre Kollegen in den Kreativagenturen, die oft sehr stark qualitative Methoden bevorzugen.

▶ eine *Segmentierung der Zielgruppe* nach unterschiedlichen relevanten Kriterien – etwa nach Kundenwert, Umsatzpotenzial, Konsumgewohnheiten, psychografischen Merkmalen oder Medien- und Informationsnutzung. Dabei wird oft auf Markt-Media-Studien als Datenquelle zugegriffen. Viele Agenturen haben Zugriff zu den Rohdaten dieser Studien und können selbst multivariate Verfahren anwenden, etwa Faktoren- oder Cluster-Analysen. Gelegentlich besteht die Herausforderung aber auch darin, ein vorhandene Typologie, die der Kunde von anderen Dienstleistern auf Basis von Primärdaten entwickeln ließ, in einer zählbaren Markt-Media-Studie nachzubauen, um die Typen auch in der Mediaplanung einzusetzen.

▶ die *Herleitung des geeigneten Mixes* an Kommunikationskanälen. Dabei werden nicht nur – wie bei der intermedialen Planung innerhalb der Mediastrategie – die herkömmlichen Mediagattungen berücksichtigt, sondern auch die Kommunikationsmöglichkeiten der übrigen Disziplinen: Mailings, Verkaufsförderungsmaßnahmen, das Sponsoring von Events, E-Mail-Marketing, die eigene Website oder Facebook-Fanpages. Eine beliebte, wenn auch oft nicht wirklich reflektierte Einteilung spricht von »Paid, Earned & Owned Media« –

hier ist es Aufgabe der Strategen, die relevanten Kanäle und ihre Funktion für die Erreichung der Kommunikationsziele zu bestimmen (vgl. Kap. 6, S. 263).

▶ einen Schritt weiter geht das *Channel Planning*. Hier wird im Grunde die Logik der intramedialen Werbeträgerauswahl auf alle klassischen und nicht-klassischen Kanäle ausgedehnt. Möglich ist das nur, wenn es dafür auch möglichst einheitliche Daten gibt. Einige Spezialanbieter, aber auch Mediaagenturen haben dazu eigene Studienansätze und Tools entwickelt, von denen hier einige beispielhaft vorgestellt werden (siehe Kasten). Sie alle erfüllen ihren Zweck, haben aber einen Nachteil: Sie beruhen zum starken Maß auf der Einschätzung der Konsumenten, die jedoch nur Teilaspekte der Wirksamkeit eines Kommunikationskanals beurteilen können. Man versucht, dies durch zusätzliche Experten-Ratings zu kompensieren, d. h. Agenturleute beurteilen die Eignung der jeweiligen Kanäle für bestimmte Ziele. Hier ist die Gefahr eines Zirkelschlusses: Die Experten nutzen das Tool, um besser Kanäle zu evaluieren, doch das Tool basiert zum Teil auf ihren eigenen Einschätzungen.

Channel Planning Tools

Unterschiedliche Kommunikationskanäle miteinander zu vergleichen – das ist ein bisschen so, wie wenn man Äpfel mit Birnen vergleicht. Doch das ist durchaus möglich, Äpfel und Birnen unterscheiden sich etwa in ihrem Kalorien-Gehalt oder wie viel Vitamin C sie enthalten. Die Channel Planning Tools versuchen, eine solche Einheit zu finden, um Kommunikationsmaßnahmen vergleichbar zu machen. In der Regel basieren sie auf einer Befragung von Konsumenten. Diese bewerten unterschiedliche Kommunikationsmöglichkeiten im Hinblick auf deren Nutzung und Wichtigkeit für Kaufentscheidungen. Die so erhobenen Werte werden mitunter kompliziert mathematisch verrechnet und zu Indices verdichtet. Einige Beispiele für solche Ansätze sind:

MCA – Market Contact Audit (Anbieter: Integration)
Auf Basis einer empirischen Erhebung wird für ca. 30 Kontaktpunkte bzw. Kommunikationskanäle der »Informationswert« (die Fähigkeit, die Entscheidung des Konsumenten rational zu beeinflussen), der »Attraktivitätswert« (die Fähigkeit, die Entscheidung des Konsumenten emotional zu beeinflussen) und der »Powerwert« (die Fähigkeit Markenentscheidungen zu beeinflussen) erhoben. Aus diesen Werten, die pro Markt, Kategorie

und/oder Produktsegment gemessen werden, wird der sogenannte »Contact Clout Factor (CCF)« berechnet. Außerdem wird ermittelt, wie stark meine Marke und die Wettbewerber mit jeden Kommunikationskanal (»Touchpoint«) assoziert werden. (Quelle: http://www.marketcontactaudit.de; eine ausführlichere Beschreibung findet sich auch bei Krupp 2004, S. 117ff.).

Compose (Anbieter: Pointlogic)
Diese Studie basiert auf einer repräsentativen Online-Umfrage, bei der u. a. die Kaufgewohnheiten, Kaufmotive, Nutzung unterschiedlichster Kommunikationskanäle sowie deren Eignung für verschiedene Kommunikations- und Marketingziele abgefragt werden. Mit diesem Datensatz lässt sich dann pro Produktkategorie herausfinden, welche Medien sich für die Kommunikation bestimmter Inhalte besonders eignen und welche nicht. Dabei handelt es sich um rund 40 mediale Touchpoints. Diese Daten wurden mit der Markt-Media-Studie »Typologie der Wünsche« fusioniert, so dass eine große Auswahl an Zielgruppen zur Verfügung steht. Zusätzlich werden für einzelne Channels durch Experten-Scores taktische wie wirkungsspezifische Kriterien eingesetzt. Bei den größeren Mediengattungen werden zusätzlich Nutzungsfrequenz und -dauer detailliert abgefragt. (Quelle: www.pointlogic.de)

C.A.T. (Anbieter/Anwender: Universal McCann)
Als Beispiel für ein agentureigenes Channel Planning Tool kann C.A.T. (Channel Allocation Tool) gelten. Es basiert auf einer Konsumentenbefragung und einem Experten-Ranking und bewertet ca. 40 Kommunikationskanäle. Der erste Schritt besteht darin, anhand von 30 Fragen die individuellen Gegebenheiten der zu planenden Kampagne zu bestimmen – dies geschieht mit Hilfe eines interaktiven Fragebogens. Daraus resultierend werden die relevanten Treiber des Kommunikationserfolgs identifiziert. In einem anschließenden Ranking wird gezeigt, wie gut jeder Kommunikationskanal diese Treiber fördert. Diese Werte werden dann mit in einer Datenbank hinterlegten Kosten und Reichweiten verknüpft. Eine integrierte Optimierungsfunktion entwirft Szenarien für den optimalen Kanal-Mix, um die kampagnenindividuellen Zielsetzungen zu erreichen (Quelle: www.umww.com).
Ein anderes Beispiel für einen unternehmenseigenen Channel Planning-Ansatz ist Optimix, der von Coca-Cola eingesetzt wird (vgl. Mitra 2008).

▶ *Entwicklung einer strategischen Leitidee.* Damit ist nicht etwa eine Kampagnenidee gemeint. Vielmehr muss die Kampagnenidee, falls vorhanden, so umformuliert werden, dass sie als Richtschnur für die Auswahl der geeigneten Werbeträger und die Entwicklung neuer Ideen und Sonderwerbeformen dienen kann. Die Leitidee ist also eine gedankliche Klammer, die verschiedene Kommunikationsmaßnahmen miteinander in Beziehung setzt. Im Idealfall verknüpft sie einen Consumer Insight mit der Marke und bestimmt dadurch das weitere Vorgehen, z. B. als Entscheidungsgrundlage für die Selektion und Anwendung geeigneter Kommunikations-/Media-Kanäle und Touchpoints. Die Leitidee soll Kreativität und Innovation fördern und gleichzeitig sicherstellen, dass alle Kontaktpunkte auf das selbe Ziel hin arbeiten und einzahlen. Hier ein Beispiel für ein IT-Produkt: Es ist einfach, die technikaffine Zielgruppe als langweilige Streber, die an ihren Computer gefesselt sind, abzustempeln. Durch Consumer-Insight-Forschung wurde dieser Mythos widerlegt: tatsächlich handelt es sich um dynamische Geister, die alles vom Leben haben wollen… Karriere, Soziales, Familie. Sie wollen ihren Tag dynamischer, erfolgreicher und spannender gestalten: »Supercharge your day«. Mit Hilfe dieser Leitidee wurden Tätigkeiten, Situationen, Zeiten, Kanäle und Werbeträger ausgewählt, die der Zielgruppe helfen, ihren Tag erfolgreicher zu machen. Mitunter wurden – z. B. bei digitalen Medien – die Werbemittel auf den Kontext angepasst.

▶ *Die Entwicklung neuer Werbemöglichkeiten und Sonderwerbeformen* ist heute ein wichtiger Bestandteil jeder großen Kampagne. Viel Zeit, Kraft und oft auch viel Geld wird von Agenturen und Medienanbietern investiert, um möglichst aufsehenerregende Werbeideen umzusetzen. Gerechtfertigt wird dieser Aufwand mit der zunehmenden Flut an Werbebotschaften, aus der man nur mit besonderen Ideen herausstechen kann. Tatsächlich sind solche Aktionen aber durch profanere Gründe motiviert: Jede Agentur und auch viele Marketing-Verantwortliche möchten durch besondere Aktionen ihren persönlichen Ruhm steigern – mit der ausführlichen Würdigung in der Fachpresse und einem Media- oder Werbepreis. Die Aufgabe eines strategischen Planners ist es, dafür zu sorgen, dass solche Aktionen nicht um ihrer selbst willen angezettelt werden, sondern zur eigentlichen Strategie und den Bedürfnissen der Zielgruppe passen. Eine kreative Leitidee hilft dabei, solche Sonderwerbeformen strategiekonform zu entwickeln. Systematische Bewertungsansätze, wie etwa das Konzept der kontextbasierten Markenkommunikation von Andreas Baetzgen, sind ein vielversprechender Versuch, hier weg vom reinen Bauchgefühl und der Gier nach Neuem, hin zu einer strategisch fundierten Evaluation zu kommen (vgl. Baetzgen 2007). Leider findet man ein solches Vorgehen bisher eher selten in der Praxis. Beispiele für strategiekonforme Media-Ideen finden sich im folgenden Kasten.

Beispiele für kreative Media-Maßnahmen

Launch Kampagne für das Betriebssystem Windows 7
Strategie: Awareness-Aufbau, Demonstration der EINFACHHEIT (»Simplicity«), Aufbau von Präferenz und Informationsinteresse; *Idee*: Humorvolle und aufmerksamkeitsstarke Präsentation als Problemlöser innerhalb eines zielgruppenaffinen Umfeldes; *Maßnahme*: Produktion spezieller Spots mit Darsteller »Ernie« aus der TV-Serie »Stromberg«, Einbindung in Werbeblock und individualisiertes Sponsorship der Stromberg Staffel.

Abb. 1: Windows TV-Spot im Programmumfeld der Serie Stromberg
(Quelle: AdVision digital)

Beck's Gold »Fresh Generation«

Strategie: Steigerung der spontanen Markenbekanntheit, Verankerung im Relevant Set durch Herstellung von Markenrelevanz und emotionale Bedeutung; *Idee*: Branding eines »Fresh Places« in Berlin (Bahnhof Friedrichstraße in Mitte), um der Avantgarde-Bedeutung der Stadt Rechnung zu tragen. *Maßnahmen*: Einsatz von City-Light Boards und Full-HD City Light Poster. Alle analogen und digitalen Werbemittel erschienen im »Kampagnen-Look«. Für die digitalen Werbemittel wurden Video-Clips entwickelt, die die Fresh Generation und ihre Haltung abbilden. Passanten hatten am Terminal die Möglichkeit, aus dem Filmfundus einen Clip auszuwählen, der dann gleichzeitig auf allen sechs Screens einer Bahnsteigkante abgespielt wurde. Über Facebook konnte die Fresh Generation Fotos von sich hochladen, von denen dann ausgewählte auch im Abspann der Clips auf den Screens gezeigt wurden.

Abb. 2: Beck's Gold »Fresh Generation« (Quelle: Universal McCann)

MasterCard Ecommerce Targeting

Strategie: Erreichung und Aktivierung von MasterCard-Kreditkarten-besitzern im Online Shopping-Prozess, um effizient und zielgenau den Einsatz der MasterCard beim Online-Einkauf und damit den Umsatz zu erhöhen. *Idee*: MasterCard nicht nur als ein Zahlungsmittel zu präsentieren, sondern als Marke, die ihre Kunden produktorientiert – d.h. an seine Wünsche angelehnt – unterstützt. Abholen der Online-Nutzer bei der Produktsuche und Begleitung bis zum Bezahlakt; *Maßnahmen*: Kooperationswerbung, Produktkommunikation in Google.de über Produktkonto des Preisvergleichers Evendi.de, direkte Ansprache über Preisvergleich-Suchmaschinen (Integration in Produktsuch- und Bezahlvorgang), Kooperationswerbung mit Preisvergleich-Suchmaschinen zur Steigerung des Traffic auf die MasterCard akzeptierenden Shops, erstmalig gezielte Ansprache von MasterCard-Inhaber möglich (Predictive Behavioral Targeting).

Abb. 3: Aktivierung von MasterCard-Kreditkartenbesitzern im Online Shopping-Prozess (Quelle: eVendi.de)

Datenbasierte strategische Beratung

Alle Entscheidungen in der Mediaplanung basieren auf Daten, meist auf den klassischen Leistungswerten der Mediaplanung: Reichweiten, Kosten-Leistungs-Verhältnissen (TKP), Werbedruck (GRP), Durchschnittskontakte (OTS) und Kontaktklassen, Auflagen, Online-Klickraten und vieles mehr. Der Umgang mit diesen Daten gehört zum Alltag jedes Mediaplaners. Doch die meisten Mediaagenturen gehen heute einen Schritt weiter: Diese Mediadaten dienen als Input für weitere Analysen und werden mit anderen marketingrelevanten Informationen verknüpft. Hier haben die Mediaagenturen eine spezifische Kompetenz durch den schon immer eingeübten Umgang mit quantitativen Daten und der Wichtigkeit von Forschung in der Mediabranche. Tatsächlich gibt es kaum eine klare und nachvollziehbare Trennung von Media- und Marktforschern auf der einen Seite und strategischen Plannern auf der anderen (vgl. etwa die Definition von »Strategischer Planung« bei Tropp 2011, S. 151). Gute Planner kennen sich mit Forschung aus und gute Forscher denken immer strategisch. Deshalb werden einige der wichtigsten datenbasierten Instrumente und Beratungsfelder hier genauer erläutert.

> Gute Planner kennen sich mit Forschung aus und gute Forscher denken immer strategisch.

Modelling und Return on Investment

In den vergangenen Jahren hat sich die statistische Erforschung von Werbewirkung und Werbeerfolg auch in Mediaagenturen fest etabliert. Man spricht vom sogenannten »Modelling« (vgl. Broadbent/Haarstick 1999; Form 2007). Beim Modelling werden anhand von Vergangenheitsdaten Modelle entwickelt, die auch Prognosen bei unterschiedlichen Szenarien zulassen. Dabei ist es auch möglich, nicht nur reine Werbe-Indikatoren miteinander in Beziehung zu setzen (etwa Awareness, Abverkäufe, Umsatz, Marktanteile, Google-Suchanfragen etc.), sondern auch externe Faktoren mit einzubeziehen. Externe Faktoren sind etwa Veränderungen im Preis und in der Distribution, weitere Instrumente der Kommunikationspolitik (z. B. Verkaufsförderungsaktivitäten, Direct Mails etc.), Werbung für andere Marken des Unternehmens (So kann z. B. die Werbung für Maggi-Tütensuppen auch auf den Werbeerfolg von Maggi-Fertiggerichten ausstrahlen. Man spricht hierbei von Ausstrahlungs- bzw. Halo-Effekten), Marketing-Maßnahmen der Konkurrenz, aber auch Feiertage, Konjunktur oder das Wetter. Es ist durchaus ein berechtigtes Anliegen von Unternehmen, den Erfolg ihrer Marketing-Maßnahmen zu evaluieren. Vor allem in Krisenzeiten ist das Controlling einflussreich und harte Zahlen sind wichtiger als vages Marketing-Geschwafel. Dementsprechend steigen die Anforderungen der Kunden an Reportings, Werbeerfolgskontrollen, Optimierung und Forschung. Das Zauberwort ist hier »Return on Investement« (vgl. Kap. 5, S. 246). Leider wird dieser Begriff in der Werbebranche sehr unterschiedlich verwendet. Für Finanzleute ist es eine fest definierte Formel, für Werber oft nur eine mehrdeutige Metapher, die sagt, dass sich irgendwann irgendwie alles irgendwo auszahlt. Dabei hat jeder Kunde seine eigenen Key Performance Indicators, seine eigene Kostenkalkulation. Mediaagenturen liefern die notwendigen Inputzahlen und können bei der Analyse mit ihrer Modelling-Kompetenz unterstützen.

Geostrategische Planung

»Geomarketing« und »Mikromarketing« sind Begriffe, die im Zusammenhang mit Mediaplanung immer häufiger genannt werden. Man findet sie in den Vorträgen auf einschlägigen Tagungen ebenso wie in Artikeln in der Fachpresse (vgl. Nägele 2003). Doch meist geschieht diese Beschäftigung mit »Geo-« bzw. »Mikromarketing« immer nur aus einem eingeschränkten Blickwinkel, wie etwa bei der Nutzung von geocodierten Daten für die Plakatplanung oder die lokale Media-Optimierung. Dabei ist es weit mehr: Die räumliche Verteilung von Kundenpotenzialen ist in einem föderalen Land wie Deutschland nicht nur eine Störvariable in der Marketingplanung, sondern kann auch zum Vorteil der eigenen Ziele genutzt werden. Dafür benötigt man drei Dinge:

▶ das Know-how, um eine geostrategische Dimension in der Marketing- und Mediaplanung nutzen zu können;

▶ Datenbanken und Instrumente zur Analyse und Darstellung von geostrategischen Gegebenheiten (z. B. »Mapping«-Tools zur Erstellung von Karten);

▶ eine entsprechende Organisation, um Mediaplanung und -einkauf auch in kleinräumigen Gebieten zielsicher durchzuführen.

Da viele Agenturen diesen Aufwand scheuen bzw. ihnen die entsprechenden Instrumente fehlen, ist eine konsequente geostrategische Optimierung noch alles andere als gang und gäbe. Unternehmen mit einer lokalen oder regionalen Basis,

z. B. klassische Filialunternehmen wie Einzelhandelsketten oder der Automobil-handel, sind vielen nationalen Werbungtreibenden einen Schritt voraus, da sie die lokale Fundierung ihres Geschäfts nur zu genau kennen. Einen Mediaplan so auszurichten, dass alle für eine Filiale relevanten Einzugsgebiete und Stadt-teile erreicht werden, ist eine Herausforderung, die neben einer Menge Daten auch eine besondere Kompetenz im Umgang mit sehr unterschiedlichen Wer-bemöglichkeiten erfordert (u. a. Plakat- und Ambient-Medien, Anzeigenblätter und Beilagen in Tageszeitungen, Haushaltsdirektverteilung, lokale Radio- und Fernsehwerbung, Direktmarketing-Maßnahmen oder lokal ausgesteuerte Online-Werbung). Durch eine geostrategische Mediaplanung lassen sich Gebiete genau definieren und mit geringen Streuverlust effizient bearbeiten. Dadurch sind auch erhebliche Einsparungen bei Schalt- und Druckkosten möglich, die den höheren Aufwand bei der Analyse der geodemografischen Daten und der komplexen Ab-wicklung allemal rechtfertigen.

Webanalytics

Webanalytics ist eine wichtige Funktion im Online-Marketing: Es umfasst die Ana-lyse von im Internet generierten Daten über Website-Nutzung, Landingpage-Traffic, Suchanfragen, Bestellvorgänge, Kampagnen-Kontakte und vieles mehr (vgl. Kap. 6, S. 263). Zunehmend geht es nicht alleine um die Messung von Key Performance Indicators (KPI), sondern auch um neue Erkenntnisse über das Ver-halten der Kunden und User (vgl. Sterne 2002). Deshalb werden zunehmend Da-tenquellen, die bisher getrennt betrachtet wurden, miteinander verknüpft. Früher hat sich die eine Agentur die Website-Besucher angeschaut und eine andere hat die Online-Werbekampagne evaluiert. Heute werden alle Pages und Werbemit-tel mit Tags versehen und im Zusammenhang analysiert. Auch wird das Verbinden von Daten unterschiedlichster Tracking-Systeme für Unternehmen immer wichti-ger. Die Kunden wollen ein Gesamtbild über alle messbaren Daten. Das heißt, die Webanalytic-Daten werden mit anderen Marketing- und Media-Informatio-nen zusammengeführt, analysiert, visualisiert, interpretiert und an alle relevanten Entscheidungsträger verteilt. Dieser Prozess wird immer mehr beschleunigt und automatisiert – damit wir schneller reagieren und optimieren können.

Ein Problem: Zugriff auf Daten

Viele Ansätze der strategischen Planung in Mediaagenturen basieren auf Forschung und Datenanalyse. Einige der benötigten Daten liefern die Agenturen: Werbeaufwendungen, Medialeistung (z. B. GRP im TV), Tracking von Online-Kampagnen auf Basis der Adserver-Daten. Doch die viel wichtigeren Zielvariablen müssen die Kunden liefern: Tracking-Studien über klassische Werbewirkungsindikatoren wie Markenbekanntheit und Werbeerinnerung, regelmäßige Image- und Kundenzufriedenheitsstudien, Abverkäufe, Marktanteile, Website-Traffic und Conversions, Umsatz oder Besucherzahlen nach Filialen, Informationen über Einzugsgebiete (z. B. über Postleitzahlen-Befragungen von Kunden an der Ladenkasse), Analyse von Kundenkarten-Daten und vieles mehr. In der Theorie ist es beeindruckend, was Mediaagenturen alles herausfinden können, wenn sie Daten ihrer Kunden analysieren, statistisch auswerten oder mit anderen Geomarketing-Informationen verknüpfen und auf Karten darstellen. Doch nicht alle Werbungtreibenden sind bereit, ihren Agenturpartnern diese Daten zur Verfügung zu stellen. Manchmal liegt es daran, dass man diese Informationen nicht in fremde Hände geben will, manchmal fehlen einfach die Ressourcen bei Personal und Technik, die Daten in einer verarbeitbaren Form zusammenzustellen. Das ist schade, da hier enorme Möglichkeiten der Optimierung von Effektivität und Effizienz verschenkt werden. Die Qualität der Mediaplanung steigt, je mehr Daten analysiert werden.

Ein Trend, der gerade in den USA an Dynamik gewinnt, ist die *erfolgsabhängige Honorierung* nach Wirksamkeitsindikatoren (vgl. Quengua 2009). Noch ist sie bei Mediaagenturen eher selten, zumal die Wirkung ja nicht nur am Mediaplan liegt, sondern an allen Marketing-Instrumenten (inklusive der kreativen Gestaltung der Werbemittel), auf die Mediaagenturen keinen Einfluss haben. Doch gibt es Bereiche wie das Performance Marketing in der Online-Mediaplanung, das ganz klar auf Erfolg – in diesem Fall auf Klicks, Leads und Conversions – ausgerichtet ist (vgl. Tropp 2011, S. 139). Amerikanische Mediaagenturen experimentieren zurzeit mit der Ausweitung solcher Ansätze auch auf andere Medien und Agenturleistungen. Dadurch wird die Frage der Datengrundlage und Analyse natürlich noch wichtiger. Denn Erfolg muss sich dann an messbaren Kriterien erkennen lassen, die von Agentur und Auftraggeber akzeptiert werden.

> Die Mediastrategie der Zukunft sorgt dafür, dass durch effiziente Maßnahmen relevante Botschaften über die richtigen Kanäle an die richtigen Menschen gelangen, um so zum Unternehmenserfolg beizutragen.

Praktische Hinweise für die Zusammenarbeit mit Mediaagenturen

Die Aufgaben einer Mediaagentur haben sich in den letzten Jahren stark erweitert und diese Entwicklung wird mit der zunehmenden Bedeutung der digitalen Medien noch weiter zunehmen. Strategische Planung gehört mehr und mehr zu den Kernaufgaben einer Mediaagentur, wobei die Bereitstellung und Analyse von umfassenden Datenmengen ein wachsendes Betätigungsfeld für Mediastrategen ist (vgl. Taylor 2005). Ob diese Services vom Auftraggeber auch genutzt werden, hängt von der Expertise des Agenturpartners ab, aber auch von dem Werbungtreibenden selbst. Ich möchte enden mit einigen Überlegungen, was ein Unternehmen in der Zusammenarbeit mit einer Mediaagentur beachten sollte:

1. Nutzen Sie das Potenzial ihrer Mediaexperten frühzeitig
Mediaplaner sind heutzutage nicht mehr der Streudienst, der gerufen wird, wenn alle strategischen Entscheidungen bereits getroffen sind. Beziehen sie ihre Mediaagentur so früh wie möglich in die Strategieentwicklung mit ein. Die Frage, wie Sie ihre Zielgruppen richtig erreichen können, ist zentral.

2. Nehmen Sie die Perspektive der Konsumenten ein
Nur wenn Sie die Sichtweise des Konsumenten verstehen und übernehmen, finden Sie die relevanten Botschaften und Kanäle, um wirkungsvolle Kommunikation zu betreiben.

3. Achten Sie bei Sonderwerbeformen auf die Strategie-Passung
Das Basteln an kreativen Mediaideen nur um ihrer Selbstwillen oder um einen Award zu gewinnen, kann leicht zu einer Ressourcenverschwendung führen. Überprüfen Sie immer, am besten zusammen mit Ihrer Agentur, ob die Maßnahme den Konsumenten einen wirklichen Mehrwert bieten und sie tatsächlich auf die Strategie einzahlt.

4. Analysieren Sie die vorhandenen Daten in intelligenter Art und Weise
Mediaagenturen verfügen über riesige Datenmengen. Durch smarte Analysen lassen sich daraus viele Erkenntnisse gewinnen, die Ihre Marketingplanung auf eine solide Basis stellen. Nutzen Sie das Know-how Ihrer Mediaagentur dabei und haben Sie keine Scheu, Ihre Daten für solche Analysen zur Verfügung zu stellen. Mit statistischen Modellings, Return on Investment-Rechnungen, Webana-

lytics oder geostrategischen Mappings können die Experten in der Agentur noch ungehobene Schätze aus Ihren Daten heben.

Wer diese Grundsätze beherzigt, sorgt dafür, dass die eigenen Marketing-Experten und die Agenturpartner gemeinsam einen Mehrwert für das Unternehmen schaffen. Die Mediastrategie der Zukunft sorgt dafür, dass durch effiziente Maßnahmen relevante Botschaften über die richtigen Kanäle an die richtigen Menschen gelangen, um so zum Unternehmenserfolg beitragen.

Kapitel 7:
Enden & Anfänge

Das Ende der 360-Grad-Kommunikation

Was ist die Zukunft?

Thomas Strerath/Larissa Pohl

> Thomas Strerath und Larissa Pohl brechen mit dem Konzept der 360-Grad-Kommunikation, das über 20 Jahre als zentrales Paradigma die Marketing-Kommunikation und Werbung bestimmt und begrenzt hat. Am Beispiel der Marke Nespresso zeigen sie auf, dass einzelne Kommunikationsmittel und -kanäle einer Marke jeweils unterschiedliche Aufgaben im Kommunikations-mix haben und entlang einer Customer Journey ausgesteuert werden müssen. Der vorliegende Text basiert auf einer Rede von Thomas Strerath beim 3. Deutschen Medienkongress im Januar 2011 und erschien in verkürzter Form bereits im Ogilvy Kundenmagazin »HowTo«.

Es ist das Paradigma unserer Zunft. Effektive Marketing-Kommunikation zeichnet sich dadurch aus, dass eine Kampagne integriert durch alle Medien geführt wird. Niemand stellt das in Frage. Selbst die vielen abweichenden Begriffe können nicht darüber hinwegtäuschen: In allen neuen Schläuchen fließt der gleiche alte Wein. 360-Grad-Branding, Orchestrierung, Integrierte Kommunikation, Crossme-dia, vernetzte Kommunikation – alles unterschiedliche Begriffe für das gleiche paradigmatische Denken. Manche davon – wie 360-Grad-Branding oder Orches-trierung – lassen sich sogar direkt auf Ogilvy & Mather zurückführen. Dennoch wird immer klarer, dass diese Denkmodelle, diese Begriffe uns alle in die Irre ge-führt haben. Denn sie führen die eigentliche Absicht von Marketing und Marken-führung ad absurdum.

Um die Absurdität zu erkennen, müssen wir uns Folgendes vor Augen halten: Das Ziel von 360-Grad-Kommunikation ist die Festigung oder Stärkung von Prä-ferenzen für eine bestimmte Marke oder ein spezifisches Angebot. Als Wirkungs-mechanismus wird vermutet, dass dies mittels einer hohen Werbeerinnerung er-reicht werden kann. Egal, ob wir uns auf Franz-Rudolf Esch oder direkt auf Werner

Kapitel 7: Enden & Anfänge

Kroeber-Riel beziehen, dies wird bestmöglich erreicht, so die Vermutung, wenn man formal und inhaltlich in allen Medien gleich – selbstähnlich eben – auftritt. Die formale Vereinheitlichung und die dann folgende sich wiederholende Penetration wird bei Kunden einen möglichst hohen Werbespeicher aufbauen. Werbeerinnerung ist im Rahmen dieses Paradigmas dann die härteste Währung der Leistungsmessung von Kommunikation. Als Indikator für die Bedeutung von Werbeerinnerung in unserer Branche sei bemerkt, dass 79 der 132 (60%) ausgezeichneten Cases beim Effie in den letzten drei Jahren Werbeerinnerung als einen der zentralen Erfolgsfaktoren ausweisen. Der skurrile Effekt daraus ist, dass Kampagnen dann optimale Ergebnisse erzielen, wenn sie an sich selbst erinnern. Aus der geforderten Selbstähnlichkeit der Marke wird damit – methodisch unbemerkt – eine Selbstähnlichkeit der Werbemittel. Die Printanzeige hat dann ähnlichen Inhalt und ähnliche Gestaltung wie der TV-Spot. Weil man so per Print an den TV-Spot erinnern kann. Auch Banner sind mediale Adaptionen, sie bauen darauf, dass man wiedererkennt. Bei Maßnahmen am Point of Sale etc. wird analog verfahren. Die eingesetzten Medien sollen sich also gegenseitig stützen, indem sie gegenseitig aufeinander verweisen. Dokumentiert wird dies gern in PowerPoint-Charts, auf denen per kreisrunder Anordnung um ein Keyvisual bewiesen wird, dass man eine Idee in alle Medienkanäle bzw. Werbemittel übertragen hat, also eine Printumsetzung, eine TV-Umsetzung, eine Online-Umsetzung etc. Unter dem Vorwand der Medienneutralität vermeidet man eine Antwort auf die Fragen, welche der Medien entscheidend sind (nicht alle sind gleich wichtig) und welche Aufgaben sie bestmöglich bearbeiten können (die meisten Medien sind multipotent). Werbeerinnerung hat aber nur einen Wert, wenn man daran glaubt, dass der Werbeerinnerung die Werbeüberzeugung und später sogar der Kaufakt folgen. Dieser Mechanismus ist nicht nur verblüffend einfach, er ist einfach falsch.

> Werbeerinnerung hat nur dann einen Wert, wenn man daran glaubt, dass der Werbeerinnerung die Werbeüberzeugung und später sogar der Kaufakt folgen. Dieser Mechanismus ist nicht nur verblüffend einfach, er ist einfach falsch.

Niemand wird einer Marke das Vertrauen aussprechen, nur weil man sich an den entsprechenden TV-Spot erinnert. Natürlich ist die bewusste oder unbewusste Abspeicherung eines Werbeformates schon mal ein guter Anfang. Nur reicht sie eben bei weitem nicht aus. Ein Konsument, dessen Interesse geweckt ist, wird sich auf seiner Reise (Customer Journey) mit der Marke oder deren Wettbewerbern vielfältigst auseinandersetzen. Er wird u. U. nach Pros & Contras suchen, er wird wissen wollen, wie seine Peers zu der Marke stehen oder sogar wie seine Peers die Produktverwendung in der jeweiligen Kategorie überhaupt sehen. Dass der Konsument einer digitalen Welt ein eher selbstbestimmtes Leben lebt, dass Marken daher verschiedene Angebote zur Auseinandersetzung geben müssen, kommt im Modell der 360-Grad-Kommunikation nicht vor.

Natürlich ist die Customer Journey in vielen Produktkategorien sehr kurz und verläuft vielfach unbewusst. Aber auch im Bereich schnell drehender Konsumgüter gibt es innerhalb einer Customer Journey unterschiedliche Kundenbedürfnisse, die durch die Kommunikation befriedigt werden müssen. Vor allem im Bereich prestigeträchtiger oder teurer Güter sowie im B2B-Geschäft sind Kaufentscheidungsprozesse und damit Customer Journeys oftmals so umfangreich und facettenreich, dass die permanente Wiederholung nur einer Kampagnenidee in einem formalen stringenten Korsett einfältig ist. Und natürlich gilt weiterhin, dass die Kunst der Reduktion auch in Zukunft zielführend ist. Ein Werbemittel sollte möglichst auf eine Aussage fokussiert sein. Aber es herrscht heute die selbstverständliche Vorstellung, dass die eine große Werbeidee (big idea) nicht nur auf einem Werbemittel zu sehen sein soll, sondern dass alle Werbemittel, unabhängig von ihrer Funktion, diese gleiche große Idee zu stützen haben. Diese übergeordneten Kampagnenideen sollen so der Zersplitterung der Kommunikationswirkung entgegenwirken und der Kampagne einen Rahmen und damit den notwendigen Halt geben. Diese Arbeitsweise führt aber zu zwei großen Problemen:

1. Die so überhöhten Kampagnenideen treten in Konkurrenz zur Markenidee.
Dies ist immer wieder sehr schön daran zu erkennen, wenn plötzlich ein Kampagnenclaim in Konkurrenz zu einem Markenclaim erscheint, wie dies beispielsweise bei der laufenden DHL Kampagne der Fall ist. »That's the Speed of Yellow« ist der aktuelle Kampagnenclaim, der den Markenclaim »Excellence. Simply Delivered« in den Schatten stellt. Starke, klar definierte Marken geben ausreichend Halt und benötigen keine Zwischenklammer, die einzelne Werbemittel zusammenfasst. Konsumenten trennen nicht zwischen Werbemitteln einzelner Kampagnen und speichern ihre Erfahrungen mit einer Marke auch nicht nach Marketing-Kommunikationsplänen ab. Hier führt die Zwischenebene der Kampagnenidee (zwischen Markenidee und Werbemittelidee) zu erhöhter Komplexität und greift damit die Effizienz an, also genau das, weswegen man sie eigentlich konstruiert hat.

2. Kampagnen dieser Bauart sind auf eine einzige Aufgabe reduziert. Man hat sich in langen Briefing-Prozessen auf den wesentlichen Punkt geeinigt, der mit dieser Kampagne bearbeitet werden soll. In Zeiten einfacher Kaufprozesse (AIDA) und ausschließlich weniger Broadcastmedien war das vielleicht hilfreich. Nur haben sich diese Kaufprozesse extrem verändert: Nehmen wir beispielsweise Online-Research/Offline-Purchase als das häufigste Crossmedia-Kaufverhalten oder Produktbewertungsportale. Gleiches gilt natürlich für die fragmentierte Medialandschaft, die neben den klassischen Bezahlmedien nun auch Own-Media und Earned-Media umfasst. Es sind sehr unterschiedliche Aufgaben an sehr unterschiedlichen Orten entlang der Customer Journey in einer Kampagne zu lösen. Dass dies mit einem einzigen Ansatz, einer einzigen Idee geht, ist unwahrscheinlich.

Stellt sich folglich die Frage, wie viele Ansätze es dann mindestens braucht, also wie viele Aufgaben eine Kampagne zu bearbeiten hat bzw. wie viele sie denn maximal tragen kann? Schließlich soll unsere Überlegung keine Alibiposition für kommunikativen Wildwuchs sein. Bei der Beantwortung haben wir uns an drei wesentlichen Neuerungen oder besser gesagt Änderungen in den Anforderungsprofilen an eine moderne Markenkommunikation orientiert:

1. Lang vermutet, nun aber wissenschaftlich belegt, werden die meisten Entscheidungen nicht rational, sondern vorwiegend emotional getroffen (vgl. Kap. 2, S. 47). Das heißt, eine Festigung oder Stärkung einer Produkt- oder Markenpräferenz wird nur dann erfolgreich sein können, wenn sie emotionale Motivlagen ansteuert. Da der Mensch sich aber für schlauer hält, als er tatsächlich ist, müssen so getroffene Entscheidungen postrationalisiert werden. Früher unter »kognitive Dissonanzen« eingeordnet, gilt es für Konsumenten, ihre Kaufentscheidungen in ihren Werte- und Überzeugungsrahmen einzuordnen. Das können banale Preis- oder Budgetfragen sein (»Passt das in meinen finanziellen Rahmen?«, »Ist es das denn überhaupt wert?«), praktische Fragen (»Macht die weite Anreise Sinn?«, »Werde ich es denn wirklich nutzen?«), aber auch Fragen nach Sinn und Bedeutung sein (»Brauche ich das überhaupt?«, »Ist das ein gutes Unternehmen?«). Während der emotionale Teil eher die Belohnungsleistung des Konsums darstellt, sind kognitive Dissonanzen die entsprechende Strafe. Marken, die die Distanz zwischen Strafe und Belohnung zugunsten letzterer verkürzen, haben eine höhere Kauf- und Wiederkaufwahrscheinlichkeit. Die zwei Aufgabenpakete, die sich hieraus ableiten lassen, nennen wir »*Awareness*« und »*Argumentation*«.

Nehmen wir beispielsweise Premiumprodukte wie Nespresso. Die starke emotionale Inszenierung der Marke Nespresso mit seinen zwei weltweit renommierten Testimonials George Clooney und John Malkovich weckt zweifelsohne die Begehrlichkeit der Marke. Hier finden wir keine Rechtfertigung für die Premiumpreise. In diesem Teil der Kampagne wird ausschließlich an die Emotionalität appelliert.

Abb. 1: Emotionale Markeninszenierung von Nespresso: Testimonialkampagne mit George Clooney (Quelle: AdVision digital)

Allerdings weiß Nespresso, dass so zwar die Begehrlichkeit für die Marke erhöht wird, nicht zwangsläufig aber die Nachfrage für die Produkte, da die »Strafe« des sehr hohen Preises und der vermeintlichen Umweltverschmutzung durch die Kapseln sehr einfach durch die Verwendung anderer Kaffeepad-Systeme umgangen werden kann. Daher ist es sehr schlau, dass Nespresso auch eine taktische Linie fährt, die zum einen auf die Qualität des Kaffees fokussiert und somit indirekt für die hohen Preise argumentiert, zum anderen die Umweltfreundlichkeit und die Recyclebarkeit der Kapseln erklärt. So erläutern Experten auf der Nespresso Webseite den »Weg der Bohne bis zum Ergebnis in der Tasse«. Von der Besonderheit des Kaffees bis hin zur speziellen Technologie der Extraktion mit der Nespresso Maschine wird hier die Qualität und Einzigartigkeit des Produkts mit Hilfe von Videos aufgezeigt. Eine eigenständige Print-Kampagne mit echten Nespresso Experten unterstützt diesen Qualitätsaspekt und zielt auf die persönliche Beratung, der vor allem im Premiumsegment eine besondere Rolle zukommt: »Wenn es um die Beratung unseres Grand Cru-Kaffees geht, übergibt George Clooney die Hauptrolle an Katharina«, so eine Headline einer Print-Anzeige (vgl. Abb. 2). Zudem beschäftigt sich Nespresso auf einer separaten Webseite (nespresso.com/ecolaboration) mit allen Themen rund um Nachhaltigkeit im Rahmen des »Sustainable Quality Program«. Dem Verbraucher wird hier vor allem die Sorge um die Verwendung der Kapseln und eine damit einhergehende Umweltbelastung genommen. Die Aufgabenteilung zwischen den Kampagnensträngen ist eindeutig: Die berühmten Testimonials wecken die Emotion, die Fachmitarbeiter argumentieren das Preispremium und die »ecolaboration« verweist auf die Umweltfreundlichkeit des Produkts und des einzigartigen Kapsel-Systems. Zusammengehalten werden die unterschiedlichen Stränge durch die Marke.

Abb. 2: Argumentative Markenkommunikation von Nespresso in Anzeigen sowie »Ecolaboration Project« zum Recycling der Kapseln (Quelle: AdVision digital; ZUMITE fotografia)

2. In den viel zitierten guten alten Zeiten gab es eine klare Aufteilung zwischen Markenherstellern und Handel. Die Markenhersteller haben in das Regal hinein-verkauft, die Händler haben aus dem Regal herausverkauft. Marken mussten sich selten mit dem direkten Abverkauf ihrer Produkte beschäftigen, Händler hatten dagegen keine Expertise in Markenführung, sondern verstanden sich als Bühne ihres Sortimentes. Diese Zeiten sind vorbei. Immer mehr Regalmeter beansprucht der Handel für seine eigenen Marken, gleichzeitig gehen immer mehr Marken-hersteller dazu über, direkte eigene Vertriebskanäle zu ihren Kunden aufzubauen. Der Aufweichung dieser Arbeitsteilung folgt eine erhöhte Anforderung an Mar-kenkampagnen; sie müssen sehr häufig sowohl den Rein- als auch den Rausver-kauf aus den Vertriebskanälen bedienen. Das heißt, Markenkampagnen müssen dann auch direkt Verkaufsimpulse geben, woraus sich ein drittes Aufgabenpaket ergibt: »*Aktivierung*«.

Auch im Beispiel von Nespresso finden wir eine Entsprechung. Hier werden konkret die Produkte inszeniert. Ob die ästhetisch-moderne Präsentation der Kapseln in den Nespresso Stores und Cafés, oder einzigartige Produktfilme, die unterschiedliche Kapsel-Sorten verführerisch und ansprechend schmackhaft ma-chen (vgl. www.youtube.com/nespresso). Durch eine stilvolle moderne Aufma-chung, besondere Inszenierung der Kaffee-Sorten, zeitlich begrenzte Verfügbar-keit von Limited Editions und Angebote werden Verkaufsimpulse ausgelöst.

Abb. 3: Nespresso Shanghai boutique und Limited Edition »Kazaar« (Quelle: Nestlé, RoelJewel)

| 326 | **Kapitel 7: Enden & Anfänge**

3. Die voranschreitende Digitalisierung und die damit verbundenen Phänomene, die wir hier mal unter »Social Web« subsumieren, führen dazu, dass die soziale Akzeptanz des Konsums ein nicht mehr zu unterschätzender Faktor ist. Diese Akzeptanz weitet sich auch auf die Kommunikation der Marken aus. Für Menschen wird immer wichtiger, dass die von ihnen benutzten Produkte und Marken, die dahinterstehende Werbung und auch die soziale Verankerung der anbietenden Unternehmen in ihren Peergruppen akzeptiert sind. Diese Fähigkeit zur sozialen Akzeptanz kann ein Wettbewerbsvorteil sein, der vor allem solchen Anbietern zuzurechnen ist, die die Wirkungsweisen des Social Webs aktiv für sich nutzen. Einfach gesprochen, Marken, die einem Konsumenten direkt oder indirekt über seine Peergruppen begegnen, beweisen damit dort ihre Verkehrsfähigkeit. Markenkommunikation sollte sich also immer auch fragen, wie sie die Konversation der Konsumenten untereinander zu ihren Gunsten beeinflussen kann. Daraus resultiert das vierte, wichtige Aufgabenpaket: »*Akzeptanz*«.

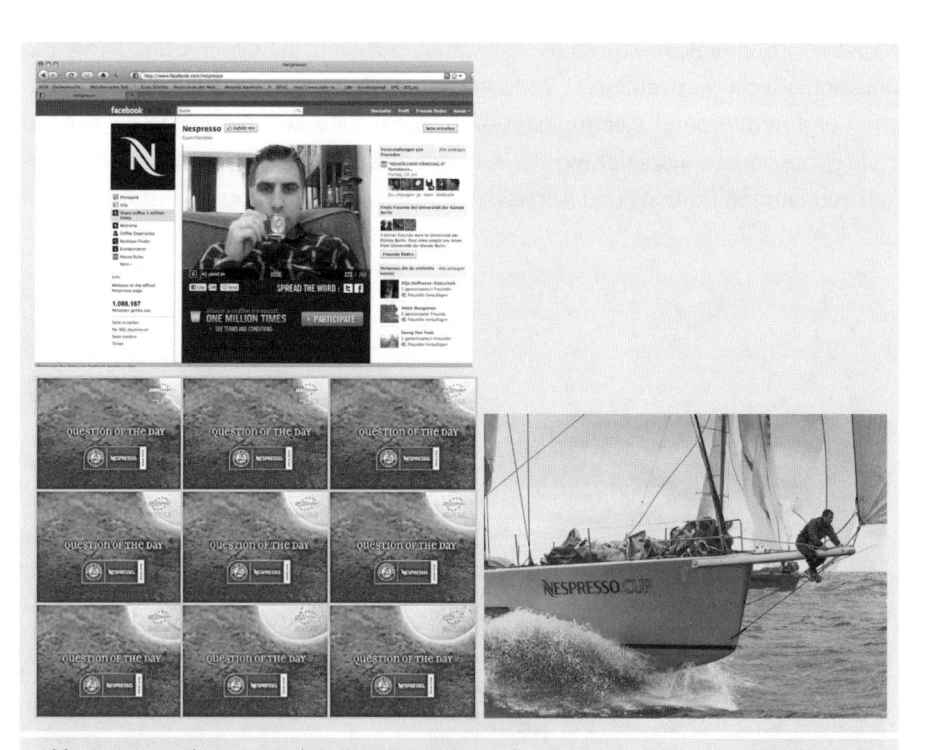

Abb. 4: Kommunikationsmittel zur Steigerung der Markenakzeptanz: 1) Soziale Netzwerke wie Facebook fördern die aktive Auseinandersetzung mit der Marke 2) Sport-Sponsoring und Nespresso Cup (Quelle: www.facebook.com/nespresso; AdVision digital, Carlo Borlenghi)

Das Ende der 360-Grad-Kommunikation
Was ist die Zukunft?

Nespresso beantwortet dies durch den direkten Dialog mit der Zielgruppe auf Social-Media-Plattformen wie Facebook und Twitter sowie durch Sport-Sponsoring, das u. a. auf Tennis, Golf und Segeln abzielt. So findet beispielsweise jährlich der Nespresso Cup statt – eine Regatta vor der Küste des italienischen Städchens Portofino. »Der Nespresso Cup zelebriert die Vereinigung von Ästhetik und Leistung«, so Richard Girardot, CEO von Nestlé Nespresso S.A. Er schafft somit ein Ereignis, über das man berichtet und sich innerhalb der Peergroup austauscht.

Dieses Beispiel zeigt sehr deutlich, dass moderne Markenkommunikation mehrere Ziele und Aufgaben verfolgen muss. Hierzu bedarf es eines Prozesses, der einen Rahmen vorgibt, um crossmedial planen zu können, ohne sich dabei an der einen, großen Werbeidee festzuklammern. Grundlage für diese Prozessplanung bildet eine *Customer Journey*, in der die einzelnen Schritte des Kaufprozesses der Zielgruppe definiert werden: Vom Kennenlernen über die Abwägung des Kaufes bis zum tatsächlichen Kaufakt und zum Austausch mit Anderen über das Produkt bzw. die Marke. Zunächst werden hierzu Wunschaussagen notiert, die beschreiben, was beim Konsument in den einzelnen Schritten im Idealfall ausgelöst wird. Darauf basierend zeigen wir auf, welche Treiber und Barrieren sich jeweils positiv oder negativ auf diese Aussage auswirken können. Die folgende Abbildung 5 zeigt eine solche Customer Journey am Beispiel eines Küchenkaufs.

Auf Basis dieser Customer Journey lassen sich nun die Aufgaben für die Kommunikation ableiten. Die zentrale Frage lautet hier: Was muss die Kommunikation in jeder Phase der Customer Journey leisten, um Treiber zu stärken und Barrieren auszuräumen? Dabei orientieren wir uns an den oben genannten vier Aufgabenpaketen, die jeweils individuell zu beantworten sind. Wir nennen diese »Die vier A's«:

1. Awareness

Ziel ist das Stimulieren der emotionalen Motivatoren. Mit der Marke sollen positive Gefühle verbunden und eine hohe Belohnung durch die Markenverwendung versprochen werden. Zur Lösung dieses Aufgabenpaketes muss man die emotionalen Treiber und Barrieren einer Produktkategorie kennen. Übertragen auf unser Küchenbeispiel heißt dies: Wir sprechen die emotionale Motivlage des Konsumenten an, das Familienleben, die Geschichten und Momente, die man mit einer Küche verbindet.

2. Argumentation

Ziel ist die Auflösung kognitiver Dissonanzen bzw. die Bestätigung rationaler Benefits. Auch hier ist die Customer Journey so zu verstehen, dass man die entspre-

328 | **Kapitel 7: Enden & Anfänge**

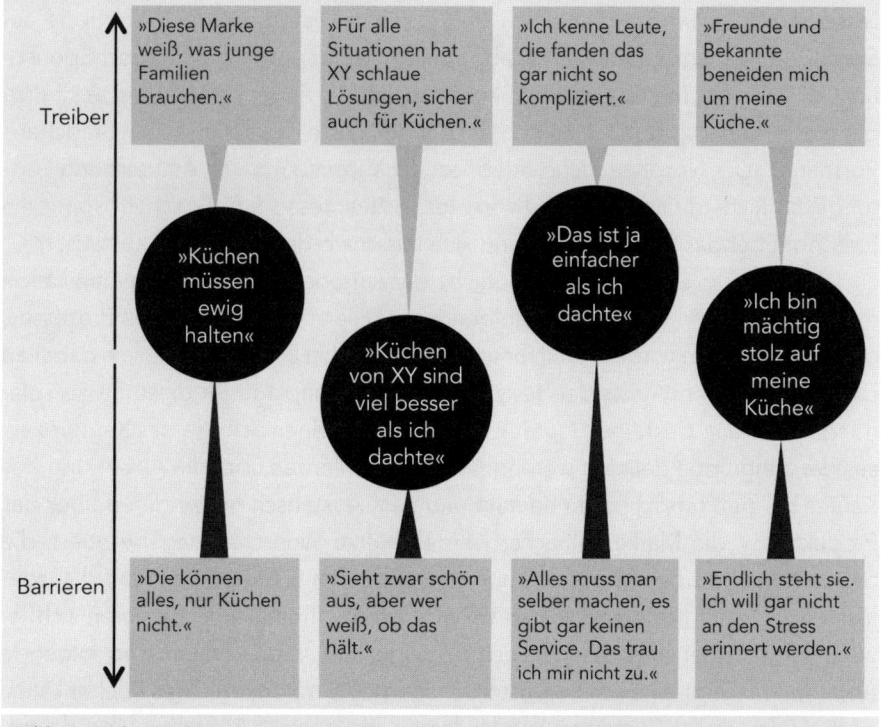

Abb. 5: Treiber und Barrieren eines Küchenkaufs. Customer Journey in vier Schritten: 1. Inspiration to Consider: Wie bringt man Konsumenten dazu, die Marke in Betracht zu ziehen?, 2. Discovery & Shopping: Was könnte den Konsumenten zum Kauf der Marke überzeugen? 3. Conversion: Wie kann die Wahl der Konsumenten zum Zeitpunkt der Kaufentscheidung beeinflusst werden? 4. Customer Usage & Amplification: Wie ist das Produkterlebnis nach dem Kauf, wie können wir Erfahrungsberichte positiv beeinflussen? (Quelle: Ogilvy & Mather)

chenden Argumente für und wider sein Angebot kennt und markengerecht verarbeitet. Eine Küche ist beispielsweise sehr teuer und die Entscheidung zum Kauf fällt sehr selten im Leben. Argumente für die Qualität, Nutzbarkeit und Langlebigkeit der Küche müssen deshalb kommuniziert werden. Produkt-Benefits, wie besonders robuste Oberflächen, stoß- und kratzfeste Fronten usw., können über verschiedene Kanäle auf unterschiedliche Art und Weise kommuniziert werden: Während sich die Produkt-Besonderheiten im TV beispielsweise durch eine Geschichte inszenieren lassen, kann auf der Website im Detail informiert, argumentiert und überzeugt werden.

3. Aktivierung

Ziel ist die Auslösung des Kauf- oder Konsumaktes. Hier wird eine positive emotionale Nähe sowie Produktrelevanz vorausgesetzt. Aber was sind die entscheidenden Faktoren, die einen Kauf – in letzter Minute – verhindern oder ihn eben sicherstellen? Klassische Tools sind Produktsamples, Probefahrten, Finanzierungen, Beratungs- oder Umtauschservice, Garantien oder auch Transport- oder Aufbaudienstleistungen bei größeren Produkten. Im Fall der Küche geschieht dies unmittelbar am Point of Sale, wo Beratung und Services (Aufbauservice, Frei-Haus-Lieferungen und Garantieverlängerungen) von großer Wichtigkeit sind. Ergänzend wirken aktivierende Maßnahmen und Aktionen, die sich etwa gut über Funkwerbung kommunizieren lassen (beispielsweise Rabatt-Aktionen).

4. Akzeptanz

Ziel ist die Einbindung der Kunden in die Markenkommunikation. Die Teilnahme am Gespräch von Kunden über Produkte, Marken, Lebenswelten, Themen, Hobbys etc. muss produktkategoriespezifisch so erfolgen, dass man seinen Kunden die soziale Akzeptanz seines Angebotes gewähren kann oder sie sogar positiv beeinflusst. Gibt es beispielsweise eine Community, in der sich ein Küchenkäufer Meinungen einholen und austauschen kann? Wie wird ein Küchenkäufer nach dem Kauf motiviert, über seine Erfahrungen zu berichten? Kann er langfristig, z. B. über ein Kundenbindungsprogramm, an die Marke gebunden werden? Es müssen Strukturen geschaffen werden, die den (potenziellen) Kunden involvieren und eine aktive Auseinandersetzung mit dem Produkt fördern. Hierdurch soll das positive Markenerlebnis verstärkt und die Weiterempfehlungsbereitschaft des Kunden erhöht werden.

Nachdem wir den Weg unserer Konsumenten innerhalb des Kaufakts kennen und die Aufgaben der Kommunikation definiert sind, gilt es nun, diese vier A's mit Messkennzahlen zu hinterlegen. Dies sollte geschehen, bevor mit der Arbeit begonnen wird (vgl. Kap. 5, S. 246). Das Controlling hat einen hohen Stellenwert und viele Kunden werden an wirtschaftlichen Zielen gemessen. Es ist wichtig, vorab in die Diskussion mit dem Auftraggeber zu gehen und zu besprechen, warum er die Kampagne durchführt und welche Geschäftsziele sie stützen soll? Daraus wird eine wirtschaftliche Zielsetzung formuliert, aus der KPIs abgeleitet werden. Auch muss definiert werden, welchen Beitrag die Kommunikation bzw. einzelne Kommunikationsmaßnahmen leisten können. Hierfür werden für jedes der vier »A's« Kennzahlen für die Erfolgsmessung festgelegt. So lässt sich prüfen,

330 | Kapitel 7: Enden & Anfänge

welche Maßnahmen arbeiten und welche nicht. Abbildung 6 zeigt, wie dies in unserem Küchenbeispiel aussehen könnte.

> Markenkommunikation muss vier Aufgaben erfüllen: Sie muss beim Konsumenten Awareness schaffen, Argumente für den Kauf liefern sowie für Aktivierung und Akzeptanz sorgen. Wir nennen dies die vier »A's«.

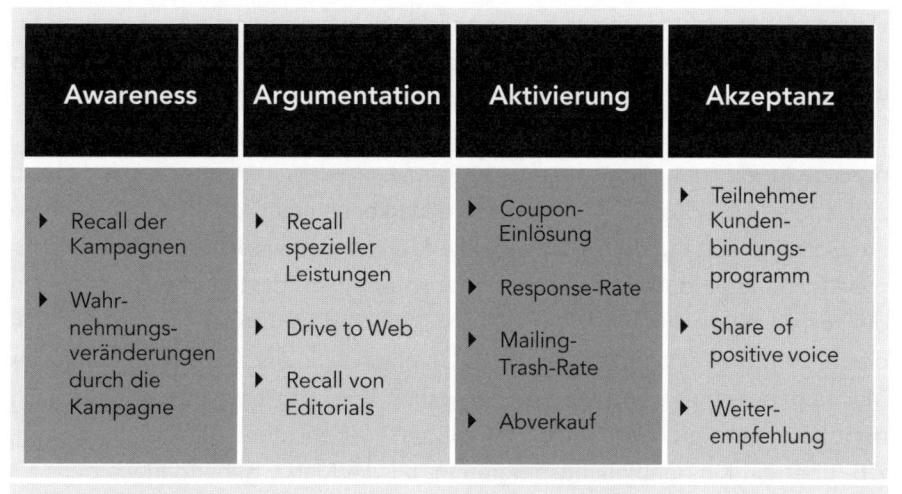

Abb. 6: Beispielhafte Key Performance Indicators (Quelle: Ogilvy & Mather)

Fazit

Wir brechen mit einem Dogma. Wir halten die allgemein akzeptierte Annahme für falsch, dass eine Kampagne dann besonders effektiv und effizient ist, wenn sie eine hohe formale und inhaltliche Gleichschaltung aufweist und durch eine Kampagnenidee getragen wird, da sie so eine erhöhte Werbeerinnerung und daraus folgend einen erhöhten Markterfolg erreicht. Kommunikation muss in erster Linie das Business-Ziel des werbenden Unternehmens unterstützen und nicht die Optimierung der Kommunikationsziele ansteuern. Wir halten es für falsch, eine Idee in allen Medien selbstähnlich zu inszenieren, stattdessen für richtig, die vielfältigen Fähigkeiten von Medien auch vielfältig zu nutzen.

> Kommunikation muss in erster Linie das Business-Ziel des werben-
> den Unternehmens unterstützen und nicht die Optimierung der
> Kommunikationsziele ansteuern. Wir halten es für falsch, eine
> Idee in allen Medien selbstähnlich zu inszenieren, stattdessen
> für richtig, die vielfältigen Fähigkeiten von Medien auch vielfältig
> zu nutzen.

Wir glauben, dass durch die Veränderung von Mediennutzungs- und Konsumverhalten, Markenkommunikation komplexere Aufgaben zu lösen hat, die sich in vier
Paketen entlang einer Customer Journey strukturieren lassen. Werbeerinnerung
ist in einer Welt der harten digitalen Daten bestenfalls noch eine, dann aber zu
schwache Messgröße für Marketing-Effektivität. Der Rahmen verschiedener Kam-
pagnenstränge wird nicht mehr durch eine Kampagnenidee, sondern durch die
Markenidee, den Markenkern gesetzt. Markenkommunikation heute ist eben
doch komplexer als ein Kreis um ein Keyvisual auf einem PowerPoint-Chart. Aber
sie ist beherrschbar – mit viel Arbeit, Strategie und Kreativität.

Total Brand Behavior

Das Ende der botschaftsorientierten Markenkommunikation

Oke Müller

> Oke Müller von der Apple-Agentur TBWA Chiat Day in Los Angeles zeigt, dass reden alleine nicht reicht. Unternehmen und Marken müssen ihren Worten Taten folgen lassen, um glaubwürdig und erfolgreich zu sein. Zudem steht am Beginn jeder Kampagne der unbedingte Glauben an das eigene Versprechen. Das Warum! Denn überzeugen kann nur das Unternehmen, das von sich und seinen Botschaften selbst auch überzeugt ist. Oke Müller spricht von einem Total Brand Behavior und illustriert sein Konzept am Beispiel von Apple, Nike und PEDIGREE.

Unsere Medienlandschaft ist von Komplexität, Dynamik und Interaktion geprägt. Vor diesem Hintergrund reicht die Konzentration auf die *eine* große Botschaft oder ein einzigartiges Verkaufsversprechen nicht mehr aus, um eine Marke erfolgreich zu führen. Dieser Beitrag beschreibt den Wandel von einem botschaftsorientierten Marketing zu einem ganzheitlichen und wertebasierten Markenverhalten (*Total Brand Behavior*). Im Mittelpunkt der Überlegungen steht ein neuartiger Planungsansatz, der ausgehend von einer inneren Überzeugung (*Brand Belief*) das Auftreten einer Marke ganzheitlich steuert. Die Überlegungen werden dargestellt an einem Modell von Simon Sinek (2009), das hier am Beispiel von Apple, PEDIGREE® und Nike illustriert wird. Nicht durch Zufall stammen diese Fallbeispiele eines Total Brand Behaviors aus den USA, da hier die Medienlandschaft besonders dynamisch ist. Ziel dieses Beitrags ist es aufzuzeigen, dass Marken durch ein Total Brand Behavior eine nachhaltige Relevanz für interne und externe Zielgruppen schaffen können.

Der Untergang der analogen Medienkultur

Die Digitalisierung hat die Welt nachhaltig verändert. Sie bietet den Konsumenten neue Handlungsmöglichkeiten und schafft gleichzeitig Bedingungen, auf die Marken reagieren müssen. Vor gerade mal zwei Jahrzehnten war das Angebot der Medien limitiert auf ein einseitiges Sender-Empfänger-Verhältnis. Fernsehen und Radio wurden über einige wenige Kanäle ausgestrahlt. Magazine erschienen wöchentlich oder monatlich und das Lesen der Zeitung war ein tägliches Ritual. Die analoge Distribution von Medieninhalten sorgte für strikte Grenzen zwischen Sender und Empfänger. Alles war einseitig. Die Medien sprachen herab zu den Menschen und hatten ein hohes Maß an Autorität und kalkulierbarer Einflussnahme. Die Digitalisierung hat diese Grenzen in den letzten 20 Jahren bekanntermaßen aufgelöst. Medien sind heute nicht mehr nur Teil des täglichen Lebens, das tägliche Leben spielt sich zunehmend in den Medien ab. Auch der Umgang mit Medien hat sich grundlegend verändert. Medieninhalte werden heute vom Konsumenten nicht mehr nur passiv rezipiert, sondern aktiv mitgestaltet. Der Rezipient wird zum Programmdirektor. Er kommentiert schonungslos und kreiert selbstbewusst Inhalte, tauscht Meinungen aus und pflegt soziale Kontakte über Medien – und zwar vollkommen losgelöst von Ort und Zeit. In dieser neuen Medienkultur kann alles, was nicht wahr oder wohlgesonnen daher kommt, aufgedeckt werden. Nichts bleibt geheim. Unternehmen und ihre Marken können sich deshalb nicht länger hinter einseitig inszenierten Werbebotschaften verstecken. Sie müssen mit dem Konsumenten auf Augenhöhe interagieren. Denn bricht eine Marke ihr Versprechen, kann dies schnell zu Protesten führen. Kommunikation und Verhalten einer Marke, so die zentrale These, müssen deshalb eine Einheit bilden. Mehr noch: Das Verhalten einer Marke muss ganzheitlich und werteorientiert sein, damit diese glaubwürdig und begehrlich zugleich ist. Laut *Edelman Trust Barometer 2010* haben Attribute wie Transparenz, Ehrlichkeit und Vertrauen in Bezug auf ein Unternehmen für Konsumenten höchste Relevanz, weit vor dem wirtschaftlichen Erfolg eines Unternehmens. Zudem wählen 71 Prozent aller Konsumenten vorrangig Marken, deren Werte den eigenen entsprechen, so das Ergebnis einer empirischen Studie der Agentur *Young & Rubicam* vom August 2010. Unser Konzept eines Total Brand Behavior folgt diesen Einsichten. Es beschreibt den Wandel von einer eindimensionalen Markenkommunikation zu einem mehrdimensionalen Markenverhalten.

Total Brand Behavior meint den Wandel von einer eindimensionalen Markenkommunikation zu einem mehrdimensionalen und ganzheitlichen Markenverhalten.

Die drei Ebenen erfolgreicher Markenführung

In seinem Buch »Start with Why« hat Marketing-Consultant Simon Sinek ein einfaches, aber tiefgreifendes Modell für die strategische Markenführung entwickelt, das zwischen drei Marken-Ebenen unterscheidet:

▶ Das *»What«* einer Marke beschreibt den Output eines Unternehmens im Markt, also die physischen Produkte und Dienstleistungen, deren Attribute und Preise.

▶ Das *»How«* einer Marke definiert die differenzierenden Merkmale der Marke, wie z. B. die Herkunft, die Größe, den USP oder spezifische Herstellungsmerkmale.

▶ Das *»Why«* stellt die Frage nach den wahren Beweggründen, weshalb es eine Marke gibt und für welche Werte diese steht (*Brand Belief*).

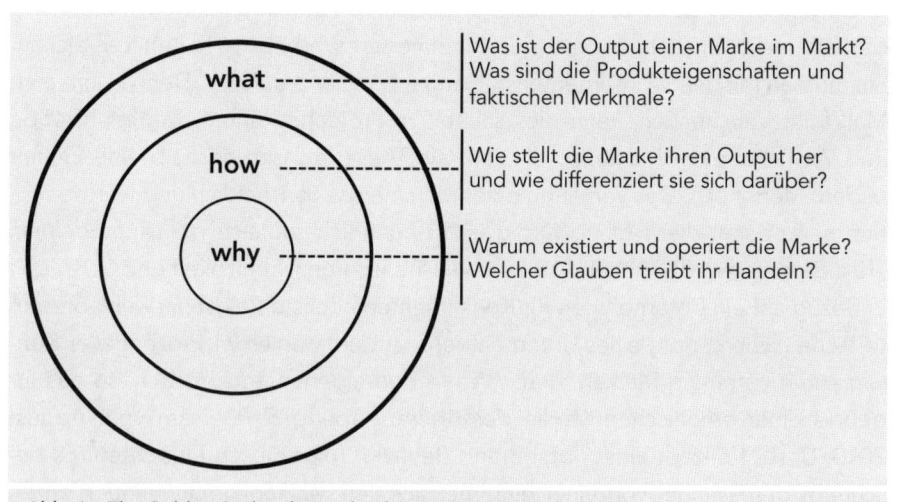

Abb. 1: »The Golden Circle« der Markenführung (Sinek 2009, S. 37 ff.)

Laut Sinek fokussiert die Mehrzahl der Markenunternehmen ihre Bemühungen auf das »What« und das »How« und konzentriert sich auf den Output im Wettbe-

werbsumfeld – auf das konkrete Produkt, seine Eigenschaften und differenzierenden Merkmale. Egal ob Joghurt, Hundefutter, MP3-Player oder Sportschuhe: In
jedem Markt gibt es eine Vielzahl von Anbietern, deren Güter und Dienstleistung
sich in ihren Merkmalen weitgehend gleichen. Warum aber sind einige Marken
erfolgreicher als andere? Laut Sinek liegt die Antwort im »Why« einer Marke. Es
liefert auch eine Erklärung dafür, warum ein erfolgreicher Computer-Hersteller
wie Dell keinen Erfolg mit MP3-Playern hat, es einem Unternehmen wie Apple
aber gelingt, mit der gleichen Technologie die Musikindustrie für immer zu verändern (vgl. Abb. 2).

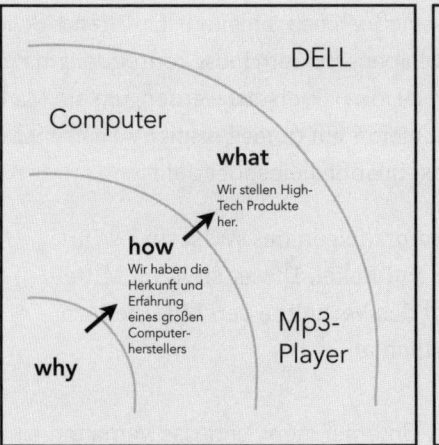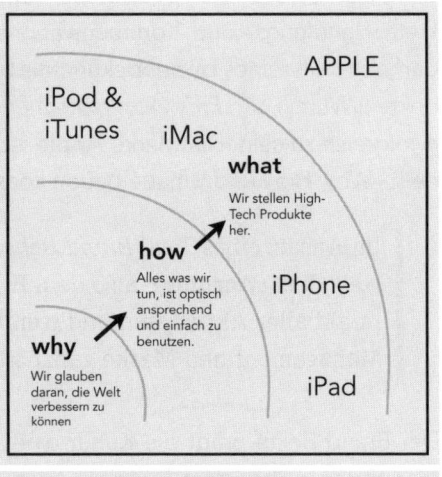

Abb. 2: Apple vs. Dell (Quelle: eigene Darstellung in Anlehnung an Sinek 2009)

Dell ist als führendes Technologie-Unternehmen prädestiniert, einen MP3-Player
erfolgreich zu entwickeln und zu vermarkten. Die Marke ist jedoch vorrangig als
Hersteller von Computern bekannt und hat sich in der Vergangenheit über ihr
Produktprogramm – das »What« – profiliert. Genau dies wurde Dell zum Verhäng-
nis. Denn die Profilierung einer Marke über das »What« erschwert deren glaubwürdige Ausweitung auf andere Produktbereiche. Entsprechend schwer fiel Dell
der Schritt in die Musik-Welt, der dann auch von geringem Erfolg war. Apple
hingegen profiliert sich über das »Why« (vgl. Sinek 2009, S. 70ff.). 1996 erklärte
Apple CEO Steve Jobs auf einer Pressekonferenz zur Vorstellung der »Think
Different«-Kampagne: »What we are about isn't making boxes for people to get
their jobs done. (…) We believe that people with passion can change the world
for the better.« (Quelle: YouTube.com) Alles was Apple tut, folgt einem klar defi-

nierten Leitbild, das wesentlich durch den Mitgründer und CEO Steve Jobs geprägt ist. Das Unternehmen agiert aus der festen Überzeugung heraus, dass man die Welt durch einfache Technologie verändern und besser machen kann. Dieser Anspruch ist fest in der Unternehmenskultur verankert und wird immer wieder unter Beweis gestellt: das erste Betriebssystem mit intuitiver grafischer Benutzeroberfläche, die Revolution der Musikwelt und radikale Innovationen mit benutzerfreundlichen Touchscreens sind nur einige wenige Beispiele für Apples weltbewegendes Markenverhalten.

Die Konzentration auf das »Why« in Form eines klar definierten Brand Beliefs eröffnet Unternehmen die Möglichkeit, in neue Märkte vorzustoßen. Ausgehend von diesem lassen sich potenzielle Kompetenzfelder definieren und daraus konkrete Handlungs- und Kommunikationsmaßnahmen ableiten. Ein Brand Belief darf also kein reines Lippenbekenntnis bleiben, sondern muss konsequent in Produkte (»What«) und Produktversprechen (»How«) übersetzt werden, um am Markt erfolgreich zu sein. Die Marke Apple ist hierfür ein gutes Beispiel. Alle drei Ebenen – Why, How und What – bauen konsequent aufeinander auf.

> Im Ansatz eines *Total Brand Behaviors* folgen das »Was« und »Wie« stets dem »Warum« – also dem Brand Belief. Dieser steht im Mittelpunkt aller Aktivitäten und treibt das Verhalten von Mitarbeitern, Management und Marke ganzheitlich an.

Der Brand Belief prägt die Kultur eines Unternehmens und das Verhalten einer Marke gegenüber dem Kunden. Auch Apple hat eine Unternehmenskultur geschaffen, die auf einer tiefen Überzeugung basiert und von innen (Organisation) nach außen (Markt) wirkt. Ein weiteres Beispiel ist der Sportartikelhersteller Nike. Von den sportbegeisterten Gründern Phil Knight und Bill Bowerman angeführt, folgt Nike dem Glauben, dass in jedem Menschen ein Athlet steckt. Diesen inspiriert und unterstützt Nike mit seinem gesamten Markenverhalten. Durch seine ›Just Do It‹-Kampagne fordert Nike den Sportler heraus und stattet ihn durch seine Produktpalette mit innovativem Equipment aus. Auch Nike hat also einen klares »Why« für sich definiert, das die Marke erfolgreich in allen Bereichen des Sports von innen antreibt.

Ein einzigartiger Brand Belief, der das gesamte Auftreten und Verhalten einer Marke und Organisation prägt, ist nicht alleine Mega-Marken wie Apple oder Nike vorbehalten. Auch braucht es nicht zwingend eine charismatische Gründerpersönlichkeit, auch wenn diese für ein Total Brand Behavior zweifelsohne hilfreich ist. *Jede* Marke kann unabhängig von Größe und Produktkategorie einer

Total Brand Behavior

inneren Überzeugung folgen und daraus ein werteorientiertes Verhalten ableiten. Die Hundefuttermarke PEDIGREE® ist hierfür ein Beispiel. In ihrem Mittelpunkt steht ein außergewöhnlicher Brand Belief, der die Grundlage für ein erfolgreiches Total Brand Behavior schafft.

»Making the world a better place for dogs«

Hintergrund

Zwei Besonderheiten kennzeichnen den Tierfuttermarkt: Erstens handelt es sich um einen sehr emotionalen Markt, der durch das innige Verhältnis zwischen Mensch und Tier gekennzeichnet ist. Zweitens sind Produktunterschiede für den Konsumenten nicht unmittelbar erfahrbar, da der Mensch das Produkt ja selbst nicht konsumiert. Mars Petcare ist die Tierfutter Sparte von Mars Incorporated, eine der führenden FMCG-Firmen der Welt. Das Familienunternehmen stellt einige der bekanntesten globalen Tierfutter-Marken her. Darunter PEDIGREE®, die größte Hundefuttermarke der Welt. Mitte der 1990er Jahre begannen große FMCG-Konzerne wie Procter & Gamble und Nestlé neue Marken im Tierfutterbereich zu etablieren. Mainstream-Marken wie Beneful, Eukanuba oder Purina Chow und Premium Marken wie Hill's oder Science Diet sowie allgegenwärtige Handelsmarken gewannen deutlich an Stärke im Markt. Der Kampf um Marktanteile fokussierte sich auf das »What«, also das Produkt-Angebot. Im Mittelpunkt der Kommunikation standen verbesserte Produkteigenschaften, Preissenkungen und Promotions. Das Verhalten vieler Tierfuttermarken im Markt reduzierte sich auf die Betonung von rationalen Benefits, die mit der eigentlich emotionalen Beziehung zwischen Mensch und Hund wenig gemein hatten.

Brand Belief

Als Marktführer stand PEDIGREE® unter ständigem Beschuss durch den Wettbewerb. Um seine Position als Marktführer langfristig zu sichern, entschloss sich die Marke für eine Leadership-Strategie: Mit einem starken Brand Belief wollte die Marke ein ganzheitliches Markenverhalten umsetzen. PEDIGREE® stellte dabei ein Leitbild auf, das alle Hundehalter teilen: Die Liebe zum Hund. Marke und Hundehalter verbindet die feste Überzeugung, dass Hunde das Leben der Menschen verbessern. Für das Markenverhalten war die Definition dieses Leitbildes ein fundamentaler Schritt. Anstelle auf Wettbewerbsvorteile oder kurzfristige Konsumententrends zu schielen, konzentriert sich die Marke darauf, was für die Kunden relevant ist: Das Wohlergehen aller Hunde.

> Marken mit einem klar definierten Brand Belief sind in ihrem kommunikativen Auftreten flexibler und brauchen weniger ein starres Gestaltungsgerüst. Nicht ein einheitliches Format hält hier die Marke zusammen, sondern eine aus dem Brand Belief abgeleitete unverkennbare Botschaft.

Brand Behavior

Den ersten Schritt auf dem Weg zu einem Total Brand Behavior nahm PEDIGREE® unternehmensintern vor. Passend zum Brand Belief (»die Liebe zum Hund«) wurden hundefreundliche Büros eingerichtet, Hundeparks auf dem Firmengelände angelegt und eine interne Grundsatzerklärung aufgestellt, die aufruft, die Welt für alle Hunde zu verbessern. Ob Rassehund, Mischling oder Adoptiv-Hund aus dem Tierheim: Jeder Hund soll Anspruch auf eine ausgewogene Ernährung haben. In der Konsequenz richtete die Forschungsabteilung von PEDIGREE® das Futterangebot auf optimierte Rezepturen mit Blick auf die Bedürfnisse des Hundes. Die Mission war es, so vielen Hunden wie möglich eine optimale Ernährung zugänglich zu machen, die sonst nur im teuren Premium-Segment zu finden sind. Auf Basis langjähriger Forschung werden dabei die Produkt-Optimierungen auf die universellen Bedürfnisse des Hundes in allen Lebensphasen ausgerichtet. Mit diesem Innovationsverhalten beweist die Marke, dass sie ganz im Sinne ihres Brand Beliefs aufrichtig an einer Nutzenmaximierung für alle Hunde interessiert ist. Neben der Qualität der Nahrung gehört zur Überzeugung von PEDIGREE® auch, dass jeder Hund einen Anspruch auf ein liebevolles Zuhause hat. Um Hunden zu helfen, die in Tierheimen leben, startete die Marke 2005 mit einem Großteil des Marketing-Budgets die PEDIGREE® Adoption Drive Kampagne, die jährlich zur Hilfe für Tierheime aufruft. In 2008 gründete der Hersteller von PEDIGREE® in den USA zudem eine eigenständige, gemeinnützige Stiftung, die den guten Zweck verwalten und weiter entwickeln sollte. Die PEDIGREE Foundation ist eine Nonprofit-Organisation, die sich dafür einsetzt, Menschen zur Adoption von Heimtieren zu motivieren und dabei aktiv die Arbeit von Tierheimen in den USA unterstützt. Seit der Gründung in 2008 hat die PEDIGREE Foundation Beihilfen von mehr als 3 Millionen Dollar an über 1100 Tierheime in den USA ausgegeben. Die PEDIGREE® Adoption Drive Kampagne wird jährlich mit TV-Spots, Aktionen am Point of Sale, PR-Aktivitäten, Sponsorings, Spendenaktion und Events durchgeführt und steht immer unter einem anderen Thema. Mit diesem Engagement stellt die Marke der Öffentlichkeit das »Why«, also die tiefe Überzeugung, unter Beweis: Seine »Liebe zum Hund« und das Ziel, ihm ein gesundes und glückliches Leben zu bieten. Ein weiteres eindrückliches Beispiel für den Wandel zu einem ganzheitlichen Markenverhalten von PEDIGREE® ist die Neu-Fokussierung im Sponsoring. In den USA ist die Marke Hauptsponsor der jährlich stattfindenden *Westminster Kennel Club Dog Show* im New Yorker Madison Square Garden. Die Rassehundeschau ist die weltweit größte ihrer Art, beliebt bei Hundezüchtern und Liebhabern von Rassehunden und eines der größten TV-Events in den USA. Natürlich haben Züchter von Rassehunden und Zuschauer der Show wenig übrig für die Adoption von Hunden aus dem Tierheim. Dennoch blieb PEDIGREE® dem neu erarbeiteten Brand Belief treu. In einer im Fernsehen übertragenen Ansprache während der Westminster Kennel Club Dog Show im Jahr 2006 erinnerten Sprecher der Marke die Besucher im Madison Square Garden und die Fernsehzuschauer daran, dass es vielen Hunden nicht so gut geht wie den gerade geehrten Rassehunden und noch viele Tierheim-Bewohner auf ein liebevolles Zuhause warten. Im anschließenden Spendenmarathon spendeten Anrufer in nur zwei Tagen über eine Million Dollar. Der PEDIGREE® Adoption Drive wurde zu einem großen Erfolg und nahm einen festen Platz im Spektrum des Total Brand Behavior der Marke PEDIGREE® ein.

Abb. 3: PEDIGREE® Adoption Drive – diverse Kommunikationsmaßnahmen (Quelle: Mars Inc.)

| 340 | **Kapitel 7: Enden & Anfänge**

Brand Communication

Erst durch Kommunikation wird das Verhalten eines Unternehmens auf breiter Basis bekannt gemacht. Jede Bewegung, jedes Verhalten, das einem tiefen Glauben folgt, braucht eine große Ansprache, eine flammende Rede, um die Massen zu motivieren. Apple lieferte mit der »Think Different«-Kampagne eine große Ansprache über den Glauben und die Werte der Marke. Den Worten folgten Taten und nur wenige Wochen später wurde der iMac in den Markt eingeführt und bewies, dass Computer nicht grau und eckig sein müssen. Auch PEDIGREE® nutzt seine Aktivitäten und Maßnahmen für eine emotionale Kommunikation der Marke, z. B. wird der PEDIGREE® Adoption Drive von einer jährlichen, emotionalen Ansprache in TV-Spots begleitet. Dabei zeigt sich, dass Marken mit einem klar definierten Brand Belief wie Apple, Nike und PEDIGREE® in ihrem kommunikativen Auftreten flexibler sind und weniger ein starres Gestaltungsgerüst brauchen. Nicht ein einheitliches Format hält hier die Marke zusammen, sondern eine aus dem Brand Belief abgeleitete unverkennbare Botschaft. Die Marke kann so einzelne Maßnahmen im Rahmen der Markenkommunikation in Tonalität und Ausführung variieren und dadurch in verschiedenen situativen und medialen Kontexten für die Zielgruppen relevant sein. Zur Westminster Kennel Club Dog Show im Jahr 2008 etwa präsentierte PEDIGREE® einen TV-Spot, der das Herz der Hunde-Liebhaber auf besonders emotionale Weise berührte – passend zum Kontext (vgl. Abb. 4).

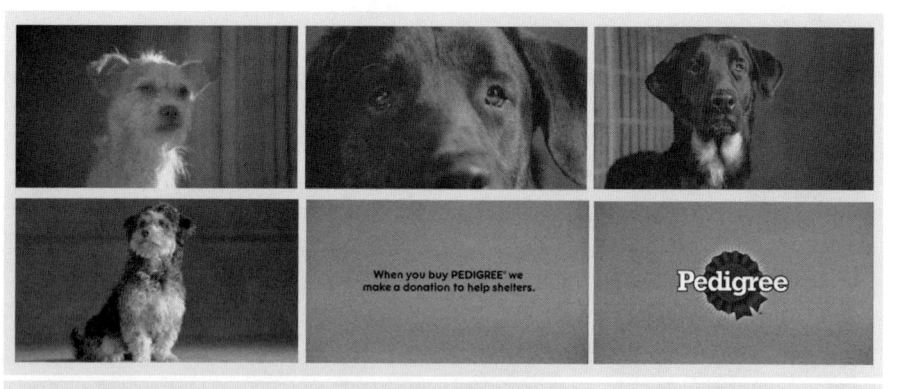

Abb. 4: TV Spot ›Heros‹ als emotionale Ansprache für den guten Zweck (Quelle: Mars Inc.).

Ganz anders war die Kommunikation der Marke im Kontext des Superbowl XLIII 2009. Kaum ein Sportevent in den USA zieht so viele begeisterte Zuschauer in das Stadion und vor die Fernseher, wie das Finale der jährlichen Meisterschaft der National Football League. Marktforschungsergebnisse bestätigten, dass sich das TV-Publikum den Superbowl nicht durch herzerweichende Spots verderben lassen möchte. PEDIGREE® erinnerte darum auf unterhaltsame und humorvolle Weise an die vielen herrenlosen Hunde in Tierheimen und wich damit gezielt von der sonst emotionalen Tonalität der Marke ab (vgl. Abb. 5).

Abb.5: TV-Spot ›Crazy Pets‹ als humorvolle Erinnerung daran, Hunde zu adoptieren (Quelle: Mars Inc.)

Im Rahmen des Medienspektakels um die Werbespots während des Superbowls wurde eine gezielte Seeding Strategie eingesetzt, um den Film im Vorfeld zu verbreiten. Für jeden Online-View des Films wurde eine Portion Futter für Tierheime gespendet. Die Marke vergab in diesem Kontext mehr als 2 Millionen Portionen Futter. Medien wie das Wall Street Journal, CNN oder USA Today berichteten über die Aktion. Als erster Hundefutter-Spot, der jemals in einer Superbowl-Werbepause geschaltet wurde, schaffte es Pedigree in die Top10 des USA Today Likability Rankings. Auch bewirkte der Spot Rekordabsätze in den ersten Wochen nach der Schaltung.

Das PEDIGREE® Beispiel zeigt, wie ein starker Brand Belief zu mehr Flexibilität in der Medienansprache führen kann. Es zeigt auch, wie die Inhalte der Kommunikation durch einen Insight über das Medienverhalten des Publikums erfolgreich angepasst werden konnten. Das Wissen darüber, wann, wo und wie Amerikaner den Superbowl erleben, erlaubte es, das Kommunikationsverhalten anzupassen, ohne die Botschaft zu verändern. Die Kommunikationsplanung muss sich in Zukunft noch sehr viel stärker auf die ganzheitliche Suche nach Insights begeben, um das Markenverhalten der Rolle der jeweiligen Medien im Leben des Menschen anzupassen. Marken sollten aufhören, die Inhalte, die Menschen interessie-

Kapitel 7: Enden & Anfänge

ren, mit Werbung zu unterbrechen. Marken sollten interessante Inhalte in Kontexten liefern, in denen die Menschen tatsächlich daran interessiert sind.

Content – Context – Contact: Die drei Cs für mehr Zielgenauigkeit

Die Vielzahl neuer Medien und Kontaktmöglichkeiten erfordert eine zielgenauere Ansprache des Konsumenten. Denn mit jedem Medium sind spezifische Motive und Routinen der Mediennutzung, also ein bestimmtes Verhalten, verbunden. Menschen nutzen den Fernseher aus einem anderen Grund als Facebook. Die Markenkommunikation muss dies bei der Ausgestaltung ihrer Botschaften beachten. Denn kein Mensch möchte mit einer Dauerwerbesendung »befreundet« sein. Auch innerhalb eines Mediums muss, je nach Format und Kontext, u.U. der Auftritt einer Marke variiert werden. Folgende Fragen sollte das Markenmanagement beantworten, um die Relevanz seiner Kommunikation zu erhöhen:

1. *Was*: An welchen Inhalten und Themen ist das Publikum einer Marke interessiert?

2. *Wann*: Zu welchem Zeitpunkt im Tagesablauf werden Medien genutzt?

3. *Wo*: An welchen Kontaktpunkten entlang sämtlicher Medien und Orte interagiert das Publikum mit Inhalten?

4. *Mit wem*: In welchem sozialen Umfeld (Familie, Freunde, Kollegen, Online) findet der Kontakt statt?

5. *Mit was*: Welches Medium eignet sich in dieser Situation für die Übertragung der Botschaft?

6. *Wodurch*: Welche Anwendung bzw. welches Format innerhalb des Mediums soll genutzt werden?

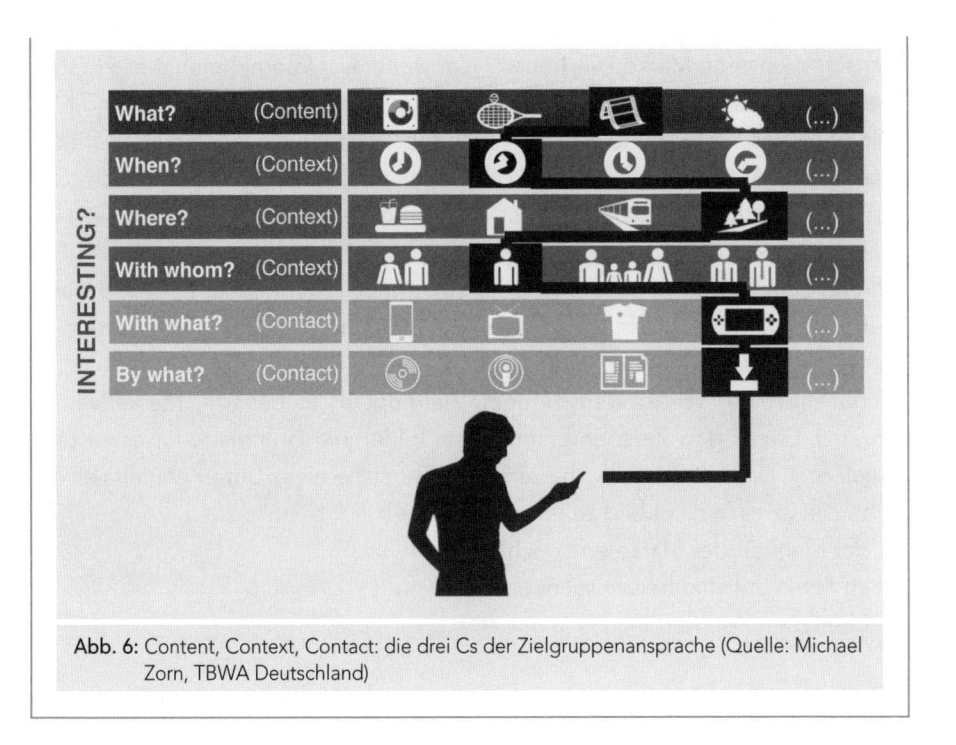

Abb. 6: Content, Context, Contact: die drei Cs der Zielgruppenansprache (Quelle: Michael Zorn, TBWA Deutschland)

Vom Glauben zum Handeln

Die nachfolgenden Handlungsempfehlungen zeigen, wie ein Unternehmen einen Brand Belief und ein daraus abgeleitetes Total Brand Behavior entwickeln und umsetzen kann.

1. Think big and different

Nicht alle Unternehmen verfügen über eine charismatische Gründerpersönlichkeit wie Apple und Nike, die den Brand Belief leibhaftig verkörpert und vorlebt. Vielen Großkonzernen fehlt eine solche Persönlichkeit. Zudem haben ihre Produkte meist weniger Ausstrahlung und Anziehungskraft als ein Designer-Notebook oder ein Turnschuh. Gerade diese Unternehmen sind aber ganz besonders darauf angewiesen, ihrem Handeln einen übergeordneten Sinn zu geben. Sie brauchen besondere Klarheit über das »Why« ihres unternehmerischen Tuns. Woran glauben wir? Warum gibt es uns und unsere Marken? Und warum sollten

344 | Kapitel 7: Enden & Anfänge

Menschen unseren Marken vertrauen? Nur wenn ein Unternehmen diese Fragen beantwortet, kann es sich im Produktallerlei des Marktes differenzieren und Klarheit über das »How« und »What« erlangen. Besteht diese Klarheit nicht, so braucht eine Marke den Willen und die Offenheit zu einem grundlegenden Neustart. Wir sprechen hier ganz bewusst von einem Neustart. Es geht eben nicht um leichte Korrekturen auf Produkt- oder Kommunikationsebene, wie etwa die Einführung einer neuen Produktlinie oder einer neuen Kampagne. Es braucht eine grundsätzliche Kurskorrektur, der eine systematische Analyse der gesamten Organisation und des Marktes vorausgeht: Markenhistorie, Produkt-Portfolio, Innovations-Prozesse, Wettbewerbsumfeld, Zielgruppen (Lebensstil, Medienverhalten etc.). Die so gewonnenen Erkenntnisse bilden die Grundlage für einen breit angelegten Change-Prozess, der sämtliche Bereiche eines Unternehmens einbezieht. Ziel ist es, ein Leitbild zu entwickeln, das

▶ der Identität der Marke entspricht,
▶ im Markt auffällig hervor sticht und
▶ Menschen inspiriert.

Die Marke PEDIGREE® hat sich von einem reinen Tierfutter-Hersteller (»What«) zu einer Marke gewandelt, deren oberstes Ziel das Wohl des Hundes ist (»Why«). Weil Pedigree daran glaubt, die Welt für Hunde verbessern zu können, setzt die Marke u. a. auf gesundes Futter, engagiert sich für Hunde in Tierheimen und schafft ein tierfreundliches Arbeitsumfeld für seine Mitarbeiter.

2. Von innen nach außen

Ein guter Brand Belief muss in Stein gemeißelt werden. Am besten nicht nur sprichwörtlich, sondern gleich wie bei Apple im kalifornischen Cupertino. Dort erinnert ein mit dem ›Think Different‹-Manifest gravierter Stein jeden Mitarbeiter und jeden Besucher an das Leitbild der Marke. Die erste und wichtigste Zielgruppe für ein neu entwickeltes Leitbild ist die eigene Belegschaft. Diese motiviert man selten im Befehlston, sondern nur mit Begeisterung und Überzeugung. Mit einem klaren Leibild bekommen die Mitarbeiter Gefühl, am gleichen Strang zu ziehen (vgl. Kap. 3, S. 101). Für das Recruiting von neuen Mitarbeitern bedeutet dies, dass beispielsweise vor allem Mitarbeiter eingestellt werden, die zum Leitbild des Unternehmens passen. Bei PEDIGREE® ist die Liebe zu Hunden bei Bewerbern ein wichtiges Kriterium, um in die engere Auswahl zu kommen. Jeder Mitarbeiter sollte motiviert sein, Hunde glücklich zu machen und gesund zu halten. Bei Nike ist es die Begeisterung für Sport, die den Kern der Kultur und das Kriterium für die Personalauswahl darstellt. Marken wie Apple, Nike und PEDI-GREE® zeigen die erfolgreiche Umsetzung eines Total Brand Behavior, weil sie in vielen Bereichen des Unternehmens konsequent nach ihrem Brand Belief handeln und dabei keine Kompromisse eingehen. Apple führt nicht einfach neue Produkte in verschiedenen Kategorien ein, sondern entwickelt Produkte, die die Welt verändern – andernfalls werden sie nicht in den Markt eingeführt.

3. An einem Strang

Marketing-Organisationen rühmen sich häufig mit flachen Hierarchien und der Arbeit in interdisziplinären Teams (Produkt-Entwicklung, PR, Vertrieb, etc.). In der Realität entwickelt sich aber oft ein System aus abgegrenzten Bereichen mit eigenen Überzeugungen, aus denen sich – je nach Unternehmensstruktur – Zielkonflikte zwischen einer übergreifenden Markenführung und Spezial-Disziplinen entwickeln können. Wenn sich einzelne Disziplinen, wie Online-Marketing, PR oder Kundenservice, als Organisationen innerhalb der Organisation begreifen, leidet die gesamte Marke darunter. Ein starkes Bereichs- oder Abteilungsdenken kann die Flexibilität einer Marke hemmen, die in unserer vernetzen Medienwelt und in Zeiten von Social Media so wichtig ist, um glaubwürdig interagieren zu können. Um ein Total Brand Behavior umzusetzen, ist es deshalb nötig, nicht mehr in einzelnen Bereichen zu denken, sondern den Brand Belief als Grundlage für das gesamte Markenmanagement durchzusetzen. Hierfür braucht es die Unterstützung des Topmanagements.

4. Am Puls der Zeit

Marketing-Planung ist heute mehr als die zyklische Markteinführung wettbewerbsfähiger Innovationen. Es geht nicht mehr um den kommunikativen »Big Bang«, der zur richtigen Zeit gezündet werden muss oder um 360-Grad-Kommunikation, bei der eine große Botschaft möglichst konsistent durch alle Kanäle gedrückt wird (vgl. Kap. 7, S. 319). Marketing-Planung muss heute mit dem Puls der Zeit gehen und immer zur Interaktion bereit sein. Eine Marke spricht nicht mehr zeitlich begrenzt zu den Menschen. Eine Marke bewegt sich heute in einem konstanten Fluss aus Konversationen, denn eine vernetzte Gesellschaft schläft nie. Das macht eine Abkehr vom 360-Grad-Marketing hin zu einem 365-Tage-

Marketing notwendig, das den Prinzipien des Total Brand Behavior und Brand Belief folgt. Damit sich eine Marke kontinuierlich am Puls der Zeit bewegt, sind kürzere Planungszyklen, eine flexiblere Kommunikationsplanung und eine kontinuierliche dynamische Marktforschung notwendig.

Fazit

Das Modell eines ganzheitlichen Markenverhaltens verfolgt die gleichen Ziele wie das traditionelle Marketing: Es geht nach wie vor darum, Aufmerksamkeit und Vertrauen zu schaffen, Verlangen zu erzeugen und das Kaufverhalten des Verbrauchers zu Gunsten einer Marke zu beeinflussen. Neu an unserem Konzept ist der Weg, über den diese Ziele erreicht werden. Statt eine Marke über ständige Verkaufsförderungsmaßnahmen, Preissenkungen oder Produktvariationen kurzfristig anzufeuern, zielt ein Total Brand Behavior auf eine langfristige und substanzielle Ausrichtung aller Markenaktivitäten an einem einzigartigen Brand Belief. Apple, Nike und PEDIGREE® machen es bereits erfolgreich vor. Ihre Marken sind richtungweisende Leitbilder für Management, Mitarbeiter und Kunden.

Wer will eigentlich noch in der Werbung arbeiten?

Oder: Die Creative Company als Gestaltungsraum des Planners

Sven H. Becker

> Märkte und Agenturen befinden sich im Umbruch. Auch das Planning ist von diesem Wandel erfasst. Sven H. Becker wagt am Ende des Buches einen Blick in die Zukunft. Unternehmen brauchen in dieser noch kreativere Marktstrategien, die mit bestehenden Konventionen brechen. Agenturen haben dabei nicht nur die Funktion eines kreativen Beraters, sondern werden mit neuen Geschäftsmodellen als Initiatoren von innovativen Wachstumsideen selbst aktiv, so die These von Becker.

»The generation we are talking to understand even the subtlest of our intentions. Our children can guess marketing strategies even before they have been written. The power has shifted into their hands. Today's consumers control the marketplace.« (Dru 2007, S. 221)

Das Zitat vom TBWA Chairman Jean-Marie Dru macht deutlich, wie sehr sich unser Bild des Konsumenten in den vergangenen Jahren geändert hat. Wurde dieser noch vor nicht allzu langer Zeit fast ausschließlich als demografische Größe betrachtet, dem als Empfänger zielgruppenspezifischer Werbebotschaften eine festgeschriebene Rolle in der Kommunikations- und Markenpolitik von Unternehmen zukam, hat sich die Stellung des Konsumenten inzwischen radikal geändert. Aus dem vermeintlich passiven Rezipienten ist ein dominanter Marktakteur geworden, der spürbare Macht über den Markt hat und sich dieser Tatsache auch bewusst ist. Doch wie ist es dazu gekommen? Mit welchen Herausforderungen sehen sich die Agenturen und Werbetreibenden am Markt zukünftig konfrontiert? Welche Handlungsempfehlungen lassen sich für eine zukunftsorientierte Markenführung geben? Und welche Rolle und Aufgabe hat dabei das Planning? Der folgende Beitrag versucht, Antworten auf diese Fragen zu finden. Zudem zeigt er

Entwicklungstendenzen auf: Aus Werbeagenturen werden demnach Creative Companies, die mehr denn je der Gestaltungsraum für Planner sein werden.

Ausgangssituation: Markenführung unter Bedingungen totaler Transparenz

»Consumers are beginning in a very real sense to own our brands and participate in their creation... we need to begin to learn to let go.« (A.G. Lafley, CEO P&G, 2006)

Betrachtet man den Markt als Ort des wirtschaftlichen Austauschs, lässt sich feststellen, dass dieser lange Zeit durch eine ungleiche Informationsverteilung gekennzeichnet war. In der Regel besaß der Hersteller mehr Informationen über das jeweilige Produkt als der Konsument. Die Machtverhältnisse waren klar verteilt, und man bediente sich diverser Kommunikationsdienstleister, um als »geheime Verführer« die als kaufrelevant erachteten Informationen höchst selektiv (USP) und unterhaltsam zu übermitteln. Auf der Grundlage dieser Macht der Anbieter und ihrer Marken läuteten viele Unternehmen das Zeitalter der immateriellen Wertschöpfung ein. Die sogenannte »weightless economy« war geboren. Zusätzlich ermöglichte die fortschreitende Globalisierung eine globale Arbeitsteilung, wie sie aktuell in den meisten Branchen zu beobachten ist. Es kam zu einer bemerkenswerten Akzentverschiebung vieler Geschäftsmodelle: Das im optimierten Produktionsprozess eingesparte Kapital konnte nun verstärkt in den kommunikativen Auftritt investiert werden. Mithilfe der Möglichkeiten einer immer billigeren massenmedialen Verbreitung entwickelte sich eine immer umfangreichere Klaviatur der Markenführung. Die Ära der werblichen Kommunikation erreichte ihren Höhepunkt gegen Ende des letzten Jahrhunderts.

Aus dieser Zeit stammen die Geschäftsmodelle der großen Werbeagenturen und Kommunikationsholdings. Das klassische System der Provisionen für die Werbeflächenvermittlung ermöglichte die Gestaltung derselben, und für jede Spezialanforderung des Kunden entstand sogleich ein neuer Agenturtyp, der diese Facette der Kommunikation bediente. Doch das eingespielte System kam ins Wanken. Die Veränderungen waren zunächst nur schleichend wahrzunehmen. Pünktlich zur Jahrtausendwende blickt die kanadische Journalistin Naomi Klein mit ihrer akribischen Dokumentation »No Logo« (1999) hinter die Fassade großer Marken und kratzte am Selbstvertrauen der Marketingindustrie. Sie rückte das

Verhalten der gesamten Organisation in den Fokus der Betrachtung, und sie zeigte, dass Brüche zwischen Anspruch und Wirklichkeit, zwischen Brand Belief (Markenidee) und Brand Behaviour (Markenverhalten) vertrauensvolle Kundenbeziehung empfindlich stören können.

Das Markenversprechen kann nur als dynamisches Beziehungsangebot fungieren, das auf sämtlichen Ebenen immer wieder eingelöst werden muss. Doch den bedeutendsten Veränderungsschub nach der Globalisierung bildete die Digitalisierung. Das Internet wird zum Massenphänomen und ermöglicht die Umkehr der Informationsasymmetrie zu Gunsten der Käufer. Aktuelle Studien (z.B. Vivaldi/Yankelovich 2010) bringen das neue Machtgefüge zum Ausdruck: Über 60% der Käufer eines Produktes fühlen sich besser informiert als der Verkäufer. Diese Entwicklung hat weitreichende Konsequenzen und führt gerade spürbar zum Ende bestimmter Geschäftsmodelle (Reisebüros, Buchläden, Elektronikmärkte etc.). Darüber hinaus verändert die neue Transparenz das Kräfteverhältnis in anderen Teilbereichen des Marketings wie der Distributions- und Preispolitik. Hier begegnet man sich bereits intensiv auf Augenhöhe und verhandelt die Konditionen des Austausches individuell und flexibel. Die Kommunikations- und Markenpolitik ist von dieser Entwicklung nicht ausgenommen. Tatsächlich stellen die hier skizzierten Umbrüche sowohl Unternehmen als auch Agenturen vor große Herausforderungen, denen sich beide bislang meist nur zögerlich stellen.

> Eine souverän inszenierte Kommunikation ist ohne kongruent erlebbares Verhalten bedeutungs- und damit wertlos.

Herausforderungen für »gläserne« Unternehmen: Ko-Kreation als neues Wertschöpfungsprinzip

»We need to reinvent the way we market to consumers. We need a new model. It does not exist. No one else has one yet. But we need to get going now.« (A.G. Lafley, CEO, P&G, 2004)

Marketingmanager haben es nicht leicht – besonders in Deutschland. Wer sich einen Überblick zum »state-of-the-art« der Markenführung verschaffen möchte, muss lange suchen. Beim Blättern durch Meffert, Bruhn, Esch und Co. scheint die Welt noch in Ordnung: Der Markeninhaber – also das Unternehmen – hat die Kontrolle über alle Faktoren des Markenerlebnisses und hält das Markensteuer-

Kapitel 7: Enden & Anfänge

rad fest in der Hand. Die Marktforschung stellt sicher, dass die Botschaften in der vom Unternehmen intendierten Weise ankommen und die Produkte in der geplanten Art und Weise verwendet werden. Kann es sein, dass dies mittlerweile nur noch eine Kontrollillusion ist, und dass aktuell Märkte in vielen Branchen schon nach grundlegend anderen Prinzipien funktionieren?

Ein wesentlicher Erfolgsfaktor der deutschen Industrie in den letzten Jahrzehnten war die technische Innovationskraft – verkörpert im Typus des genialen Ingenieurs oder Maschinenbauers, der auch heute noch in vielen Vorständen großer Konzerne anzutreffen ist. Das international angesehene Prinzip »Vorsprung durch Technik« fand schnell seinen Weg ins Marketing – nicht von ungefähr wurde die deutsche Lehre von der Markenführung mit einem Werk begründet, dass sich »Markentechnik« (Domizlaff 1939) nennt. Dieses Grundprinzip des Denkens zeichnet sich dadurch aus, dass von der Technologie bzw. vom Produkt her gedacht wird und nicht vom Konsumenten. Dies hat zudem auch die gängige Arbeitsteilung in vielen Unternehmen geprägt, was sich daran zeigt, dass das Marketing erst kurz vor der Markteinführung eines bereits fertigen Produkts involviert wird und dann lediglich den Absatz sicherzustellen hat. Damit beschränkt sich auch der Einfluss des Marketing leider primär auf das Kundenerlebnis und kann dem Anspruch als »Anwalt der Kundenbedürfnisse« in entscheidenden Punkten nicht gerecht werden. Die hohe Mortalität neuer Produkte machte einen Wandel des Denkens notwendig und brachte bei Vielen die Einsicht, dass nicht die technisch machbare Lösung, sondern die menschlich wünschenswerte Variante wahrscheinlich erfolgreicher ist. Die »soft facts« wurden hart und Begriffe wie Empathie, Intuition und Kreativität hielten Einzug in das Vokabular des Managements. Diese Erkenntnisse führten Autoren wie Daniel Pink zu der (euphorischen) Analyse »why right-brainers will rule the future« (2006). Auf einmal wurden Konsumenten an Innovationsprozessen beteiligt und Business Schools wie Managementberater begannen, das Paradigma der »customer-centric organisation« zu etablieren. Inzwischen haben sich zahlreiche Unternehmen bei ihren ersten – eher spielerischen – Gehversuchen mit kollaborativen Produktentwicklungsprozessen davon überzeugen können, dass die Masse einen konstruktiven Wertschöpfungsbeitrag zum Markterfolg liefern kann.

Wenn nun also der Kunde als Teilhaber am Innovationsprozess schon ins Wachstumsherz des Unternehmens vorgedrungen ist, warum sollte er dann bei der Markenführung außen vor bleiben? Kunden verstehen die Mechanismen der Werbung und sind in der Lage, diese Kommunikationsprinzipien auch gegen ein Unternehmen anzuwenden (siehe auch Praktiken des »cultural brand hacking« bei Liebl/Düllo 2005). Sie möchten als ernstzunehmender Gesprächspartner anerkannt werden. Die Definitionsmacht und Kommunikationshoheit über eine Marke wird zukünftig flexibler ausgehandelt. Was dieses für die gängigen Ansätze der Markenführung bedeutet, betonen Ind/Schultz (2010, S. 2) folgendermaßen: »a future that will be radically different – one in which brand building will involve all stakeholders, and where managers will have to give up the idea of control over a brand and accept instead a fluid, uncertain world where a brand evolves in dialogue with others.«

Viele der Gespräche, die rund um die Uhr über Marken geführt werden, entziehen sich der Kontrolle des jeweiligen Unternehmens, und nicht selten vertraut ein Konsument eher der Empfehlung eines Unbekannten als den offiziellen, oft sehr kostspieligen Marketingbotschaften. Hinzu kommt, dass die meisten Dialoge zwischen Firmen und Konsumenten in der Vergangenheit privat waren, nämlich per Telefon oder Brief. Heute sind diese im Netz öffentlich. Sie sind damit ein sichtbarer Teil des Brand Behaviour. Daraus ergibt sich aus Sicht von Edelmann (2010, S. 68) ein neues, weniger direktives Rollenverständnis für das Marketing, als »orchestrator, content-supply chain manager oder marketplace intelligence leader.«

Herausforderungen für Agenturen: Der Brand Guardian übernimmt Mitverantwortung – von der Oberfläche zur Substanz

»If you talked to people the way advertising talked to people, they'd punch you in the face.« (MacLeod 2007)

Nachdem Unternehmen also bereits die Kontrolle über ihre Kommunikation teilen müssen oder verloren haben, stellt sich die Frage, wie es bei ihren Agenturpartnern aussieht. Die Bedeutung von klassischer Werbung als Medium für Botschaften ist heute sehr limitiert. Die Menschen werden kritischer; sie kennen und verstehen die Mechanismen der Werbung. Das macht es einerseits schwerer, Botschaften ans Ziel zu bringen, führt aber andererseits auch dazu, dass »gut gemachte« Werbung willentlich und wiederholt konsumiert wird. Darüber hinaus hat die technologische Revolution dazu geführt, dass es eine Vielzahl an Möglichkeiten gibt, mit dem Konsumenten zu interagieren. Das bedeutet aber auch, dass die Ansprache komplexer wird und dass es durch die Pluralität der Kanäle immer schwieriger wird zu prognostizieren, wann bestimmte Teile des Publikums wo anzutreffen sind. Hinzu kommt, dass Botschaften in verschiedenen Umfeldern den

Seh-, Hör- und Rezeptionsgewohnheiten entsprechen müssen, um wahrgenommen und akzeptiert zu werden.

Wirft man aktuell einen Blick auf die Agenturlandschaft ergibt sich ein recht unübersichtliches Bild: Die aus der Markeneuphorie gespeiste Explosion der Kommunikationsmaßnahmen und die Ausdifferenzierung immer neuer Kanäle haben direkte Auswirkungen auf den Markt der Agenturen sowie deren Geschäftsmodelle. Da sich die Konsumenten in ihrer Informationssuche, Präferenzbildung und direkter Interaktion zunehmend außerhalb der etablierten Kanäle bewegen, können sich Agenturen nicht mehr allein auf das tradierte Provisionssystem der klassischen Medien verlassen. Darüber hinaus erlebt der Konsument die verschiedenen Interaktionen mit einer Marke als Einheit. Die noch häufige Aufteilung von Kommunikationsbudgets nach unterschiedlichen Technologien und Agenturspezialisierungen ist daher ein Anachronismus. Es muss zu einer Defragmentierung der Markenkommunikation kommen.

> Die noch häufige Aufteilung von Kommunikationsbudgets nach unterschiedlichen Technologien und Agenturspezialisierungen ist ein Anachronismus. Es muss zu einer Defragmentierung der Markenkommunikation kommen.

Einige große Unternehmen wie Procter & Gamble entwickeln neue Formen der Arbeitsteilung und haben ihre Marketingbudgets bereits neu ausgerichtet. Analog zu Branchen, in denen komplexe Produktionsprozesse zu managen sind, wird hier mit einem Generalunternehmer-Ansatz experimentiert. Procter & Gamble entscheidet sich nach seinem *Brand Agency Leader-Modell* für einen einzigen strategischen Partner bei Marketingfragen. Dieser hat die Aufgabe, das Gesamtbudget an die als relevant erachtetet Spezialdienstleister zu verteilen – abhängig von ihrem jeweiligen Beitrag zur Kommunikation.

Mittelfristig ist davon auszugehen, dass es im Markt der Agenturen zu einer Bereinigung kommen wird und sich für die meisten Agenturen ein Beratungshonorarmodell durchsetzen wird. Doch auch der Anspruch an die Art der Beratung wird sich grundlegend ändern, was wiederum für viele Agenturen eine Erweiterung oder aber zumindest Veränderung des Leistungsportfolios und einen erheblichen Restrukturierungsaufwand bedeutet. Wie bereits festgestellt, reicht eine zielgruppengerechte Botschaftsentwicklung nicht mehr aus, denn der Konsument fordert die Kongruenz von Kommunikation und konkret erlebbarem Verhalten ein. Damit einhergehend müssen Agenturen ihre Beratungskompetenz in Richtung eines integrierten *Customer Touchpoint Managements* erweitern, um auch weiterhin als Marketingstrategiepartner für Unternehmen relevant zu sein.

Doch es geht um mehr: Wenn man zudem davon ausgeht, dass sich Märkte zukünftig nicht linear entwickeln, müssen sich Unternehmen auch eine neue Wachstumslogik aneignen. Besonders in sehr wettbewerbsintensiven Umfeldern reicht eine inkrementale Optimierung nicht mehr aus. Nur deutlich spürbare Innovationen können hier neues Wachstum schaffen. An dieser Stelle kann die Markenführung ihren Wertschöpfungsbeitrag als Wachstumsbeschleuniger erhöhen und zu neuer Relevanz in den Vorstandsetagen finden. Agenturen, die sich als Partner von Unternehmen verstehen, müssen ihre Nähe zu den Verbrauchern und ihre Kreativität nutzen, um von der Kommunikation zur Entwicklung neuer Produkte und Dienstleistungen zu kommen. Auf der Grundlage einer unternehmerischen Geisteshaltung muss die Umsetzung von Ideen und damit auch die Verantwortung für diese in den Vordergrund rücken. Ein neuer Unternehmenstypus entsteht: die »Creative Company«. Nun wird es an dieser Stelle nicht überraschen, wenn der Autor das Planning und den Planner als zentrale Figur in diesem Prozess sieht. Auf dem Weg zur Creative Company muss der Planner allerdings seine gewohnte Rolle als Anwalt des Konsumenten sowie als Lieferant einer großen Idee hinter sich lassen. Der einst inspirierende und inputgebende Werbe-Planner wird zum flexiblen und umsetzungsorientierten Strategen. Dies lässt sich gut anhand der Prinzipien der »Agile Strategy« beschreiben (vgl. McMurray 2010/Perkin 2010): In der täglichen Arbeit wird aus der Schlussfolgerung eine Hypothesenbildung, aus Denken wird Tun, das Ringen um die eine große Idee wird zum kollaborativen Generieren vieler kleiner Ideen, das Vorausplanen zum Aussteuern in Echtzeit. Nehmen die Planner von Morgen die Herausforderungen der sich wandelnden Kateogorie an, werden sie zu pro-aktiven Managern des gesamten Brand Behaviours und zu informierten Experten in umfangreichen Marketingfragestellungen – von der Marketingkommunikation bis hin zu Produktinnovation. Damit wird der Planner zum Brückenbauer über Silogrenzen hinaus und entwickelt sich zum Change Agent im Wandel des Selbstverständnisses von Werbeagenturen.

> Agenturen, die sich als Partner von Unternehmen verstehen, müssen ihre Nähe zu den Verbrauchern und ihre Kreativität nutzen, um von der Kommunikation zur Entwicklung neuer Produkte und Dienstleistungen zu kommen. Auf der Grundlage einer unternehmerischen Geisteshaltung muss die Umsetzung von Ideen und damit auch die Verantwortung für diese in den Vordergrund rücken.

Markenideen, die Wachstum bringen: Über Disruption zu neuer Ordnung

»The difficulty lies, not in the new ideas, but in escaping the old ones, which ramify, for those brought up as most of us have been, into every corner of our minds.« (John Maynard Keynes)

Wenn man die neuen Marktrealitäten für Unternehmen und Agenturen ernst nimmt, kann man nicht zur Tagesordnung übergehen. Fest steht: Die Erfolgsfaktoren von gestern können nicht die Erfolgsfaktoren von morgen sein. Inkrementale Veränderungen, wie Prozessoptimierungen bestehender Strukturen oder Einsparungen, reichen nicht mehr aus, um zukünftig eine Marktführerschaft zu erreichen. Man wird sich nicht zur Spitze benchmarken können. An dieser Stelle wird der Bedarf nach einer neuen Form der Unternehmensberatung besonders deutlich: Während die Ansätze von klassischen Unternehmensberatern tendenziell vergangenheits- oder gegenwartsorientiert sind, kommt es insbesondere beim Thema Wachstum auf eine konsequent zukunftsorientierte Betrachtungsweise an. Darüber hinaus folgen die gängigen Beratungsansätze meistens einer gewissen »top-down«-Logik, während bei einer Machtverschiebung in Richtung Konsumenten nur eine radikale »bottom-up«-Denkweise zum Erfolg führen kann. Tiefergreifende Erkenntnisse über zukünftige Marktentwicklungen und die Veränderung von Kundenpräferenzen lassen sich nicht über theoretische Hypothesen gewinnen, sondern nur über die empathische Verdichtung von konkreten Beobachtungen zu Verhaltensmustern – eine bereites etablierte Domäne des Plannings, die weiter an Bedeutung gewinnt. Bei der Beschreibung und Entwicklung zukünftiger Marktrealitäten kommt es zudem auf eine bessere Balance kreativer und analytischer Fähigkeiten an – also einer gegenseitigen Durchdringung von linker und rechter Gehirnhälfte (vgl. Kap. 4, S. 173). Es muss besonders in Deutschland immer wieder – und das auch in Richtung der Werbeindustrie – betont werden, dass Kreativität in diesem Dienstleistungs- bzw. Wertschöpfungskontext kein künstlerisches Prinzip beschreibt. Oberflächliche Ästhetisierung vermag dem Anspruch an eine echte Verhaltensänderung nicht gerecht zu werden. Vielmehr ist zunehmend auch Kreativität verantwortlich für die Lösung komplexer Probleme, und da wir in der Regel zum logisch-analytischen Denken erzogen werden, fordert Daniel Pink in »A Whole New Mind: Why Right-brainers Will Rule the Future« (2006) eine bessere Integration der »right-brain skills« ein. Diese Erfolgsfaktoren der Zukunft systematisiert er anhand folgender Fähigkeiten:

1. *Design* – Moving beyond function to engage the sense
2. *Story* – Narrative added to products and services – not just argument
3. *Symphony* – Adding invention and big picture thinking (not just detail focus)
4. *Empathy* – Going beyond logic and engaging emotion and intuition
5. *Play* – Bringing humor and light-heartedness to business and products
6. *Meaning* – The purpose is the journey, give meaning to life from inside yourself

Es kommt auf eine gewisse durchaus kalkulierte Radikalität beim Verlassen etablierter Pfade an, um auch auf zukünftigen Märkten erfolgreich zu sein. Dabei spielt der Einsatz der oben beschriebenen Fähigkeiten eine wichtige Rolle. Genau diese Geisteshaltung – das Schaffen eines größeren Marktanteils der Zukunft – bildet den Ausgangspunkt unseres Beratungsansatzes. Das *Disruption-Prinzip* vereint zentrale Erkenntnisse erfolgreicher Markenführung in einem strukturierten Prozess (weiterführend Dru 1996, 2002, 2007).

> Das *Disruption-Prinzip* vereint zentrale Erkenntnisse erfolgreicher Markenführung in einem strukturierten Prozess. In diesem werden Konventionen hinterfragt, um eine neue Wachstumsidee zu entwickeln.

Da das Wort »Disruption« schnell starke Assoziationen hervorruft, ist es sinnvoll, die Lesart im Vorfeld genauer einzugrenzen. Mit Disruption ist kein destruktiver Ansatz gemeint, der alles vorhandene Wissen über Bord wirft. Auch wird nicht einfach Veränderung um der Veränderung willen betrieben. Vielmehr ist Disruption ein gemeinschaftlicher Prozess der Hinterfragung von Konventionen, um den gemeinsamen Horizont zu erweitern und neue Wachstumsmöglichkeiten zu identifizieren. Anstatt zu zerstören, wird Neues geschaffen. Es geht damit letztendlich um die Entwicklung einer Wachstumsidee, die das Geschäftsmodell, das Marketing, die Produkte und Dienstleistungen gleichermaßen umfasst. Erfolgreiche Unternehmen sind in der Lage, neue und etablierte Geschäftsmodelle parallel zu forcieren. Hierbei können vermeintlich randständige Geschäftsbereiche schnell zu lukrativen Märkten werden. Dies zeigt das Wachstumsmodell von Nunes/Breene (2011, S. 84) in Abbildung 1. Die Autoren erläutern: »to make reinvention possible, companies must supplement their traditional approaches with a parallel strategy process that brings the edges of the market and the edges of the organization to the center.« Luke Williams (2010, S. 8) geht noch einen Schritt weiter und empfiehlt selbst erfolgreichen Firmen, sich nicht auf der Höhe ihres Erfolges

356 | Kapitel 7: Enden & Anfänge

auszuruhen: »Companies that try to differentiate themselves by focusing on incremental innovation instead of gamechanging, disruptive innovation will differentiate themselves right out of business. Companies simply cannot afford to wait until they get backed into a corner. They need to be consistently making bold moves, even at the very peak of their success.«

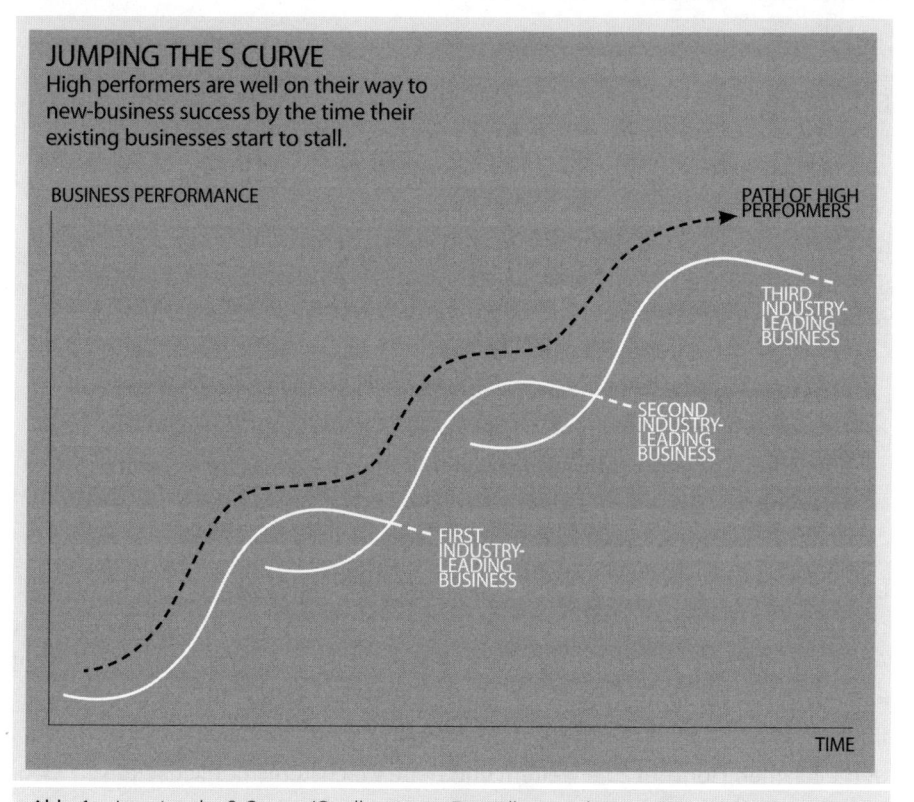

Abb. 1: »Jumping the S-Curve« (Quelle: eigene Darstellung nach Nunes/Breene 2011)

Konventionen als Ausgangspunkt

Ausgangspunkt im Disruption Prozess ist immer die Suche nach Konventionen in einem Markt. Konventionen sind keine Marktfakten, sondern oftmals nicht hinterfragte Strukturen; also die Wertesysteme oder Grundannahmen, die unser Verhalten maßgeblich beeinflussen (z.B. ökologisches Bewusstsein). Häufig wirken verschiedene Konventionen auch verstärkend in Richtung zentraler Konventionstreiber, die wiederum bestimmte Verhaltensmuster prägen (z. B. Konservatismus). Grundsätzlich lassen sich vier Typen von Konventionen unterscheiden:

▶ *Unternehmenskonventionen*: Geschäftsmodelle und Positionierungen der Anbieter im Markt
▶ *Marketingkonventionen*: Zentrale Mechanismen der Marktbearbeitung in einer Kategorie
▶ *Kommunikationskonventionen*: Dominante Kommunikationsinhalte wesentlicher Marktteilnehmer
▶ *Konsumentenkonventionen*: Typische Kaufverhaltens- und Konsummuster

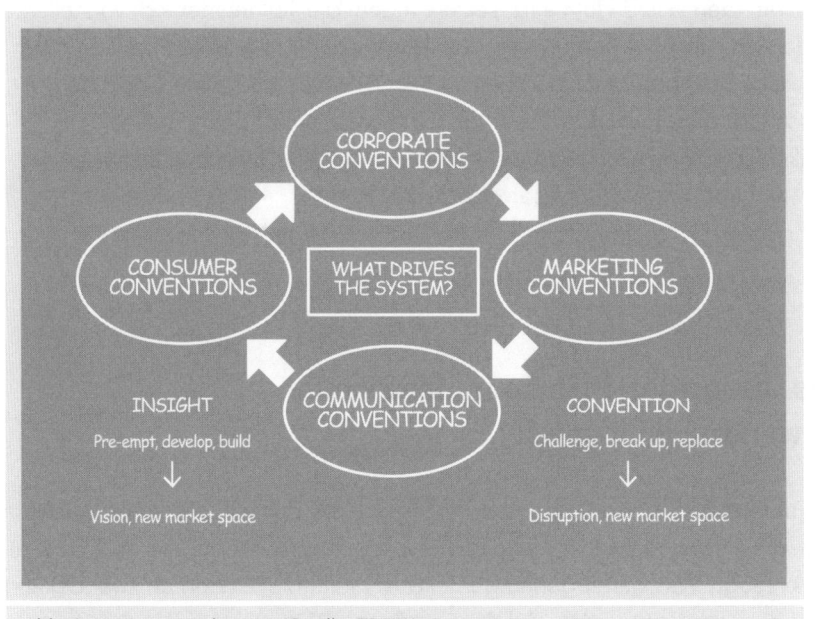

Abb. 2: Konventionsplaneten (Quelle: TBWA)

In der Regel werden die Konventionen aus verschiedenen Perspektiven diskutiert, um mehrere Stakeholder und deren Sichtweise zu integrieren. Dabei kommt es darauf an, den Status quo in Frage zu stellen und den Horizont für neue Wachstumsthemen zu erweitern. Ein hilfreiches Instrument hierbei ist zum Beispiel das »Hat Game«, das auf den Kreativitätsforscher Edward de Bono zurückgeht. Es handelt sich um eine Gruppendiskussion, bei der die Teilnehmer durch verschiedenfarbige Hüte

358 | Kapitel 7: Enden & Anfänge

repräsentierte Rollen einnehmen. Jeder Hut entspricht einer Denkweise oder einem Blickwinkel, wodurch ein effizienter Diskurs über ein Thema erreicht werden soll und gleichzeitig neue Perspektiven eingenommen werden. Grundsätzlich sind die Teilnehmer eines Disruption-Prozesses aufgrund ihrer betrieblichen Sozialisation in einer bestimmten Rolle gefangen. Diese Rolle wirkt in der Regel als Ideenfilter und erschwert die Fähigkeit, radikal neu zu denken. Die ausführliche Diskussion der Konventionen darf auch eine gewissen Unruhe auslösen bzw. den Teilnehmern den Spiegel vorhalten, da sie nur allzu leicht in bestimmte Muster zurückfallen. Häufig mündet diese Unruhe auch in einem Veränderungswillen, der eine Abkehr von der gängigen Marktlogik erleichtert. Eine in der Disruption-Methodik verwendete Adaption des Hat Game besteht z. B. darin, den »CEO-Hut« aufzusetzen. Indem die Teilnehmer sich vorstellen, der CEO eines Unternehmens wie Apple oder Virgin zu sein, fällt es ihnen leichter, althergebrachte Arbeitsweisen zu verlassen. Laurie Coots beschreibt diesen Wandel wie folgt: »The sheer act of being free to think like somebody else gives you permission to generate ideas that you might not get to otherwise.« (Coots 2010)

Das Disruption-Prinzip in der Praxis: Anwendungsbeispiele

Das ultimative Ziel im Disruption-Prozess ist die Erarbeitung einer Wachstumsidee, die als Vision und Treiber zugleich fungiert und interne wie externe Motivation erzeugt. Was damit genau gemeint ist, soll im Weiteren an zwei bekannten Beispielen gezeigt werden: Adidas und Pepsi. Beide Unternehmen mussten gegen mächtige Konkurrenten – Nike bzw. Coca-Cola – antreten und konnten nur mit einer smarten Umkehrung der Marktlogik arbeiten (Dru 2007, S. 203f.), um überdurchschnittlichen Erfolg zu haben. Im Adidas Disruption-Prozess haben wir gemeinsam mit dem Unternehmen festgestellt, dass der Gründer Adi Dassler als deutscher Tüftler bereits seit den 1950er-Jahren immer wieder das Unmögliche möglich machen wollte, z. B. als er den Stollenschuh entwickelte und damit über einen WM-Sieg dem Nachkriegsdeutschland Selbstvertrauen zurückgab. Dieser Wille zum Überwinden vermeintlicher Barrieren ist eine Geisteshaltung, die Adidas mit vielen Sportlern teilt, denn das Erreichen des eigentlich Unmöglichen

bildet die gemeinsame Grundmotivation, die alles Handeln bestimmt und gleichermaßen als Inspiration taugt.

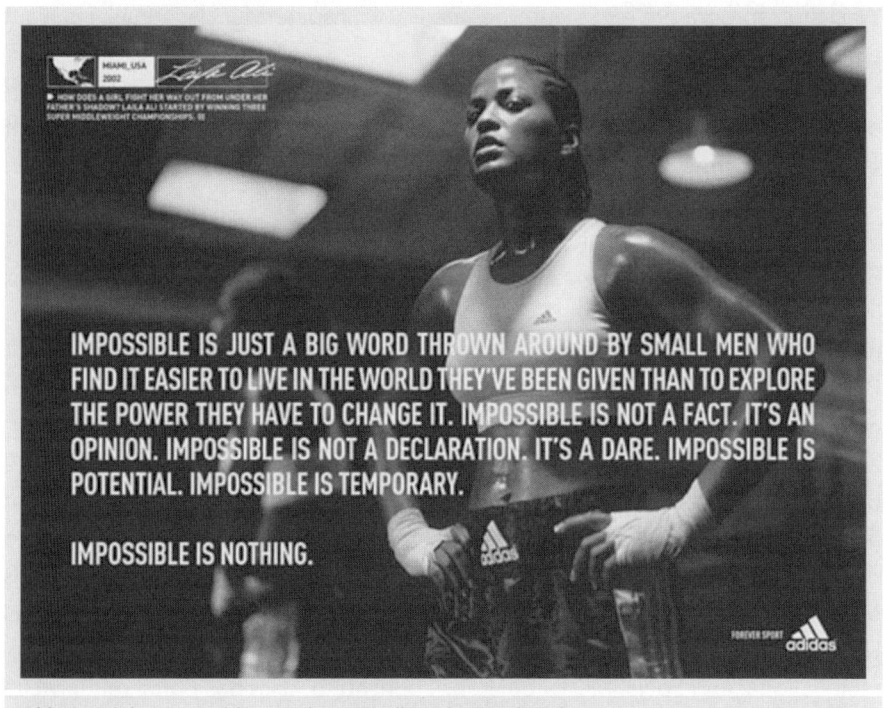

Abb. 3: Adidas Impossible is Nothing (Quelle: AdVision digital)

Obwohl Nike in den letzten Jahren ein aggressiveres Marketing betrieb, konnte
sich Adidas aufgrund der Stärke seiner Markenidee immer wieder behaupten.
Diese Haltung lässt sich folgendermaßen beschreiben (vgl. Abb. 3): »Impossible
is just a big word thrown around by small men who find it easier to live in the
world they have been given than to explore the power they have to change it.
Impossible is not a fact. It's an opinion. Impossible is not a declaration. It's a dare.
Impossible is potential. Impossible is temporary. Impossible is nothing.« Nachdem diese Botschaft extern auf große Resonanz stieß, wurde sie auch flankierend
intern zum Leben erweckt, wie es der CEO Erich Stamminger beschreibt: »For
each and every member of the Adidas family, Impossible is Nothing, this attitude,
this philosophy has become part of our daily lives and our language. The impossible has never existed in our brands history and never will in our thinking. It's our
legacy, our mission and our challenge.« Dieses Beispiel zeigt, dass eine Markenidee mehr ist, als ein Claim bzw. ein an Konsumenten adressiertes Kommunikati-

360 | **Kapitel 7: Enden & Anfänge**

onskonzept. Der disruptive Ansatz versteht die Markenidee als Geisteshaltung und Selbstverpflichtung, die das Verhalten aller Stakeholder eines Unternehmens gleichermaßen durchdringt. Die Markenidee beschreibt zugleich das zentrale Wachstumsprogramm eines Unternehmens und inspiriert für das Hinarbeiten auf eine gemeinsame Zukunft.

Wie wirkungsvoll eine Markenidee zur disruptiven Unternehmensvision werden kann, lässt sich auch am zweiten Beispiel von Pepsi ablesen. Auch hier galt es, einem übermächtigen Wettbewerber mit weniger Budget aber intelligenten Mitteln gegenüberzutreten. Die Lösung lag auch hier in einer grundsätzlichen Veränderung, die weit über die klassische Werbung hinausgeht. Ausgangspunkt bildete der Verzicht auf die seit 23 Jahren etablierte Werbung beim Super Bowl in den USA. Stattdessen investierte das Unternehmen einen zweistelligen Millionenbetrag in eine Social-Media-Idee. Mit dem »pepsi refresh project« schiebt Pepsi echte gesellschaftliche Veränderungen an und fördert ehrenamtliches Engagement auf allen Ebenen. Über eine zentrale Internetplattform stimmen Nutzer über die förderungswürdigsten Projektideen ab, die auf dieser Grundlage dann eine Finanzierung von Pepsi erhalten. Der Vergabeprozess ist transparent und der weitere Verlauf der geförderten Projekte für jeden Nutzer einsehbar, so dass hier ein neues Fundraising-Prinzip etabliert wird. Pepsi fungiert lediglich als Moderator und Förderer von »grassroots«-Bewegungen, was auch innerhalb des Unternehmens zu einem echten »refresh« geführt hat. Bonin Bough (Global Director Digital und Social Media bei Pepsi) berichtete, dass das Portal mittlerweile mehr Wähler als die letzte Präsidentschaftswahl der USA hat und erklärt den Strategiewechsel: »It's all about being a corporate citizen – mingling your business's goals with a wider goal of social good. [It's about] delivering sustainable growth in a way that's investing in a healthier future for people and the planet.« Auch Managementautor Michael Porter (2011, S. 65) betont in »Shared Value« die Wichtigkeit eines gesellschaftlichen Wertschöpfungsbegriffs: »Societal needs, not just conventional economic needs, define markets, and social harms can create internal costs for firms. ... Not all profit is equal. Profits involving a social purpose represent a higher form of capitalism, one that creates a positive cycle of company and community prosperity.«

Wer will eigentlich noch in der Werbung arbeiten?
Oder: Die Creative Company als Gestaltungsraum des Planners

Abb. 4: Pepsi Refresh (Quelle: www.refresheverything.com)

Kernaspekte der Disruption-Philosophie und -Methode

1. Durchdringen des bestehenden Marktes aus dem Blickwinkel von Konventionen, auf nicht-hinterfragte Grundannahmen, die unser Vorhaben maßgeblich beeinflussen.

2. Entwicklung einer Wachstumsstrategie, die von bestehenden Konventionen abweicht und die Erfolgschancen von Unternehmen und ihren Marken auf zukünftigen Märkten sicherstellt.

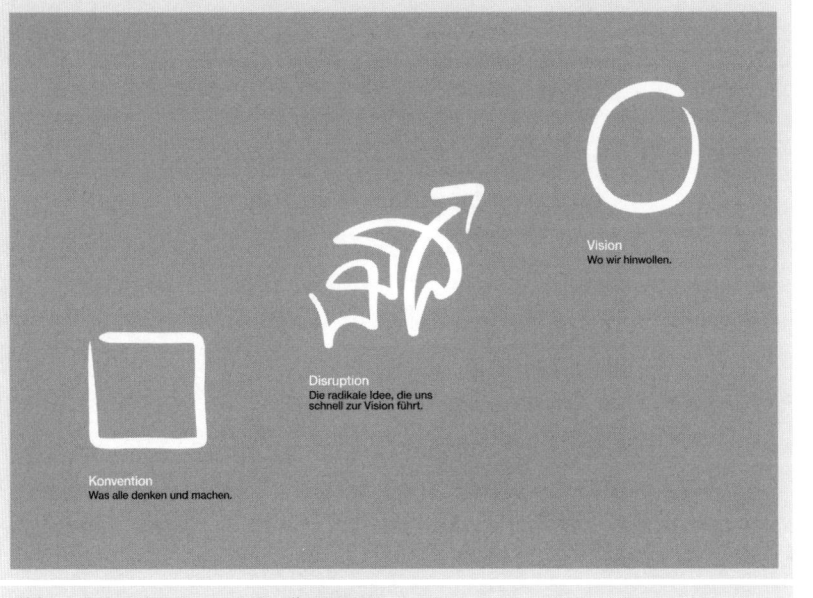

Abb. 5: Disruption Prozess (Quelle: TBWA)

362 | **Kapitel 7: Enden & Anfänge**

> 3. Abkehr von einer auf Kommunikation gestützten Markenführung hin zu einer echten Verhaltensänderung mit dem Ziel, über alle denkbaren Kontaktpunkte vom Produkt über die Kommunikation bis zum Kundenservice eine kohärente und relevante Kundenbeziehung aufzubauen, die den Kunden in den Wertschöpfungsprozess integriert.

Ausblick: Werbeagenturen als Creative Companies

»Brands today cannot be sustained by what in the past has been called advertising (...) perhaps the creativity of what we'll do in the future needs a new name.« (Lee Clow, TBWA)

Ein »disruptive thinking« versucht, die fruchtlose Trennung von analytischer und kreativer Logik aufzuheben, denn das größere Wertschöpfungspotenzial liegt in der Synthese bzw. gegenseitigen Durchdringung beider Logiken. Das kulturelle Innovationspotenzial diverser Hybridformen – z. B. Kunst/Wissenschaft oder Kultur/Ökonomie – beschreibt Boris Groys etwas abstrakt in »Über das Neue« (1999). Innovationen entstehen laut Groys sehr häufig über Rekombinationen von beste-

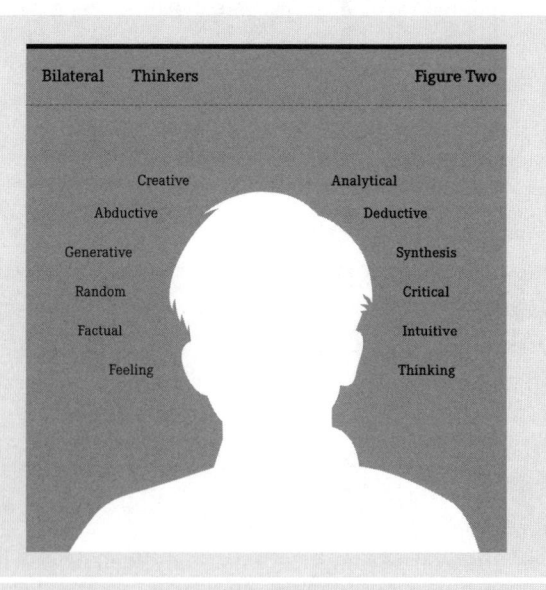

Abb. 6: Bilateral Thinker (Quelle: eigene Darstellung nach Heather Fraser 2011)

henden Elementen bzw. auch Rekontextualisierungen bekannter Muster. Ganz fern von der Realität des praktischen Marketing scheint er damit nicht zu liegen, denn pro-aktive Business Schools haben diese Ansätze bereits aufgegriffen und entsprechende Programme entwickelt. So z. B. bietet die Rotman Business School unter der Leitung des Dekans Roger Martin Führungskräfteseminare zum integrierenden Denken an: »Integrative Thinking is the ability to constructively face the tensions of opposing models, and instead of choosing one at the expense of the other, generate a creative resolution of the tension in the form of a new model that contains elements of the individual models, but is superior to each.«

Heather Fraser (2011, S. 76), ebenfalls an der Rotman School of Management tätig, beschreibt in »Becoming a Bilateral Thinker« diese neue Disziplin mit dem Begriff des »Business Design«. Wesentlich für den Erfolg ist das Wechselspiel von Denken und Handeln: »Business Design calls for bilateral thinking and adaptive doing, enabling a constant toggling between a variety of ways of thinking and doing. Such agility is essential for innovation and becomes even more powerful if you are able to rewire your brain to be bilateral throughout the process.« Innerhalb der sogenannten Creative Industries haben sich bislang die Industriedesigner am ehesten in Richtung eines ganzheitlicheren Innovationsmanagements positioniert – und den Weg zwischen Denken und Handeln stark verkürzt. Auf Basis des so genannten »design thinking«, wie es von Beratungsunternehmen wie IDEO, Wolff Olins oder Jump Associates praktiziert wird (vgl. Kap. 4, S. 173), entstehen Prototypen neuer Produkte und Dienstleistungen, die sich explizit auf die Ergebnisse empathischer Nutzerforschung stützen. Obwohl diese Ansätze die Flopraten von Neueinführungen reduzieren und in manchen Fällen auch den Umsatz signifikant erhöhen, fehlt ihnen teilweise die Radikalität der »Disruption«. Da sich die zugrunde liegenden Erkenntnisse oft aus dem Alltagsleben von Verbrauchern generieren, vermisst man oftmals das »big picture«, die große Idee, die in den Beispielen von Adidas und Pepsi zu erkennen ist. Dennoch bietet das Design Thinking einen umfangreichen Methodenbaukasten, aus dem man sich bedienen kann, um die Konventionen auf Märkten und im Konsumverhalten zu erfassen und sinnvoll zu erweitern. Sowohl das Konzept des Design Thinking als auch unsere Disruption-Methode versetzen Agenturen und insbesondere das Planning in einen neue Position: Sie müssen vom Sparringspartner bzw. Prozessbegleiter ihrer Kunden selbst zum Unternehmer werden und bereit sein, die entsprechenden unternehmerischen Risiken auf sich zu nehmen.

> Agenturen und Planner müssen vom Sparringspartner bzw.
> Prozessbegleiter ihrer Kunden selbst zum Unternehmer werden.

Kapitel 7: Enden & Anfänge

Ein wesentlicher Katalysator auf diesem Weg ist die Digitalisierung. Große Agenturen sind mittlerweile in der Lage, einen kompletten Innovationsprozess vom »fuzzy front end« bis hin zur Marktreife umzusetzen. So entwickeln wir bei TBWA Softwareprodukte wie »unloqable« oder »projeqt«, die mit neuen patentbasierten Erlösmodellen wie Lizenzgebühren experimentieren. Natürlich bedarf es hierfür ein entsprechendes finanzielles Engagement: Die Agentur agiert an dieser Stelle wie ein Venture Fund und betreibt seed funding, um an zukünftigen Erlösen zu partizipieren oder eine Lösung an einen Kunden als marktfähiges Komplettangebot zu verkaufen. In den USA gibt es bereits seit einiger Zeit Agenturen, die diesen Weg gehen, wie z. B. Wieden + Kennedy mit ihrem »Incubator« oder Barefoot Proximity, die Medienplattformen schaffen. Auch für die Omnicom Holding ist das Thema relevant, und es gibt mittlerweile Entwicklungen, die in diese Richtung gehen. Wesentlich dabei ist, dass es sich bei solchen Entwicklungen nicht um kommerzielle Spielereien handelt, sondern um ernstgemeinte Versuche, die Erlösmodelle von Agenturen neu zu definieren. Letztendlich geht es darum, anhand neuer Geschäftsmodelle, den Wertschöpfungsbeitrag der Idee an sich zu monetarisieren. Dahinter verbirgt sich der Paradigmenwechsel in unserer Industrie, weg vom provisonsgetriebenen Erfüllungsdienstleister hin zum Honorar für einen geleisteten Erfolgsbeitrag. Damit verbunden sind substanzielle Änderungen für die Struktur einer Agentur, die schmerzhaft sind und unsere Industrie komplett verändern werden.

Auch die Aufgaben des Planning werden sich verändern, und schon heute ist die Kernaufgabe des Planners in einer Creative Company deutlich anspruchsvoller. Sie besteht darin, einen spürbaren Mehrwert für das Unternehmen des Kunden zu erzeugen. Ein guter Creative Brief und als Resultat eine schöne Werbekampagne sind nicht mehr auseichend. Damit verbinden sich neue Anforderungen und Chancen zugleich: Nur wer die Geschäftsmodelle von Unternehmen versteht, kann als Berater einen substanziellen Beitrag leisten, der sich wiederum in erfolgsbasierten Erlösmodellen signifikant niederschlägt. Durchschnittliche Ideen werden nicht mehr profitabel sein, weder für die Kunden noch für die Agenturen.

Der Weg Richtung Creative Company ist offen. Denn heute gilt umso mehr: Who wants to work in an advertising agency?

> Nur wer die Geschäftsmodelle von Unternehmen versteht, kann als Berater einen substanziellen Beitrag leisten, der sich wiederum in erfolgsbasierten Erlösmodellen signifikant niederschlägt. Durchschnittliche Ideen werden nicht mehr profitabel sein, weder für die Kunden noch für die Agenturen.

Literatur und Quellen

Aaker, David A./Joachimsthaler, Erich (2001): Brand Leadership. Die Strategien für Siegermarken, München.

Account Planning Group Deutschland (2010): Was ist Planning? Auf: http://www.apgd.de/planning/was-ist-planning/, Abruf am 10.01.2011.

Account Planning Group UK (2007): What is Account Planning? Auf: http://www.apg.org.uk/about-us/what-is-planning.cfm, Abruf am 10.01.2011.

Aciman, Alexander/Rensin, Emmett (2009): Twitterature. The World's Greatest Books in Twenty Tweets or Less, London.

Akerlof, George A./Shiller, Robert J. (2009): Animal Spirits. Wie Wirtschaft wirklich funktioniert, Frankfurt am Main.

Arauz, Mike (2009): If I tell my facebook friends. Auf: http://mikearauz.tumblr.com/post/246329713/if-i-tell-my-facebook-friends-about-your-brand, Abruf am 28.02.2011.

Ariely, Dan (2009): »Geld wird nicht schlecht«. Dan Ariely-Interview. In: Süddeutsche.de vom 30.01.2009. Auf: http://www.sueddeutsche.de/wissen/verhaltensoekonomie-geld-wird-nicht-schlecht-1.485963, Abruf am 01.02.2011.

Ariely, Dan (2008): Predictably Irrational: The Hidden Forces That Shape Our Decision, New York.

Baetzgen, Andreas (2007): Kontextbasierte Markenkommunikation – Ein handlungstheoretischer Planungsansatz, Bern.

Baker, Rosie (2010): BP says actions speak louder than words. In: MarketingWeek vom 21.9.2010, Auf: www.marketingweek.co.uk/sectors/utilities/bp-says-actions-speak-louder-than-words/3018414.article, Abruf am 13.5.2010.

Balcetis, Emily/Dunning, David (2006): See what you want to see: Motivational influences on visual perception. In: Journal of Personality and Social Psychology, Nr. 91, S. 612–625.

Baskin, Merry (2007): The Market's Evolved, Why Hasn't Planning? In: Lannon, Judie/Baskin, Merry (Hrsg.): A master class in brand planning: the timeless works of Stephen King, West Sussex, S. 59–62.

Baskin, Merry/Pickton, David (2003): Account planning – from genesis to revelation. In: Marketing Intelligence & Planning, Jg. 21 Nr. 7, S. 416–424.

Baskin, Merry (2001): What is Account Planning? A Revised Millennium Definition. Account Planning Group, London.

Basnight, Emanuel (2007): What in the hell do planners do? Auf: http://plannersphere.pbworks.com/w/page/17146417/What-is-Planning, Abruf am 10.01.2011.

Bauman, Zygmunt (2003): Flüchtige Moderne, Frankfurt am Main.

Beninde, Lara (2000): Planning – Verbraucherorientierte strategische Planung in der Werbeagentur, Bonn.

Benvenuto, Anne (2007): Planning: the challenge of complexity. In: Admap, Mai 2007, Ausgabe Nr. 483.

Bernstein, Laurence (2003): Account Planning – Added Value Or Lost Opportunity. Auf: http://ihaveanidea.org/articles/2003/07/30/account-planning-%E2%80%93-added-value-or-lost-opportunity/, Abruf am 10.01.2011.

Bogusky, Alex/Winsor, John (2009): Baked in: Creating products and businesses that market themselves, Berkeley.

Literatur und Quellen

Brandmeyer, Klaus/Schmidt, Manfred (1999): Der genetische Code der Marke als Management-Werkzeug. In: Brandmeyer, Klaus/Deichsel, Alexander (Hrsg.): Jahrbuch Markentechnik 2000/2001, Frankfurt am Main.

Broadbent, Simon/Haarstick, Kathrin (1999): Accountable Advertising – Wie sich Werbung rechnet, Düsseldorf.

Bruhn, Manfred (2009): Integrierte Unternehmens- und Markenkommunikation: Strategische Planung und operative Umsetzung, Stuttgart.

Butterfield, Leslie (1989): Developing advertising strategy. In: Cooper, Alan (Hrsg.): How to plan advertising, London.

Chernev, Alexander (2004): Goal-Attribute Compatibility in Consumer Choice. In: Journal of Consumer Psychology. S. 14 (1–2), S. 141–150.

Collins, Jim/Porras, Jerry I. (2002): Built to Last: Successful Habits of Visionary Companies, New York.

Comstock, Beth/Gulati, Ranjay/Liguori, Stephen (2010): Unleashing The Power Of Marketing. In: Harvard Business Review, Oktober 2010, S. 90–98.

Cooper, Alan (2001): How to plan advertising, London.

Cowley, Don (Hrsg.) (1991): Understanding brands by 10 people who do, London.

Cramer, Kim/Koene, Alexander (2001): Creating brand appeal. In: ADMAP, Januar 2011.

Crosier, Keith/Pickton, David (2003): Marketing intelligence and account planning: insights from experts. In: Marketing & Intelligence & Planning, Jg. 21 Nr. 7, S. 410– 415.

D'Andrade, Roy G. (1992): Schemas and Motivation. In: D'Andrade, Roy G./Strauss Claudia (Hrsg.): Human Motives and Cultural Models, Cambridge.

Denning, Stephen (2004): Tall tales: storytelling as a management tool. Interview in computerworld.com, Oktober 2004.

Dijksterhuis, Ap/Nordgren, Loran F. (2006): A Theory of Unconscious Thought. In: Perspectives on Psychological Science 1, S. 95–109.

Domizlaff, Hans (1982): Die Gewinnung des öffentlichen Vertrauens. Ein Lehrbuch der Markentechnik. Neu zusammengestellte Aufl. (1. Aufl. 1939), Hamburg.

Dru, Jean-Marie (2007): How Disruption Brought Order: The Story of a Winning Strategy in the World of Advertising, New York.

Dru, Jean-Marie (2002): Beyond Disruption: Changing the Rules in the Marketplace, New York.

Dru, Jean-Marie (1996): Disruption: Overturning Conventions and Shaking Up the Marketplace, New York.

Du Plessis, Erik (2005): The advertised mind, London.

Edelman, David C. (2010): Branding in the digital Age. You're spending your money in all the wrong places. In: Harvard Business Review, Dezember 2010, S. 62–69.

Engel, Dirk (2008): Real Insights – Navigating the media world with centric research. In: ESOMAR (Hrsg.): Worldwide Multi Media Measurement 2008 – Conference papers, Amsterdam, S. 221 – 236.

Esch, Franz-Rudolf (2003): Strategie und Technik der Markenführung, München.

Esser, Hartmut (1991): Alltagshandeln und Verstehen. Zum Verständnis von erklärender und verstehender Soziologie am Beispiel von Alfred Schütz und »rational choice«, Tübingen.

Literatur und Quellen | 367

Fastcompany (2009): Most Innovative Companies. Auf: http://www.fastcompany.com/fast50_09/profile/list/tbwaworldwide, Abruf am 7.8.2011.

Fazio, Russell H. (1990): Multiple processes by which attitudes guide behavior: The MODE model as an integrative framework. In: Zanna, Mark P. (Hrsg.): Advances in experimental social psychology Vol. 23, New York, S. 75–109.

Flechter, Alan (2007): The art of looking sideways, London.

Florack, Arnd/Scarabis, Martin (2002): Subtile Mächte. In: Gehirn & Geist, Nr. 01/2001, S. 26–35.

Föll, Kerstin (2007): Consumer Insight: Emotionspsychologische Fundierung und praktische Anleitung zur Kommunikationsentwicklung, Wiesbaden.

Form, Klaus (2007): Die ökonometrische Zukunft hat gerade erst begonnen. In: Koschnick, Wolfgang J. (Hrsg.): FOCUS-Jahrbuch 2007, München, S. 355–368.

Fournier, Susan/Lee, Lara (2009): Getting Brand Communities Right. In: Harvard Business Review, April 2009, S. 105–111.

Fortini-Campbell, Lisa (1992): Hitting the Sweet Spot – How Consumer Insights Can Inspire Better Marketing and Advertising, Chicago.

Franzen, Ottmar/Hopf, Norbert/Strack, Micha (2010): Markenführung auf der Basis von Werthaltungen. In: Transfer. Werbeforschung & Praxis, Nr. 2/2010, S. 61–66.

Fraser, Heather (2011): Business Design – Becoming a Bilateral Thinker. In: Rotman Magazine, Winter 2011, S.71–76.

Frey-Vor, Gerlinde/Siegert, Gabriele/Stiehler, Hans-Jörg (2008): Mediaforschung, Konstanz.

Friese, Malte/Hofmann, Wilhelm/Schmitt, Manfred (2008): When and why do implicit measures predict behavior? Empirical evidence for the moderating role of opportunity, motivation, and process reliance. In: European Review of Social Psychology, Nr. 19/2008, S. 285–338.

Gallo, Carmine (2007): How Ritz-Carlton maintains its mystique. In: businessweek.com vom 13.2.2007.

Gelbert, Adel/Dörner, Jan-Philipp (2010): BudgetScale – ein Ansatz zur Marketingbudgetierung in volatilen Zeiten. Batten & Company Insights Nr. 12, S. 7–17.

Gerken, Gerd (1994): Die Fraktale Marke. Eine neue Intelligenz der Werbung. Düsseldorf/New York u. a.

Gerstner, Louis V. (2002): Wer sagt, Elefanten können nicht tanzen? Der Wiederaufstieg von IBM, München.

Gerzema, John (2011): The Year of the Artisan, In: psfk.com, 03.01.2011.

Gerzema, John/Lebar, Ed (2008): The Brand Bubble – The looming crisis in brand value and how to avoid it, New York.

Gesamtverband Kommunikationsagenturen GWA (o.E.): Checkliste »Briefing«. Auf: Webseite des GWA www.gwa.de.

Gibson, William (2005): Pattern Recognition, New York.

Gillespie, David (2009): Digital Strangelove (or How I Learned To Stop Worrying And Love The Internet). Auf: http://www.slideshare.net/DavidGillespie/digital-strangelove-or-how-i-learned-to-stop-worrying-and-love-the-internet, Abruf am 28.02.2011.

Godin, Seth (2007): Meatball Sundae: Is Your Marketing out of Sync?, New York.

Grant, John (2006): The Brand Innovation Manifesto: how to build brands, redefine markets, and defy conventions, Chichester.

Grant, Ian/Gilmore, Charlotte/Crosier, Keith (2003): Account planning: whose role is it anyway? Marketing Intelligence & Planning, Jg. 21 Nr. 7, S. 462–472.

Groys, Boris (1999): Über das Neue – Versuch einer Kulturökonomie, Frankfurt am Main.
Groysberg, Boris/Kelly, Kevin L./McDonald, Brian (2011): The New Path to the C-Suite. In: Harvard Busines Review, März 2011, S. 60–68.

Habberstad, Henrik (1999): The Anatomy of Account Planning – The creativity behind the creativity Auf: http://farisyakob.typepad.com/blog/files/ the_anatomy_of_acount _ planning.doc, Abruf am 10.01.2011.
Hachez, David (2007): New Marketing. Auf: http://www.slideshare.net/theafter/new-marketing, Abruf am 28.02.2011.
Hagen, Paul (2011): The Rise of the Chief Customer Officer. In: Harvard Business Review Blog vom 18. April 2011. Auf: http://blogs.hbr.org/cs/2011/04/the_rise_of_the_chief_customer.html, Abruf am 7.8.2011.
Hanssmann, Friedrich (1993): Einführung in die Systemforschung. Methodik der modellgestützten Entscheidungsvorbereitung, München/Wien.
Haque, Umair (2011): The new capitalist manifesto: building a disruptively better business. In: Harvard Business Press, Boston.
Hayek, Friedrich August von/Vanberg, Viktor (2003) (Hrsg.): Gesammelte Schriften: Recht, Gesetz und Freiheit: Eine Neufassung der liberalen Grundsätze der Gerechtigkeit und der politischen Ökonomie, Tübingen.
Heath, Chip/Heath, Dan (2007): Made to Stick: Why Some Ideas Survive and Others Die, New York.
Hellmann, Kai-Uwe (2003): Soziologie der Marke, Frankfurt am Main.
Hermann, Steffen P. (2006): »Zum Messen, Managen und Monitoren der Consumer Experience«. In: Marketing Journal Nr. 11/2006, S. 8–13.
Heuser, Uwe Jean (2009): Humanomics. Die Entdeckung des Menschen in der Wirtschaft, Frankfurt am Main.
Hofsäss, Michael/Engel, Dirk (2003): Praxishandbuch Mediaplanung, Berlin, Düsseldorf.
Homburg, Christian/Krohmer, Harley (2006): Grundlagen des Marketingmanagements, Wiesbaden.
Hsu, Jeremy (2008): The secrets of storytelling. In: Scientific American, Aug./Sept. 2008.

Ibach, Howard (2010): How to write an inspired Creative Brief, Bloomington.
Ind, Nicholas/Schultz, Majken (2010): Brand Building, Beyond Marketing. In: strategy+business vom 26. Juli 2010, S. 1–4.
Institute of Practicioners in Advertising IPA (2011): Briefing an Agency. A best practise guide to briefing communication agencies.
Insitute of Practicioners in Advertising IPA (2003): The Client Brief. A best practice guide to briefing communications agencies.
Jančîč, Zlatko/Zabkar, Vesnar (1998): Establishing market relationships in the advertising agency business: a transitional economy case. In: Journal of Advertising Research, Jg. 36 Nr. 6, S. 27–36.
Jones, John Philip (1995): So wirkt Werbung in Deutschland, Frankfurt am Main.

Kahneman, Daniel (2003): Maps of bounded rationality: A perspective on intuitive judgment and choice. In: Frangsmyr, Tore [Nobel Foundation] (Hrsg.): Les Prix Nobel – The Nobel Prizes 2002, Stockholm, S. 449–489.
Kang, Min Jeong/Rangel, Antonio/Camus, Mickael/Camerer, Colin F. (2011): Hypothetical and real choice differentially activate common valuation areas. Journal of Neuroscience 31, S. 461–468.

Literatur und Quellen | 369

Kay, Gareth (2007): The peacock and the bowerbird. Auf: http://garethkay.typepad.com/brand_new/2007/10/the-peacock-and.html, Abruf am 28.02.2011.

Kelley, Larry D./Jugenheimer, Donald W. (2006): Advertising Account Planning: A Practical Guide, New York.

Klein, Naomi (1999): No Logo, New York.

Kotler, Philip (2010): Die neue Dimension des Marketings: Vom Kunden zum Menschen, Frankfurt am Main.

Kroeber-Riel, Werner/Esch, Franz-Rudolf (2004): Strategie und Technik der Werbung. Verhaltenswissenschaftliche Ansätze. 6. Aufl., Stuttgart.

Krupp, Manfred (2004): Mediastrategie. Werbeinvestitionen professionell planen und siegreich umsetzen, Frankfurt am Main.

Lachmann, Ulrich (2006): Erfolgskontrolle in der Werbung. In: Reinecke, Sven/Tomczak, Torsten (Hrsg.): Handbuch Marketingcontrolling, 2. Aufl., Wiesbaden, S. 507–520.

Law, Simon (2006): »insights – something of a presentation...«. In: Another Planning Blog...Sporadic thoughts – mostly about communications, brands, etc.... Auf: http://www.simon-law.com/archives/13, Abruf am 03.02.2011.

Lencioni, Patrick (2002): The Five Dysfunctions of a Team: A Leadership Fable, New York.

Leong, Siew Meng/Ang, Swee Hoon/Heng, Lynn (1994): Using drama to persuade: the effects of involvement and ad form on persuasion. In: Asia Pacific Advances in Consumer Research Nr. 1/1994.

Liebl, Frank/Düllo, Thomas (2005) (Hrsg.): Cultural Hacking: Die Kunst des Strategischen Handelns, Wien.

MacLeod, Hugh (2007): »So what's all this new marketing stuff, anyway?«, vom 23.12.2007. Auf: http://gapingvoid.com/2007/12/23/so-whats-all-this-new-marketing-stuff-anyway/, Abruf am 7.8.2011

Maletzke, Gerhard (1963): Psychologie der Massenkommunikation. Theorie und Systematik. Hamburg.

Marx, Anne (2008): Media für Manager – Alles, was Sie über Medien und Media-Agenturen wissen müssen, Wiesbaden.

Mattmüller, Roland (2000): Integrativ-Prozessuales Marketing – Eine Einführung, Wiesbaden.

McKee, Robert (2003): Storytelling that moves people. In: Harvard Business Review.

McLuhan, Marshall/Fiore, Quentin (1967): The Medium is the Massage: An Inventory of Effects, New York.

McMurray, Justin (2010): »A manifesto for Agile Strategy: oxymoron or innovation?«, vom 22.3.2010. Auf: http://madebymany.com/blog/a-manifesto-for-agile-strategy-oxymoron-or-innovation, Abruf am 7.8.2011.

Meffert, Heribert/Burmann, Georg/Kirchgeorg, Manfred (2008): Marketing – Grundlagen marktorientierter Unternehmensführung, 10. Aufl., Wiesbaden.

Mitra, Shubu (2008): Using multi media measurement – The role of media selection strategies. In: ESOMAR (Hrsg.): WM3 2008 – Worldwide Multi Media Measurement (Conference papers), Amsterdam, S. 263–271.

Moffitt, Sean/Dover, Mike (2011): Wikibrands – Reinventing your company in a customer-driven marketplace, New York.

Montague, Ty in: Iezzi, Teressa (2010): The Idea Writers. Copywriting in a New Media and Marketing Era, Houndmills u. a.

Morling, Elia (2009): Brands are raw materials. Auf: http://tribaling.typepad.com/my_
weblog/2009/03/brands-are-raw-materials.html, Abruf am 28.02.2011.
Moskowitz, Gordon/Grant, Heidi (Hrsg.) (2009): The Psychology of Goals, New York.
Munzinger, Uwe/Musiol, Karl Georg (2008): Markenkommunikation. Wie Marken Zielgruppen erreichen und Begehren auslösen, München.

Nägele, Wolfgang (2003): Lokale Mediaoptimierung im Filialmarketing. In: absatzwirt-
schaft, Nr. 4/2003, S.80–82.
Nisbett, Richard/Wilson, Timothy (1977): Telling More than we can Know:
Verbal reports on mental processes. In: Psychological Review Nr. 84, S. 231–259.
Nunes, Paul/Breene, Tim (2011): Reinvent Your Business Before It's Too Late – Watch Out
for Those S Curves. In: Harvard Business Review, Januar/Februar 2011, S. 80–87.

Ogilvy, David (1963 / 1991): Geständnisse eines Werbemannes, Düsseldorf.

Palmer, Benjamin (2006): Consumers to Brands: Make Yourselves Useful. In: Advertising
Age vom 13.08.2006. Auf: http://adage.com/article/teressa-iezzi/consumers-to-
brands-make-yourselves-useful/111124/, Abruf am 28.2.2011.
Perkin, Neil (2010): Agile Planning, vom 14.3.2010. Auf: http://neilperkin.typepad.com/
only_dead_fish/2010/03/agile-planning.html, Abruf am 7.8.2011.
Petersen, Michael et. al (2009): Online Customers, Digital Marketing The CMO–CIO
Connection. In: Booz & Company Perspectives.
Pink, Daniel (2006): A Whole New Mind: Why Right-Brainers Will Rule the Future,
New York.
Porter, Chuck (2008): Die Adressaten hören der Botschaft zu. In: DDV dialog
Porter, Michael/Kramer, Mark (2011): Creating Shared Value: How to reinvent capitalism –
and unleash a wave of innovation and growth. In: Harvard Business Review, Januar/
Februar 2011, S. 62–77.
Putnam, Robert D. (2000): Bowling Alone: The Collapse and Revival of American
Community, New York.

Quenqua, Douglas (2009): Pay For Performance. In: ANA Magazine Nr. 12/2009, auf:
www.warc.com.

Ramaswamy, Venkat/Gouillart, Francis (2010): Building the Co-Creative Enterprise – Give
all your stakeholders a bigger say, and they'll lead you to better insights, revenues,
and profits. In: Harvard Business Review, Oktober 2010, S. 100–109.
Ratneshwar, S./Mick, David Glen/Huffman, Cynthia (2003): The Why of Consumption –
Contemporary Perspectives on Consumer Motives, Goals, and Desires, London.
Reich, Charlotte/Zahner, Wolfgang (2006): Kommunikations-Controlling. In: Zerres,
Christopher/Zerres, Michael P. (Hrsg.): Handbuch Marketing-Controlling, 3. Aufl.,
Heidelberg, S. 317–344.
Reinecke, Sven (2006): Return on Marketing? In: Reinecke, Sven/Tomczak,
Torsten (Hrsg.): Handbuch Marketingcontrolling, 2. Aufl., Wiesbaden, S. 3–38.
Ries, Al/Trout, Jack (2001): Positioning. The battle for your mind, New York.

Scheier, Christian/Scarabis, Martin (2010): Das Implizite in der Marketingforschung: Was
funktioniert in der Praxis? In: Koschnick, Wolfgang J. (Hrsg.): Focus-Jahrbuch 2010,
München, S. 51–72.

Scheier, Christian/Bayas-Linke, Dirk/Schneider, Johannes (2010): Codes. Die geheime Sprache der Produkte, München.

Scheier, Christian/Held, Dirk (2007): Die Neuentdeckung des Unbewussten: Was wir von der Hirnforschung für Markenführung und Marktforschung lernen können. In: Meyer, Henning (Hrsg.): Marken-Management 2008/2009. Jahrbuch für Strategie und Praxis der Markenführung, Frankfurt am Main.

Scheier, Christian/Held, Dirk (2006): Wie Werbung wirkt, München.

Schoen, Mel (2006): Consumer Insights – Love them and leverage them, Norderstedt.

Senger, Harro von (2006): 36 Strategeme für Manager, München.

Sieburg, Jil Fabienne (2010): Studienarbeit im Seminar »Advanced Consumer Behavior« an der International School of Management (ISM), Dortmund.

Sinek, Simon (2009): Start with Why. How great leaders inspire everyone to take action, New York.

Sole, Deborah/Wilson, Daniel Gray (1999): Storytelling in organizations: the power and traps of using stories to share knowledge in organizations. In: Training and Development, N. 53/3, Harvard Graduate School of Education, S. 1–12.

Steel, John (1998): Truth, lies and advertising. The Art of Account Planning, New York.

Sterne, Jim (2002): Web Metrics – Proven Methods for Measuring Web Site Success, Chichester.

Tasgal, Anthony (2011): »Insights – buried alive?«. In: research vom 15.06.2010, Auf: http://www.research-live.com/comment/insight---buried-alive?/4002925.article, Abruf am 02.02.2011.

Taylor, Jim (2005): Space Race – an inside view of the future of communications planning, Chichester.

Taylor, William (2011): Practically Radical: Not-So-Crazy Ways to Transform Your Company, Shake Up Your Industry, and Challenge Yourself, New York.

Thaler, Richard H./Sunstein Cass R. (2009): Nudge. Wie man kluge Entscheidungen anstößt, Berlin.

Tropp, Jörg (2011): Moderne Marketing-Kommunikation – System, Prozess, Management, Wiesbaden.

Tropp, Jörg (2009): Markenführung: Wer führt wen? – Die Medialisierung des Marketings und ihre Folgen für die Marketing- und die Unternehmenskommunikation. In: Keuper, Frank/Kindervater, Jürgen/Dertinger, Heiko/Heim, Andreas (Hrsg.): Das Diktat der Markenführung. 11 Thesen zur nachhaltigen Markenführung und -implementierung, Wiesbaden.

Unger, Fritz/Durante, Nadia-Vittoria/Wailersbacher, Rainer/Koch, Rüdiger/ Gabrys, Enrico (2007): Mediaplanung: Methodische Grundlagen und praktische Anwendungen, 5. Aufl., Berlin.

Veken, Dominic (2009): Ab jetzt Begeisterung. Die Zukunft gehört den Idealisten, Hamburg.

Vivaldi Partners/Yankelovich Future Monitor (2010): Social Media Study 2010, New York.

Vivaldi Partners (2010): Social Currency Study 2010. Auf: http://images.fastcompany.com/ Vivald-iPartners_Social-Currency.pdf, Abruf am 7.8.2011.

Williams, Luke (2010): Disrupt: Think the Unthinkable to Spark Transformation in Your Business, New Jersey.

Woodside, Arch/Sood, Suresh/Miller, Kenneth E. (2008): When consumers and brands talk: storytelling theory in psychology and marketing. In: Psychology & Marketing, Nr. 25/2, Februar 2008.

Yakob, Faris (2007): Brands: Socially Constructed Reality. Auf: http://farisyakob.typepad.com/blog/2007/01/brands_socially.html, Abruf am 28.02.2011.

Zambardino, Adrian/Goodfellow, John (2003): Account planning in the new marketing and communications environment (has the Stephen King challenge been met?). In: Marketing & Intelligence & Planning, Jg. 21 Nr. 7, S. 425–434.

Zednik, Anita/Strebinger, Andreas (2005): Marken-Modelle der Praxis. Darstellung, Analyse und kritische Würdigung, Wiesbaden.

Zimbardo, Philip G./Gerrig, Rirchard J. (1999): Psychologie. 7. Aufl., Heidelberg.

Zimmermann, Rainer (2011): Das Strategiebuch – 72 Grundfiguren strategischen Handelns für Wirtschaft, Politik, Kommunikation, Design, Architektur und Alltag, Frankfurt am Main.

Zmuda, Natalia (2009): Tropicana Line's Sales Plunge 20% Post-Rebranding. In: AdvertisingAge vom 2.4.2009. Auf: http://adage.com/article/news/tropicana-line-s-sales-plunge-20-post-rebranding/135735/, Abruf am 13.5.2011.

Zurstiege, Guido (2007): Werbeforschung, Konstanz.

Autorenverzeichnis

Andreas Baetzgen ist seit 2010 Professor für Strategische Kommunikation und Branding an der Hochschule der Medien in Stuttgart. Vor seinem Wechsel an die HdM war er mehr als zehn Jahre in Agenturen tätig: zunächst bei Scholz & Friends als Strategy Consultant und Head of New Business, später als Brand Consulting Director bei MetaDesign. Andreas Baetzgen studierte an der Universität der Künste Berlin und promovierte an der Hochschule für Film und Fernsehen in Potsdam-Babelsberg. Vor seinem Ruf nach Stuttgart lehrte er an der UdK Berlin (2002-2004), Technische Universität Berlin (2007), Kunsthochschule Berlin-Weißensee (seit 2008) und der Steinbeis Hochschule Berlin (seit 2008). Er berät Agenturen und Unternehmen.

Stefan Baumann: Der diplomierte Konsumpsychologe übersetzt Insights in Innovationen. Als Geschäftsführer und Gründer der Innovationsforschungs-Boutique STURM und DRANG ist Stefan Baumann seit 2006 für die psychologische Konsumforschung sowie die Trend- und Szenarioplanung verantwortlich. Zuvor war Stefan Baumann Projektleiter bei GIM in Heidelberg, Trendconsultant und Gesellschafter beim Trendbüro sowie Markenstratege bei der TBWA. Stefan Baumann ist Dozent für Consumer Behavior an der Dortmunder ISM. Zusammen mit dem Verlag Gruner+Jahr betreibt er die Lead User Community und Forschungsplattform NEONauten.

Sven H. Becker ist seit August 2009 für die Agenturen der TBWA-Gruppe Deutschland verantwortlich. Er war fünf Jahre lang Chief Strategic Officer der TBWA-Gruppe Deutschland, bevor er zum CEO ernannt wurde. Agenturstationen davor waren bei Red Spider, DDB London/Düsseldorf und Springer & Jacoby. Sven H. Becker promovierte über den First Mover Advantage und studierte in Münster, London und Glasgow Betriebswirtschaft und Marketing. Von 2002–2009 war er Gastprofessor an der Universität der Künste Berlin und ist Mitglied der Deutschen Werbewissenschaftlichen Gesellschaft.

Jan Philipp Dörner studierte Betriebswirtschaftslehre an der KU Eichstätt-Ingolstadt, University of San Diego und University of Hongkong. Seine bisherige Forschungstätigkeit konzentriert sich auf Change Management, Marketing-Controlling und B2B-Markenmanagement. Seit 2008 ist Jan Philipp Dörner für Batten & Company tätig und bearbeitet als Senior Consultant Projekte mit Fokus auf Markenmanagement und Markenimplementierung, Marketing-Controlling und strategische Vertriebsplanung in den Schwerpunktbranchen Telekommunikation, Maschinenbau und Chemie.

Dirk Engel: Wie sich Konsum und Mediennutzung verändern, erforscht Dirk Engel seit 15 Jahren. Bei der internationalen Mediaagentur Universal McCann arbeitete er jahrelang in Frankfurt und London, seit 2002 als Leiter der Mediaforschung. Dabei betreute er viele große Grundlagenstudien – etwa die Tagesablaufstudie Media in Mind oder regelmäßige Social-Media-Untersuchung WAVE. Außerdem verantwortete er Werbewirkungs- und Zielgruppenstudien für die Kunden von Universal McCann (z. B. Microsoft, Beck's, MasterCard, Deka Bank, Häagan Dazs, PitStop, L'Oreal, BASF, Intel). Für verschiedene Hochschulen und Akademien ist er Lehrbeauftragter und betreibt einen eigenen Blog (www.dirkengel.org). Seit Herbst 2011 ist Dirk Engel, der Publizistik und Marketing in Mainz und Basel studierte, als Marktforscher und Dozent selbständig.

Adel Gelbert, Jahrgang 1969, studierte Betriebswirtschaftslehre an der European Business School, Oestrich-Winkel. 1995 begann er seine Karriere im Markenmanagement von Procter & Gamble, wo er mit der strategischen und operativen Führung von Kernmarken aus den Bereichen Lebensmittel und Papierprodukte betraut war. 1998 wechselte Adel Gelbert auf die Beratungsseite zu A. T. Kearney in Frankfurt, wo er sich auf Marken- und Kundenwertmanagement spezialisierte. Seit 2000 ist er bei Batten & Company, zunächst als Manager und Leiter der Practice Group Strategic Brand Management, seit 2002 als Managing Partner und Leiter des Münchener Büros sowie des Competence Centers Employer Brand Management. Zudem publiziert er regelmäßig zu Themen der marktorientierten Unternehmensführung und lehrt Strategic and Corporate Management an der International School of Management (ISM) in München.

Emke Hillrichs, studierter Medienwissenschaftler, ist seit 2001 bei der diffferent Strategieagentur. Als Senior Strategieberater betreut er seit 2005 die Marke Sennheiser international in Sachen Marken-, Zielgruppen- und Produktstrategie für den Professional- und Consumer-Markt. Emke Hillrichs blickt zudem auf langjährige Beratungserfahrung für deutsche Verlags- und Medienmarken (Axel Springer/WELT GRUPPE, Holtzbrinck, etc.) zurück.

Michaela Jausen ist Strategin bei DDB Tribal. Sie hat vier Jahre Berufserfahrung im Bereich klassischer Werbung und digitaler Markenkommunikation. Bevor sie 2010 zu DDB Tribal wechselte, arbeitete sie in internationalen Netzwerkagenturen wie TBWA, Draftfcb, argonauten G2. Kunden, die Michaela Jausen u.a. betreut, sind: Novartis Pharma GmbH, Volkswagen AG, Telekom AG, Lucky Strike/KENT, Nivea, Lindt & Sprüngli AG, IKEA Austria GmbH. Sie entwickelte Social Media-Ideen und digitale Markenstrategien für Volkswagen, Novartis, Facebook etc. 2010 veröffentlichte sie einen Artikel in der Zeitschrift New Business zum Thema: »Taktik ist, was man tun muss, wenn etwas zu tun ist. Strategie ist, was man tun muss, wenn nichts zu tun ist.« und organisierte für die APG Digital Workshops und das Planning BarCamp in Hamburg. Sie twittert: @elijau

Judd Labarthe hat seit 1995 mehrere leitende Planning-Positionen besetzt, hauptsächlich bei DDB Worldwide (Chicago, Berlin, Amsterdam) und Ogilvy & Mather Group Asia-Pacific (Taipeh, Singapur). Der gebürtige New Yorker und ehemaliger Texter ist seit Anfang 2008 wieder in Deutschland und seitdem als Executive Planning Director bei den argonauten G2 und G2 Germany tätig. Seine Erfahrung umfasst die Arbeit für Marken wie Leica Camera, Havana Club, Nestlé, Dove, Volkswagen, Philips und die Berliner Philharmoniker. Zudem war Judd Labarthe auch am Gewinn mehrerer Dutzend Effie-Awards auf drei Kontinenten beteiligt und hat bei diesen auch als Moderator (Singapur und Global Effies), Juror (Singapur, Euro und Global Effies) und sogar Gründer und Jury-Vorsitzender (Asia-Pacific Effies) fungiert.

Martin Lange: In seiner Rolle als Executive Marketing Director, Digital Strategy, bei OgilvyOne in New York ist Martin Lange verantwortlich für die übergreifende strategische Führung von komplexen digitalen Projekten. Parallel leitet er als Coach und strategischer Sparingspartner weltweit den Ausbau der Kapazitäten im Bereich »Mobile Marketing« innerhalb der Agentur. Vor seinem Wechsel zu Ogilvy im Sommer 2010 war Martin Lange Geschäftsführer des Berliner Standortes der argonauten G2 (u.a. Volkswagen, Coca-Cola, Allianz, Pernod-Ricard, Commerzbank und La Prairie). Seine Zeit bei den argonauten war von einer einjährigen Beratertätigkeit bei Coca-Cola Deutschland unterbrochen, wo er u.a. dem CokeFridge auf die Beine half. Martin Lange studierte Betriebswirtschaftslehre mit dem Schwerpunkt Marketing an der Universität Münster sowie an der University of Illinois in den USA. Eine Emailadresse hat er bereits seit 1993.

Sean MacDonald ist Leiter des Teams »Digital Strategy« bei Ogilvy & Mather in New York. Zu den Kunden von Sean MacDonald zählen u.a. American Express, Cisco, UPS, Fanta, The Economist, Continental Airlines, DuPont und Ford. Vor seiner Zeit bei Ogilvy & Mather war Sean MacDonald Gründungspartner von

VietnamWorks, die führende Recruiting Webseite in Vietnam. Er baute vor Ort das Geschäft auf und leitete die Produktentwicklung und das Marketing. Bei AGENCY.COM arbeitete er außerdem für Kunden wie Coca-Cola, Colgate-Palmolive und Compaq. Zuvor führte Sean MacDonald Regie bei einer preisgekrönten abendfüllenden Dokumentation über Eunuchen in Indien. Die Dokumentation wurde auf internationalen Filmfestivals gezeigt und unterstützte damit den Aufbau einer Kochschule für Makrobiotische Küche. Er absolvierte ein Master-Studium an der University of Chicago und schloss außerdem ein Studium am Vassar College ab.

Andréa Mallard ist Design Director für Markenstrategie bei IDEO, einer globalen Innovationsberatung. Mit einem Master in Medienwissenschaften an der London School of Economics und einer großen Leidenschaft für Markenstrategien, Medien und Design Thinking hat sie sich darauf spezialisiert, klügere, tiefer gehende und bessere Wege aufzuspüren, um Marken erlebbar zu machen. Das Kundenspektrum reicht dabei von Babypflege bis zu Finanzdienstleistungen (und allem, was dazwischen liegt). Andréas eigener Weg führte sie vom TV- und Radiojournalismus in die Markenwelt der Print-, TV- und Online-Medien. Während eines Praktikums in einer großen Werbeagentur wurde ihre Geduld gegenüber traditionellen Herangehensweisen an Markenentwicklung erstmals auf die Probe gestellt – einer der Gründe, warum sie heute bei IDEO ist.

Oke Müller legte in seiner Laufbahn Station bei Kreativ- und Werbeagenturen wie Springer & Jacoby und TBWA ein. Als Head of Planning bei TBWA Berlin arbeitete er für Speerspitzen der digitalen Revolution, begleitete beispielsweise die Markteinführung der Sony PSP und PS3 sowie des Apple iPhones in Europa. Oke Müller betreute aber auch traditionellere Marken wie Pedigree und Whiskas und half ihnen, sich an die veränderten Marktbedingungen im digitalen Zeitalter anzupassen. Heute ist Oke Müller Global Planning Director bei TBWA/Chiat/Day in Los Angeles und verantwortet die Etats für die Mars-Tierfuttermarken in den USA. Darüber hinaus betreut er das Video-Spiel »Call of Duty« (Activision) – das weltweit größte Franchise im Entertainment-Bereich. Abseits des Tagesgeschäfts ist Oke Müller außerdem daran beteiligt, das Agenturmodell der Zukunft – passend zu TBWAs Kernphilosophie »Disruption und Media Arts« – zu entwerfen.

Dirk Nitschke: Der Kommunikationswissenschaftler und Markenexperte Dirk Nitschke ist Head of Brand Consulting der international führenden Identity- und Branding-Agentur MetaDesign in Berlin. Seine Markenexpertise hat Dirk Nitschke in leitenden Funktionen der unterschiedlichsten Agenturtypen (Springer & Jacoby, Trendbüro) und auf Unternehmensseite aufgebaut. Zu seinem Beratungsportfolio gehören Marken wie Mercedes-Benz, Audi, Smart, Langnese und Olympus, Medienmarken wie ProSieben, Sat.1, Jahreszeiten-Verlag, Online-Marken wie ebay, Dienstleistungsmarken wie DHL, Deutsche Post und Commerzbank, internationale Konzerne wie Henkel und Industrieunternehmen, Non-Profit-Organisationen und Regionen. Der ehemalige Texter war an der strategischen Entwicklung von prämierten Kampagnen beteiligt und hat das »System« Marke aus der Perspektive von Unternehmen, Kreativen und Konsumenten erforscht und beraten.

Jan Pechmann, studierter Medienwissenschaftler, ist Gründungsgesellschafter und Geschäftsführer der diffferent Strategieagentur, Berlin/Hannover. Er blickt auf eine über 10jährige Beratungspraxis für deutsche und internationale Marken zurück. Jan Pechmann berät die Marken Volkswagen, Audi und IKEA national und international in Fragen der Unternehmens-, Marken- und Marketingstrategie.

Larissa Pohl hat Diplom-Psychologin studiert und nach Stationen in der Marktforschung bei der führenden deutschen B2B-Agentur WOB AG den Bereich Strategische Planung aufgebaut. Im Oktober 2007 begann sie bei OgilvyBrains als Head of Brand Consulting und wurde 2010 zum Head of Strategic Services der Gruppe berufen. Im Mai 2011 übernahm Larissa Pohl den Geschäftsführerposten als Managing Director von RED Strategic Services für Ogilvy & Mather Deutschland. Sie arbeitet intensiv auf bestehenden Kunden und ist darüber hinaus umfassend in die Neugeschäftsaktivitäten der deutschen Ogilvy & Mather-Gruppe involviert. Larissa Pohl engagiert sich außerdem im Vorstand der Account Planning Group Deutschland für die Belange der Planningzunft, speziell für die Aus- und Weiterbildung.

Nina Rieke hat Gesellschafts- und Wirtschaftskommunikation an der Universität der Künste in Berlin studiert. Sie war viele Jahre als strategische Planerin für Agenturen wie das Trendbüro, Lintas, Jung von Matt, Springer & Jacoby und LUCY Planning tätig, bevor sie als Leiterin Brand & Marcom zu Siemens mobile wechselte und die Markenübernahme durch BenQ begleitete. Seit einigen Jahren arbeitet Nina Rieke als selbständige Planerin, seit 2010 mit der von ihr gegründeten Strategieberatung doubleshift. In ihrer Laufbahn hat sie zahlreiche Marken und Unternehmen betreut wie Philip Morris, Unilever, Beck's, Siemens oder die Telekom und war dabei an zahlreichen Effie-Awards beteiligt. Nina Rieke ist darüber hinaus ausgebildeter systemischer Business Coach und unterrichtet an der Miami Ad School. Seit 2009 ist sie im Vorstand der APG. Sie schreibt u.a. für die Zeitschrift new business zu Strategie-Themen und ist auf Twitter als @ninarieke zu finden.

Marc Sasserath ist Gründungspartner der Markenberatung Musiol Munzinger Sasserath und der Markenbeteiligungsgesellschaft Supermarque. Von 2001 bis 2007 war er CEO und geschäftsführender Gesellschafter von Publicis-Sasserath Brand Consultancy und CSO von Publicis Deutschland, davor machte er Station als Strategiechef bei McCann-Erickson und BBDO. Seine Laufbahn in der Kommunikationsbranche startete Marc Sasserath bei Saatchi & Saatchi, nachdem er in Familienunternehmen erste Erfahrungen gesammelt hatte. Sein Studium der Wirtschafts- und Geisteswissenschaften absolvierte Marc Sasserath in Deutschland, Frankreich und Großbritannien (Diplomabschluss in Betriebswirtschaftslehre, DipCCC HEC und INSEAD, Master in klinischer Organisationspsychologie (HEC)). Marc Sasserath ist Beirat der gemeinnützigen Aktiengesellschaft gut.org und der Plattform betterplace.org. Er war Mitbegründer der Deutschen APG und engagiert sich heute für die Humboldt-Viadrina School of Governance.

Martin Scarabis ist Partner der decode Marketingberatung. Der habilitierte Psychologe ist eine anerkannte Kapazität für Werbe- und Marketingpsychologie und Spezialist für implizite Konsumentenforschung. Der Privatdozent hat sich in seiner wissenschaftlichen Forschung vor allem mit impliziten Einflüssen auf Konsumentenentscheidungen beschäftigt. Als einer der ersten in Deutschland setzte er dabei implizite Methoden für die Erforschung von Marketingfragen ein. Martin Scarabis war bis Ende 2007 am Psychologischen Institut der Universität Münster in Grundlagenforschung und Lehre tätig. Er erhielt mehrere Lehraufträge an der Universität Basel und der Zeppelin University Friedrichshafen. Zudem berät er Unternehmen aus den Bereichen FMCG und Financial Services in Fragen zu Marken- und Kommunikationsstrategien.

Vincent Schmidlin ist Geschäftsführer der Scholz & Friends Strategy Group GmbH und Partner der Scholz & Friends Holding Commarco. Nach Abschluss seines Studiums bei der International Partnership of Business Schools (Reims, Frankreich und Reutlingen, Deutschland) begann er seine berufliche Laufbahn bei Lintas in Hamburg. Nach erfolgreichen Stationen bei .start advertising in München und JWT in Frankfurt, übernahm er als Geschäftsführer die Leitung der französischen Filiale des Digital Marketing Experten eCircle. 2004 wechselte Schmidlin zu

Scholz & Friends, als Gründungsmitglied der Scholz & Friends Strategy Group. In seiner Laufbahn prägte er erfolgreich die Markenführung und das Marketing zahlreicher globaler Blue Chips Marken insbesondere aus den Bereichen Automotive, Medien, Finanzdienstleistung, IT/TelCo, FMCG und Handel. Zudem ist Vincent Schmidlin Geschäftsführer der Beratung für Archetypisches Markenführungsmanagement Neuroversum GmbH und Vorstandsvorsitzender der APG Deutschland.

Johannes Schneider ist Partner der decode Marketingberatung. Der Werbepsychologe ist Experte für die Entwicklung von Strategien und deren Übersetzung in Codes von Produkten, Marken und Kommunikation. Johannes Schneider ist zusammen mit Christian Scheier und Dirk Bayas-Linke Autor des Buches »Codes. Die geheime Sprache der Produkte« (Haufe 2010). Vor seinem Wechsel zur decode Marketingberatung hatte Johannes Schneider als Planning Direktor bei BBDO Düsseldorf die strategische Verantwortung für den globalen Etat der Marke Braun. Davor betreute er als Strategic Planner bei JWT und Publicis-Sasserath in Frankfurt u. a. verschiedene Marken von Nestlé, Procter & Gamble und Bongrain. Vor seiner Karriere in der Werbung war Johannes Schneider drei Jahre in der qualitativen Marktforschung tätig. Seit 2003 hält er einen Lehrauftrag am Institut für Psychologie der Johannes Gutenberg Universität in Mainz.

Alison Segar ist eine unabhängige Beraterin für strategische Planung mit mehr als 25 Jahren Berufserfahrung. Nach ihrem Abschluss an der Universität Oxford begann sie ihre Karriere im Heimatland England in den europäischen Marketingabteilungen von L'Oréal und Gillette. Von da aus führte der nächste Schritt in die Planning Departments großer Londoner Werbeagenturen, bei Bartle Bogle Hegarty entdeckte sie ihre besondere Leidenschaft für die Arbeit in kreativ geprägten Umfeldern. Daran schlossen sich eine Zeit bei TBWA und 10 Jahre bei Springer & Jacoby an. Hier arbeitete sie neben vielen anderen Kunden intensiv für Mercedes-Benz und etablierte mit der Gründung von LUCY Planning eine Kultur, die das deutsche Planning nachhaltig geprägt hat. Alison arbeitet heute selbständig für überwiegend internationale Kunden, zur Zeit treibt sie den europaweiten Ausbau der Marke Hyundai voran. Daneben teilt sie ihren Erfahrungsschatz in Trainings.

Thomas Strerath startete 2005 als Geschäftsführer der Frankfurter Dialogmarketing-Agentur OgilvyOne worldwide. Seit Anfang 2006 ist er CEO der deutschen OgilvyOne Gruppe, im Oktober 2007 wurde er zum COO (Chief Operating Officer) von Ogilvy & Mather Frankfurt berufen. Seit Juni 2009 ist Thomas Strerath CEO von Ogilvy & Mather Deutschland. Darüber hinaus ist er Mitglied des EAME OgilvyOne Executive Committee und engagiert sich im GWA Arbeitskreis Digitale Kommunikation. Seit Oktober 2010 ist er Vizepräsident des GWA. Sechs Jahre lang war Thomas Strerath bei der Viernheimer Agentur WOB AG tätig, zuletzt als COO und Sprecher des Vorstandes. Davor arbeitete er in Köln, von 1995 bis 1998 als CD bei der TV-Produktionsgesellschaft Fremantle (heute Grundy UFA TV Produktion) und von 1992 bis 1995 selbstständig mit seiner eigenen Agentur Vogelsang Strerath.

Dominic Veken: Der studierte Philosoph hat viele Jahre als Chefstratege und geschäftsführender Gesellschafter bei der Kommunikationsagentur Kolle Rebbe gearbeitet, bevor er im März 2010 das Institut für Marken- und Unternehmensphilosophie gründete. Dominic Veken hat die CDU und Angela Merkel im letzten Bundestagswahlkampf strategisch beraten, die Marke Bionade seit ihrem Bekanntwerden betreut und jüngst die weltweite Unternehmensphilosophie der Otto Group entwickelt. Er war am Gewinn mehrerer Dutzend Kommunikations-Awards wie Cannes Löwen, Effies, Clios und ADC Nägel beteiligt, verlegte die beiden Strategiezeitschriften »dpp« und »Bonaparte« und ist Autor des Buches »Ab jetzt Begeisterung. Die Zukunft gehört den Idealisten«.

Thomas Walther: Nach seinem Studium »Medien-Planung, -Entwicklung und -Beratung« an der Universität Siegen begann Thomas Walther seine berufliche Laufbahn 1999 in der Mitte der Dot-Com Welle als Information Architect bei PopNet Kommunikation in Hamburg. Dort entwickelte er verschiedene Internet Plattform-Projekte für Nestlé, Deutsche Messe AG, Volkswagen und etablierte Information Architecture als eigenständige Fachabteilung. Nach seinem Wechsel zur Proximity Group Germany erweiterte Thomas Walther als Digital Planner seinen Fokus auf die interaktiven Plattformen, integrierte Dialog-Programme und digitale Kampagnen für Volkswagen und zahlreiche weitere Kunden. Von 2005 an arbeitete Thomas Walther als Head of Planning bei Tribal DDB und DDB Tribal Hamburg und verantwortete dort die Strategie für die Deutsche Telekom, Volkswagen, Nike, Montblanc und Steinway & Sons. Seit August 2011 ist er bei der Shift GmbH für Strategie und Konzeption verantwortlich.

Sebastian Wendland arbeitet seit mehr als 17 Jahren als Kommunikationsstratege und Marketingberater für Unternehmen und Werbeagenturen. Nach einem VWL- und Kommunikationsstudium an der Freien Universität und Universität der Künste in Berlin verschlug es ihn in die USA, wo er an der Northwestern University als Master of Science abschloss. Nach Positionen in Deutschland, UK und USA bei Fallon, Springer & Jacoby und Merkley & Partners machte er sich mit seiner eigenen Beratung, 40 Watt, selbstständig. Heute arbeitet Sebastian Wendland vor allem international, seine Projekte führten ihn vor allem nach Süd- und Nordamerika, China, Indien und natürlich Europa.

Christiane Wenhart ist Gründungspartner in der Markenberatung Musiol Munzinger Sasserath. Als Diplom-Psychologin und Coach beschäftigt sie sich seit vielen Jahren mit Marken, Menschen und der erfolgreichen Beziehungsstiftung und -gestaltung zwischen beiden. Ihre Stationen waren zunächst in der Strategischen Planung internationaler Agenturen (Saatchi & Saatchi, McCann-Erickson) und in den letzten Jahren im breiteren Kontext der Markenberatung (2001 bis 2007 Publicis Sasserath Brand Consultancy, seit 2008 Musiol Munziger Sasserath). Dabei hat Christiane Wenhart neben der Baloise Group viele unterschiedliche Marken beraten und betreut. Sie engagiert sich in der Lehre an der Miami Ad School, der Universität der Künste Berlin und der Hochschule Pforzheim und beschäftigt sich im Rahmen von Studien leidenschaftlich mit unterschiedlichsten Themenbereichen – zuletzt mit dem Phänomen sozialer Netzwerke und der Rolle, die Marken darin spielen.

Stichwortverzeichnis

360-Grad-Kommunikation 9, 243, 300, 319f.

Abercrombie & Fitch 128
Account Planning 3ff.
Adidas 116, 358f.
Agentur-Briefing 8, 167
Agile Strategy 353
AIDA-Formel 49, 251, 322
Allianz 217, 253
Amazon 74
Apple 22, 40, 71, 118, 134, 136, 170, 189, 332, 335, 340, 358
Archetypen 95ff.
Armani 28f., 126, 135f.
Aspirin 29
Audi 90, 105, 108, 114f., 148
Aufmerksamkeit 54, 70
Axe 27f., 93, 130, 136

Baidu 271
Baloise 230ff.
Barrieren 39
BASF 110f.
Basis-Ziel 61
Basler Versicherung 231
Bayer 111
Beck's 309
Benefit 45, 60, 114, 165
Benetton 128
BILD 286
Bing 271
Blackberry 41
BMW 58, 106, 108f., 114f., 134, 180
Boeing 224
BP 23, 230
Brand Behaviour 11, 349, 351
Brand Belief 349
Brand Funnel 251
Brand Planning 6
– Einführung 3
Briefing 8, 141, 143, 204, 227
– Agentur 8, 167
– Ausgangslage 146
– Elemente 149

Budgetallokation 257

Calcium Sandoz 292f.
California Milk Processor Board 38
Camper 18
Channel Planning 305f.
Choice Blindness Effekt 47f.
Coca-Cola 75, 122, 134, 136f., 220, 306
Co-Creation 190, 265, 349
Conjoint-Analyse 272
Consumer Insight 6, 17ff., 27, 30ff., 37, 39, 43f., 59, 82, 121, 123, 167, 247, 252, 270, 300, 341
Conversation Scan 292
Country-of-Origin-Effekt 126
Creative Brief 8, 45, 60f., 155, 157, 257, 292
Creative Briefing 157
Customer Journey 208, 273, 289, 321f., 327
Customization 266

Dell 335
Deutsche Bank 104, 110
Deutsche Telekom 9
DHL 321
Digital 71, 282
Digitalisierung 10f., 198, 264, 326, 333, 349, 364
Digital Natives 73
Disney 75, 107, 223
Disruption 355f.
Dissonanz
– kognitive 322
Dove 18f., 116, 127, 137, 217
Dr. Oetker 127

Effizienz 10, 258
– -messung 258
eMarketer 270
E.on 168
Erfolg
– Kontrolle 205
– Messung 242
Erfolgsformeln 66

Stichwortverzeichnis

Euronics 116
Evaluation 144
Evendi 310
Experiment 37

Facebook 74, 76, 227, 264, 266, 275,
    280, 298, 309
Ferrari 126
Focus 302
Fokusgruppe 38f., 132, 168, 184f., 270
Ford 108
Forrester 270, 291

General Electric 104
Geomarketing 312
Geschichten 95, 111, 198
Gillette 126, 134
Google 71, 74, 76, 107, 170, 271f., 291,
    310
Greenpeace 219
Gruppenexploration 34
Gütekriterien Positionierung 84
Guiness 153
GWA 141, 149, 164, 172

Häagen-Dasz 134
Harley-Davidson 134
Heineken 128
Hermès 135
Hilti 94
Hornbach 9, 109
Human Factor 27

IBM 17, 104
IKEA 116, 127
Implementierung 10, 60
implizit 30, 49f.
Individualisierung 248
Inhalte, vernetzte 71
Innocent 55, 170
Insightforschung 39
Integrierte Kommunikation 9, 226, 298, 319
Interaktion 72
Involvement 50, 265
IPA 141, 149, 164, 172, 226

Kaufentscheidung 29, 50, 60
– implizite 51

Kitkat 136, 219
Knorr 127
Kommunikationsmuster 66
Konfliktlöser 41
Konsument 28f.
– Bedürfnis 30, 122, 128, 130, 133, 180
– Motiv 40, 130f.
Konsumentenverhalten 27, 30f., 34, 46,
    48, 53
– expliziter Prozess 48, 50
– impliziter Prozess 48f., 54
Konsumentscheidung 42
Kontaktpunkt 5, 73, 135, 198, 233, 235f.,
    242f., 254f., 305ff., 352
KPI 153, 252, 257, 329
Kreativität 8, 15, 23, 70f., 160, 173, 176,
    354
Kreativstratege 20ff.

Laddering 116
Lange & Söhne 104
Langnese 236
Lätta 57
Lifestyle Milieu 129
Limbic-Map 92, 107
Limbic-Type 93
Lindt 53, 55
L'Oréal 105
Low Involvement 49
Lucky Strike 226
Lufthansa 164f.

Maggi 285, 311
Marke 66ff., 105
– Faszinationskraft 70
– Funnel 49
– Themen 114
– Versprechen 164f.
– Werte 114f.
Markenerlebnis 235f., 239, 242f.
Markenidentität 68
Markenintegrität 75
Markenmanagement, Neustart 67
Markenmodell 7, 69, 101f., 105, 108ff.,
    213, 220, 238
– implementieren 117
– Inhalt und Form 113
Markenpositionierung 7, 200, 253
Markentechnik 350

Stichwortverzeichnis

Markenthemen 197
Markenversprechen 7, 127, 253
– Emotionalität 134
– Funktionalität 133
– globales 121
– Identität 134
Markenwert 70, 77, 197, 199
Marmite 216
Mars 337
MasterCard 310
McDonald's 9, 103, 216
Means-End-Ansatz 116
Media-Markt 116
Mediaplanung 11, 296
Mediastrategie 154, 302
Mediennutzung 297
Mercedes-Benz 58, 98, 106, 108, 112,
   114f., 134, 169
Merci 53, 55
Mikromarketing 312
Mind Map 103
Mintel 270
Mission 114
Modelling 311
Motivsystem 33
Muji 126

Nespresso 44, 323f.
Nestlé 219, 337
Neuroversum 95f.
Neurowissenschaft 30, 48, 95
– Neuromarketing 29
– Neuropsychologie 56
Nielsen 291, 302
Nike 71f., 98, 266, 285, 332, 336, 345,
   359
Nivea 90, 105, 126, 235
Nutella 59
Nutzen 22
– Grund 86
– Zusatz 86

Omo 116, 217
OMV 111

Pampers 6, 126
Pedigree 332, 337f., 344
Pepsi 71, 220, 358, 360
Performance Marketing 314

Persil 109, 217
Personas 273, 275
Porsche 104, 237
Positionierung 7, 80f., 114, 180, 182, 192
– Alleinstellung 82
– archetypenbasierte 86, 91ff.
– attributbasierte 86, 91ff.
– Ertrag 82
– Gütekriterien 84
– Merkwürdigkeit 81
– motivbasierte 86, 91ff.
– wertebasierte 86 ff.
Positionierungskreuz 107
Procter & Gamble 134, 337, 352
Produktinnovation 44, 71, 353
Proposition 45, 60

Ravensburger 181f.
RDE (rule developing experimentation) 39
Reaktionszeitverfahren 51
Reason to Believe 45, 165, 253
Red Bull 75, 198
Resonanzpunkt 19
Return on Investment 311
Ribenas 169
Ritz-Carlton 216f.

Saab 108
Saturn 116
Schematadenken 15f.
Screening 44
Semiometrie 107
Share of Advertising 303
Siemens 80, 104, 116
Singapore Airlines 165
Sinus-Milieus 90, 129
Sixt 154, 226
Social Media 239, 269, 272, 279f., 290, 360
Sonderwerbeform 307, 315
SPIEGEL 302
Starbucks 18, 40, 71, 75, 124
stickK.com 42
Storyboarding 36
Storytelling 10, 208, 210ff.
Strategie 9f.
Subway 216

Takko 243
Telekom 287ff.

Stichwortverzeichnis

The North Face 176
Tiefeninterview 34, 47, 270
TNS 291
Treiber 39
Tropicana 237
TUI 106f., 109ff.
TUIfly 286
Twitter 280

Unilever 57, 109
User Experience 267, 275
User Task 275
USP 9, 334, 348

Van 176
Verhaltensbeobachtungen 35
Verhaltensökonomie 27, 29, 37, 46
Vermeidungs-Vermeidungs-Konflikt 42
Virgin 71, 358
Vision 114
Volksbanken-Raiffeisenbanken 9
Volvo 58, 108
VW 108, 114, 136, 224, 226, 235, 286

Wahrnehmung 28, 54, 81
Want-Should-Forschung 41
Webanalytics 313
Weight Watchers 42
Werbeerfolg 311
Werbeerinnerung 319f.
Werbewirkung 255, 311
Werte 114f.
Wikipedia 71
Windows 308

YouTube 118, 269, 280, 298

Zalando 285
Ziel 61
– explizites 57ff.
– implizit-mentales 30, 49f., 54ff., 233, 240
Zielgruppe 128f., 152, 164, 168, 203, 273, 303f.
Zielkonflikt
– Ziel-Vermeidungs-Konflikt 41
– Ziel-Ziel-Konflikt 41
Zusatznutzen 86